"十二五"国家重点图书出版规划项目

XBRL
知识体验:理论、方法与实践

刘 勤 刘梅玲 吴忠生 黄长胤 等 著

立信会计出版社
LIXIN ACCOUNTING PUBLISHING HOUSE

图书在版编目(CIP)数据

XBRL 知识体验:理论、方法与实践 / 刘勤等著.
—上海:立信会计出版社,2016.11
ISBN 978-7-5429-5150-2

Ⅰ.①X… Ⅱ.①刘… Ⅲ.①可扩充语言-应用-会计报表-研究 Ⅳ.①F231.5-39

中国版本图书馆 CIP 数据核字(2016)第 176648 号

策划编辑　张巧玲
责任编辑　张巧玲
封面设计　周崇文

XBRL 知识体验:理论、方法与实践

出版发行	立信会计出版社		
地　　址	上海市中山西路 2230 号	邮政编码	200235
电　　话	(021)64411389	传　　真	(021)64411325
网　　址	www.lixinaph.com	电子邮箱	lxaph@sh163.net
网上书店	www.shlx.net	电　　话	(021)64411071
经　　销	各地新华书店		
印　　刷	上海中华印刷有限公司		
开　　本	787 毫米×1 092 毫米　1/16		
印　　张	19	插　　页	4
字　　数	360 千字		
版　　次	2016 年 11 月第 1 版		
印　　次	2016 年 11 月第 1 次		
书　　号	ISBN 978-7-5429-5150-2/F		
定　　价	68.00 元		

如有印订差错,请与本社联系调换

引　　言

XBRL（eXtensible Business Reporting Language，可扩展商业报告语言）是基于互联网、可跨平台操作的商业报告语言，是全球公认的财务信息交换的最新标准和技术。自1998年诞生以来，该技术在全球得到了迅速发展，目前在全球50多个国家的证券、税收、金融、统计、数据集成、碳排放、养老金等财务报告领域和非财务报告领域得到了广泛的应用。XBRL已成为当前高层财经管理人员普遍关注的技术之一。

2005年年底，当时中国还处于XBRL技术的导入期，上海国家会计学院曾组织过一场以"XBRL在中国的应用与推广"为主题的研讨会，数十位来自政府监管机构、学术界、教育界和实业界的专家参加了会议，与会者就XBRL在中国的技术走向、应用前景、推广路径等进行了广泛的讨论，提出了很多发展观点和建议。客观而言，尽管这些观点和建议到今天依然还在持续地影响着中国XBRL事业的发展，但当时几乎无人能清晰地预测到今天全球XBRL的应用状况和发展中遇到的诸多问题。那次会议的最大成果就是形成了"积聚各方力量，从不同的层面全面推进XBRL在中国应用"的共识，也就在那次会议之后，上海国家会计学院成立了XBRL教研团队（以下简称团队），并决心大力投身到XBRL的技术研究和知识传播工作之中。

十多年来，团队在财政部会计司及XBRL中国地区组织领导和专家的指导下，在社会各界的大力支持下，对XBRL技术进行了多方面的探索，在有影响的期刊上陆续发表了多篇论文，编撰了多家企业的应用案例，开始了该研究方向的博士后培养，展开了国家自然科学基金项目的研究。经过长期的探索，我们发现XBRL技术的推进速度与政府的引导、企业的原动力、监管者的力度、市场的反应、技术的走向等有着密切的关系。同时,相关从业人员对新技术的接纳程度对XBRL的推进也至关重要,而欲提升社会接纳度,主要的措施就是大力开展XBRL知识的普及工作。鉴于以上认知,在2010年前后,为配合财政部《企业会计准则通用分类标准》的实施,团队开创性地成立了上海国家会计学院XBRL体验中心,开始用全新的教学理念和技术手段普及、传播XBRL知识。2013年11月,经财政部有关领导批示,该体验中心获准冠名为"XBRL中国地区组织体验中心"(以下简称中心)。据不完全统计,自创立至今,中心培训过的高层财经管理干部达数千人,接待的境内外XBRL专家学者也有数十人之多。可以说,中心的成立为财政部和XBRL中国地区组织的相关工作提供了有力的支持,为推动我国XBRL的知识普及和应用能力的提升作出了一定的贡献。

XBRL是一项复杂度高、环节多、操作性强、支持软件相对较少的技术,传统的以教师为中心的单方向讲授式教学模式很难满足XBRL知识传播的需要。团队受到工科实验教学、ERP沙盘演练和IT产品体验商店的启发,创造性地采取了一种以学生为中心的、类似游戏的学习方式,通过精心设计学习流程、操作环境和报告形式,激发学生的学习热情,让学生自己动手实际操作,从简至繁,逐步演进,在感受中学习,在体验中领略XBRL的魅力。5年数千人的教学实践表明,这种教学方式是一种较为合适的XBRL知识传播方式。

为使这一开创性的模式能被更多的机构所借鉴和复制,最终使更多的财经工作者了解和应用XBRL知识和技能,XBRL中国地区组织体验中心的成员们决定将这些年的工作成果,从理论、方法和实践等几方面进行全面的梳理和总结,并借助立信会计出版社这一优秀的出版平台予以发表。

本书适合于所有对XBRL技术感兴趣的读者阅读,如政府及企事业单位的XBRL财务信息生产者,政府监管机构、中介机构、专业数据公司等机构的XBRL财务信息使用者,计算机软件或硬件公司的XBRL技术开发者以及高校会计、审计、税务、计算机应用、电子商务等专业的大学生和研究生等,尤其适合从事XBRL知识传播的教育机构工作人员阅读。

本书共分八章,系统地介绍了XBRL体验式教学的相关理论、方法和实践。

第一章,通过介绍XBRL基本概念、发展起源、技术架构、推广途径及应用现状等基础性知识让初次接触XBRL的读者对该技术有一个基本的了解。

第二章，在对教学模式进行理论性探讨的基础上，结合XBRL技术特点，阐述在XBRL教学中引入体验式教学的必要性和可行性，尝试构建XBRL体验式教学的基本模式，以期对XBRL的教学实施提供理论指导。

第三章到第六章，从一般意义上探讨构建体验式教学的基本软硬件平台建设原则，体验式教学所需应用软件和在线平台的类型和筛选的原则，体验所需样本的类别和收集的原则，以及如何针对不同培训对象有针对性地设计体验内容的模块和流程等。

第七章，给出了XBRL中国地区组织体验中心的具体实践及其体验效果，即从体验中心的目标定位与发展历程出发，详细阐述了体验环境的设计与搭建、体验平台的选择与整合、体验样本的筛选与运用，特别是具体介绍了体验模块、体验内容、体验流程和课程类型等方面的设计思路，该部分是全书的核心内容。

第八章，给出了基于公开免费软件平台的实际教学模块的设计案例，该部分的所有思路和做法都可被快速模仿和复制，适合培训机构在发展初期资源不足的情况下快速搭建自己的体验平台时借鉴。

结束语则对XBRL体验式知识传播的未来发展进行了趋势性的探讨，有助于读者在我们研究的基础上进一步创新其教学模式和方法。

本书由XBRL中国地区组织体验中心的教研团队成员共同撰写，由刘勤教授总体设计全书框架，刘勤教授和刘梅玲博士全面统筹文字的撰写，并由刘勤、刘梅玲、吴忠生、黄长胤等共同研究决定篇章布局。具体的文字撰写分工是：第一章由刘梅玲、赵健、赵云燕撰写，第二章由刘勤、刘荣光、韩笑撰写，第三章由刘勤、胡劲波、许超撰写，第四章由宋振超、吴忠生、黄长胤撰写，第五章由黄长胤、宋振超、吴忠生、赵云燕撰写，第六章由刘梅玲、黄长胤、柏荣杰撰写，第七章由刘勤、刘梅玲、吴忠生、宋振超、胡劲波、许超、韩笑撰写，第八章由刘勤、刘梅玲、吴忠生、宋振超、胡劲波、许超、韩笑等撰写，引言和结束语由刘勤撰写。

感谢财政部会计司领导、中国会计学会会计信息化专业委员会的各位委员、上海国家会计学院李扣庆院长、上海交通大学安泰经济与管理学院的张天西教授、立信会计出版社的窦瀚修社长等在本书撰写的过程中给予的大力帮助、支持和鼓励，立信会计出版社的张巧玲编辑对本书的出版给予了特别的支持,在此一并表示感谢!

　　XBRL 是一门正在迅速扩散的技术,体验式教学是一种全新的教学模式,将这两者进行嫁接是一种创新,同时也是一个需要不断探索的过程,尤其是随着 XBRL 技术的演变和发展、新 XBRL 应用需求的出现以及教学环境的变化,本书描述的内容一定会存在着一些不切合时宜的成分,需要不断地修正和更新,因此,在读者接触这本书的时候,肯定会或多或少地存在一些不同的意见和看法,还望读者能与我们及时联系,共同探讨和共同提高。

目　录

第一章　XBRL 基础知识 …………………………………… 1
第一节　电子财务报告格式与 XBRL ………………………… 1
一、电子财务报告环境的发展 ………………………………… 1
二、国内外主要电子财务报告格式 …………………………… 2
三、监管部门对电子财务报告格式的共同需求 ……………… 3
四、不同格式对电子财务报告需求的满足 …………………… 4
第二节　XBRL 的概念、特征与效益 ………………………… 5
一、XBRL 的概念 ……………………………………………… 5
二、XBRL 的特征 ……………………………………………… 8
三、XBRL 的效益 ……………………………………………… 9
第三节　XBRL 的起源与发展 ………………………………… 10
一、XBRL 的起源 ……………………………………………… 10
二、XBRL 组织与技术发展 …………………………………… 13
第四节　XBRL 的技术架构 …………………………………… 15
一、XBRL 的技术架构概述 …………………………………… 15
二、技术规范 …………………………………………………… 15
三、分类标准 …………………………………………………… 16
四、实例文档 …………………………………………………… 24
第五节　XBRL 的国内外应用现状 …………………………… 26
一、国际应用现状 ……………………………………………… 26
二、国内应用现状 ……………………………………………… 27

第六节　XBRL在中国的推广途径 ······························ 30
　　一、开展专题培训 ·· 30
　　二、制作知识手册 ·· 31
　　三、举办知识竞赛 ·· 31
　　四、推广XBRL应用案例 ··· 32
本章小结 ··· 33

第二章　XBRL教学模式探究 ······························ 34
第一节　教学模式概述 ·· 34
　　一、模式与教学模式 ··· 34
　　二、教学模式的理论支柱 ··· 39
　　三、教学模式的类型 ··· 41
第二节　XBRL教学模式的选择 ·· 46
　　一、XBRL的特殊性和复杂性 ··································· 46
　　二、适合XBRL的教学模式及其选择 ·························· 52
　　三、XBRL教学中应用体验式模式的可行性 ················· 53
第三节　XBRL体验式教学模式的构建 ······························ 54
　　一、XBRL体验式教学模式的框架结构 ······················· 54
　　二、XBRL体验式教学模式的核心要素 ······················· 55
　　三、XBRL体验式教学模式应用中应注意的问题 ··········· 59
本章小结 ··· 60

第三章　XBRL体验环境设计与建设 ······················ 62
第一节　XBRL体验环境设计的基本思路 ··························· 62
第二节　XBRL体验中心学习资源建设 ······························ 64
第三节　XBRL体验中心多媒体教室建设 ··························· 65
　　一、XBRL多媒体教室建设的注意事项 ······················· 65
　　二、操作终端的选型 ··· 66
　　三、多媒体管理软件的选型 ······································ 67
　　四、桌面虚拟化技术及应用 ······································ 68
第四节　XBRL体验中心教学管理系统建设 ························ 69
　　一、体验教学管理系统建设目标 ································ 69

目 录

　　二、体验学习流程分析及系统设计原则 ·· 70
　　三、体验教学管理系统的主要功能 ·· 72
　第五节　XBRL 体验中心网络与服务器建设 ·· 73
　　一、计算机网络及其选型 ·· 73
　　二、服务器及其选型 ·· 74
　本章小结 ·· 76

第四章　XBRL 体验软件平台及其选型 ·· 78
　第一节　XBRL 软件与平台类型 ·· 78
　　一、分类概述 ·· 78
　　二、软件工具介绍 ·· 79
　第二节　国内外主流软件 ·· 84
　　一、国内通过认证的软件产品 ·· 85
　　二、国际典型软件产品 ·· 88
　第三节　国内外公共平台 ·· 93
　　一、国内公共平台 ·· 93
　　二、国外公共平台 ·· 96
　第四节　软件的选择原则 ·· 99
　　一、安全性 ·· 99
　　二、一体式 ·· 99
　　三、普适性 ··· 100
　　四、人性化 ··· 100
　本章小结 ··· 100

第五章　XBRL 体验样本及其获取 ··· 101
　第一节　XBRL 体验样本概述 ·· 101
　　一、XBRL 体验样本的含义 ·· 101
　　二、体验样本的类别 ··· 102
　第二节　技术规范样本 ··· 104
　　一、技术规范样本类别 ··· 104
　　二、国际组织技术规范样本获取 ··· 105
　　三、中国技术规范样本获取 ··· 110

第三节 分类标准样本 ·········· 112
一、分类标准样本类别 ·········· 112
二、国际分类标准样本获取 ·········· 119
三、国内分类标准样本获取 ·········· 121

第四节 实例文档样本 ·········· 122
一、实例文档样本类别 ·········· 122
二、国外实例文档样本获取 ·········· 123
三、国内实例文档样本获取 ·········· 123

第五节 应用项目样本 ·········· 124
一、应用项目样本类别 ·········· 124
二、国际典型应用项目样本 ·········· 125
三、国内典型应用项目样本 ·········· 128

第六节 体验样本收集原则 ·········· 133
一、全面性 ·········· 134
二、多样性 ·········· 134
三、典型性 ·········· 134
四、可获取性 ·········· 135
五、通用性 ·········· 135
六、规范性 ·········· 136

本章小结 ·········· 136

第六章 XBRL体验内容设计 ·········· 138
第一节 XBRL业务报告供应链 ·········· 138
一、XBRL业务报告供应链简介 ·········· 138
二、XBRL业务报告供应链中参与者的活动 ·········· 139

第二节 XBRL业务流程分析 ·········· 140
一、实体的XBRL业务流程 ·········· 140
二、审计师的XBRL业务流程 ·········· 141
三、数据商的XBRL业务流程 ·········· 142
四、监管者的XBRL业务流程 ·········· 144
五、投资者的XBRL业务流程 ·········· 145
六、软件商的XBRL业务流程 ·········· 146

第三节　XBRL 知识需求分析 …………………………………… 147
　　一、实体的 XBRL 知识需求 ……………………………………… 147
　　二、审计师的 XBRL 知识需求 …………………………………… 148
　　三、数据商的 XBRL 知识需求 …………………………………… 149
　　四、监管者的 XBRL 知识需求 …………………………………… 150
　　五、投资者的 XBRL 知识需求 …………………………………… 150
　　六、软件商的 XBRL 知识需求 …………………………………… 151
第四节　XBRL 知识需求调研 …………………………………… 151
　　一、调研背景 ……………………………………………………… 151
　　二、调研问卷设计 ………………………………………………… 152
　　三、调研过程 ……………………………………………………… 152
　　四、调研结果统计 ………………………………………………… 153
　　五、调研结果分析 ………………………………………………… 156
第五节　XBRL 体验模块设计 …………………………………… 157
　　一、XBRL 体验模块抽取 ………………………………………… 157
　　二、XBRL 体验模块整合 ………………………………………… 160
　　三、XBRL 体验模块设计 ………………………………………… 162
第六节　XBRL 体验流程设计 …………………………………… 165
　　一、通用 XBRL 体验流程 ………………………………………… 165
　　二、实体体验流程 ………………………………………………… 165
　　三、审计师体验流程 ……………………………………………… 166
　　四、数据商体验流程 ……………………………………………… 168
　　五、监管者体验流程 ……………………………………………… 168
　　六、投资者体验流程 ……………………………………………… 169
　　七、软件商体验流程 ……………………………………………… 170
第七节　XBRL 体验课程设计原则 ……………………………… 171
　　一、课程设计的基本原则 ………………………………………… 171
　　二、课程设计的个性化原则 ……………………………………… 172
本章小结 ……………………………………………………………… 174

第七章　XBRL 中国地区组织体验中心的具体实践 ……………… 176
　第一节　体验中心的发展历程和目标定位 ……………………… 176

一、成立背景和发展历程 …………………………………………………… 176
　　二、发展目标和受众定位 …………………………………………………… 179
第二节　体验环境的设计与搭建 ………………………………………………… 179
　　一、体验教室建立与布局 …………………………………………………… 179
　　二、体验网络与服务器搭建 ………………………………………………… 183
　　三、体验客户端设计与实现 ………………………………………………… 185
　　四、体验教学管理系统的设计与实现 ……………………………………… 186
第三节　软件平台的选择与整合 ………………………………………………… 191
　　一、软件平台的选择原则 …………………………………………………… 191
　　二、国内软件平台选择 ……………………………………………………… 191
　　三、国际软件平台选择 ……………………………………………………… 193
　　四、软件平台的整合思路 …………………………………………………… 199
第四节　体验样本的筛选和运用 ………………………………………………… 199
　　一、体验样本的筛选原则 …………………………………………………… 199
　　二、技术规范筛选 …………………………………………………………… 200
　　三、分类标准筛选 …………………………………………………………… 201
　　四、实例文档筛选 …………………………………………………………… 203
　　五、应用项目筛选 …………………………………………………………… 204
　　六、样本运用思路 …………………………………………………………… 205
第五节　体验内容与体验流程 …………………………………………………… 206
　　一、体验模块 ………………………………………………………………… 206
　　二、体验内容 ………………………………………………………………… 210
　　三、体验流程 ………………………………………………………………… 214
　　四、课程类型 ………………………………………………………………… 216
第六节　体验特色和体验效果 …………………………………………………… 221
　　一、体验特色 ………………………………………………………………… 221
　　二、体验效果 ………………………………………………………………… 223
第七节　体验中心的未来发展 …………………………………………………… 226
　　一、产品和平台的多样化 …………………………………………………… 226
　　二、体验知识点的纵深化 …………………………………………………… 226
　　三、体验内容更加个性化 …………………………………………………… 227
　　四、体验活动的协同化 ……………………………………………………… 227

五、Web化和移动终端化 ································· 227
六、效果评价的智能化和自动化 ························· 227
七、体验中心发展的国际化 ····························· 228
本章小结 ··· 228

第八章 基于免费软件平台的体验模块分享 ············· 230
第一节 基于免费软件平台的体验模块设计 ············· 230
第二节 XBRL 财务数据分析 ··························· 232
一、体验目的 ·· 232
二、体验知识点 ·· 232
三、平台工具及获取方法 ································ 232
四、体验流程 ·· 239
五、注意事项及体验效果 ································ 248
第三节 认识实例文档 ································· 248
一、体验目的 ·· 248
二、体验知识点 ·· 249
三、平台工具及获取方法 ································ 249
四、体验流程 ·· 251
五、注意事项及体验效果 ································ 253
第四节 认识分类标准 ································· 255
一、体验目的 ·· 255
二、体验知识点 ·· 255
三、平台工具及获取方法 ································ 255
四、体验流程 ·· 256
五、注意事项及体验效果 ································ 261
第五节 财务报告编报模拟 ···························· 261
一、体验目的 ·· 261
二、体验知识点 ·· 262
三、平台工具及体验数据 ································ 262
四、体验流程 ·· 263
五、注意事项及体验效果 ································ 279
第六节 认识 XBRL GL ································· 279

一、体验目的 ··· 279
二、体验知识点 ··· 280
三、平台工具及获取方法 ······································· 280
四、体验流程 ··· 281
五、注意事项及体验效果 ······································· 282
本章小结 ·· 282

结束语 ·· 284
附录 XBRL 术语 ··· 286
参考文献 ·· 289

第一章

XBRL 基础知识

经过十几年的发展,XBRL 已在全球 50 多个国家和地区得到有效应用,范围涉及金融、证券、税收、统计、养老金、数据集成等众多领域,每年新增的 XBRL 格式报告有数百万份。我国自 2010 年 10 月由国家标准化管理委员会和财政部发布 XBRL 技术规范系列国家标准和企业会计准则通用分类标准之后,又陆续发布了部分行业扩展分类标准和监管扩展分类标准,应用的范围由大型银行、中央大型国企扩展到地方大中型企业,应用的深度也由财务报告层扩展到交易层和账簿层。

为使初次接触 XBRL 技术的读者对其有一个基本的了解并为理解以后章节打下基础,本章简要地介绍了 XBRL 的基础知识,回答了 XBRL 为什么会产生,什么是 XBRL,XBRL 的应用现状如何,以及 XBRL 是如何推广的等系列问题。

第一节 电子财务报告格式与 XBRL

一、电子财务报告环境的发展

财务报告是投资者获知企业经营状况、监督资金运用效率的重要信息来源,随着科学技术的发展和社会经济活动节奏的不断加快,财务信息使用者对财务报告提出了时效性应更强、信息量应更大、获取成本应更低,以及信息应更加多样化和个性化等要求,传统纸质财务报告的呈现方式受到其制作和处理技术所限,已无法满足这些更高的要求。

20 世纪七八十年代前后,计算机在管理方面的应用得到了迅速的发展,特别是办公软件的普及,使大量的电子文档,如 Word、Excel、CSV 和 PDF 等格式的文件开始出现;MRP、ERP 等企业管理信息系统、供应链管理系统和客户关系管理系统的发展又使数据库技术得到了迅速的普及,大量 DBF

格式的文件开始用于数据存储和交换;尤其是 Internet 技术和电子商务的广泛应用,HTML 格式和 XML 格式的文件在网络空间得以大量出现。上述这些电子格式的文件给基于电子环境和互联网环境的企业财务报告提供了多方面的选择。

几乎与此同时,公司经营全球化的趋势开始加速,物流、资金流和信息流的传递都呈现出国际化的趋势,在这种商业环境下,公司决策和管理人员需要迅速地与跨国的商业伙伴进行信息交换,需要追踪全球市场的变化,需要快速、准确地传递商务数据。因此,有效、便捷、经济的电子处理方式就成为必然的需求。特别是 20 世纪后期全球化资本市场的形成,使商业公司有了更多的投融资渠道,而由此带来的信息披露也呈现出多语言、多准则的趋势,同时,由于国际化环境下公司面临不同的监管主体,因此,多格式的电子财务报告共存就成为常态。

一方面,随着互联网在全球范围内的迅速普及,通过建立网站来披露财务信息和传递实时商业信息被认为是有效提高信息使用效率的良好途径。网站还可以影响到更多的财务报告信息使用者,并能提供比传统印刷材料更为详细的信息,因此,基于互联网技术的数据格式受到了社会的普遍关注。

另一方面,从会计学理论的视角来看,会计学家们一直在诟病传统的价值法会计仅能满足大多数信息使用者的普遍需求,不能根据信息使用者的个性化需求来自主选择、汇总、计价和评价信息。尽管 1969 年就有会计学者提出克服这一缺陷的"事项法会计"先进思想,且随后的数十年又对这一思想有了进一步发展,但从技术上始终没能找到合适的数据处理方法来支撑这一理论。数据库技术的普及和发展曾经使一些会计学者找到了一丝希望,但较为彻底的解决方案至今还没有出现。有专家认为,满足于事项法会计的解决方案或许将来源于一种新型的技术,即可扩展商业报告语言 XBRL。

XBRL 这种新兴的电子财务报告方式,除能满足财务披露过程中提高报告的透明度、增强财务报告的可用性和安全性、提高运作效率、降低数据成本开支以及支持个性化的信息处理等需求外,还能满足用户在传输数据过程中的质量、灵活度、扩展性和重复利用度的要求,是当今财务报告较为理想的选择。

二、国内外主要电子财务报告格式

在 XBRL 出现之前,国内外流行的电子财务报告格式有很多种,它们通常被使用在不同的场合,具有不同的优势、需求和挑战。表 1-1 列出了各种财务报告格式在满足监管部门监管要求方面的情况。

表1-1　国内外流行的主要电子财务报告格式比较

格　式	优　势	挑　战
Paper	— 容易获取 — 可用于分析以外的用途 — 与其他纸质材料进行校验	— 不同格式数据之间的相互校验和比较 — 收集大量的报告并以统一格式发布
Word	— 可编辑 — 数据可以转换成其他格式	
Excel	— 可通过锁定单元格保护表格内容 — 可自动提取至分析系统 — 可通过校验确保数据质量	— 从其他数据源自动转换成交换格式困难 — 自动生成的Excel格式容易破坏表格的格式和内容,从而导致自动提取数据困难 — 提交前后的数据质量和一致性问题
HTML	— 可在任意方便时间登录填报 — 可参考前期的数据模板	— 在数据交换格式内包含数据定义 — 针对数据交换格式提供综合技术文档
CSV	— 可以文本文件提交 — 软件可自动输出该格式 — 支持长时期内数据的一致性	
PDF	— 对财务报告内容没有任何约束	— 提取数据进行后续分析困难

数据来源:XBRL 国际组织"XBRL 基础认证"课程材料。

三、监管部门对电子财务报告格式的共同需求

由表1-1可知,现有的几种财务报告格式在满足监管部门的监管要求方面各有利弊,且没有一种格式能完全满足需求。

通常,监管部门为实现其监管目标,对电子财务报告的数据均具有统一性的要求,即不同目的、不同格式的数据之间应能进行自动转换和比较,最好所有报告都能以统一格式呈现,便于简化信息处理,便于不同部门之间信息共享,同时提高数据处理过程中的效率、公开度和透明度。

当大量财务数据需要传输时,监管部门面临最多的问题就是数据转换、自动压缩和质量校验。而在电子财务报告格式上,如果不能进行数据格式交换,则财务信息的可获取性将大大降低。信息能自动转换为任何其他数据源的数据交换格式,则有助于在提高数据共享程度的同时,实现应用系统的高度集成。

除上述要求之外,监管部门对财务报告的格式还有更多的需求,如希望能方便地从报告中提取数据进行深入分析,对提交前后数据质量和一致性进行校验,以提高数据的准确性;希望能跨信息系统和软件平台,自动地进行财务信息的提取和交换;希望在数据交换格式中涵盖数据定义,以解决给统计部门数据输出时带来的难题等。

监管部门对电子财务报告的具体需求如图 1-1 所示。

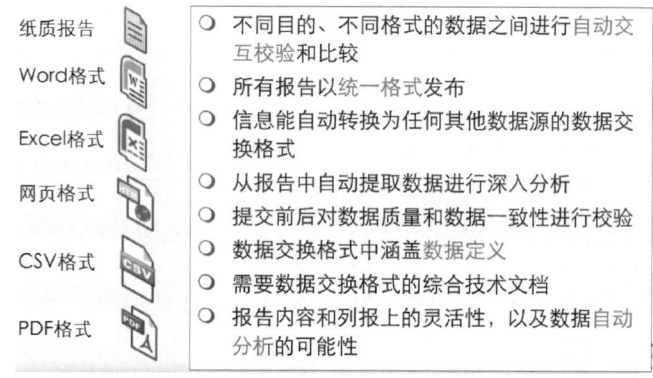

图 1-1　监管部门对电子财务报告格式的共同需求

四、不同格式对电子财务报告需求的满足

几种主要的电子财务报告格式,即 Word、Excel、HTML、CSV 和 PDF 等格式,在满足监管部门对电子财务报告提出的共同需求方面各有不同的特点。由图 1-2 可见,这些格式都可以实现数据的电子交换功能,但是在数据的处理应用方面却无法完全满足电子化的要求;报送方或接收方,甚至是双方,有时候都需进行数据的自动校验,以确保数据的准确性,除 Excel 之外的其他报送格式均无法根据规则对文件数据的准确性进行校验;CSV 格式虽然可以实现数据自动从报送方提取,并自动导入接收方系统,但并没有提供数据定义功能。

总之,以上所述的几种数据报送格式均有各自的优缺点,但不能完全满足监管者对财务报告的共同需求。而本书提及的 XBRL 格式的财务报告则不同,在数据传输电子化的基础上,还能实现数据使用的电子化,可借助词典进行数据定义,可自动从报送方提取数据并导入接收方系统等。除此之外,利用 XBRL 格式传递数据,报送方和接收方还可以根据文件规则对数据的准确性进行校验。

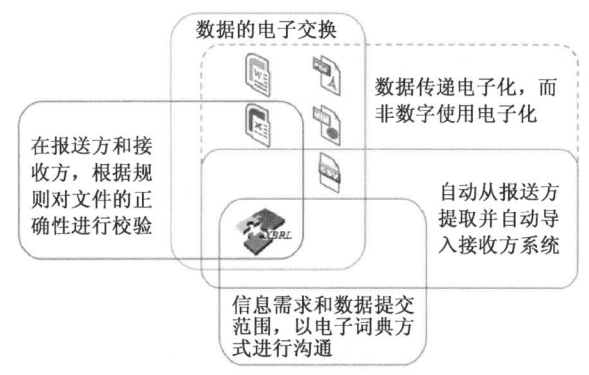

图1-2 不同格式对电子财务报告需求的满足

第二节 XBRL的概念、特征与效益

一、XBRL的概念

(一) XBRL国际组织的定义

XBRL,中文名称是"可扩展商业报告语言",英文全称是"eXtensible Business Reporting Language",是一门用于商业信息电子交换的语言,可用于商业信息的编制、交换和分析。XBRL国际组织在网站内容"What is XBRL"[①]中,诠释了XBRL的本质和优势:XBRL是一种用于电子商业报告的国际开放标准,由非营利的全球性组织——XBRL国际组织(XBRL International)负责管理。XBRL在全世界范围内50多个国家广泛运用,每年产生的实例文档数以百万计。这种更加有用(useful)、更加有效(effective)、更加准确(accurate)的电子版本文档正在逐步替代传统的财务报告格式。

(二) XBRL的通俗定义

XBRL被誉为财务报告领域的条形码。对于条形码,读者可能都不陌生,"中国商品信息服务平台"[②]中一件衣服的条形码会告诉我们,这件衣服的原产国、装配国、生产厂家、品牌、花色和尺寸等信息。那么XBRL这个财务报告的条形码给我们带来了哪些信息呢？第一层是数字和数字的背景信息,第二层是概念和概念的属性,第三层是概念之间以及概念和资源之间的关系。

1. 数字和数字的背景信息

当我们读到4694这个数字的时候,我们同时也读到了它一连串的背景信息,

---

① What is XBRL? https://www.xbrl.org/the-standard/what/an-introduction-to-xbrl/
② 中国商品信息服务平台 http://www.gds.org.cn/

如图1-3所示。

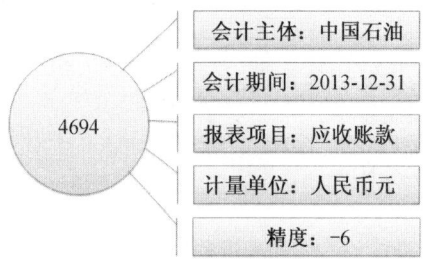

图1-3 数字和数字的背景信息

会计主体是中国石油天然气股份有限公司（以下简称中国石油），会计期间是2013年12月31日，报表项目是应收账款，计量单位是人民币元，精度是—6。当计算机读到4694这个数字和这些背景信息时，计算机马上就可以解析出一条会计信息：中国石油2013年12月31日的应收账款期末余额是46.94亿元。这些数字和数字的背景信息存储在XBRL格式的财务报告中，在XBRL领域，我们称之为实例文档。通常情况下，实例文档是一个XML文件，其文件后缀为".xml"，例如，中国石油2013年年报的实例文档为"中国石油天然气股份有限公司-100000000032522-20131231.xml"。

2. 概念和概念的特征

当计算机读到"应收账款"这个概念的时候，就能理解它一系列的特征，如图1-4所示。

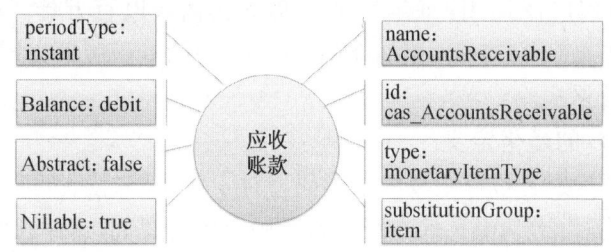

图1-4 概念和概念的特征

名称是AccountsReceivable，唯一标识符id是cas_AccountsReceivable，类型是货币类型，替代组属性是一般数据项，不是抽象元素，可以为空，余额在借方，是时点型数据。这些财务报告中的概念和概念的特征，在XBRL领域，叫做元素和元素的属性，在模式文件中进行定义。通常情况下，模式文件的文件后缀为".xsd"，例如，中国石油2013年报的模式文件为"中国石油天然气股份有限公司-100000000032522-20131231.xsd"。

3. 概念之间以及概念和资源之间的关系

当计算机读到"应收账款"这个概念时,也能找到这个概念和其他概念,以及这个概念和外部资源之间的关系,如图1-5所示。

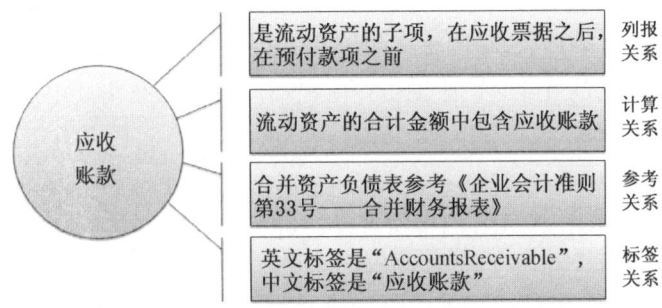

图1-5 概念与概念及概念与外部资源间的关系

在资产负债表中,应收账款是流动资产的子项,位置在应收票据之后、预付款项之前,这是列报关系;流动资产的合计金额中应包含应收账款的金额,这是计算关系;之所以有以上的列报关系和计算关系,原因在于年度资产负债表的列报参考的是《企业会计准则第30号——财务报表列报》,这是参考关系;当然,应收账款还可以拥有很多标签,如英文标签"AccountsReceivable",中文标签"应收账款",这是标签关系。

概念和概念之间,以及概念和外部资源之间的关系,在XBRL领域中,我们称之为元素之间,以及元素和资源之间的关系,在链接库中定义,例如,中国石油2013年报的列报链接库为"中国石油天然气股份有限公司-100000000032522-20131231_pre.xml",计算链接库为"中国石油天然气股份有限公司-100000000032522-20131231_cal.xml",定义链接库为"中国石油天然气股份有限公司-100000000032522-20131231_def.xml",中文的标签链接库为"中国石油天然气股份有限公司-100000000032522-20131231_lab_cn.xml",英文的标签链接库为"中国石油天然气股份有限公司-100000000032522-20131231_lab_en.xml"。

模式文件和链接库共同构成XBRL的分类标准,如中国石油2013年报的分类标准如图1-6所示。

中国石油天然气股份有限公司-100000000032522-20131231_lab_en.xml	1,051 KB
中国石油天然气股份有限公司-100000000032522-20131231_lab_cn.xml	1,035 KB
中国石油天然气股份有限公司-100000000032522-20131231_pre.xml	797 KB
中国石油天然气股份有限公司-100000000032522-20131231_def.xml	767 KB
中国石油天然气股份有限公司-100000000032522-20131231_cal.xml	167 KB
中国石油天然气股份有限公司-100000000032522-20131231.xsd	125 KB

图1-6 中国石油2013年报的分类标准文件

二、XBRL 的特征

XBRL 具有标准化、结构化、可扩展、跨平台和跨语言等特征。

（一）标准化

XBRL 最根本的理念，是按统一的标准定义概念和概念的属性，以及概念之间和概念与资源之间的关系，实现 XBRL 格式和语义的标准化。XBRL 当前已被广泛接受和采纳，根据 XBRL 国际组织 CEO John Turner 2015 年在 XBRL 国际组织大会上的演讲信息，截至 2015 年 9 月份，全球已有超过 50 个国家、超过 100 家监管机构在使用 XBRL，XBRL 的报送者已超过 1 000 万家，XBRL 的广泛应用大大降低了商业报告格式和语义的不一致性。

（二）结构化

正是因为 XBRL 统一为概念定义了属性和关系，实现了概念和概念关系的结构化，使得计算机可以自动识别、自动验证和自动处理。自动识别可以降低数据处理的成本，提高数据处理的效率；自动验证可以提高数据的准确性和可靠性；自动处理可以从容应对大数据，深层挖掘数据价值。

（三）可扩展

XBRL 是从 XML 衍生而来的，基本原理是采用元素表示标准化的概念，采用链接库表示概念之间和概念与资源之间的关系。不同层次的主体，可以基于上层主体定义的概念和关系，根据实际需要，扩展自身需要的概念和关系。同一主体，也可基于前期定义的概念和关系，根据业务需要，对概念和关系进行扩展。这种扩展理念，有助于分类标准在一定程度上保持一致性和灵活性，从而满足不同层次的信息收集需求。

（四）跨平台

正是因为起源于 XML，XBRL 生来就是一种标记语言，可以不依赖于任何数据库、任何应用系统、任何操作系统、任何服务器型号、任何网络类型，具有跨计算机软硬件平台的特性。正是这种平台独立性，使得 XBRL 格式的数据可以在不同的平台之间进行自由的交换和传递。

（五）跨语言

借助于标签链接库，XBRL 可以给同一概念定义不同语言下的标签，满足同一概念在不同人类自然语言下的展现需要。如资产的中文标签可定义为"资产"，英文标签可定义为"assets"，如此一来，同一资产数值，既可以呈现为中文报表中的数据项，又可以展现为英文或其他语言报表中的数据项。当然，XBRL 还可以为同一概念定义不同情境下的标签，如资产的期初值、期末值、合计值等。

三、XBRL 的效益

据 XBRL 国际组织的总结和分析，XBRL 能为业务报告和分析的各个环节带来重要效益，这些环节的主体可能包括：企业、会计人员、监管者、证券交易所、投资分析师、财务数据供应商、债权人和 IT 厂商等；效益主要表现为自动化（automation）、成本节约（cost saving）、数据处理更快捷（faster）、更真实（reliable）、更准确（accurate），可改进分析，可提升信息质量和决策质量等。

（一）企业效益

借助 XBRL 标准化的数据格式和数据定义，企业替换专有系统和软件的难度和成本均可下降，可以更加快速、可靠地完成跨部门、跨分子公司的业务报告合并，从而提高财务数据的准确性和可靠性，使得企业的主要数据工作从收集和准备转向分析、预测和决策。当然，通过 XBRL，企业还可以提供更加透明、友好的信息，更有效地在网上与投资者沟通，从而改善与投资者之间的关系。在嵌入式报送以及 SBR（标准商业报告）的项目中，XBRL 还能够简化监管报送过程、降低监管报送成本；在向银行和监管部门报送 XBRL 时，企业还可以从银行和监管部门得到更快速的回应。

（二）会计人员效益

借助 XBRL，会计人员可以更及时地获取更加可靠的公司财务数据，大大减少收集和分析数据的工作量和成本，利用 XBRL 软件提高工作效率和速度，通过自动化数据处理简化会计工作，将更多的时间和精力投入到财务数据分析和增值工作。

（三）监管者效益

借助 XBRL，监管者可自动获取数据，省去了重新输入、重新格式化等"翻译"工作。通过日常工作的自动化大幅降低成本，更加快速、有效和可靠地进行数据分析和比较，通过监控数据和业务活动快速、可靠地作出判断，有更多精力关注分析、决策和处理监管事宜，而非数据操作，可以提供更快捷、更有针对性的回复，从而大大提高监管报送的效率、降低监管成本。

（四）证券交易所效益

借助 XBRL，证券交易所可以更有效、更全面、更可靠地收集上市公司的数据，并提升数据产品（提供给机构和个人投资者）的价值和竞争优势。

（五）投资分析师效益

XBRL 的广泛使用，加强了市场信息的透明度和稳健性，使得公司财务数据更加透明、明晰和一致，使得投资分析师能够处理和比较更广范围、更深层次的信息，如借助更强有力的工具进行分析、比较和对标，借助更有效的手段定位特定公司数据，更快速地筛选用于比较和分析的公司数据等。

（六）财务数据供应商效益

借助 XBRL，财务数据供应商能够以标准化的、可预见的形式获取公司财务数据，通过数据收集和存储的自动化大大降低成本，工作量从数据收集转向数据分析，就公司财务业绩提供更快速、更清晰、更深入、更准确的见解，基于 XBRL 数据生产出更丰富、更有用的数据产品。

（七）债权人效益

借助 XBRL，银行、借贷机构和信誉管理等债权人，可通过自动化报告更快速、更可靠地获取数据，降低处理数据的成本，通过自动化过程更可靠、更充分、更有效地比较和分析财务数据，更快速、更有效地追踪财务业绩，更科学地达成决定，更快速地响应客户，更容易获得风险评估所需数据。

（八）IT 厂商效益

借助 XBRL，软件厂商、系统厂商等 IT 厂商，可采用数据标准转换业务和财务信息，避免由竞争性专有标准引起的商业冲突和客户激化，可开发软件支持 XBRL 数据的编报、发布和收集，可开发软件用于筛选、比较和分析 XBRL 格式的财务数据，最终通过一系列的商业活动提升企业的价值。

第三节　XBRL 的起源与发展

一、XBRL 的起源

XBRL 技术产生于特定的历史时期，并在 XBRL 国际组织和各国政府监管机构的推动下得到了迅速的发展。

（一）从 XML 到 XBRL

1998 年 2 月，万维网联盟（W3C）正式批准了可扩展标记语言（eXtensible Markup Language，简称 XML）的标准定义，可扩展标记语言可以对文档和数据进行结构化处理，从而能够在部门、客户和供应商之间进行交换，实现动态内容生成、企业集成和应用开发。查尔斯·霍夫曼，一名美国的注册会计师，正在帮助一家小型企业整理财务状况，并整合该企业的会计系统。当他看到 XML 标准的最新研究进展时，立刻意识到这是解决财务数据共享的关键。1998 年 4 月，查尔斯·霍夫曼开始研究使用 XML 记录财务数据、编制电子报表的可能性。之后，在美国注册会计师协会（AICPA）的支持下，一群新技术的爱好者制作了最初的技术原型，并将之命名为 XFRML（eXtensible Financial Reporting Markup Language）。1999 年 7 月 17 日，AICPA 的董事会同意资助该项目。1999 年 10 月，AICPA 和来自 13 家公司的成员召开了第一次 XFRML 官方会议，成立了 XFRML 指导委员会，开始标准的研发工作。之后，在各方的努力下，2000年7月31日发布了该标准的第一个版本。此时，正式名称已被更改为 XBRL，成员也由最初的13家公司扩大到50家公司，美国证券交易委员会（SEC）也表示了兴趣。更重要的是，AICPA 决定将这一标准开源，变成一个活的公共标准，而非专用标准。此后，多个国家加入了标准制定及应用的过程中。至今最新的版本是2003年12月发布的 XBRL 2.1 技术规范。

下面以一个简单的应用为例（见图1-7）说明财务数据格式演变的过程：

为了记录某公司的流动资产情况，传统的方式是在账本中记录流动资产下的各个科目及对应数字，如货币资金、应收账款、存货分别有多少。

在互联网出现后，如果要将传统的账本搬到网上，让人们通过互联网查阅，那么可以：①发布一份 PDF 或者 Word 的文件；②用互联网的语言（HTML）来重新写账本。

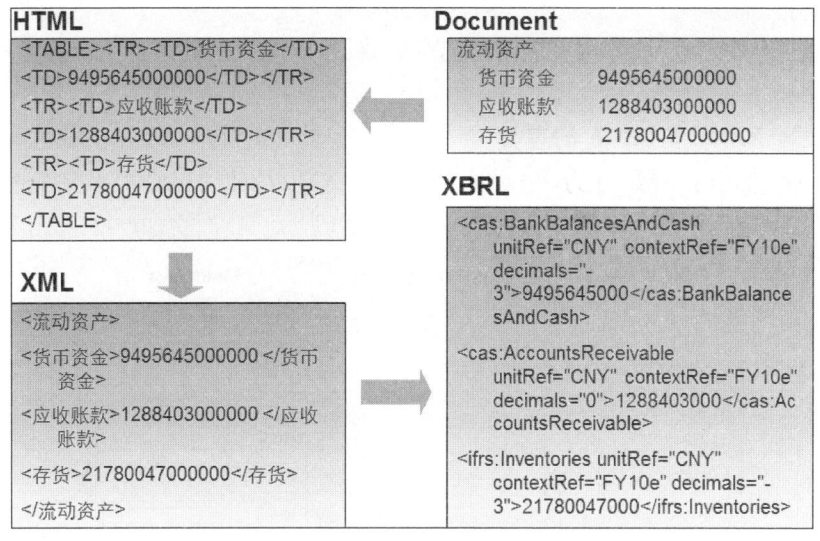

图1-7　用四种格式描述同段内容示意图

超文本标记语言（HyperText Markup Language，简称 HTML）是为"网页创建和其他可在网页浏览器中看到的信息"设计的一种标记语言。HTML 被用来对标题、段落和列表等信息进行结构化描述，也可用来描述文档的外观和语义。从本质上而言，HTML 语言是表示外观的一种语言，它可以告诉你哪些是标题，哪些是段落，哪些是表格，哪些是图片；但是却无法区分段落、表格、图片的含义，货币资金和应收账款对于 HTML 只是一些无意义的符号。

可扩展标记语言，恰恰相反，它并不在乎外观，XML 将数据标记为计算机所能理解的信息符号。通过此种标记，计算机可以直接处理包含各种信息的文件。例如，利用 XML 标记，计算机可以知道，有一个"货币资金"的概念，它的数值是 9495645000000。

XBRL 在此基础上更进了一步。由于财务概念非常复杂,XBRL 将定义财务概念的元数据汇总并规范化,更加清晰地表达财务概念。如果 XML 是快照,那么 XBRL 就是 X 光。在图 1-7 所示的例子中,计算机可以知道这些信息:

cas	→	该财务概念隶属于我国颁布的企业会计准则体系
BankBalancesAndCash	→	通过字典(官方机构颁布的分类标准)可知该项目为货币资金
unitRef="CNY"	→	单位为人民币元
contextRef="FY10e"	→	该项目的上下文为 FY10e,上下文标明了该概念的时间范围、单位、符号等背景信息
decimals="－3"	→	精度为－3
值	→	9495645000000

通过这种方式,计算机可以清楚地定位数据,以此为基础进行更加复杂的运算及判断。

(二) XBRL 与 XML 的差异

XBRL 使用了 XML 作为基本的语言载体,对 XML 的使用有了限制,并在此基础上建立了一套应用体系。XBRL 可以扩展,但技术实现上比 XML 更加严格(见图 1-8)。

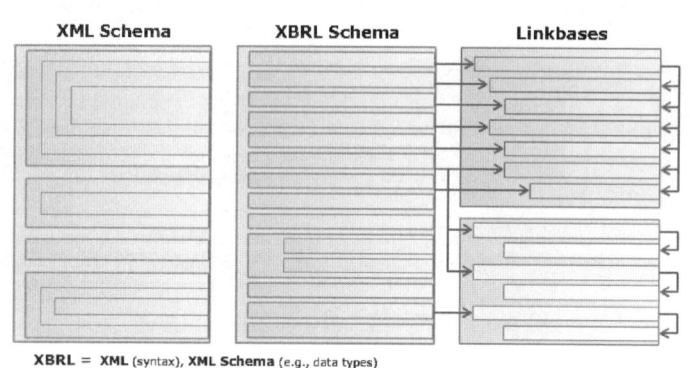

图 1-8　XBRL 和 XML 关系示意图

(1) XBRL 使用了 XML 的语法和数据结构。XML 本身对语法结构和数据结构有严格的限定,XBRL 继承了这一点。

(2) XBRL 使用了命名空间(Namespace)的概念来标识版本。由于财务活动是一个延续性活动,今年的财务概念集合与去年的相同,而又有可能有所发展。如果遇到财务准则变化、监管者对信息披露的要求变化,则需要通过某种方式进行记录。XBRL 技术使用了命名空间,标明所使用的财务概念所在的位置及版本。

(3) XBRL 大量使用了 XLink 和 XPointer 技术来表示元素间的关系。由于 XML 本身是描述数据结构的语言,并不解决数据的表现形式和数据与数据之间的关系,而财务概念中,对数据表现和数据之间的关系都有表达的需求,因此 XBRL 采用了链接库(Linkbase)的技术满足这些需求,通过不同的链接库,将元素关联起来(XLink),从而表达元素之间的位置、计算等关系。

(4) 更加灵活的规则,如某些业务场景不希望使用某些关系,那么可以禁用。

综合来说,XBRL 引入了语义的概念,通过各种链接库,创建了一个完整的知识库,基于该知识库所形成的数据,可以被分享和再利用。

二、XBRL 组织与技术发展

(一) XBRL 的技术和组织发展情况

XBRL 组织在 2003 年 12 月发布了 XBRL 基本技术规范 2.1 版,在此之后的各个技术规范都是基于 2.1 规范的应用扩展。例如,维度技术规范,是为了解决银行业处理大量多维表格的问题;Inline 技术规范是为了解决 XBRL 实例文档在互联网上的展示效果问题(见图 1-9)。

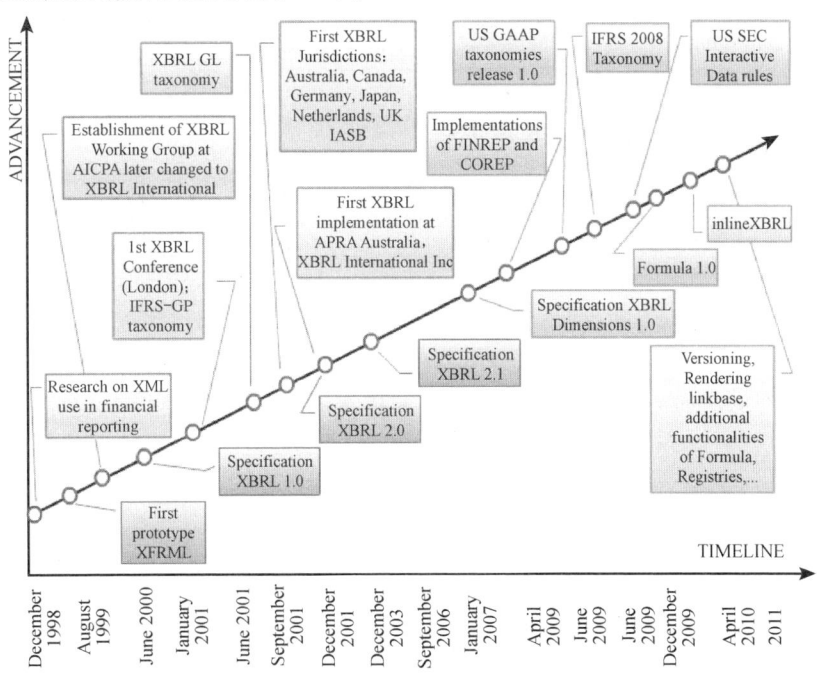

图 1-9　XBRL 技术发展示意图

XBRL的应用自2001年起遍布全球各大洲,包括澳大利亚、日本、美国、中国、欧盟、英国、印度等各个国家的重要监管机构均将XBRL视为官方认可的信息披露标准语言。这种广泛的认可度一方面是由于XBRL技术本身能够解决财务信息交换领域的实际问题,另一方面也依靠XBRL国际组织的大力推动。

XBRL国际组织(XBRL International Inc.,简称XII,网址:https://www.xbrl.org/)是一个全球性的非营利组织,致力于推动XBRL标准的应用,以提高商业报告交换的效率,从而造福大众。XII实行公司会员制,来自全球各地的会员志愿者联手协作,制定并维护各项标准。目前XII的成员已经超过550家,这些成员分布于50多个国家中。

XBRL国际组织由指导委员会、会员大会、地区组织、会员及日常运营人员组成:

(1) 指导委员会:是XBRL国际组织最重要的管理机构,由各国各界资深领导人及专家组成。指导委员会负责进行战略决策、制定长期发展目标。

(2) 会员大会:由全体成员组成,负责选举指导委员会;选举各工作组的成员及主席;审议批准年度预算及审计报告;批准各项对章程的修订案。

(3) 地区组织:是XBRL国际组织认可的,在各地推广XBRL应用的机构,与本地的商业、监管机构合作,推动地区分类标准制定及应用,提供教育及培训等。

(4) 会员:XBRL国际组织是个会员机构,符合条件的公司及个人可以加入XBRL国际组织或者地区组织成为会员。

(5) 日常运营人员:提供日常运营的支持,包括定期举办国际会议,促进XBRL技术的交流及应用等。

(二) 我国XBRL组织和技术发展

我国的XBRL发展按照时间顺序大致可划分成证券监管行业发展和国家通用分类标准制定和实施两大阶段。

1. 证券监管行业XBRL发展

2002年5月,中国证券监督管理委员会(以下简称证监会)将XBRL选定为电子化披露的格式标准,制定了《上市公司信息披露电子化规范》,后历经多次修订,在2004年1月通过全国金融标准化技术委员会审批后,于2005年6月正式颁布实施。

2004年,上海证券交易所(以下简称上交所)开始进行XBRL应用的尝试;2005年1月,深圳证券交易所(以下简称深交所)开始实现全部上市公司的年度XBRL报告制作。作为报告的制作基础,上交所和深交所制定的XBRL分类标准主要围绕上市公司的信息披露规范制定,参考的依据包括监管机构和交易所对上市公司的相关披露要求。2005年9月,上交所组织开发的上市公司信息披露分类标准获得XBRL国际组织的认可级认证。

第一章
XBRL基础知识

2008年1月,证监会启动基金信息披露XBRL项目,发布了《证券投资基金信息披露XBRL标引规范》,将XBRL的应用从证券业的应用拓展到了基金行业。

2. 国家XBRL组织成立及通用分类标准的制定

2008年11月,财政部为统筹中国XBRL事业的发展,牵头组织中国银行业监督管理委员会(以下简称银监会)、证监会、中华人民共和国保险监督管理委员会(以下简称保监会)、国务院国有资产监督管理委员会(以下简称国资委)、审计署、中国人民银行、国家税务总局、工业和信息化部等多个部门联合成立了中国会计信息化委员会和XBRL中国地区组织。为普及XBRL知识,中国地区组织还开设了官方网站http://www.xbrl-cn.org,并利用这一平台向外界宣传中国XBRL实施成果和发展动态,积极推动XBRL的相关应用,目前这一网站委托上海国家会计学院代为管理。

2010年10月,财政部发布了企业会计准则通用分类标准,国家标准化管理委员会同时发布了财政部组织制定的XBRL技术规范系列国家标准。两项标准的制定发布,标志着XBRL在我国的各项应用有了全国性的统一架构和规范。

自2011年起,财政部组织开展了通用分类标准实施工作。2011年12月银监会在财政部发布的通用分类标准的基础上发布了银行监管报表扩展分类标准,2014年9月,国资委也在财政部发布的通用分类标准的基础上发布中央国有企业监管报表扩展分类标准,这些监管部门扩展分类标准的颁布使中国XBRL的应用开始走向了纵深。

有关XBRL的具体应用现状可见本章第五节。

第四节　XBRL的技术架构

一、XBRL的技术架构概述

XBRL技术架构大致可划分为技术规范、分类标准和实例文档三层,这三者之间的关系如图1-10所示。

二、技术规范

XBRL是一项开放标准,由一系列技术规范(specifications)组成,详细内容可参见XBRL国际组织的技术规范子网站http://specifications.xbrl.org/。技术规范定义了XBRL的语法规则,用以规范分类标准和实例文档的创建和使用方式,由XBRL国际组织负责制定和维护,是全球通用的技术标准。用户可以免费获取XBRL技术规范,且无需许可(license)授权费用。

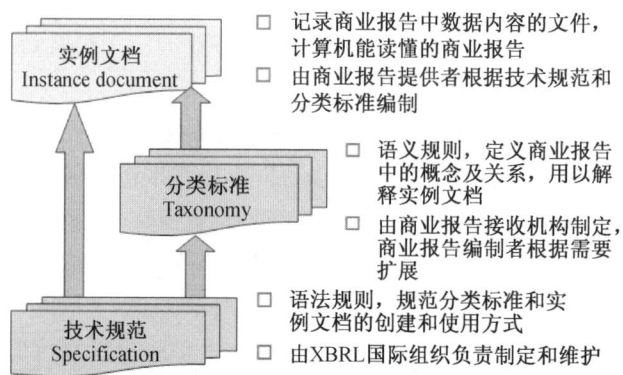

图1-10 XBRL的技术架构

XBRL 2.1 specification,是最新版本的XBRL技术规范,也是最为基础的技术规范,中文称为"基础技术规范",告诉我们如何定义分类标准,如何创建实例文档。The XBRL Dimensions specification,中文通常译为"维度技术规范",告诉我们如何定义多维数据的分类标准,如何报告多维的事实值。Inline XBRL(or iXBRL) specification,中文通常译为"网页集成式XBRL",将XBRL代码嵌入HTML文档,从而可以将XBRL报告展示为人类可读的HTML格式。Table Linkbase,中文通常译为"表链接库",用于展示或收集人类可读表格或模板中的复杂数据。The Formula specification,中文通常译为"公式链接库",可以在分类标准中定义和运行业务逻辑规则,用来测试实例文档中所含数据的逻辑正确性,也可用于创建新值。The XBRL Global Ledger taxonomy(简称XBRL GL),中文称为"全球分类账分类标准,是一个处理、交换、积累和集成交易数据的框架,支持全方位向下钻取数据功能。The Versioning specification,中文通常译为"版本技术规范",用以记录不同时间段内分类标准版本之间的变化。The Streaming specification,中文通常译为"流技术规范",支持XBRL大数据的处理。

我国采用修改引用的方式,引入XBRL国际组织发布的XBRL技术规范,并由国家标准化管理委员会于2010年10月发布为《可扩展商业报告语言(XBRL)技术规范》(GB/T 25500—2010)系列国家标准,该标准具体包括了基础、维度、公式和版本四个技术规范。

三、分类标准

XBRL分类标准,定义了商业报告中概念及其关系的语义规则,用以解释实例文档,一般由接收商业报告的机构,如证券交易所、税务局、中央银行、统计局等机构根据商业报告的规则制定,商业报告的编制者,如企业、被监管对象等,通常根据自身的实际需要对分类标准进行个性化的扩展。

从技术角度而言,XBRL 分类标准是遵循 XBRL 技术规范的 XML 模式文件和 XBRL 链接库文件的组合。从业务角度而言,XBRL 分类标准是商业报告中商业概念、概念之间关系、概念和资源之间关系的集合。

综合技术和业务两个角度,XBRL 分类标准由模式文件和链接库文件组成,模式文件中存储概念和概念的属性,链接库文件中存储概念之间的关系(以双向箭头表示),以及概念和资源之间的关系(以单向箭头表示),具体如图 1-11 所示。

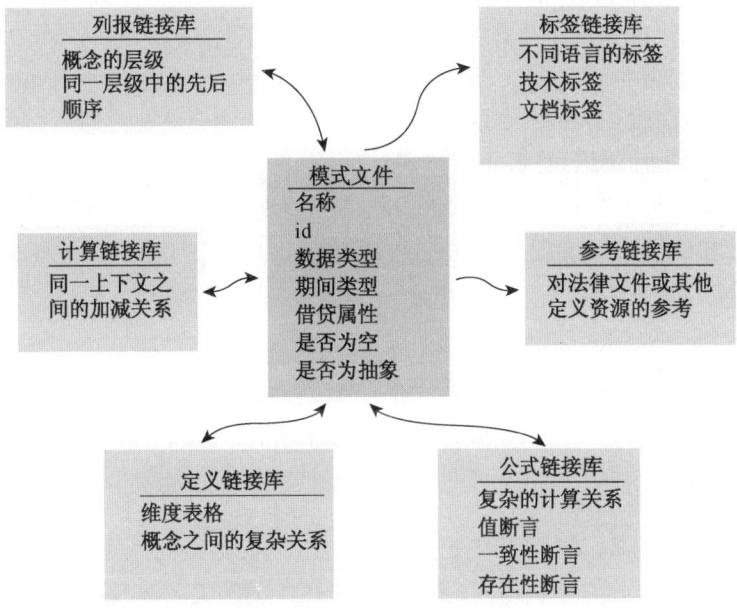

图 1-11 分类标准的构成

(一) 模式文件

在财务报告领域,模式文件定义了财务报告中的会计概念及这些概念的属性,图 1-12 中定义了应收账款这个概念的属性,包括名称、id、贷款方向、期间类型等。

```
<xsd:element name="AccountsReceivable" id="cas_AccountsReceivable"
type="xbrli:monetaryItemType" substitutionGroup="xbrli:item" abstract="false" nillable="true"
xbrli:balance="debit" xbrli:periodType="instant"/>
```

图 1-12 概念及其属性定义

财务报告领域的 XBRL 分类标准,一般由企业会计准则的制定机构统一制定与维护,以保证报告和标准之间的一致性。如国际财务报告准则和国际财务报告准则分类标准统一由国际财务报告准则基金会制定,美国公认会计原则和美国公认会计原则分类标准统一由美国财务会计准则委员会制定,我国企业会计准则和企业会计准则通用分类标准统一由财政部制定。

在实务工作中,企业会计准则通用分类标准不可能覆盖任何一家企业的全部财务报告内容,也没有两家监管机构对财务信息的监管信息要求完全一致。为此,企业可以根据报告需要,监管机构可以根据特定监管要求,在企业会计准则通用分类标准的基础上,制定特定的扩展分类标准。例如,中国石油因列报需要,在2013年报分类标准中扩展了"资源税税率"这一元素:其名称为资源税税率"ResourceTaxRate";其唯一的标识符为"ptr_ResourceTaxRates",ptr是中国石油的元素命名前缀;其数据类型为百分比型"percentItemType";其替代组属性为一般数据项"item",而不是超立方体或维度;该元素在填制实例文档的过程中可以为空;其期间类型为时期型"duration",如2013-01-01—2013-12-31;该元素是实元素,在编制实例文档的过程中可以赋予事实值。该元素的具体定义如图1-13所示。

```
<xs:element name="ResourceTaxRates" id="ptr_ResourceTaxRates" type="num:percentItemType"
substitutionGroup="xbrli:item" nillable="true" xbrli:periodType="duration" abstract="false"/>
```

图1-13　元素扩展示例

(二)列报链接库

列报链接库用来定义元素与元素在列报上的层级和顺序关系。如在2015版通用分类标准的合并资产负债表(见图1-14)中,层次关系表现为"资产包括流动资产和非流动资产",顺序关系表现为"流动资产在前,非流动资产在后"。其中,层次关系使用弧角色来表示,"parent-child"表示资产和流动资产之间是父子关系;顺序关系使用弧序号(order)来表示,流动资产的order为10.0,非流动资产的order为20.0,表示同一层次(资产的子元素)中,流动资产在非流动资产的前面。

为保证通用分类标准的可扩展性,通用分类标准在对弧序号进行定义时,保留了一位小数,以便企业扩展时在不影响通用分类标准原有列报顺序的基础上增加列报项目。

(三)计算链接库

计算链接库用来定义元素间的简单数值计算关系,在2015版通用分类标准的合并资产负债表(见图1-15)中,计算关系表现为"资产=流动资产+非流动资产"。计算关系使用弧角色来表示,"summation-item"表示资产和流动资产之间是汇总与个别的关系;加减用权重(weight)来表示,1.0为加,−1.0为减,流动资产

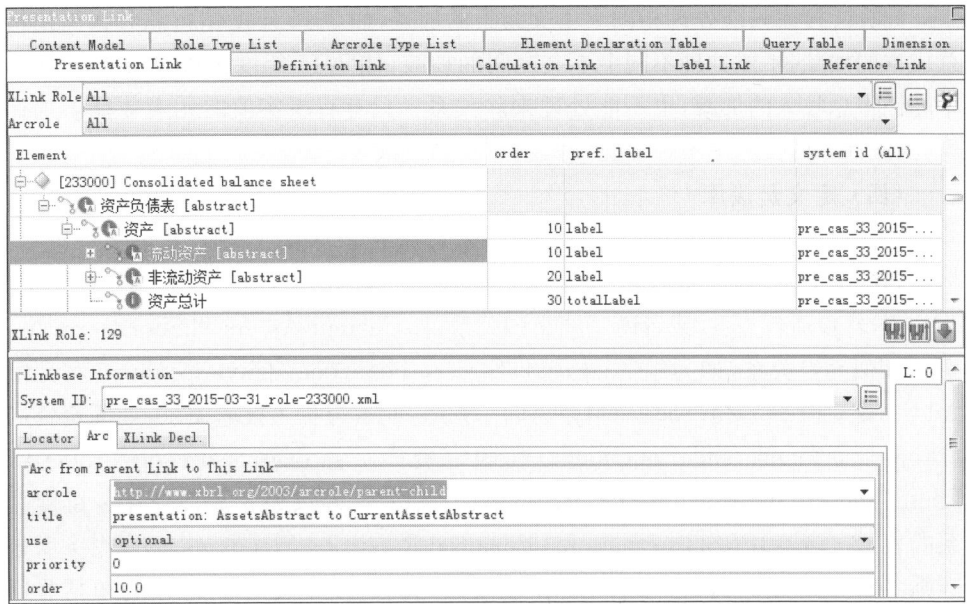

图 1-14 列报链接库示例

的 weight 为 1.0,非流动资产的 weight 也为 1.0,表示资产的金额为流动资产与非流动资产的合计值。

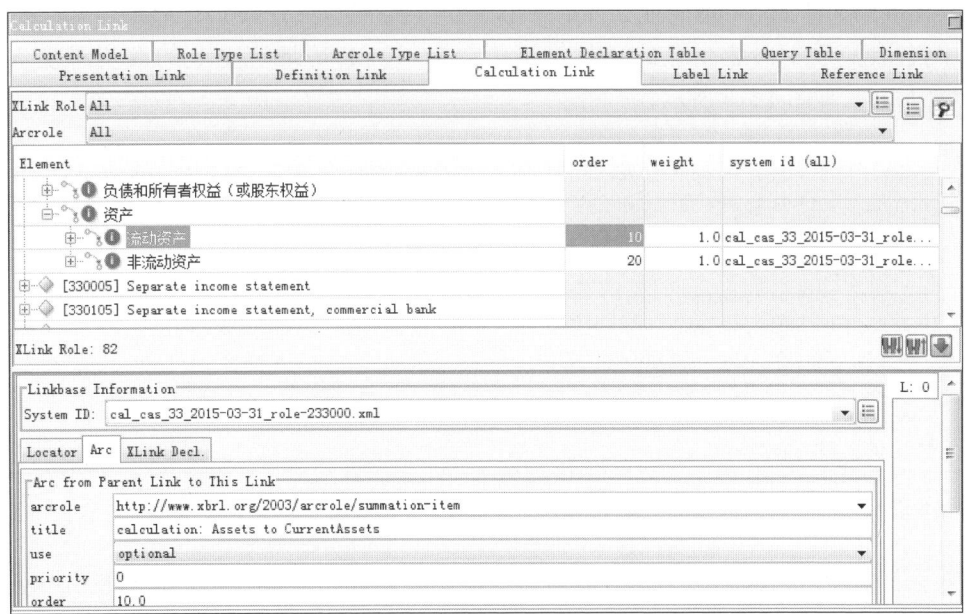

图 1-15 计算链接库示例

计算链接库只能处理相同上下文元素的加减,如 2015 年度销售总收入与销售总成本的加减,不能处理不同上下文之间的加减,如 2015 年度销售总收入与 2014 年度销售总收入的加减,也不能处理乘除关系。只有有事实值的元素才能参加计算,因此计算链接库中不存在虚元素。

(四)定义链接库

定义链接库,用来定义元素间的复杂关系和维度表格。其中,复杂关系包括:一般和特殊关系,如 post code 是国际上通用的邮编的英文译法,而美国则使用 zip code;本名和别名关系,或者说是同义词关系,如 Current Assets 和 Short-term Assets;相似元组关系,如元组 Address1(Street,Post-code,City,Country)和元组 Address2(Street,Zip-code,City)为同一元组;元素与相关披露关系,如固定资产(Property,Plant,and Equipment)和固定资产披露(Disclosure on Property,Plant,and Equipment)。除了这四种复杂关系以外,定义链接库广泛用于维度关系的表示。借鉴 IFRS(International Financial Reporting Standards,国际财务报告准则)分类标准的架构,通用分类标准主要用定义链接库表达维度关系,包括非通用维度和通用维度。

1. 非通用维度

非通用维度,是指只能用于某一扩展链接角色中的维度。通用分类标准中绝大多数的维度皆为非通用维度。非通用维度的文件名包含前缀"def_",位于每项具体准则文件夹下,如《企业会计准则第 1 号——存货》文件夹 cas_1_2015-03-31 中,包含一般工商业企业的存货维度表(801110)和房地产企业的存货维度表(801120),如图 1-16 所示。

图 1-16 非通用维度文件示例

其中,一般工商业企业的存货增减变动表定义如图 1-17 所示。弧角色有"hypercube-dimension""dimension-domain""domain-member"和"dimension-default"四类,分别代表"超立方体-维""维-域""域-域成员"和"维-默认值"四种链接关系。

其中,"domain-member"表示某一维度的具体分类,如存货中包含在途物资、原材料等;"dimension-default"表示该维度的合计值,即"存货合计"一值。该维度表格的具体展现形式如图 1-18 所示。

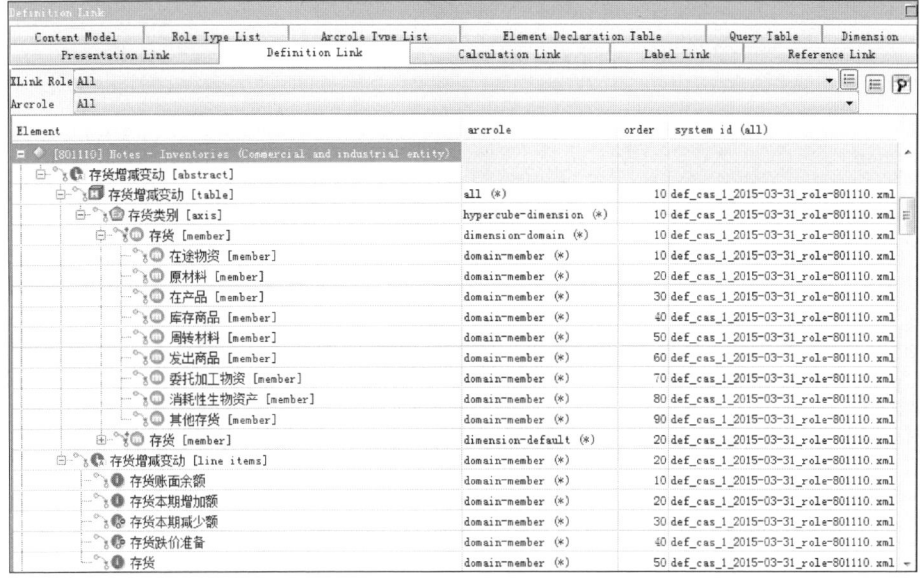

图 1-17 非通用维度定义示例

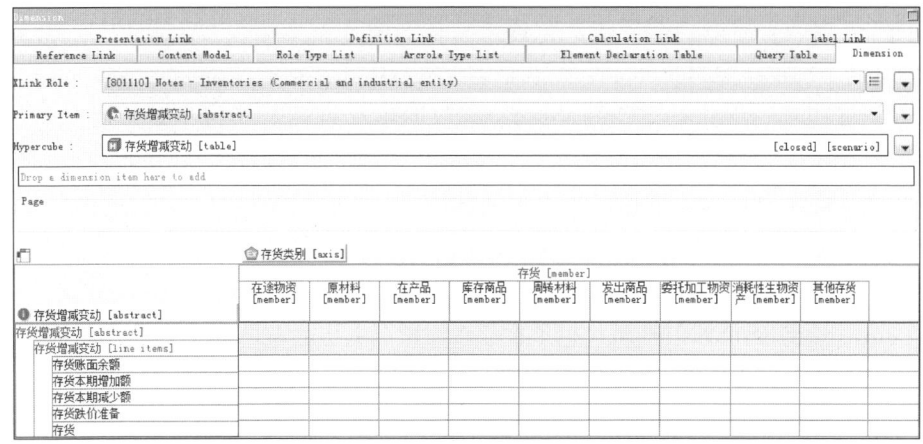

图 1-18 非通用维度展现示例

2. 通用维度

通用维度,是指可以用于不同扩展链接角色中的维度。通用分类标准中包含三个通用维度:追溯应用和追溯重述、创建日期、合并和个别财务报表。通用维度的文件名包含前缀"dim_",位于通用维度文件夹下,相对路径为"cas_20150331\cas\dimensions",文件夹内容如图1-19所示。

名称	修改日期	类型	大小
dim_cas_2015-03-31_role-901000.xml	2015-03-27 17:45	HTML 文档	6 KB
dim_cas_2015-03-31_role-902000.xml	2015-03-27 17:45	HTML 文档	4 KB
dim_cas_2015-03-31_role-904000.xml	2015-03-27 17:45	HTML 文档	5 KB
gla_cas_dim_2015-03-31-cn.xml	2015-03-27 17:45	HTML 文档	4 KB
gla_cas_dim_2015-03-31-en.xml	2015-03-27 17:45	HTML 文档	4 KB
pre_cas_2015-03-31_role-901000.xml	2015-03-27 17:45	HTML 文档	4 KB
pre_cas_2015-03-31_role-902000.xml	2015-03-27 17:45	HTML 文档	2 KB
pre_cas_2015-03-31_role-904000.xml	2015-03-27 17:45	HTML 文档	3 KB
rol_cas_dim_2015-03-31.xsd	2015-03-23 1:28	XSD 文件	3 KB

图1-19 通用维度文件示例

(五)标签链接库

标签链接库用于表示元素与其显示名称之间的对应关系,将元素与人容易理解和阅读的常用字符串联系起来。在定义元素标签时,应遵循可读、简明、一致的命名规则。在通用分类标准中,标签分为中文标签和英文标签。元素的标签包含各类角色,如标准标签、表示合计值的合计标签、表示负值的负值标签等,都位于文件夹"\cas_20150331\cas\labels",中文标签存储在文件"lab_cas_2015-03-31-cn.xml"中,英文标签存储在文件"lab_cas_2015-03-31-en.xml"中。如元素"Assets"有四个标签:两个中文标签"资产""资产总计",两个英文标签"Assets""Total Assets",两个标准标签"label",两个合计标签"totalLabel"。具体如图1-20所示。

扩展链接角色中需要显示为负数形式的概念,通用分类标准使用负值标签。在给元素赋值过程中,企业只需录入金额的绝对值,而不必规定其正负属性,计算机自动为需要显示为负数形式的事实值,添加负号或增加表示负号的括号。

扩展链接角色的标签,只有标准标签,位于每项具体准则文件夹下,如《企业会计准则第1号——存货》文件夹"cas_1_2015-03-31"中,中文标签存储在文件"gla_cas_1_2015-03-31-cn.xml"中,英文标签存储在文件"gla_cas_1_2015-03-31-en.xml"。

(六)参考链接库

参考链接库将概念和各类参考资源连接起来。通用分类标准采用参考链接库,来说明元素与具体会计准则之间的对应关系,明确元素来源的法规依据,便于查找每个元素的具体会计含义。如通用分类标准对"货币资金"进行定义时,参考了《企业会计准则第30号——财务报表列报》《企业会计准则第37号——金融工具列报》和《企业会计准则第33号——合并财务报表》,共计三项准则。具体如图1-21所示。

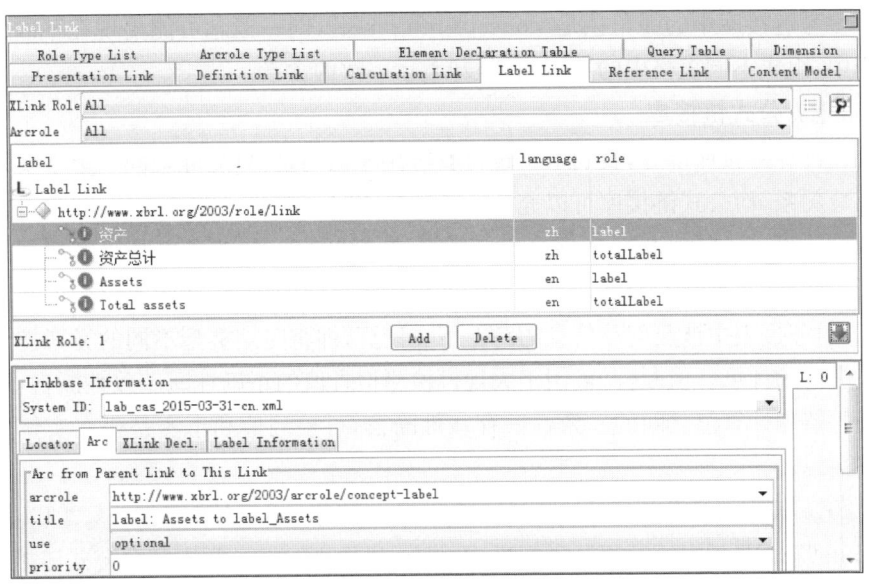

图 1-20 标签链接库示例

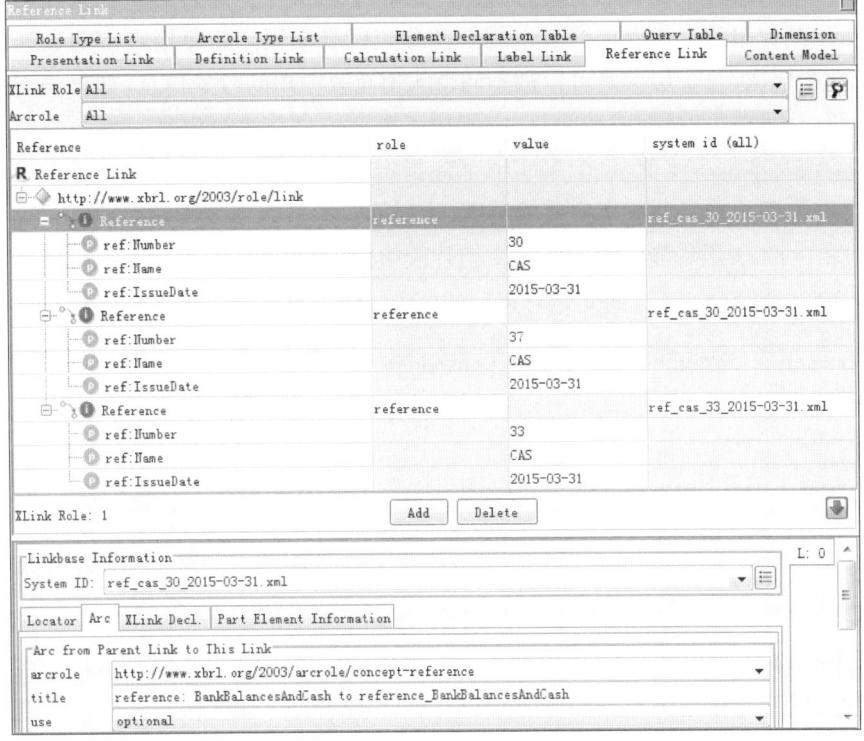

图 1-21 参考链接库示例

参考链接库中的弧角色是"concept-reference",同一概念可能出现在不同的准则当中,组成不同表格中的数据项,但却表示一致的含义。

(七)公式链接库

在计算链接库部分,我们曾讲过计算链接库的不足:只能处理同一上下文之间的加减关系,而公式链接库可以充分弥补这种不足。在公式链接库中,我们可以进行四种运算:公式、值断言、一致性断言和存在性断言。公式可以基于实例文档中的报告数据,产生新的数据,实现:①维度域成员之间的计算;②元素之间的乘除计算;③财务报表中涉及变动信息的跨上下文计算,即将时期类型不同的元素按会计意义进行的计算。值断言,可用于大规模检测报告值的正确性。一致性断言,可检测报告值和计算值之间的一致性。存在性断言,可检测值和事实是否在实例文档中存在。

2010版本的通用分类标准中包括公式链接库,相对路径为"cas_20100930\formula",2015版本的通用分类标准中,借鉴IFRS的做法,暂未包含公式链接库。

四、实例文档

XBRL实例文档,是记录商业报告中数据内容的文件,是计算机能读懂的商业报告,由商业报告提供者根据技术规范和分类标准编制。商业报告中的数据内容涵盖两个层次,一个层次是可以被不同事实值重复使用的背景信息,如报告实体的标识符、计量单位、日期或期间等,它们应于事实值之前进行定义。另一个层次是数字的或文本的事实值,每个事实值都应指定报告实体的标识符、计量单位、日期或期间,之后再定义这些事实值的精度、注释等。

图1-22所示华能国际的实例文档片段中,报告实体标识符是工商行政管理注册号100000400004967,期间是时点型的2013年12月31日,计量单位是ISO国际

```
- <xbrli:context id="Balance_20131231_ConsolidatedMember">
  - <xbrli:entity>
      <xbrli:identifier scheme="http://www.saic.gov.cn/">100000400004967</xbrli:identifier>
    </xbrli:entity>
  - <xbrli:period>
      <xbrli:instant>2013-12-31</xbrli:instant>
    </xbrli:period>
  </xbrli:context>
- <xbrli:unit id="CNY">
    <xbrli:measure>iso4217:CNY</xbrli:measure>
  </xbrli:unit>
<cas:AccountsReceivable contextRef="Balance_20131231_ConsolidatedMember"
unitRef="CNY" decimals="0">14806790255</cas:AccountsReceivable>
```

图1-22 实例文档代码片段

标准4217中的货币编码CNY,元素是合并资产负债表中的应收账款合并金额,精度是0,数值是14806790255。当计算机读到这三段代码后,可以获得如下信息:华能国际2013年12月31日,合并资产负债表中应收账款的合并金额是14 806 790 255元。

在实例文档编辑工具中,可以看到该信息的展现样式。其中,资产负债表的结构源于分类标准的列报链接库,维度划分来自分类标准的定义链接库,应收账款的背景信息来自实例文档中上下文的定义,单位信息来自实例文档中单位的定义,同一上下文和单位,可以被不同的数值所引用。应收账款的数值直接在实例文档的表格中录入,精度和脚注与具体数值相对应,具体如图1-23所示。

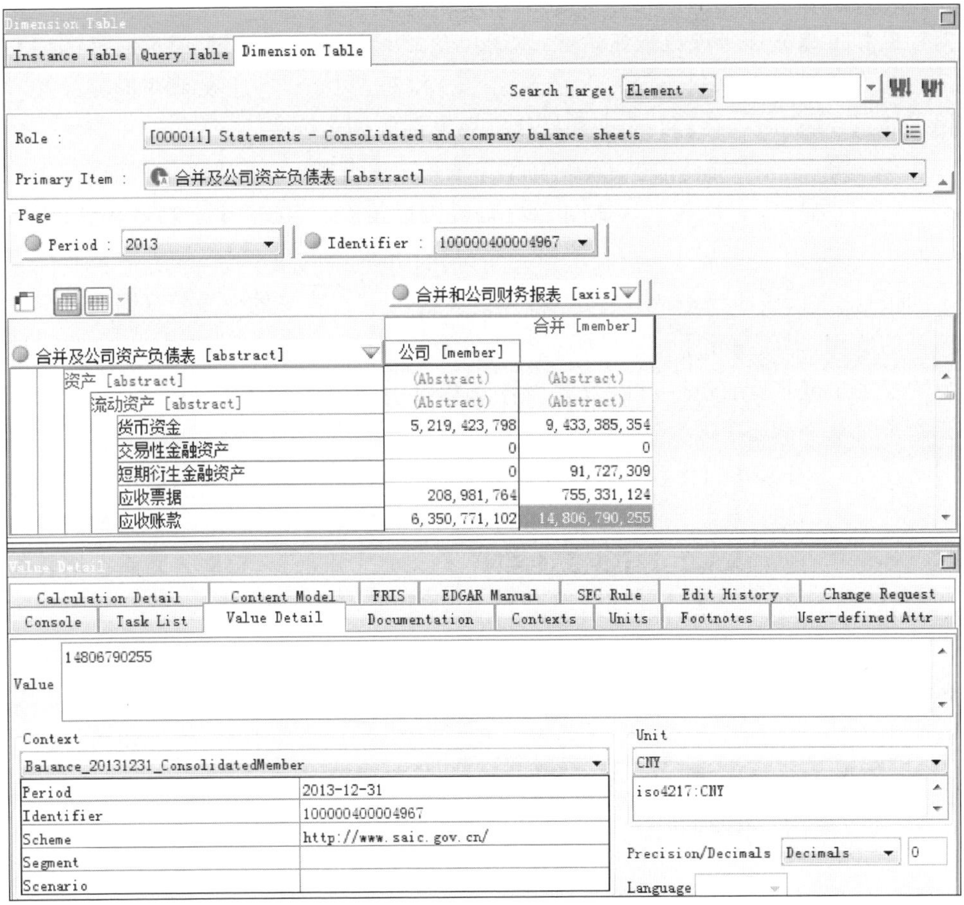

图1-23 实例文档展现片段

第五节　XBRL的国内外应用现状

一、国际应用现状

目前,一些国际组织和一些国家的政府监管机构及商业机构都实施了XBRL应用项目,并取得了良好的成效,截至2015年年底,XBRL国际组织的会员已达550多家,覆盖了50多个国家和地区。XBRL已毫无悬念地成为未来电子财务报告的国际通行标准。以下介绍一些国际上典型的XBRL应用项目。

(一) 标准商业报告(SBR)项目

SBR项目是指政府联合多个部门建立单一的、标准化的报送平台,以统一的分类标准和报送流程来规范报送企业,以简化企业的信息报送行为、加快监管部门对信息的处理。SBR项目不仅要求报告在内容和格式上统一,还要求在提交或接收报告的过程中以及在识别、认证和授权方法上都能做到统一。

在澳大利亚的SBR项目中,政府联合ATO(澳大利亚税务局)、APRA(澳大利亚审慎监管局)、ASIC(澳大利亚证券投资管理委员会)、ABS(澳大利亚统计局)等多个机构,理清各机构要求企业填报的信息,合并其中的重要部分,统一企业需报送的报告,并借助于先进的软件工具,为企业提供了一对多的信息报送平台。SBR项目的应用,不仅简化了企业的报送行为,减少了企业70%的信息负担,还为政府节约了大量成本,至少在50种政府报告中减少了所要求的特定数据元素,将数据元素数量从9 648个减少到2 838个。

在荷兰,SBR项目由税务与海关总署、商会、中央统计局、银行共同推出。该项目将企业的申报工作标准化,让企业能够轻松地重复利用信息来编制各类报表并提交各个政府监管机构。荷兰的一些银行还向通过SBR平台提交XBRL格式财务报告的中小企业提供贷款和信用优惠,通过手续费折扣、更快的响应、校验数据报告等措施,激励中小企业通过SBR平台上报XBRL财务报告,以此更好地统一客户的财务报告,并且逐渐代替先前的纸质或PDF财务报告模式。这些项目的实施应用,对银行而言,还可以更好地进行客户洞察,把握潜在客户,大大提高数据收集处理效率和数据质量,也优化了风险模型。

(二) 美国SEC项目

2006年9月,SEC利用XBRL技术建立了新的实时可交互搜索工具IDEA,以取代原有的EDGAR系统,使得财务数据处理变得简便,也避免了重复录入数据带来的错误,实现了实时获取数据并自行下载的功能。2009年,SEC授权财务信息使用XBRL填报形式,所提交的XBRL财务报告可以在SEC网站上被搜索、浏览及下载。此外,利用XBRLAnalyst可以轻松获取美国所有公司的公开财务数据,无论是单家公司数据浏览还是同行业数据比较,投资者都可以从这些公司的财务报表中获取最原始的细节数据。

(三) 英国税收项目

英国皇家税务与海关总署和工商局共同推动XBRL的应用,要求使用InlineXBRL技术来满足不同部门的要求。从2011年开始,每年有190万份公司财报和税收信息以XBRL的形式上报给海关总署。2013年,英国公司登记局开始披露XBRL格式的公司账目。2014年,英国公布了英国公认会计准则和国际财务报告准则的新分类标准。英国Inline XBRL项目的优势在于以人类可读的方式表达数据,接收者可以看到与编制者相同的界面和布局,计算机能够"智能地"识别内嵌的XBRL标签。这样可以有效提高业务数据处理的速度和效率,缩减人工程序和纸张处理。

(四) 日本央行项目

日本央行(Bank of Japan)负责监管日本的金融服务行业,包括主要银行、地区银行、外资银行和证券公司在内的560家金融服务机构。从2003年中期起日本央行开始其XBRL项目,并于2006年正式上线。目前,日本570多家金融机构的日报、周报、月报和年报使用XBRL系统向日本央行报送,日本央行因此大大减轻了数据验证等工作的负担。相比XBRL使用前,日本央行在提交报告以及将报告向使用者公布的过程中需花费大量精力用于数据验证的情况,在XBRL刚使用的前几个月,仅用于数据验证这一项的成本就降低了30%~40%。同时,参与报送的银行也非常欢迎使用XBRL,因为XBRL可以简化报送流程,特别是能够通过提交前的验证功能来发现报告中的问题。

二、国内应用现状

如本章第三节所述,我国自2008年由财政部牵头成立XBRL中国地区组织后,经多方努力,2010年成功地加入了XBRL国际组织,正式成为XBRL全球联盟的一个地区组织成员。该地区组织成立后,陆续开设了官方网站http://www.xbrl-cn.org,发布了《企业会计准则通用分类标准》和XBRL技术规范系列国家标准,并由财政部组织开展了通用分类标准的实施工作。

在此之前,证监会以监管机构的身份,于2004年开始引入XBRL技术对资本市场电子化信息披露数据进行标准化管理,建成了上交所、深交所上市公司XBRL系统。2009年,证监会成立"电子化信息披露领导小组",统筹协调推进XBRL技术的应用,先后建设和启动了证券投资基金XBRL系统、首次公开发行股票XBRL系统和XBRL注册管理平台。

目前,我国的 XBRL 实际应用虽处于推广阶段,却取得了不错的成绩,并在部分领域和企业机构得到了试行。以下是一些 XBRL 在国内的典型应用情况。

(一) 财政部

财政部 XBRL 财务报告报送系统是集实例文档报送、校验、查询功能,以及简单的数据分析功能于一体的报送系统,目前只对报送单位、接收及监管单位开放。通过制定和发布 XBRL 标准规范,先中央后地方,先大型后中型,先通用后行业的思路逐步开展 XBRL 财务报告的系统报送工作,逐步全面推进 XBRL 财务报告上报工作。

2010 年 10 月,国家标准化管理委员会和财政部相继发布了《XBRL 技术规范系列国家标准》和《企业会计准则通用分类标准》,2011 年发布了《石油和天然气行业扩展分类标准》和《银行监管报表 XBRL 扩展分类标准》。2012 年,银监会和财政部发布了《企业会计准则通用分类标准银行业扩展分类标准》。

从实施 XBRL 标准规范的进度来看。2011 年共有 25 家单位通过财政部报送系统报送 XBRL 格式财务报告,2012 年增长到 114 家(11 家中央企业、18 家银行、3 家石油企业、82 家地方企业),2013 年 206 家(地方企业由 82 家增加到 169 家),2014 年 240 家(地方企业 169 家增长到 203 家),2015 年,地方国有企业开始向财政局报送 XBRL 财务报告,由财政部备案并提供技术支持,实施范围逐年扩大,实施质量进一步提升。

此外,财政部还进一步完善了通用分类标准实施的相关配套机制,开发了集通用分类标准维护、在线 XBRL 财务报告报送、校验、存储等功能于一体的 XBRL 综合服务平台,建立了基于第三方机构的市场化 XBRL 软件认证制度体系,这些举措为企业会计准则通用分类标准的实施和 XBRL 在中国的全面应用提供了有力的支持。

(二) 银监会

2011 年 12 月,为推动银行业金融机构实施《企业会计准则通用分类标准》,从而进一步提升银行非现场监管报表数据的标准化水平,银监会根据《可扩展商业报告语言(XBRL)技术规范》(GB/T 25500—2010)系列国家标准、《企业会计准则通用分类标准》,以及现行银行非现场监管报表的需求,组织制定了《银行监管报表可扩展商业报告语言(XBRL)扩展分类标准》。

2012 年 1 月始,银监会在 18 家银行业金融机构进行了试点,并鼓励其他银行业金融机构积极采纳实施,同年 8 月,各家银行都在指定的时间内提交了 XBRL 格式的财务报告,经过校验,这些报告均质量较高,达到了财政部和银监会特定的 XBRL 编报要求。

2012 年年底,财政部和银监会联合发布了《企业会计准则通用分类标准银行业扩展分类标准》,这一扩展分类标准总结了银行业财务报告的共性,给出了更加适合行业特点的财务报告披露模板,其给出的行业扩展元素显著降低了单个银行的扩展量,提高了银行财务报告的标准化程度和银行间财务信息的可比性。

(三)国资委

为提升中央企业财务信息化水平,实现国有企业财务报告的标准化,促进财务信息更广泛应用,提升国资委的监管工作效率,国资委组织有关专家制定了《国资委财务监管报表XBRL扩展分类标准》,并从2014年开始选定中国石油和中国石油化工股份有限公司(以下简称中国石化)等13家中央企业,按照该扩展分类标准报送2013年度的企业财务决算报告,该报告包括财务决算报表(含会计主附表、财务情况表)、会计报表附注、财务决算专项说明、财务情况说明书等内容。

(四)证监会

2002年5月,证监会开始组织制定《上市公司信息披露电子化规范》,提出建立一套基于XBRL技术的上市公司信息披露的电子化解决方案,2003年年底,该规范通过了全国金融标准化技术委员会的审批。2005年6月,证监会颁布实施《上市公司信息披露电子化规范》和《证券交易数据交换协议》等8项证券期货行业标准。以下是证监会系统的几个典型应用。

1. 上交所

上交所是国内第一个正式开展XBRL应用的机构。2003年10月,上交所就成立了XBRL联合工作组,对2003年年报报送系统进行论证和开展实施前的准备工作。之后,陆续将XBRL应用于上市公司2003年年报摘要、2004年季报、中报、年报摘要和年报全文披露。经过两年的实际应用,XBRL国际组织于2005年9月正式认证通过上交所开发的中国上市公司信息披露分类标准框架(China Listed Company Information Disclosure Taxonomy Framework,CLCID Taxonomy Framework),这也是经XBRL国际组织认证的第一个中国XBRL分类标准。目前,所有在上交所上市的公司都必须在披露传统财务报告的同时报送了XBRL格式的年报。

2. 深交所

与上交所一样,深交所也将XBRL应用到了上市公司信息披露领域中。2003年6月,深交所专门成立了"XBRL与上市公司信息披露电子化标准"项目小组,对上市公司定期报告信息披露和工商企业会计报表进行了分类和定义。2004年6月,深交所启动了基于XBRL标准的《上市公司信息披露电子化规范》的实施。2005年2月,深交所启动"XBRL应用示范"项目,选取了部分上市公司作为试点,在交易所网站上开始披露这些公司的XBRL格式财务报告,之后,披露范围不断扩展。

3. 证监会基金

基金电子化信息披露于2007年启动,首先由上交所制定了基金信息披露的

XBRL分类标准。2008年8月,证监会发布《证券投资基金信息披露XBRL标引规范(Taxonomy)》,要求基金管理公司在向证监会报备基金信息时应用该规范,该规范说明了基金信息披露XBRL应用规范的体系架构、技术文件组成、重要技术要素及应用方法等。

2009年1月,所有基金管理公司正式报送经过托管银行复核签名的基金净值日报XBRL实例文档,几乎同时,证监会基金信息披露网站http://fund.csrc.gov.cn/正式上线。该网站提供了基于XBRL的基金报告展示。证监会基金XBRL信息报送平台可以提供统计分析功能,分析内容包括基金净值比较、不同基金比较、基金同比、基金环比。基金电子化信息披露已覆盖了所有有责任向市场按要求披露信息的基金。披露的报告包括基金合同、基金年报、季报、日报、临时公告等类别。每天都有近千份基金信息披露的XBRL报告提交至证监会。基金的XBRL数据经提取转换后以授权使用的方式提供给了国内部分证券公司、资讯公司、披露媒体等机构。此外,基金信息披露的监管部门结合其他数据,将XBRL应用到了即时统计、非现场检查、产品诚信监管等领域。

(五)典型企业

XBRL在部分企业也取得了应用性进步,如中国航空器材集团公司(以下简称中航集团)组织实施了XBRL实例文档全级次报送;宝钢集团有限公司(以下简称宝钢)将XBRL技术内嵌于自身信息系统;中国船舶工业集团公司(以下简称中船集团)搭建了基于XBRL标准的成本数据分析平台,加强船舶制造企业成本管控;中国石油建立了XBRL年金数据分析平台,提高年金数据处理的效率和准确性。中国石油湖北销售公司(以下简称中国石油湖北销售)启动了"XBRL+大数据"项目,涉及历史数据约8.6亿条,整理并初步设计309个实元素、22个维度项和509个指标,可完成指标预测、风险防控和专题分析等22个模型建设,该系统以业务驱动为核心,初步实现预算自动推导生成、精准锁定异常IC卡交易、损耗异常和多维度的数据经营分析等功能。

第六节 XBRL在中国的推广途径

XBRL中国地区组织已采取多种途径推广XBRL知识,如开展多层面的培训,制作并发放宣传手册,举办全国范围的知识竞赛,收集并宣传最佳应用案例等。

一、开展专题培训

自2010年10月财政部颁布《企业会计准则通用分类标准》以来,财政部会计司及其下属机构举办了多次培训活动(见表1-2),其中的一些活动是在上海国家

第一章
XBRL基础知识

会计学院通过体验式教学方式进行的。这些卓有成效的专题培训为中国 XBRL 事业的发展培养了大批基础技术人员和应用的推动者。

表 1-2　财政部近年来组织的部分 XBRL 培训活动

时　间	内　容	地　点
2012-04-18～20	《企业会计准则通用分类标准》实施培训班	财政部烟台培训中心
2012-11-26～29	XBRL 教学与案例研讨班	上海国家会计学院
2013-05-06～08	通用分类标准实施工作会	财政部烟台培训中心
2014-04-14	XBRL 应用高端研修班	上海国家会计学院
2014-04-14～16	XBRL 技术培训班	上海国家会计学院
2014-11	XBRL 内部应用培训	上海国家会计学院
2015-05-25～27	XBRL 体验公开课	上海国家会计学院
2015-10-25～27	XBRL 体验公开课	上海国家会计学院

二、制作知识手册

为在财经领域大力普及和推广 XBRL 知识,财政部会计司于 2014 年组织专家编写了 XBRL 知识手册。该手册包括基础篇、进阶篇和相关知识三个部分,基础篇主要介绍了 XBRL 是什么、XBRL 的特点及优势、XBRL 解决的问题、XBRL 在我国的应用发展、XBRL 在全球的应用等内容;进阶篇主要介绍 XBRL 基本技术原理、企业会计准则通用分类标准及其技术路线等内容;相关知识部分则介绍 XBRL 应用软件符合性测试、Inline XBRL 和 XBRL GL 等相关知识。这本知识手册言简意赅,直观易懂,非常适合初学者阅读。读者如需详细阅读该知识手册的内容,可通过以下网址下载电子版：http://upload.news.esnai.com/2014/0219/1392802774800.pdf。

三、举办知识竞赛

为宣传贯彻《企业会计信息化工作规范》《企业会计准则通用分类标准》,在整个社会普及企业会计信息化相关知识,提升企业会计从业人员的信息化工作水平,财政部于 2015 年 8 月 1 日至 8 月 31 日举办了全国企业会计信息化知识竞赛。此次竞赛由财政部主办,中国会计报协办,采用常见的网上答题方式进行。竞赛内容包含《企业会计信息化工作规范》《企业会计准则通用分类标准》及其编报规则,以及企业从事会计信息化工作中所涉及的常识性内容等。竞赛共设置 50 名组织奖,

500 名个人奖。

由于各中央企业和各省级财政部门的高度重视,该活动得到了广泛参与,最终有来自 148 家中央企业、37 个省、自治区、直辖市和计划单列市的 92.5 万人参与了此次竞赛,取得了良好成效。

四、推广 XBRL 应用案例

自 2010 年企业会计准则通用分类标准发布以来,财政部联合国资委、银监会、保监会和国标委等组织开展了通用分类标准试点实施工作,为统一电子财务报告标准,实现企业财务报告信息的互联互通和信息共享进行了积极探索。部分实施企业将通用分类标准实施与本企业会计信息化工作相结合,在统一企业内部数据标准、促进财务与业务结合等方面探索出一套行之有效的方法。

为推进通用分类标准的实施,宣传推广 XBRL 的应用经验,激发企业应用 XBRL 的内生动力,提升企业会计信息化工作水平和会计服务企业经营管理的能力,财政部会计司于 2015 年 5 月组织开展了通用分类标准典型应用案例的征集工作,具体征集范围包括:

(1) 基于通用分类标准整合优化企业财务报告流程,提升财务报告编制效率和编制质量的案例。

(2) 基于通用分类标准构建企业统一对外报告报送系统,实现财务报告与监管报告信息的一次标记、多次使用的案例。

(3) 基于通用分类标准构建企业内部统一的会计信息数据标准并应用于企业内部管理报告的案例。

(4) 基于通用分类标准统一财务、业务数据标准,实现业务财务有机结合,构建企业统一数据平台和数据仓库的案例。

征集信息发布后,各中央企业纷纷响应财政部的号召,提交了应用 XBRL 技术的项目情况,以下是提交的部分典型案例(见表 1-3)。

表 1-3 中国部分典型 XBRL 应用案例

序号	企业	XBRL 系统名称
1	中国石油	企业年金 XBRL 数据统计分析平台
2	中船集团	XBRL 成本分析监控平台
3	中国石化	报表优化提升和数据应用项目
4	浦发银行	XBRL 嵌入式报送与财务会计指标应用体系
5	中国石油湖北销售	XBRL 业财融合系统

注:上海浦东发展银行股份有限公司,简称浦发银行。

本章小结

本章简要介绍了 XBRL 的基础知识,包括产生背景、基本概念、主要特征、可能效益,以及 XBRL 的起源与发展、技术架构、推广与应用等。本章说明伴随信息技术的发展和公司商务环境的变化,XBRL 已成为全球范围内电子财务报告披露的不二选择。

第二章

XBRL 教学模式探究

XBRL 是一项复杂度高、环节多、操作性强、支持软件相对较少的技术,传统的以教师为中心的课堂讲授式教学模式很难满足 XBRL 知识传播的需要,因此需要我们探索特别的教学模式。本章首先对模式和教学模式的内涵和外延进行了回顾和分析,随后结合 XBRL 技术的特点讨论了各类教学模式对 XBRL 教学的适用性,分析了引入体验式教学的必要性和可行性,最后结合教学实践构建了 XBRL 体验式教学模式,以期对具体的 XBRL 教学实践提供理论指导。

第一节　教学模式概述

一、模式与教学模式

如前所述,为了推广 XBRL 技术,我们可以采取培训、发放知识手册、举办竞赛、宣传最佳实践等方式,其中最直接有效的推广方式应该就是举办大规模的培训。然而,由于 XBRL 复杂度高、涉及环节多、支持软件相对偏少、操作性又很强,传统的以教师为中心的单方向讲授方式效果并不理想,那么究竟怎样的教学模式才是适合 XBRL 教学的最佳模式呢? 为了解决这一难题,我们需要从模式和教学模式的概念开始探讨。

(一) 模式

1. 模式的定义

"模式"一词来源于英文 model。通过查询模式的词源学意义和在不同学科应用的内涵,结合本书讨论的领域,我们认为,模式是指依据一定的理论基础表征现实活动和过程的一种模型或形式。

2. 模式的特征

依据模式的定义,模式具有典型性、简洁性、再现性、模仿性和中介性特征。其中,典型性指模式能代表某一类事物的标准特性;简洁性指模式的清晰、明了、有特色;再现性指模式可重复使用,结果可预期;模仿性指模式具有指导作用,可供借鉴和参考。

(二) 教学模式

1. 教学模式的定义

尽管对教学模式的探讨已有很长时间,但普遍认为最先将模式一词引入到教学领域,并加以系统研究的人,应该为美国学者乔伊斯(B. Joyce)和韦尔(M. Weil)。

两位学者在其出版的《教学模式》一书中指出:"教学模式是构成课程和作业、选择教材、提示教师活动的一种范式或计划。"但也有专家认为,教学模式并不是一种计划,因为计划往往显得太具体,太具操作性,从而失去了理论色彩;将"模式"一词引入教学理论中,本质上是想以此来说明在一定的教学思想、教学理论和学习理论指导下建立起来的各种类型的教学活动的基本结构或框架,表现教学过程的程序性的策略体系。

依据上述分析,我们可以这样理解:所谓教学模式是指在一定的教育思想、教学理论和学习理论的指导下,在一定环境下展开的教学活动进程的稳定结构,是开展教学活动的一套方法论体系,是基于一定教学理论而建立起来的较稳定的教学活动的框架和程序;教学模式是教学理论的具体化,同时又直接面向和指导教学实践,具有可操作性,它是教学理论与教学实践之间的桥梁。

2. 教学模式的特征

根据模式的特点,结合教学思想、教学理论、学习理论与实践,教学模式应具有如下显著特征:

(1) 原型:教学模式是对教学活动方式的抽象概括,源于教学活动经验。成熟的教学模式的基本结构相对稳定,但不是一成不变,而是一个开放和不断完善的动态系统。

(2) 模型:教学模式是各要素及其相互关系的结构化的、简约化的表达方式。它是对理论基础、目标、条件、策略、方法和评价的有机整合,是对教学的空间关系和时间关系的系统概括。在空间上表现为多要素的相互作用方式,在时间上表现为操作的过程顺序。

(3) 范型:在一定的范围内,教学模式具有一定的代表性和示范性。任何教学模式都具有一定的适用范围,有其独特的运作条件和系统的策略和方法。由于其形象具体的表征、开放性的动态结构和可操作性的特点,因而它具有启示、借鉴、模仿和迁移、转换的价值。

(4) 完整性:教学模式是教学现实和教学理论构想的统一,所以它有一套完整的结构和一系列的运行要求,体现在理论上的自圆其说和过程上的有始有终。

3. 教学模式的构成

一个完整的教学模式通常包含以下五个要素：

（1）理论基础：指支撑教学模式的教学理论或教学思想。

（2）教学目标：教学模式是针对实现特定的教学目标而构建的。一般而言，我们所倡导的教学模式以促进学生高阶能力发展为高级目标，但具体到各种不同的教学模式，其偏重的目标必然有所不同。

（3）实现条件：指促进教学模式发挥功效的各种条件因素（如教师、学生、内容、技术、策略、方法、时间、空间等）的优化组合结构。

（4）操作程序：指教学活动的环节步骤以及每个步骤的具体操作方法，操作程序可以根据实际的教学情境而灵活变通。

（5）教学评价：因目标、程序、条件等方面不同，每种教学模式有不同的评价标准和方法。

根据对教学模式的特征和构成的理解，我们可以用视图的方式描述教学模式的内涵，如图2-1所示。

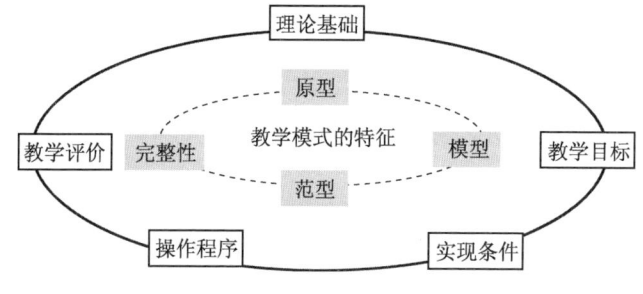

图2-1 教学模式的内涵

4. 教学模式的功能

（1）中介作用：指教学模式能为各科教学提供一定理论依据的模式化的教学法体系，使教师摆脱只凭经验和感觉，在实践中从头摸索进行教学的状况，搭起了一座教学理论与教学实践之间的桥梁。

（2）方法论意义：指教学模式的研究指导人们从整体上去综合地探讨教学过程中各因素之间的互相作用和其多样化的表现形态，以动态的观点去把握教学过程的本质和规律，同时对加强教学设计、研究教学过程的优化组合也有一定的促进作用，避免了以往比较重视用分析的方法对教学的各个部分进行研究，而忽视各部分之间的联系或关系；或习惯于停留在对各部分关系的抽象的辨证理解上。因此，教学模式的研究是教学研究方法论上的一种革新。

（3）启发作用：指教学模式启发人们根据其理论基础、教学目标、实现条件、操作程序、教学评价五个要素探索新的问题,如理论基础的渊源与发展线索,教学目标的分类与诠释,各种条件因素的组合结构、在时间与空间上的操作序列、效果评价的侧重点等。

(4) 诊断预测作用:对照教学模式的五个要素,可以对教学活动进行诊断,从而发现教学中存在的问题,像教学目标不正确、实现条件不具备、操作要领不规范等,通过说明原因来改进教学。教学模式同时还可以帮助预测预期的教学效果,因为它揭示出一种"如果……就必须……"的规律性联系。教学模式诊断预测作用的发挥,可以有效地增强对教学过程的控制和调节,使之朝着预期的方向发展,取得预期的教学效果。

(5) 系统改进作用:教师通过应用教学模式,使教学活动过程系统化,构成一个整体优化的系统。为了适应新的教学目标,就要求与之相应的实现条件、操作程序诸因素作一些改进,要求教师提高能力水平,以促进模式转化,直到以更有效、更完善的新模式取代已僵化、显得落后的旧模式,教学模式的系统改进功能是建立在教学整体的基础之上的,它要求我们以整体的、动态的眼光看待教学过程的模式优化转换问题。教学模式系统改进功能的发挥,可由此带动课堂教学师生关系、教学评价、教学管理等教学领域的一系列改革。

(三) 信息化教学模式

当前,信息技术已对经济发展和社会生活的方方面面产生着巨大的影响,人们的生产、生活以及学习方式正在由此发生深刻的变化,全民教育、个性化学习、快餐式学习和终身学习已成为当代教育发展的重要特征。信息化教育和信息化教学模式由此被作为重要的研究内容。

1. 信息化教育

信息化教育是一种新的教育方式,即在现代教育思想和理论的指导下,以培养和提高学生信息素养为重要目标,综合运用现代信息技术和其他相关技术,开发教育资源,优化教育过程的教育方式,与此相类似的另外一个概念是"教育信息化"。但这两个概念在语义上是有区别的。教育信息化是指在教育领域全面深入地运用现代化信息技术来促进教育改革和教育发展的过程,即信息化教育是一种新型的教育形态,教育信息化是追求信息化教育的过程。

2. 信息化教学模式

1) 定义

信息化教学模式是新的时代条件下教学模式的新发展,是基于信息技术的教学模式(IT-based Instructional Model)或数字化/信息化的学习模式(E-Learning Model)。所谓信息化教学模式,是根据现代化教学环境中信息的传递方式和学生对知识信息加工的心理过程,充分利用现代教育技术手段的支持,调动尽可能多的教学媒体、信息资源,构建一个良好的学习环境,在教师的组织和指导下,充分发挥学生的主动性、积极性、创造性,使学生能够真正成为知识信息的主动建构者,达到良好的教学效果。

2) 特征

从学习文化的角度来分析,我们可以将信息化教学模式和传统教学模式做一比较,并从中理解信息化教学模式的特征。如表2-1所示。

表2-1 传统教学模式与信息化教学模式比较

学习文化	传统教学模式	信息化教学模式
学习目的	重知识/职业/生存准备	重能力/潜能激发/自我完善
学习内容	变化缓慢/单学科呈现	变化迅速/跨学科交叉
学习过程	重视结果	重视过程
学习方法	重传输/接受	重启发/探究/协作
信息呈现	单一化	多样化/多媒体化
组织形式	班级/集体授课制	重个性化/远程合作化
资源范围	局域的/有限的	全球化的/无限的
学习空间	物理的/实地的	虚拟的/网络的
材料表现	单调的/有限媒体的	丰富的/多媒体的
学习工具	纸笔/书本/粉笔/黑板为主的	多样化的电子学习工具
学习时间	阶段性的/学习与工作分开	终身化的/学习与工作一体化的
学习对象	条件化/资格化/有限制的	大众化/平等化/无限制的
学习方式	模具化/一统化	个性化/多样化
学习环境	封闭化/局限化	开放化/国际化
学习场所	特定化/专门化	社会化/组织化
学习者角色	纯粹的学习者	学习者/教育者/协作者
智能开发	语言/数理逻辑为主/偏左脑	多元化智能/个性特长/左右脑平衡
师生关系	主宰/听从	主导/主体/平等
学习动力	外在强制	自主自发
学习管理	手工作坊式	计算机管理教学(CMI)
学习评价	纸笔测验为主/重结果	绩效评价/作品评价/重过程
教师角色	知识的传授者	学习的帮促者/指导者/组织者
学生角色	被动的接受者	运用信息工具的主动探求者

二、教学模式的理论支柱

教学模式的理论依据是教学模式赖以建立的基础和指导思想,反映了教学模式的内在特征。理论依据在教学模式结构中既是独立的要素,又渗透或蕴含在其他要素之中。我们认为,行为主义学习理论、认知主义学习理论和建构主义学习理论构成了教学模式的三大主要理论支柱。

(一)行为主义学习理论

1. 主要观点

行为主义学习理论又称刺激-反应理论,是美国心理学家约翰·华生在20世纪初创立的,在格思里、赫尔、桑代克、斯金纳等的影响下,行为主义学习理论在美国占据主导地位长达半个世纪之久。

行为主义者认为,学习是刺激与反应之间的联结,他们的基本假设是:行为是学习者接收环境刺激后所做出的反应,认为所有行为都是习得的。行为主义学习理论应用在教育实践上,要求教师掌握塑造和矫正学生行为的方法,创设一种环境给学生,尽可能在最大程度上强化学生的合适行为,消除不合适行为。

2. 教学启示

行为主义学习理论强调可观察的外显行为,认为学习就是通过强化建立刺激与反应之间的联结,并强调这种联结的强化和维持。据此,教学的目标是要导致各种理想的刺激-反应的联结;教学目标应该用行为的方式来陈述,且越精确、越具体越好。

在对教学内容的分析上,由于行为主义者坚信复杂行为是由简单行为构成的,因而主张把教学内容按其内在逻辑关系分割成许多细小的单元,按一定的逻辑关系排列起来,形成程序化教材或课件,一步一步地通过强化手段使学生逐步掌握整个教学内容,最终达到预期的目标。学习由教师控制和负责,学习程序是固定的,知识的获得是快捷的。

在对教学对象的分析上,行为主义者也重视学生的准备状态,把它看作是一类特殊的刺激,主张对学生作出评估以确定教学应该在哪一个地方开始。但是他们基本上无视学生的意识对学习的作用。因此,在行为主义者看来,教学策略选择的关键是在于如何安排特定环境中的刺激及其后果的反馈。教学评价主要看教学目标的达成情况,强调具体、标准化的评价指标。

(二)认知主义学习理论

1. 主要观点

认知主义学习理论起源于德国格式塔心理学派的完形理论,经过一段时间的沉寂之后,再度复苏。从20世纪50年代中期之后,随着布鲁纳、奥苏贝尔等一批认知心理学家的大量创造性的工作,使学习理论的研究自桑代克之后又进入了一个辉煌时期。

认知主义者认为,学习过程不是简单地在强化条件下形成刺激与反应的联结,而是由有机体积极主动地形成新的完形或认知结构。它关注学生认知结构的组织和重新组织,通过对学生认知结构所作的假说来解释和说明学习过程,强调学习内容的逻辑结构与学生已有的认知结构之间的联系与相互作用。

2. 教学启示

认知主义学习理论强调心理结构,认为学习就是获得符号性的表征或结构。但与行为主义学习理论相比,两种理论的实际教学目标还是相同的,即用最有效的方式向学生传递知识,使学生获得一套与教师所要求的形式或抽象的概念。

在教学内容的分析上,认知主义学习理论的代表人物加涅提出了学习层级说,认为知识是有层次结构的,即辨别—具体概念—定义概念—规则—高级规则,教学要从基本概念、子技能的学习出发,逐级向上,逐级学习到高级的知识技能。

在进行教学过程的设计时,首先要对学习内容进行任务分析,逐级找到应该提前掌握的知识,然后分析学生既有的水平,确定合适的起点,设计出向学生传递知识的方案。

在展开教学时,让学生从低级的基本的知识技能出发,逐级向上学习,直到最终的教学目标。

教学策略的选择突出信息的有效加工策略。在制定教学策略时,认知主义学习者把学生原有的知识经验、学习态度和学习策略等作为影响学习的重要因素。

教学评价主要看学生知识的获得、技能的形成。

(三)建构主义学习理论

1. 主要观点

建构主义(constructivism)也译作结构主义,其最早提出者可追溯至瑞士的皮亚杰(J. Piaget),他所创立的关于儿童认知发展的学派被人们称为日内瓦学派。

建构主义者认为,学习的本质就是个体认知图式的建构,这种建构是通过个体与环境交互作用,在原有的知识经验的基础上内化、建构新的知识经验。它强调知识不是通过教师传授得到,而是学生在一定的情境即社会文化背景下,借助其他人(包括教师和学习伙伴)的帮助,利用必要的学习资料,通过意义建构的方式而获得。建构主义学习理论认为"情境""协作""会话"和"意义建构"是学习环境中的四大属性。

2. 教学启示

建构主义者认为,学习的目的只是为学生建构自己的认知结构提供了一个内部情境,由学生自己确定;学习目的的形成与学习过程中产生的真实任务有关。教学的目标无法从外部确定,只能根据真实任务促进学生个体意义的建构,实现对信息的理解和精细加工。

在教学内容的确定上,建构主义对传统教学设计提出了挑战,主张为学生提供真实的情境。只有在现实世界的具体情境中,才能使学习变得较为有效。

在分析教学对象方面,建构主义主张把学生已有的知识经验作为新知识的生长点,注重对学生原有知识经验的分析,重视学生自己对各种事务的理解,倾听他们现在的想法,洞察这些想法的由来,并以此为依据,引导学生丰富或调整自己的理解,形成新的知识结构。

在教学策略和方法上,建构主义者倡导帮助学生积极地探究复杂的主题或环境,鼓励学生建构自己的理解,然后通过协商证明各种见解的合理性。建构主义者采用的一些具体的策略包括:在真实的情境中确定任务,运用认知学徒方法,交流多种观点,社会协商,运用真实的事例,反思,以及对建构过程提供可靠指导。

关于教学评价,建构主义主张过程性评价,强调对学生成长过程的真实记录,注重对真实问题的解决。

三、教学模式的类型

国内外对教学模式有很多种分类方法。我们根据学习理论及教学中的核心要素——人,将教学模式分为以下三大类。

(一)以教师为中心的教学模式

1. 定义

以教师为中心的教学模式是指在科学的教学思想或教学理论指导下,以教师为教学中心,积极发挥学生的主体作用,以培养理解与实践能力为目标,在教师的行为引导下,运用多种行为导向教学方法进行情感教学,以激发学生的学习热情和兴趣,使学生主动地使用脑、心、手进行学习的教学模式。

2. 理论基础

以教师为中心的教学模式的理论基础是行为主义学习理论和认知主义学习理论,学生学习的过程为被动接受外界刺激和有意义接受学习的过程。

3. 教学目标

让学生学到知识是以教师为中心教学模式的教学目标,它以知识为本,强调知识的继承、传授和掌握。

4. 实现条件

我们可从教学主体、教学内容、教学手段、教学环境、教学时间等几个方面来阐述以教师为中心的教学模式的实现条件。

1) 教学主体

在以教师为中心的教学模式中,教师主导整个教学过程。该教学模式下教师讲授教学内容,学生被动接受教师所传授的知识。

2）教学内容

以教师为中心的教学模式是单一形式的课堂面授，主要靠书本印刷教材和教师个人所知的有限知识。

3）教学手段

以教师为中心的教学模式中教师的任务是利用黑板、书本及教学媒体让学生掌握一些清楚而明确的知识，理解各种事实、概念、规律、原则以及它们之间的关系。在指导学生学习上，教师承担主要责任。

4）教学环境和教学时间

从教学环境和教学时间来看，以教师为中心的教学模式是单一传播方式，教学时间短。

5．操作程序

每种教学模式都有其特定的逻辑步骤和操作程序，操作程序规定了在教学活动中师生先做什么，后做什么，各步骤应当完成的任务。

以教师为中心的教学模式操作程序包括教学系统的前期分析、教学目标的设计、教学策略设计和教学设计结果评价。其中，教学系统的前期分析包括分析学习需要，分析学生特征，分析学习内容。通过前期分析设计教学目标，教学目标的设计包括阐明教学目标和编写预测试题。根据教学目标的设计选择合适的教学策略，即教学策略设计，包括确定教学内容、选择教学方法、确定教学活动程序、选择教学媒体、设计教学环境，最后做出教学设计结果评价。根据评价结果又可以修改教学目标的设计和教学策略设计，进而使教学设计结果更加理想。图 2-2 为以教师为中心的教学模式操作流程图。

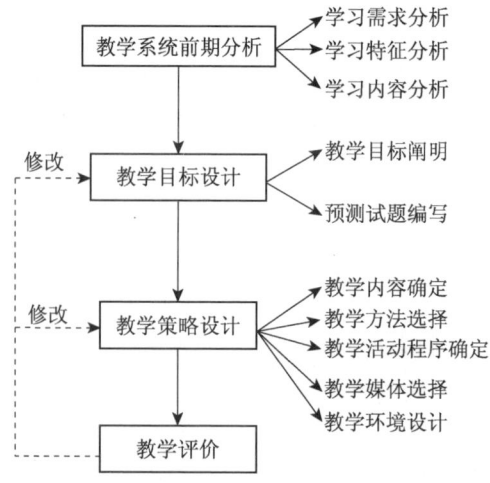

图 2-2　以教师为中心的教学模式操作流程图

6. 教学评价

以教师为中心的教学评价其内容以学生获得书本知识为本位,评价方式单一,即以试卷的形式,教师为单一主体,评价的标准也是盲目的量化,通常采用总结性评价,即只在学期结束时进行评价。评价的作用是引导教师只在知识的传授方法和技巧上下工夫,无法或无心去关注学生的全面发展,引导学生只关注自己的成绩高低,而忽视综合素质及能力的发展。

根据教学过程中所采用教学方法的不同,我们通常把以教师为中心的教学模式分类为讲授式教学模式、谈论式教学模式、演示式教学模式等。

(二)以学生为中心的教学模式

1. 定义

以学生为中心的教学模式是指教学活动以学生为中心而展开,充分重视学生在学习过程中的积极作用,充分调动学生学习的积极性和自信心,要尽量让学生自己控制学习内容和方法,鼓励学生参与不是"传授",而是"促进"学习者自我实现其潜能。

2. 理论基础

以学生为中心的教学模式的理论基础是建构主义学习理论。教学的最终目的是使学习者的各方面能力都得以发展,掌握教学目标规定的知识和能力,使学生的思想意识、思维能力、分析处理问题的能力,以及世界观、人生观都得以发展。教学是为学生服务的,整个教学过程的设计都应该以学生的学习为中心,教学要考虑学生的主体性和学习的积极性与主动性,学生是知识的探寻者和构建者,让学生自主学习,自主选择学习的内容和方法,自主监控学习过程和评估学习结果,对自己的学习负责。在教学过程中,教师是教学活动的组织者,学生的引导者和信息资源的提供者,促进学生的发展。

3. 教学目标

以学生为中心的教学模式的教学目标是使学生学会学习,该模式重在发展学生的创新能力,要求教师指导学生学习,教会学生学习,使学生的知识、能力、品德全面协调地发展。

4. 实现条件

1) 教学主体

在以学生为中心的教学模式中,学生处于教学活动的中心,以平等的身份与教师互动。该教学模式下教师是学生学习活动的组织者和引导者,学生建构知识的帮助者;学生是加工信息的主体、知识意义的主动构建者。

2) 教学内容

以学生为中心的教学模式是以学生个别化自主学习为主,以教师辅导为辅的多种教学形式,如书本印刷教材、音像教材、网络资源等。

3）教学手段

以学生为中心的教学模式实施过程可采用多种教学手段,如基于问题的学习、合作学习、个别化教学、运用技术等。

4）教学环境和教学时间

从教学环境和教学时间来看,以学生为中心的教学模式采用课内、课外相结合的形式。

5. 操作程序

以学生为中心的教学模式的实施步骤是:首先要分析教学目标,确定教学内容和教学顺序或学习主题;其次分析学生自身的特征,明确学生已有的知识基础、认知能力和认知结构等变量,以此确定教学起点;然后创设学习情境并设计和提供信息资源,完成学生自主学习设计和协作学习设计,最后进行形成性评价,根据评价结果修改教学环节。图 2-3 为以学生为中心的教学模式操作流程图。

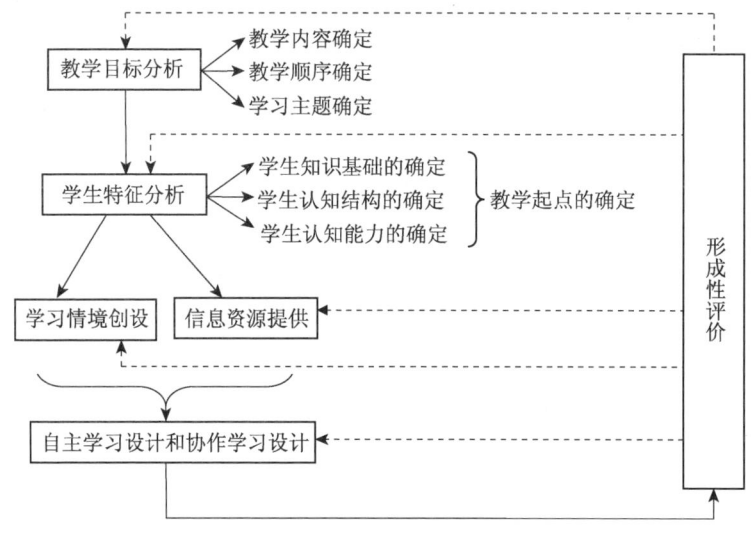

图 2-3　以学生为中心的教学模式操作流程图

6. 教学评价

以学生为中心的教学评价能够促进学生知识、素质、能力的全面发展。其评价方法也由传统的单一的笔试改为口试、笔试、实验操作等多种手段,学生自评和学生之间的评价、小组评价、教师评价、考试等多种形式。采用形成性评价即评价不只是在课程结束时进行,而是贯穿于整个学习过程。评价的作用是引导教师因材施教,促进学生全面发展,引导学生用所学的知识和技能进行信息收集和整理,进而分析和解决问题。

根据教学过程中所采用教学方法的不同,我们通常把以学生为中心的教学模式分类为基于问题的教学模式、小组合作教学模式、个别化教学模式、发现式教学模式、翻转课堂教学模式等。

（三）"双主"教学模式

1. 定义

"双主"教学模式,是一种教师的主导作用和学生的主体作用相融合的教学模式,是一个由教师的教和学生的学共同组成的相互依存、统一协调的教学活动系统。在这个系统中,教师是教的主体,始终扮演着制定教学目标、实施教学计划、指挥控制、统筹协调、激发学习兴趣等方面的角色;学生是这个系统中学的主体,是在教师的指导下主动进行知识内化和建构的主体。在这种教学模式中,强调两个主体都要积极参与和交流,否则,都会影响教学的效果和目标。

2. 理论基础

"双主"教学模式的理论基础是以教师为中心的教学模式和以学生为中心的教学模式理论的结合。

3. 教学目标

"双主"教学模式的教学目标是学生在获得知识的同时,更能掌握学习方法,形成能力。在自主、合作学习过程中,让学生体验成功的快乐,增长自信;让学生的学习动力能持久保持;让学生学会交流与合作;让学生形成健全的人格。

4. 实现条件

1） 教学主体

"双主"教学模式既发挥了教师的主导作用,又发挥了学生认知的主体作用。该教学模式下教师是教学过程的组织者,学生建构知识意义的促进者,学生良好品德的培育者;学生是信息加工与情感体验的主体,是知识意义的主动建构者。

2） 教学内容

"双主"教学模式是以让学生在教师的指导下自求领会、理解、创新的多种教学形式,如书本印刷教材、音像教材、网络资源等。

3） 教学手段

"双主"教学模式实施过程可采用多种教学手段,如体验式教学、案例式教学、探究式教学、情景式教学等。

4） 教学环境和教学时间

从教学环境和教学时间来看,"双主"教学模式采用课内、课外相结合的形式,教学时间较长。

5. 操作程序

"双主"教学模式的操作步骤是:首先教师要分析学生特征,了解学生的特征和他们对学习的需要,同时要考虑学生现有的知识结构和学习风格,结合教学大纲的要求确定好教学内容和教学目标；然后教师依据实际教学环境和教学资源制定出适合学生接受的教学方法，并给学生提供各种学习资源和学习工具，进行讲解演示和指导监控评价；接着学生以小组为基本活动单元，在一定的学习环境中，利用学习资源和学习工具，开展自主学习和协作学习；最后小组展示和反馈交流，教师根据学生反馈和建议改进教学。图2-4为"双主"教学模式操作流程图。

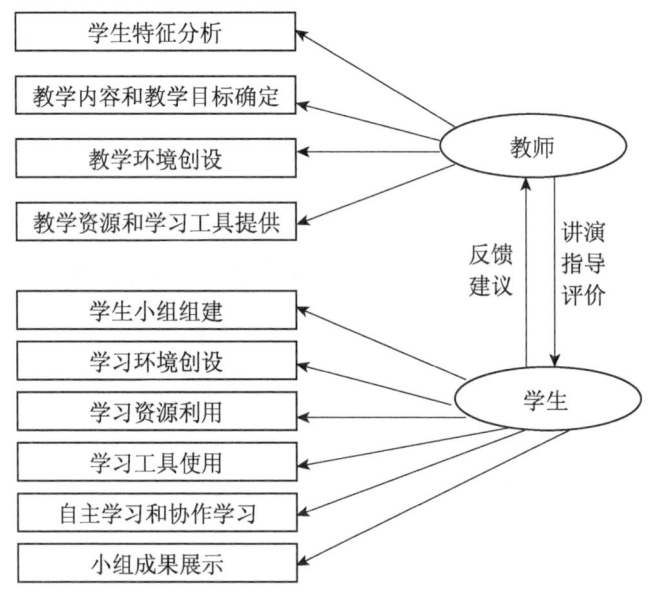

图2-4 "双主"教学模式操作流程图

6.教学评价

在"双主"教学中，各小组开展自评、互评，实现面对面沟通交流，通过学生自评、小组互评和师评相结合的方式，将过程性评价和总结性评价相结合，使各组成员间相互分享他人成果，及时总结过程中的成功与不足，相互学习、共同研究，取长补短，使不同层次学生均有所提高，达成教学目标。

根据教学过程中所采用教学方法的不同，我们通常把"双主"教学模式分类为体验式教学模式、探究学习模式、案例教学模式、情境教学模式等。

第二节 XBRL教学模式的选择

一、XBRL的特殊性和复杂性

与一般的教学内容不同，XBRL具有一定的特殊性和复杂性，主要包括以下五个方面。

（一）XBRL 教学以程序性知识和动作技能为主

在教学活动中，学生通常不仅要掌握一系列的知识，还须掌握与这些知识相关的技能。为达到最优教学效果，教师一般会根据所授知识和技能的差异选用不同的教学模式。因此，如需研究适合 XBRL 的教学模式，必须理清 XBRL 的知识构成和技能特点，这对于开展 XBRL 教学互动具有重要作用。

1. 知识及技能的定义

在国家质量监督检验检疫总局、国家标准化管理委员会发布的国家标准《知识管理——术语》中，知识的定义是：通过学习、实践或探索所获得的认知、判断和技能。知识可以是显性的，也可以是隐形的；可以是组织的，也可以是个人的。《当代教育心理学》中指出，知识是人对事物属性与联系的能动反映，是通过人与客观事物的相互作用而形成的。知识一方面存储在个体的头脑中，成为个体知识或主观知识，同时又可以通过文字符号等表述出来，传播开来，成为公共知识或客观知识，而人可以通过学习和交往活动，借助于公共知识来发展自己的个体认识。虽然各方对知识的描述不相同，但有一点是一致的：知识是可以通过个体与外界的互动获得的。

在《心理学大辞典》(1989)中，技能的定义为：个体运用已有的知识经验，通过练习而形成的智力动作方式和肢体动作方式的复杂系统。皮连生认为，技能是在联系的基础上形成，并按某种规则或操作程序顺利完成某种智慧任务或身体协调任务的能力。冯忠良等人认为，技能是通过学习而形成的合乎法则的活动方式。结合以上知识定义，《当代教育心理学》将其概括起来，认为技能是指经过练习而获得的合乎法则的认知活动或身体活动的动作方式。

2. 知识及技能的分类

对知识和技能的划分有许多维度，难以一一列举并判断其正确与否。本书主要对教育学领域中比较稳定、具有较高共识的知识和技能分类进行介绍。

1）知识的分类

美国著名认知心理学家安德森认为，从信息加工的角度，知识可分为陈述性知识和程序性知识。陈述性知识是关于"怎么做"的知识，如怎样进行推理、决策或者解决某类问题等。程序性知识是与一定的问题相联系的，在一定的问题情境面前，它会被激活，而后被执行，这一过程几乎是自动进行的，不需要太多的意识。其中需要说明的一点是：陈述性知识和程序性知识不是对客观知识的划分，而是对人的头脑内的个体知识的分类。

2）技能的分类

技能通常按其本身的性质和特点可分为动作技能和心智技能两种。动作技能又称运动技能和操作技能。它是指由一系列的外部动作以合理的程序组成的操作活动方式。如书写、体操、骑自行车等技能。心智技能又称智慧技能或智力技能。它是一种借助于内部语言在人脑中进行的认知活动方式,如默读、心算、写作、观察和分析等技能。

3. XBRL 的知识和技能特点

由第一章介绍的内容可知,XBRL 作为一门用于商业信息编制、交换和分析的语言,既可被看成一门知识,又可被看成一门技能,如 XBRL 的三层技术架构,技术规范和分类标准的具体组成,实例文档的内在逻辑,XBRL 信息价值链的组成和特点,XBRL 分类标准的扩展方法,XBRL 实例文档的生成、传递、校验过程等都具有典型的"知识"特点,既有陈述性知识,也有程序性知识;而在具体的 XBRL 系统建设中,如何协调会计人员和信息技术人员的关系,如何对一个扩展元素进行科学地命名,如何选择一个合适的 XBRL 工具,如何在互联网上寻找某个上市公司的年报,如何横向和纵向对比多家公司的财务数据等具有明显的"技能"成分。

由此可见,学习 XBRL 是一项复杂的任务,除需了解实例文档、分类标准等概念之外,更主要的是掌握利用 XBRL 软件工具进行财务报告编制和财务数据处理的方法和技巧,以便将 XBRL 技术创造性地运用于实际工作之中。总之,学习 XBRL 的重点在于动手实践,XBRL 教学是以学生获得程序性知识,掌握动作技能为主的。这一结论是 XBRL 中国地区组织体验中心选择 XBRL 教学模式的重要依据。

(二) XBRL 涉及多个学科

作为一门电子化的、用于商业信息交换的语言,XBRL 涉及的知识面非常广,涉及会计学、财务学、统计学、计算机科学、信息学及语言学在内的多个学科。

会计学是以研究财务活动和成本资料的收集、分类、综合、分析和解释的基础上形成协助决策的信息系统,以有效地管理经济的一门应用学科。被誉为"财务报告领域的条形码"的 XBRL 毫无疑问涵盖了很多会计学知识,如扩展分类标准需要涉及会计准则知识,编制实例文档需要根据会计科目收集数据等。

统计学是通过搜索、整理、分析、描述数据等手段,以达到推断所测对象的本质,甚至预测对象未来的一门综合性科学。统计学用到了大量的数学及其他学科的专业知识,它的使用范围几乎覆盖了社会科学和自然科学的各个领域。具有商业信息的编制、交换和分析功能的 XBRL 不可避免地运用了大量的统计学知识,如对 XBRL 实例文档进行纵向和横向对比需要选择统计指标,对财务数据进行深度挖掘需要建立统计模型等。

计算机科学是研究计算机及其周围各种现象和规律的科学,即研究计算机系统结构、程序系统(即软件)、人工智能以及计算本身的性质和问题的学科。计算机科学是一门包含各种各样与计算和信息处理相关主题的系统学科,从抽象的算法分析、形式化语法,到更具体的主题如编程语言、程序设计、软件和硬件等。XBRL的发展很大程度上依靠计算机科学的发展,同时,XBRL软件的使用无法离开计算机而进行,因此,无论是XBRL的理论或是应用都与计算机科学息息相关。

信息学是研究信息的获取、处理、传递和利用的规律性的一门新兴学科,它以信息的运动规律和应用方法为主要研究内容,讨论信息的本质,研究信息的度量方法,研究信息是如何产生、提取、变换、检测、传递、储存、识别和处理的,如何利用信息来对对象进行控制调整,以及如何利用信息来实现最优组织和高效管理的,等等。由于XBRL是一种处理会计信息的语言,它必然会应用到信息学的原理和方法,如XBRL实例文档传递中的信息安全问题,大量XBRL实例文档的存储和快速检索问题等。

语言是一种由约定俗成的习惯和特殊用语组合而成的交流体系。大多数语言都有固定的语法、句法和词汇表。计算机语言不同于汉语或者英语,因为它并不适用于人类的交流。它们可以被特定的计算机应用程序按照其特征进行区别处理。XBRL作为XML的延伸,不仅继承了定义自动化财务报告词汇表的能力,还继承了定义词汇表中不同词汇间等级关系的能力。XBRL作为一种描述性语言,除非由一种程序性语言或者编程语言进行编译,不然是没有实际意义的。

总之,XBRL涉及诸多学科,具有很强的综合性,掌握它一定是一个相对复杂的过程。

(三)XBRL涉及多个角色

从XBRL业务报告供应链来看,XBRL的应用可能涉及很多利益相关者,如报送企业、审计机构、监管机构、数据供应商、软件业者等,很显然,由于每个利益相关者对XBRL信息处理的具体内容有所差异,因此,他们对XBRL的学习需求也显著不同。

1. 报送企业

及时、准确的财务报告数据对管理层和公司的决策制定来说是弥足珍贵的。当前,大多数企业管理层面临的挑战是在成本受到一定限制的情况下,选择一种能够满足速度、质量和数量组合要求的财务报告技术解决方案。从第一章描述的内容可知,XBRL在企业管理人员的特定要求和成本有限的基础上能够提高数据的数量和质量及其时效性。在更大的范围内,XBRL可以用来推动知识管理流程,使其不仅集中在财务数据上,而是延伸到公司的技术和文化结构上。在实际操作中,管理层对XBRL怎样促进报告流程、系统需要生产什么样的报告类型以及这些因素会怎样影响企业的利润这些问题需要一个全局的了解。

2. 审计机构

无论对内部还是对外部审计，XBRL 的应用都可以改变审计人员收集审计证据的方式，对数据的确认、计量和记录的速度也会大大地提高，因此可以节约审计机构的成本开支。此外，由于通过 XBRL 系统可以获取交易原始数据和信息产生的过程，使审计人员可以检验和判断报告数据的可靠性，减少被审对象的造假空间，从而降低审计风险。当然，XBRL 的应用也可能给审计机构带来新的风险。此外，对内部审计而言，通过 XBRL 的运用，审计人员可以从财务报告、税务报告一直挖掘到具体账簿中的分录详情，甚至到交易的原始凭证，从而增强工作的有效性。XBRL 甚至可以提供每日现金报告，实现实时连续审计，帮助内控委员会随时了解企业的经营状况，尽快了解企业发生的问题，减少舞弊的可能及减轻后果的严重性。

3. 监管机构

监管机构可以根据他们特殊的监管要求，在国家统一的分类标准之下，扩展形成特定的 XBRL 行业分类标准，并要求被监管企业依据这些标准报送基于 XBRL 格式的财务报告。监管机构可利用企业报送的 XBRL 实例文档（财务报告）进行一系列的数据处理，如统计、分类、监管等，也可以直接进入某企业的服务器，实时查阅相关的 XBRL 实例文档。

4. 软件供应商

XBRL 软件供应商（以下简称软件商）可为企业和其他机构等开发合规的 XBRL 软件平台，并提供 XBRL 应用系统的实施咨询。同时，软件商还可在会计软件或 ERP 软件中集成 XBRL 的功能模块，便于企业自动生成符合国家统一标准的 XBRL 财务报告。软件商还可以为监管机构开发 XBRL 网上处理平台，用于对监管对象的 XBRL 实例文档进行集中处理。

总之，XBRL 提供了一种标准的方法描述商业信息，使信息能够在财务信息供应链的不同部分被有效利用。通过计算机系统对基于 XBRL 信息数据的自动读取，增强了信息供应链的效率。XBRL 的采用将会彻底改变公司的财务报告信息链，并且有能力满足近年来监管部门对财务报告明晰性的要求。尽管现阶段 XBRL 主要运用在财务报告层面，但 XBRL 最终将运用于财务报告信息链的整个过程，从分录、明细账、总账到最终报告的全部过程，其中包含了财务报告和非财务报告、税务报告和内控报告等。因此，XBRL 相关知识对于任何涉及财务报告的人来说都将成为一种必备的业务知识。

（四）XBRL 依赖特殊软件工具

正如网络聊天需使用专门的软件工具一样，XBRL 也依赖于特殊的软件工具。由于该语言技术的特殊性，目前市场上通用的软件还无法支持 XBRL 的数据处理，

XBRL 实例文档无法脱离专用软件而独立使用。当一个企业需要处理大量的、基于 XBRL 的财务数据时,一套好的 XBRL 软件是必需的,它可以协助企业轻松地整理这些数据,对数据进行各种分析处理,并为企业提供管理和决策所需的信息。

通常,XBRL 软件包括报送软件、接收软件、审核软件、发布软件以及分析软件等,这些软件具有实例文档创建/映射、实例文档校验、实例文档和分类标准浏览、分类标准处理、分类标准编辑以及分类标准校验等功能。

当前,国内主流的 XBRL 软件包括吉贝克、普联、NTT DATA、富士通、浪潮、中科金财、用友、金蝶、方正、东华等,虽然市场上有关 XBRL 的软件看上去似乎不少,但由于研发历史较短和市场普及率较低等原因,这些软件通常价格都较高,学习者无法像通用办公软件一样从网络上免费或廉价地获取,这就导致了 XBRL 学习难度的增大。

(五) XBRL 技术具有多变性

从 XBRL 技术诞生之日起,该项技术一直处于不断发展和完善的进程中。技术规范在不断升级,分类标准在不断更新,应用领域也在不断扩展,这一系列变化决定了 XBRL 技术具有明显的多变性。

XBRL 技术规范提供了 XBRL 的基本技术原理,规定了 XBRL 如何工作,这些规范被分为了三个层次:技术基础、业务规则和使用指南。为适应实际工作的需要,XBRL 技术规范在发展过程中不断地进行着补充,从 1.0 版到 2.0 版再到 2.1 版,每一个新版本都在上一版本上有了很大的改变。

XBRL 分类标准的层次也在不断深化,版本也在不断更新。以财政部的 XBRL 分类标准为例,其制定思路是分层次制定通用分类标准、行业扩展分类标准、监管扩展分类标准、企业扩展分类标准。2010 年 10 月 18 日,XBRL 技术规范系列国家标准发布;2010 年 10 月 18 日,企业会计准则通用分类标准发布;2011 年 12 月 16 日,石油和天然气行业扩展分类标准发布;2011 年 12 月 20 日,银行监管报表 XBRL 扩展分类标准发布;2012 年 12 月 24 日,银行业扩展分类标准发布;2014 年 8 月 4 日,国资委财务监管报表扩展分类标准发布;2015 年 3 月 24 日,2015 版企业会计准则通用分类标准又正式发布,这一版是 2010 版的升级版。

在应用领域方面,XBRL 已从起初的证券市场应用扩展到包括证券、基金、银行、保险、航空、电力、石油、银行、能源、煤电、投资、统计、通信、银行、机场、贸易、煤电、钢铁、医疗、养老金、内部控制、系统集成、商业智能等在内的多个领域,并且仍在不断地扩展之中。每个应用领域都有其独特性,如他们所使用的元素以及元素之间的关系都具有较强的行业特征。

技术的多变性,决定了所需的教学软件、教学平台、XBRL 应用案例、实例文档样本以及相关的教学流程等都需要经常更新和升级,这就增加了教学的难度。

二、适合 XBRL 的教学模式及其选择

结合本章第一节对教学模式的讨论结果,基于对 XBRL 教学内容的思考以及对 XBRL 特殊性及复杂性的分析,我们可以得出这样的结论:如果在 XBRL 教学过程中仅采用单纯的以"教师为主体"的教学模式,学生在教学过程中的主动参与度必然会很少,难以达到学习效果;如果单纯采用以"学生为主体"的教学模式,则可能会忽略教师在 XBRL 教学中的引导作用,学生也难以充分、清晰地掌握学习内容;而采用"双主"教学模式,则既能充分发挥学生学习的主观能动性,又能使教师在关键处加以点拨,提升学习的效率,应该是一个很好的选择。

"双主"教学模式可进一步划分为体验式教学模式、探究式教学模式、案例式教学模式、情境式教学模式等子模式,下文将对这几种子模式逐一分析,以便选择出适合 XBRL 的最优教学模式。

(一)体验式教学模式

体验式教学模式是指教师提供一定的指导,让学生在真实或虚拟的环境中用亲身的经历去感知、理解、感悟、验证教学内容的一种教学模式。常借助多媒体、网络平台、计算机软件、模拟沙盘等,实现课堂教学的情景化、操作内容的模拟化和教学内容的形象化,以提高教学效果。

(二)探究式教学模式

探究式教学模式是指在教学过程中,要求学生在教师指导下,通过以"自主、探究、合作"为特征的学习方式对当前教学内容中的主要知识点进行自主学习,深入探究并进行小组合作交流,从而较好实现教学目标的一种教学模式。

(三)案例式教学模式

案例式教学模式是一种通过模拟或者重现现实工作中的一些场景,让学生把自己纳入案例场景,在教学中通过学生运用已有的知识经验来分析、判断并解决现实工作情境中发生的事件和问题,从中抽象出某些一般性的结论或原理的一种教学模式。这种模式下,学生也可以通过自己的思考或者他人的思考来拓宽视野,从而促进学生进行知识技能迁移,提高他们解决问题的能力。

(四)情境式教学模式

情境式教学模式是指在教学过程中,教师有目的地引入或创设具有一定情绪色彩的、以形象为主体的生动具体的场景,以引起学生一定的态度体验,从而帮助学生理解学习教材,并使学生的心理机能得到发展的一种教学模式,其核心在于激发学生的情感。

如前所述,XBRL 是一项复杂度高、环节多、操作性强、需要精心体验的技术,在学习过程中既需要学习者能够随时进行自主的动手操作,又需要教师能随时面

对面地进行点拨。按照我们对预期学习效果的分析,上述四种教学模式都应该适合 XBRL 的教学,但考虑到教学的时间要求、成本要求、环境要求和对教学平台的特殊需求等,相对而言,在资源有限的情况下,体验式教学模式应更能适合 XBRL 教学任务的开展和教学目标的达成。

三、XBRL 教学中应用体验式模式的可行性

体验式教学模式适合 XBRL 知识和技能的教学,除具有上述的理论依据之外,在实现上也具有一定的可行性。

(一)经济上的可行性

尽管采用体验式教学模式需要使用特殊的软件、大量的样本数据和功能相对较全的机房环境,且这些软件及样本的收集以及机房的建设需要一定的资金投入,对一些经费不足的教育机构而言相对难度较大。但随着国内外 XBRL 应用走向深入,一些免费的网上 XBRL 应用平台开始出现,大量的实例文档在网络上可供下载。同时,计算机机房已逐渐成为大多数培训机构的标配设施,因此,建立体验中心需要专门投入的资金并不会很大,且随着时间的推移将会越来越少,使经济门槛相对较高的体验式教学模式成为一种大众的选择。

(二)技术上的可行性

随着宽带通讯、云存储、大数据、虚拟终端等技术的发展,使借助多媒体、网络平台、计算机软件、模拟沙盘等技术实现课堂教学情景化、操作内容模拟化和教学内容形象化的体验式教学模式更容易实现。宽带通讯使多人同时高速访问远程公共平台成为可能,云存储使小组成员间共享彼此的体验成果更为方便,虚拟终端技术使计算机机房可以快速地部署桌面资源以满足体验教学的特殊需要,多媒体教学管理系统可以方便、快捷地将教师的指导信息分发到学生的桌面等,所有的这一切都说明使用基于信息化环境的体验教学从技术上是可行的。

(三)运行上的可行性

在 XBRL 教学中应用体验式教学模式,其在运行上的可能障碍是知识产权问题和教师的能力短板问题。由于 XBRL 是开放的、不收取任何费用的公开标准,因此在分析、应用 XBRL 标准时将不会存在任何的法律风险,网上可供下载的免费软件工具和实例文档只要稍加注意其使用条件也不会出现知识产权的纠纷。

需要特别注意的是企业 XBRL 财务报告的可靠性问题,有些公共平台在提供 XBRL 数据时有明确的提示,如"当 XBRL 数据和 PDF 数据存在不一致时,以 PDF 数据为准",因此在这种情况下,以 XBRL 形式发布的信息暂时不能作为科学研究的依据。

另外,XBRL 体验式教学对教师有较高的要求,因为他们需要应对教学过程中

出现的各种不确定的问题。只要我们精心设计体验流程,并在经验丰富的 XBRL 专家带领下,组建一个由各领域专家组成的指导团队,用集体的力量就可以克服能力不足的短板。

综上所述,无论在经济、技术方面,还是在运行方面,在 XBRL 教学中应用体验式教学模式都是可行的。

第三节　XBRL 体验式教学模式的构建

一、XBRL 体验式教学模式的框架结构

根据 XBRL 课程教学的特殊性,以及体验式教学模式的特点,我们尝试构建出体验式教学在 XBRL 课程教学中的实际应用模式(见图 2-5)。

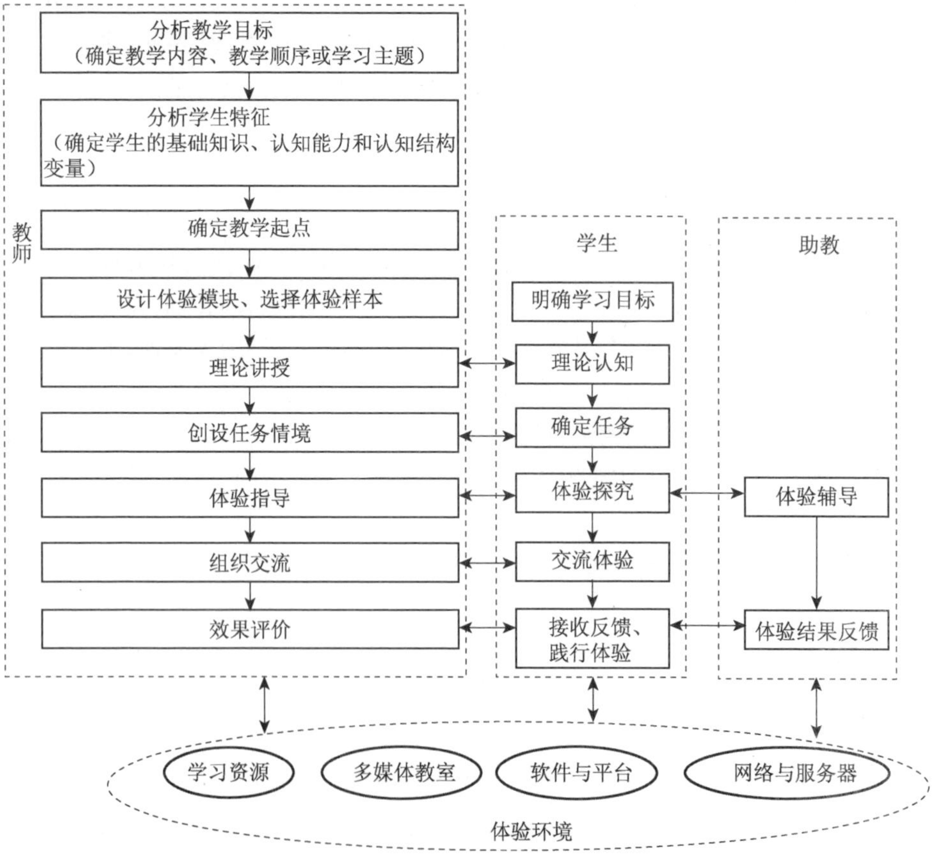

图 2-5　XBRL 体验式教学模式示意图

第二章 XBRL教学模式探究

在该教学模式下，教师借助学习资源、多媒体教室、软件与平台、网络与服务器等来构建 XBRL 体验环境，根据教学目标和学生特征确定教学起点后，将教学内容分解为若干个体验模块；在每个体验模块中，教师在理论讲解的基础上，通过选择合适的体验样本，为学生创设任务情境，激发学生的求知欲、学习兴趣和学习热情，引导学生通过亲身试错和感知来认知教学内容，主动探究解决问题的方法；指导学生通过实践验证探究获得知识，从而使学生加深对知识的理解与掌握，并提高对知识的运用能力；最后在教师组织学生进行讨论交流，并进行点评和总结，使学生对体验所获得的知识有一个更高层次的提升；助教在学生整个体验探究过程中给予辅导，帮其解决难题并对学生提交的体验报告给予评价和反馈。

当然，该教学模式的实施程序并非僵化的和一成不变的，教师在实施过程中可以作出适当的调整。

二、XBRL 体验式教学模式的核心要素

一个完整的教学模式通常包含理论基础、教学目标、实现条件、操作程序和教学评价五个要素。我们认为在这五个要素中，后四个要素为 XBRL 体验式教学模式的核心要素。

（一）教学目标

1. 教学认知

教师要使学生对课程有一个基本的认知，只有先构建出课程的认知目标，学生才能够更快、更好地对 XBRL 课程进行学习。课程概念和原理等理论性知识如果只靠教师讲授是无法让学生得到感知的，只有教师通过体验式教学，让学生自己去归纳和总结，使其不仅要了解 XBRL 课程的内涵，更要知道如何运用 XBRL 来解决财务报告领域及非财务报告领域的实际问题。

2. 教学技能

技能目标指的是学生实践能力的培养，教师在教学过程中不仅要教学生如何学习 XBRL 的使用方法，更要在教的过程中让学生自己学会如何运用 XBRL 来处理企业的各种信息，特别是财务信息，从而增加公司财务报告披露的透明度，同时提高财务报告信息处理的能力和效率。要让 XBRL 课程的核心知识点转化为核心技能，教师可根据理论知识编写出实训手册，让学生能够了解 XBRL 的重要性。例如在讲解 XBRL 结构理论时，教师可以设计一个相关的讨论活动，让学生通过该理论来分析 XBRL 结构的特征及难点，从中可以培养学生的分析能力。

3. 教学创新

创新目标是在知识和技术的基础上建立起来的，教师欲做好 XBRL 课程教学，

就需努力培养创新型的人才,给学生提供一个展现自我的舞台。在课堂上,教师要尽可能地采用开放性的课题进行授课,引导学生对 XBRL 开展分析,激发学生的创新意识。例如教师可以对课程案例进行创新性教学,通过对案例进行讲解为学生展示 XBRL 财务报告编报的重点和难点,让学生对案例信息进行有意识的加工、整理和归纳,并从中获得理论与实践相结合的创新能力。

总之,了解 XBRL 的发展动因,掌握 XBRL 的概念、工作原理和应用现状,熟悉将 XBRL 运用于财务报告领域及非财务报告领域的工具和方法,认识 XBRL 的应用价值等应是 XBRL 体验式教学的教学目标。

(二)实现条件

我们将从教学主体、教学内容、教学手段、教学环境与资源、教学时间等几个方面来阐述 XBRL 体验式教学模式的实现条件。

1. 教学主体

在 XBRL 体验式教学模式中,教师只是引导者,学生是学习的主体。在整个教学过程中,师生关系是通过交往、对话、理解而达成的互动关系,学生在体验中,再没有那种被动、压抑和被牵制的感觉,增强了其参与学习的愿望及热情,通过不断试错,在试错中感悟,使学生的独特性、自主性和协作性得到充分的发挥,真正体现了学生的主体地位。教师的引导、调控作用主要体现为学生在体验过程中遇到不能自我解决的问题时,教师和助教要及时给予指导和帮助,对一些学生普遍都感到困惑的问题,教师应集中起来给予讲解和辅导,以保证教学高效率和高质量。

此外,在学生体验探究遇到问题时,助教主要协助教师帮助和指导学生解决问题,并对学生的体验结果给予评价和反馈。而网络管理员主要确保 XBRL 体验式教学模式实施过程中所需软硬件等设施的正常运行和使用。

2. 教学内容

教师在分析教学目标和学生特征的基础上,根据学习对象的特点整体确定班级的教学内容,并将教学内容分解为若干个体验模块;在每个体验模块中,教师先理论讲解,后通过选择合适的体验样本,为学生创设问题情境,激发学生的求知欲望、学习兴趣和学习热情,引导学生(可以是同质或异质的学习小组,或学习共同体或实践共同体)顺序地、一步步地、借助各种学习资源和软件平台自主或协作解决问题。教学内容的呈现方式可以是书本印刷教材、音像教材、网络资源等。

3. 教学手段

XBRL 体验式教学综合运用传统教学手段和现代教学手段,既有口授和板书等形式,又可借助于实物沙盘、多媒体、网络平台、计算机模拟等技术,实现课堂教学的情境化和教学内容的形象化,扩大教学信息量,更新教育教学内容,提高教学效率。

4. 教学环境与资源

在XBRL体验式教学中,如果给教学目标和活动配以相应的学习情境,将大大有助于教学目标的实现。我们这里所讲的教学环境与资源主要包括多媒体教室、网络环境与服务器、XBRL体验客户端、XBRL体验管理信息系统、XBRL体验软件与平台、XBRL体验样本等。其中,目前常用的XBRL体验软件主要有吉贝克、普联、NTT Data、富士通、用友、浪潮等;常用的XBRL国内公共平台有财政部XBRL综合服务平台、上交所XBRL信息披露平台、深交所XBRL信息披露平台等。

5. 教学时间

XBRL体验式教学模式可采用课内、课外相结合的形式,从教学时间来看,根据教学对象和教学需求的不同,可安排1～3天时间,为保证学生对知识的有效获取一般建议安排3天时间。

(三) 操作程序

1. 教学目标分析

在上课之前,教师首先需确定XBRL课程的教学目标,并在此基础上确定教学内容和教学顺序。由于教学目标具有系统性,我们通常将其分解成许多个子目标。子目标与具体的学习内容密切相关,子目标的确定与解决对于总体目标的实现至关重要。

2. 学生特征分析

教师在课前需认真做好学生的特征分析,可以从学生的年龄层次、岗位层级、所处行业、专业背景、计算机操作熟练程度、之前有无接触并了解XBRL相关知识等几个方面深入调研,从而确定教学起点。

3. 教学内容分析

教师根据之前确定的教学目标和所了解的学生特征,将教学内容分解为许多个体验模块,每个体验模块都有明确的体验目标(即子目标)和体验内容。此外,教师还需明晰教学环境并为每个模块选取合适的体验样本。

4. 教学过程

在每个体验模块中,教师可以对体验内容如XBRL基本概念、特征、结构、扩展分类标准、实例文档等进行简要讲授,使学生对新内容先有一个初步的感性了解与认知。当然,如在讲授时遇到开放性的或有争议的内容时,教师也应给学生一些时间进行思考,并组织讨论交流。然后,教师再按照"创设任务情境—体验指导—组织交流—效果评价"教学环节引导学生开展做中学。

1) 创设任务情境

XBRL体验式教学模式注重理论讲授与实践操作的相互促进。教师对每一个体验模块理论讲解完后,通过创设任务情境,引发学生的好奇心,激发学生学习的主动性和积极性。通过此环节,学生已能较好地融入到整个学习氛围中,亦能明确体验模块的学习目标和任务,同时也让每个学生感受到学习其实是件快乐的事情,这为完成教学任务、实现教学目标奠定了基础。创设任务情境给学生最直接的情感体验,这样不仅能集中其注意力,还能激发了他们的学习兴趣。

2) 体验指导

学生通过自主学习和协作学习方式,登录XBRL体验客户端,利用XBRL体验软件和公共平台来完成体验模块所要求的任务。体验模块任务的完成是学生不断试错,在试错中感悟的过程,使学生从理论认知过渡到实践探索,再从实践探索中重新获得对理论基础的认知。通过自主学习和协作学习,培养了学生的自学能力和勇于探究的学习精神,构建了自己的知识结构,培养了学生团队合作能力和人际交往能力。

在学生体验探究遇到难以解决的问题时,教师和助教要给予及时的指导和帮助。在此环节,教师还需搜集学生普遍存在的问题并给予集中讲解和辅导,对个别学生存在的问题因材施教,对缺乏兴趣的学生进行兴趣培养,对缺乏学习信心的学生进行鼓励,对学习困难的学生进行解疑指导,以期努力营造一个民主、平等、积极进取的学习氛围。此外,由于学生对所学知识和技能的理解和掌握程度不一样,导致了各自体验进度的不一致,教师要尽可能借助XBRL体验管理信息系统掌握总体进度,合理调整和安排教学时间。

体验指导环节离不开良好的体验环境,网络管理员主要负责多媒体教室中所使用的计算机、投影仪、服务器、XBRL体验客户端、XBRL体验教学管理系统、网络等正常运行。

3) 组织交流

这是最关键的环节,学生通过切身体验,基本完成学习任务,他们都有许多经验和教训,教师要努力营造一个相互充分交流的环境,使每个学生的个人经验变成大家共同的精神成果,使各种体验、感悟和经验上升到理性认识,从而对XBRL教学知识和技能有更深层次的理解,便于迁移到今后的实际工作当中。这一过程既是知识巩固和提升的过程,更是训练学生思维方式的必要过程。学生通过探究体验获取的知识和技能,只有经过实践练习,才能在不同的问题情境中被恰当地应用,同时也能提高学生解决实际问题的能力。

4) 效果评价

效果评价是师生互评和学生自评的过程。教师在总结教学内容的基础上,对学生学习能力和学习成就给予评价,评价包括教师对组织交流环节给予点评、教师对学生的学习态度、合作互助精神、任务完成情况等方面进行多元评价,助教对学生完成体验模块任务情况给予打分和撰写评语。学生则可以对自己、教师和助教进行评价。上述两类评价可以设计成学习体验评价表,通过 XBRL 体验管理信息系统来实现。通过师生互评和学生自评相结合的方式,将过程性评价和总结性评价相结合,使学生间相互分享体验成果,及时总结体验过程中的成功与不足,相互学习、共同研究、取长补短,让每个学生都明白自己取得的成绩和存在的不足,使不同层次学生均有所提高,达成教学目标。在交流评价中,学生的分析能力、研究能力、评价他人和接受他人评价能力等都将会得到培养和提高。

每一次教学任务完成后,教师应组织助教及时进行反思,对教学效果、备课和上课的各个环节进行比较深入的剖析,找出存在的问题,思考解决的措施,促进教学经验的不断丰富。

三、XBRL 体验式教学模式应用中应注意的问题

按照操作程序,运用 XBRL 体验式教学模式组织课堂教学并不难,但是如果没有从本质上把握其内涵,而是机械地生搬硬套运用该模式,则很难实现课堂的高效。因此,实施 XBRL 体验式教学模式,构建高效课堂,必须解决好教师、教学内容、教学资源、教学方案设计、小组分配、体验样本等问题。

(一)教师

教师的教学理念必须更新和提高。教师要认真学习领悟 XBRL 体验式教学模式的理论依据、操作程序,才能有效自如地运用这种模式组织教学,才能在教学过程中充分地体现学生的主体性和教师的主导性,才能在教学中扮演好组织、引导、促进、控制、咨询者等角色,把学习的主动权交给学生。

XBRL 体验式教学模式与课堂的整合,依赖于教学内容,这就需要教师在课前仔细研读教学内容,从教学内容中提炼知识点,选择合适的体验样本,设计出适合学生特点的体验模块和体验目标等。因此,对于教师来讲,运用 XBRL 体验式教学模式进行授课,课前的准备工作非常重要,体验情境设计的好坏直接影响到最终的教学效果。

此外,XBRL 体验式教学模式对教师也提出了严峻的挑战,不仅对教师自身的知识结构、实践经验提出更高的要求,同时,还要求教师具备课堂设计、组织教学的能力,而这些均超出了传统教学对教师的要求。因此,学校需要从现有的师资队伍中选择自身条件最符合这些要求的教师,针对不同的教学目标、教学内容承担不同的教学任务,并适时对教师和助教进行相关的培训,甚至派送教师去成功推广 XBRL 体验式教学模式的单位借鉴和学习。

（二）教学内容

XBRL体验式教学模式的核心就是让学生不断试错,在试错中感悟,这对以传统模式进行授课的课时数提出了挑战,教学任务繁重,课时数严重不足,教师不可能在现有的条件下将所有的教学内容全部融入到各个教学环节中,这就要求教师在准备教学内容时,必须使教学内容紧扣教学目标,抓住教学中的重点和难点,对于一些通俗易懂的知识点,如果时间不够,可以留给学生课后自学,这样不仅可以节约时间,还有利于培养学生课后自我学习体验的习惯。

（三）教学资源

XBRL体验式教学模式在实际运用时,不同于传统的教学模式,需要学校给予全方位的支持与配合,包括计算机机房的建立与布局、网络与服务器搭建、XBRL体验教学管理系统和客户端的开发、XBRL体验软件的购买等。

（四）教学方案设计

在XBRL体验式教学中,教学过程以学生为主,教师只是引导者,一般每次教学时长为一天。在教学过程中,学生要进行自我知识体系的建构,通过小组讨论、自学、协作等方式学习新知识。为提高教学效率,教师需要求学生做好课前的预习工作。教师可根据每次授课的教学目标设计好教学方案,以便学生在课前能够明确需要体验的目标、任务和内容,明确学习的基本过程和需要掌握的重点和难点,对讲义以外的知识如为什么产生XBRL、XBRL是如何推广的等,可让学生通过查询网络、查阅图书馆资料等途径,在课前先行学习了解,以提高学习效率。

（五）小组分配

在XBRL体验式教学中,学生通过小组协作完成自我探究。在小组分配时,需要合理安排小组人数(一般每小组以2~4人为佳),精心搭配小组成员,让不同特质、不同层次的学生之间优化组合,例如将计算机操作比较熟练的学生和学习困难的学生进行搭配,这样更有利于学生之间相互帮助、相互促进,共同进步。

（六）体验样本

教师在设计体验模块时,要遵循全面性、多样性、典型性、可获取性、通用性、规范性等原则来选取合适的体验样本,从而使学生能通过样本体验探究,理论联系实际,激发学习的积极性,学以致用。

本章小结

教学模式是指在一定的教育思想、教学理论、学习理论的指导下,在一定环境下展开的教学活动进程的稳定结构形式,是开展教学活动的一套方法论体系,是基于一定教学理论而建立起来的较稳定的教学活动的框架和程序。

体验式教学是通过实践来认识周围事物,用亲身的经历去感知、理解、感悟、验证教学内容的一种教学模式。

XBRL是一项复杂度高、环节多、操作性强、需要精心体验的技术,应用体验式教学模式学习这一技术是恰当的选择。该模式的核心是不断试错,在试错中感悟。

XBRL体验式教学模式的核心要素包括教学目标、实现条件、操作程序和教学评价四个要素。实施XBRL体验式教学模式,构建高效课堂,必须解决好教师、教学内容、教学资源等问题。

第三章

XBRL 体验环境设计与建设

按照本书第二章中对 XBRL 体验式教学模式的描述，XBRL 体验环境主要包括学习资源、多媒体教室、软件与平台、网络与服务器等几个要素，它们是决定体验式教学是否成功的重要条件之一。本章就这几个要素的设计思路、建设内容、实现方法等问题展开讨论。

第一节 XBRL 体验环境设计的基本思路

为了有效构建 XBRL 体验环境，我们特别考察了一些著名的体验商店，包括苹果产品体验店和著名的诚品书店，从中获得了巨大的灵感。尽管电子产品和图书的销售与 XBRL 的知识传授存在较大的差异，但它们在环境的营造方面仍然具有异曲同工之处。

如苹果体验店在构建销售环境时，不仅科学设计产品展示架的布局，还通过对陈列氛围的营造，让消费者联想到购买商品后的使用情况，更具特色的是，它通过现场提供真实产品的试用，让顾客可以轻松、自如地感受每一类产品的卓越功能，并在遇到疑问时立即得到贴心的一对一服务（苹果体验店外型可见图 3-1）。

图 3-1 上海南京路苹果体验店

而著名的诚品书店,基于推广阅读、激发创意、深耕文化、提升心灵的理念,除大量借鉴传统的客户导引、热点推荐、各类POP看板、堆头陈列等类似快速消费品的营销推广方式之外,还特意通过咖啡和图书的混合香味,明亮、开阔的空间,沉稳、优雅、温馨的色调以及提供画廊、出版、展演、课程、文创等多重文化服务,创造出充满人文艺术气质的氛围,让每个进入诚品书店的消费者,不得不叹服它的独特魅力(诚品书店的外形可见图3-2)。

对苹果、诚品乃至宜家、小米等著名体验商店的考察,给我们建设XBRL体验中心予以了大量的启示,即在传授具有多学科交叉的、高度复杂的知识和技能时,必须借助于精心设计的人性化体验环境,来克服学习者的畏难情绪,激发学习者的学习热情和成就感,这些人性化的元素要充分体现在计算机机房布局、教学管理软件开发、操作终端界面构思、网络体系架构设计、助教人员分配乃至于演示讲稿撰写等每个具体的细节上。

图3-2　苏州诚品书店

借鉴美国作家加瑞特撰写的《用户体验的要素》中的观点,设计体验中心的环境可以从感官、信任、浏览、情感和交互五个方面去考虑学习者的体验感受(见图3-3)。

"感官"主要考虑给学习者视听上的良好体验,强调舒适性,即在设计环境时要符合大众的审美习惯,操作反应时间要短,色彩和动画效果强烈,供操作的硬件应符合人体工程学的要求等。

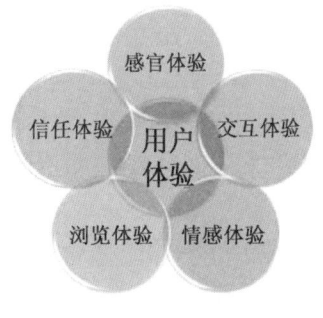

图3-3　用户体验的五个方面

"信任"主要考虑给学习者在信任方面的良好体验,强调可靠性,即需真实地反映各类 XBRL 专用软件的优势和短板,准确地标注网站的地址和信息,客观地分析 XBRL 技术发展中的问题,明确说明每一款软件和样本的使用权限(或版权要求),对 XBRL 实例文档的法律有效性进行必要的说明等。

"浏览"主要考虑给学习者在浏览上的良好体验,强调吸引性,即展示过程简洁清晰、主题突出,可以便捷地检索到所需内容,可按学习者的关注度大小来排列和组织相关知识等。

"情感"主要考虑给学习者在心理上的良好体验,强调友好性,即根据学习者的背景不同,提供不同的授课模块组合,让学习者接触到与之身份相适应的问题及其解决方案,并鼓励他们在体验过程中参与流程的修订以及体验内容的创新。

"交互"主要考虑给学习者在操作上的良好体验,强调易用和可用性,即设计的流程要清晰、简洁,对常见问题提供必要的提示,能在学习内容、学习进度等方面满足学习者个性化的学习需求,能方便地在不同的软件之间切换等。

当然,以上感官、信任、浏览、情感和交互五个方面仅是从学习者这个视角提出的环境设计要求,它们是体验环境建设需达到的最终目标,但如从系统工程的视角去考虑体验环境设计和建设这个问题,还需综合考虑效率、效益、安全等关键要素。

第二节　XBRL 体验中心学习资源建设

体验中心所需的学习资源主要包括精心设计的教学讲义、主流的 XBRL 软件工具和网上应用平台、国家和行业颁发的 XBRL 分类标准、典型的 XBRL 财务报告样本、行业或企业 XBRL 最佳实践以及重要的 XBRL 学术研究资料等。

(1) 讲义是教学的最重要学习资源之一,通常包含有学习目标、教学安排、体验要求、体验环节、体验模块划分、重要知识点讲解、体验注意事项等内容。

(2) 主流 XBRL 软件包括市场上流行的分类标准浏览器/编辑器,实例文档浏览器/生成器,XBRL 校验工具,XBRL 分析软件,XML 数据库,XML 加密/解密工具、XBRL GL 工具等。

(3) XBRL 网上应用平台主要指国内外监管机构创建的用于在线分析或展示的 XBRL 综合服务平台,包括一些证券交易所、税务局、统计局、银行、会计准则管理机构开设的专用 XBRL 网站。

(4) XBRL 分类标准指学生需要掌握的特定国家或行业主管机构颁布的 XBRL 分类标准,通常它们之间具有密切的逻辑关系,且具有不同的版本。

(5) XBRL 财务报告样本就是在体验教学中待分析的 XBRL 实例文档,它们通常可通过公司网站或证券交易所网站免费下载。

(6) XBRL最佳实践是一些公司或行业监管机构具有代表性的 XBRL 实施项目,通常这些项目都获得了较大的成功,并在一定范围内产生了很好的影响,值得其他同行借鉴。

(7) XBRL 学术研究资料主要包括国内外学术期刊上发表的或在出版社公开出版的 XBRL 专业论文和著作,也包括国际国内重要 XBRL 学术会议上宣读的论文及相关的观点综述材料等。

有关上述学习资源的(2)～(6)部分建设的详细内容可参见后续章节。

第三节　XBRL 体验中心多媒体教室建设

多媒体教室是指利用计算机技术和网络技术将视频、音频、文字、图像、动画等多媒体技术汇集在一个教室内,发挥不同媒体的优势,优化教学过程的教学场所。多媒体教室是 XBRL 教学环境的重要组成部分。新一代的多媒体教室主要由计算机、网络中控系统、投影仪、功放和音箱等组成。

与普通的多媒体教室不同,XBRL 体验教室需要为每位学生配备一台高性能的操作终端,以帮助他们自主地利用本地和网络资源完成学习任务,因此这里所说的 XBRL 多媒体教室实际上是传统多媒体演示教室和传统计算机上机机房的组合体。

以下重点就 XBRL 多媒体教室建设的注意事项、操作终端的选型、多媒体管理软件的选型和桌面虚拟化技术及应用等几方面做一些更深入的探讨。

一、XBRL 多媒体教室建设的注意事项

为帮助学生获得感官、信任、浏览、情感和交互五个方面的体验感受,需要在 XBRL 多媒体教室建设中注意以下内容:

(1)需要在多媒体教室中营造浓厚的学习氛围,以激发学习者的强烈求知欲。如科学摆放免费的 XBRL 学习材料、在墙面上张贴主流软件的功能介绍、利用大屏幕在课余时间播放 XBRL 宣传片等。

(2)需要科学摆放学生用终端设备,做到既方便学生聆听主讲教师的讲演,又方便其独立或与同小组成员相互协作地完成学习任务。座椅的摆放可以采取排排坐的形式,也可采用分小组面对面的形式;此外,还应在操作终端上显著标记编号,以便学生快速查找定位。

(3)需要配备功能强大的多媒体教室管理软件,以帮助教师有效地管理教学设备、控制教学过程。如帮助教师完成屏幕教学演示、学生屏幕监视、授课期间黑屏肃静、视频流分发播放、网上多方讨论、远程开关机和重启等功能;特别是远程控

制学习机屏幕的功能可以保证主讲教师集中授课的效果。

（4）需要科学地选择学生用操作终端的类型。目前可供选择的操作终端类型有个人计算机、笔记本电脑、PAD和智能手机等，每种客户端的购置和维护成本以及体验效果都存在显著差异，建设者需根据实际情况科学选择。

（5）为帮助教学管理人员批量更新终端应用软件、加强桌面系统安全管理、有效提升设备的利用率，还可考虑选用新流行的桌面虚拟化技术。

二、操作终端的选型

在XBRL多媒体教室的建设中，可供选择的网络用户终端有多种类型，如传统PC机、笔记本电脑、平板电脑（PAD）和智能手机等，后三种又被称为可移动终端。下面我们仅从软件的适用性、软件版权保护能力、集中管理的难易度、用户操作的便利性、软件视觉效果、移动能力、购置和维护成本等几个方面对这几类终端进行分析（见表3-1）。

表3-1 XBRL多媒体体验教室可用终端比较

主要选型指标	传统PC机	笔记本电脑	平板电脑PAD	智能手机
XBRL软件适用性	很好	好	较差	较差
软件版权保护能力	好	中	差	差
集中管理的难易度	易	较易	难	难
用户操作的便利性	中	好	好	好
软件视觉效果	好	好	差	差
移动能力	差	较好	好	好
购置和维护成本	低	高	较低	较低

（1）软件的适用性方面。目前，市面上的XBRL专用软件基本上都是基于传统的桌面计算机平台开发的，因此，由于操作系统的兼容性问题，PAD和智能手机可能无法使用。

（2）软件版权保护方面。由于当前XBRL软件授权方式的局限，在对此类软件的知识产权保护方面，传统的台式计算机相对更为可靠，而PAD和智能手机则缺乏成熟解决方案。

（3）集中管理的难易度方面。管理人员对终端管理的难易度，主要取决于流行的机房管理软件对新型终端的支持度，总体来看，目前成熟的管理软件主要的管理对象是台式机和笔记本电脑，也有一些软件支持对智能手机和PAD的集中管理。

（4）操作的便利性和终端的移动性方面。在这方面，手机和PAD显然更胜一筹,台式机和笔记本电脑由于操作主要借助于鼠标和键盘,大多不支持触摸屏操作,因此便利性稍差。

(5)软件视觉效果方面。在软件展示的视觉效果方面,每个人的评价可能有所差异。一般而言,视觉效果应该与屏幕的大小成正比,因此大屏幕的桌面终端应更有优势。

(6)购置和维护成本方面。几种终端的购置成本都与具体的配置要求有关,也与品牌的价值有关,在维护成本方面主要取决于故障率和保管的费用。

三、多媒体管理软件的选型

为有效管理和控制体验过程,教师需借助于先进、成熟的多媒体管理软件。目前软件厂商已开发了一些成熟产品可供选择,这些产品可集电脑教室的同步教学、控制、音视频广播等功能于一体,并能同时实现屏幕监视等网络管理的目的。以下是一些成熟软件提供的典型功能:

(1)教师演示。即可将教师计算机演示的屏幕画面实时同步发送给全体、部分或单个学生,进行实时的教学演示。并同时提供电子教鞭、电子黑板和白板功能。

(2)学生示范。即教师可轻松地指定任一学生对全体学生或一组学生进行示范操作,让学生之间进行相互交流和学习。

(3)视频录制。即可在执行"教师演示"教师机上的屏幕画面的同时,将其图像画面以动画影像的形式录制下来,制作成课件或教材,以便共享。

(4)回放和演示。即可将事先录制好的屏幕画面通过回放功能直接演示给学生,帮助实现教学的自动化、规范化。

(5)黑屏肃静。即可在教师授课过程中,系统接管学生电脑,锁定某个或全部学生电脑的键盘和鼠标,屏幕显示黑屏,让学生认真听课。

(6)视频播放。即可将多种主流格式的视频流节目播放到全体或指定的学生电脑上,这些学生都能接收到图像和声音信息。

(7)屏幕监视。即教师可实时监视一个或多个学生的电脑屏幕画面,可以不离开座位就了解学生的学习情况,实现对整个网络上学生用机的监控与管理。

(8)网络考试。即可实现无纸化考试,其中的班级统一考试、在线模拟考试和自测、制作试卷、管理试卷、分发试卷、学生答卷、自动阅卷、成绩查询、答卷查询等等功能。

(9)文件传输。即可将一个或多个文件一次性传输到指定的学生机上,并且可以指定在传输结束后自动打开或运行传输的文件。这样就可以做到网上安装软件、分发试卷或演示课件等,极大地提高工作效率。

(10) 其他功能。包括屏幕录制、屏幕回放、电子抢答、电子点名、电子举手、网上消息、提交作业、联机讨论、查看上线情况等。

在具体的产品选型时,通常可根据教学的实际功能需求,并参考拟管理的软硬件资源的种类、产品价格、售后服务水平等要素,合理地作出决定。

四、桌面虚拟化技术及应用

桌面虚拟化技术,也被称为客户端虚拟化技术,是一种将个人计算机的桌面环境从物理机器分离成客户端-服务器(Client/Server,简称C/S)计算模式,支持用户实现桌面系统远程动态访问及数据中心统一托管的技术,它是一种计算机网络、云计算和虚拟技术高度发展的产物。

(一) 桌面虚拟化技术的原理

目前,提供桌面虚拟化技术解决方案的厂商有很多,常见的有威睿(VMware)、思杰(Citrix)、微软(Microsoft)、赛门铁克(Symantec)等,它们采用的具体桌面虚拟化技术方法有些不同。其中最常用的实现方式有两种:

(1) 终端服务方式。终端服务是指服务器用单个操作系统支持多个可交互的用户会话而提供的服务能力。利用终端服务方式,多个用户可以同时登录到一台服务器上,各自建立属于自己的会话,获得属于自己的桌面,并在该服务器上运行应用程序。终端服务方式的优点是效率高,建设成本较低,通常一台服务器能承担数百个用户的应用;缺点是相同服务器内的用户共享一个操作系统,管理员对服务器系统设置的修改可能会影响其上的所有用户。

(2) VDI 方式(Virtual Desktop Infrastructure,虚拟桌面基础架构)。VDI 利用后台数据中心的基础资源建立多台虚拟机(VM),每台 VM 包含独自的虚拟 CPU、内存、硬盘和网络接口卡,不同 VM 之间能够实现逻辑隔离。VM 独立于底层的服务器硬件,使用户的软件环境独立于服务器硬件环境,每台 VM 可分配独立的操作系统和应用程序,用户可以通过远程桌面协议(ICA 或 RDP)实现客户端与虚拟桌面的通信,体验效果与使用一台物理计算机相同。VDI 方式的优点是它能通过 VM 使每个用户拥有一套独立完整的系统,因而可支持多种操作系统和应用程序,同时,能根据用户需求实现资源(物理机)的按需、动态分配,以满足不同类别用户的需要,缺点是相对于终端服务方式而言,对同样数量的用户,VDI 需花费更多的物理资源和成本。

随着技术的不断发展,在终端服务和 VDI 的基础上,为满足用户的多样化需求,各厂商正在不断推出新的桌面虚拟化技术,如本地虚拟操作系统、本地流桌面等。

具体的桌面虚拟化技术的选型,不仅需参考桌面应用的类型和复杂性,还需结合服务器的类型和配置进行综合考虑。

（二）桌面虚拟化技术的主要特点

与传统的桌面技术相比，桌面虚拟化技术的特点是：

（1）部署更快。桌面虚拟化技术可实现桌面系统的集中部署，使用户的操作系统、应用程序、数据处理都在后台数据中心的统一硬件平台上安装和执行，当需要变更虚拟桌面时，管理员只需要很短的时间即可在后台完成相关资源的分配和部署。

（2）访问更灵活。用户可在网络可触及的任何地点，在任何时间，都可通过电脑、瘦客户端、PAD、手机等终端设备实现对虚拟桌面的访问。

（3）安全性更强。由于桌面虚拟化技术实现了用户数据的集中管理，因此管理员无需采取传统终端管理和维护手段，可采用先进的技术实现数据的集中管理和备份，使数据的安全性和可靠性得到极大的增强。

（4）管理更便捷。同样由于桌面虚拟化技术实现了用户数据的集中管理，因此，管理员既不必采用传统的补丁升级、病毒查杀方式，也不必进行大量的现场维护，只需在后台对桌面和应用进行统一的配置和下发，提升了管理的效率。

（5）成本更低。桌面虚拟化技术能够合理利用组织中的存量软、硬件资源，减少支出成本，有效地降低维护的工作量和维护成本。

总之，采用桌面虚拟化技术可以解决计算机机房中经常出现的终端单点故障率高、软件更新速度慢、系统重构时间长、数据同传难度大的问题。有效地使用这一技术可使各类体验软件的日常安装与授权、软件更新及升级、系统安全管理等工作变得更为便利。

第四节　XBRL体验中心教学管理系统建设

XBRL体验环境所涉及的软件和平台可被大致划分为通用系统软件与平台、XBRL应用软件及平台、XBRL教学管理系统三大类，具体包含有操作系统软件、通用办公软件、防杀病毒软件、电子邮件软件、各类浏览器、视频播放软件、屏幕截取软件、XBRL专用软件与平台、XML数据库以及用于管理XBRL教学过程的体验教学管理系统等。在这些软件和平台中，前两类可以通过软件市场购置，而第三类则一般需进行定制开发。本节重点讨论XBRL体验教学管理系统的开发问题。

一、体验教学管理系统建设目标

体验教学管理系统本质上是一种网络学习支持系统，也就是借助软硬件设备和网络环境，对学习内容和学习过程进行有效管理的系统。

构建体验教学管理系统的目的就是要给体验者提供一个良好的学习环境,对XBRL体验过程加以程序性的引导和多环境支持。一个功能良好的XBRL体验教学管理系统应该能充分体现体验式教学的理念,给学习者提供一个人性化的学习平台,借助于这个平台,学习者可轻松地获取所需的学习资源,并且通过此平台方便地与教师、助教以及同学们进行学习交流。同时,XBRL体验教学管理系统也应是一个便捷的信息管理工具,能帮助学习者精确记录学习轨迹,分解复杂的学习任务。此外,XBRL体验管理信息系统还应提供对学习者学习效果的测量、评价和反馈功能,并且这一功能应贯穿于整个体验流程之中,以便学习者据此调整学习行为和评价学习效果。

目前,市场上虽有一些商品化的网络学习支持平台可大致满足上述的功能需求,但要完全实现体验中心的教学理念,一般还是需要通过委托开发或自行开发方式来建设。

二、体验学习流程分析及系统设计原则

在建设体验教学管理系统前,需对XBRL体验学习的流程进行认真的分析,并在此基础上形成系统设计的策略和原则。

(一) 典型的在线交互学习流程分析

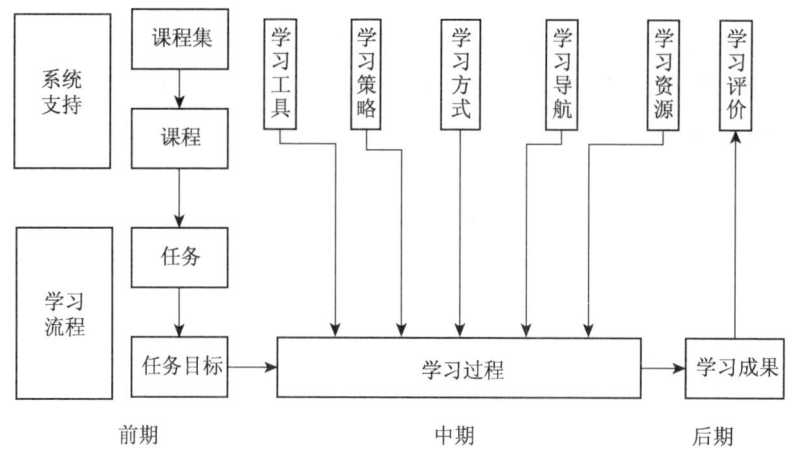

图3-4 典型在线学习流程图

通常,一个简单的典型在线交互式学习流程如图3-4所示,具体如下:

首先,由教师根据学生的专业背景和学习诉求,从完整的课程集(或模块)中选择若干集(或模块)形成个性化的课程体系和学习计划。

然后,学生根据教师(或系统)设置的课程体系、学习计划、学习策略和学习方

式,利用系统提供的学习工具、学习资源和导航工具,在教师(或系统)的引导下或自主根据学习任务目标,完成学习过程。

最后,系统(或教师)对学生的学习成果进行评价,给出具体的建议。

(二)设计策略

在设计体验管理信息系统时,不仅要满足上述学习流程的需要,还应满足具体体验时学生匹配目标、体现真实、感受冲突的需要,满足体验过程反思观察和抽象概括的需要,以及满足对体验行动清晰和持续的要求。

1. 目标匹配

目标匹配,即系统支持的体验活动应能实现学生学习的目标和愿景。

2. 体现真实

体现真实,即系统支持的体验活动尽量使学生有身临其境的真实感受。

3. 感受冲突

感受冲突,即系统支持的体验活动能使学生感受到未知信息的冲击。

4. 反思观察

反思观察,即系统能帮助学生聚焦体验内容,对体验内容深度观察和反思,并对观察内容进行仔细、客观的记录。

5. 抽象概括

抽象概括,即系统能引导学生对体验内容进行概括、提炼,并能对学生的观点进行归纳和总结,给出相应的结论。

6. 行动清晰

行动清晰,即系统对学生体验的关键动作应指向清晰,并通过对关键动作的重复和强化来强化记忆的持久性。

(三)设计原则

1. 以学习者为中心

以学习者为中心,即系统应能充分发挥学生的主观能动性,体现学生的首创精神,并根据学生自身的学习活动形成对体验内容的正确认识。

2. 同步和异步交互兼顾

同步和异步交互兼顾,即系统应同时支持同步交互活动和异步交互活动,同步交互可增加体验活动的真实感和实效性,异步交互则比同步交互具有更强的完整性和系统性。

3. 内容和人际交互兼顾

内容和人际交互兼顾,即系统既需要支持学习者与学习内容之间的交互,也需要支持学习者与他人的人际交互。因为内容交互是基于学习资源的认知过程,人际交互则可保证体验者的认知效果。

4. 教师和自主控制兼顾

教师和自主控制兼顾,即系统应支持"以学为主以教为辅"的教学思想,即在设计系统功能时既要考虑支持学习者的自主学习,还要考虑支持教师对学习者学习的控制。

5. 交互数量与质量兼顾

交互数量与质量兼顾,即系统在设计交互式体验时应以质量为主,以数量为辅,以保证学习者在较短的时间和有限的资源情况下充分体验核心的内容。

三、体验教学管理系统的主要功能

通过对目前比较流行的在线学习系统分析,可以把体验教学管理系统按照模块进行功能分解(见图3-5)。

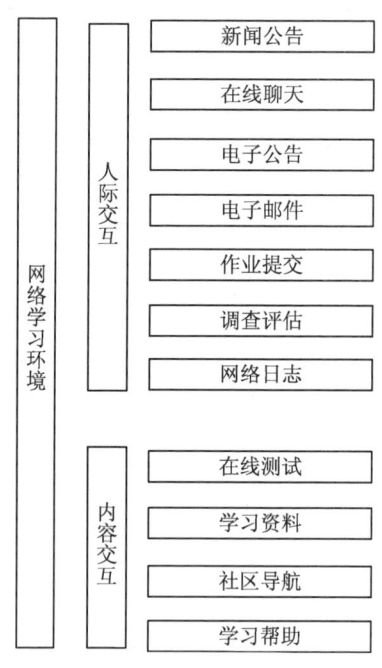

图3-5 体验管理信息系统功能模块图

在具体的系统设计时,人际交互部分需充分考虑学习者与教师之间的交互、学习者(同学)之间的交互和学习者自我交互等情况,系统应能对这几种交互提供信息传递的渠道,如BBS、Email、网络日志等;应能提供交互内容的管理工具,作业提交工具、调查评估工具、成果展示工具,以及信息的存储空间和快速检索工具等。

内容交互部分应提供在线测试工具、学习资料分发工具、社区导航功能和学习帮助功能等。

第五节　XBRL 体验中心网络与服务器建设

一个完备的体验中心,除了应提供优质的学习资源、优美的机房环境、功能强大的教学管理系统之外,还应配备高速的网络和稳定的服务器系统,只有在这些基础设施的支撑之下,体验中心的丰富学习资源才能被有效利用,教学管理系统才能发挥其辅助体验教学的管理和控制职能。

一、计算机网络及其选型

计算机网络是指将地理位置不同的具有独立功能的多台计算机及其外部设备,通过通信线路连接起来,在网络操作系统、网络管理软件及网络通信协议的管理和协调下,实现资源共享和信息传递的计算机系统。计算机网络是 XBRL 体验环境的重要组成部分。

计算机网络可被划分为很多类型,既可以按拓扑结构划分为星型网络、总线型网络、环型网络,又可以按覆盖范围划分为广域网、局域网,还可以根据承载介质划分为有线网、无线网、移动网等。每一类计算机网络,在物理布线的便捷性、访问速度的及时性、通讯传输的安全性、管理配置的灵活性等方面都会存在着较大的差异。

以下对各类计算机网络做一简单的分析。

(一) 按拓扑结构划分的计算机网络

1. 星型网络

星型网络是指各学生工作站以星型方式连接成的网络。网络有中央节点,通常为网络交换机。星型拓扑结构便于集中控制,网络延迟时间短,易于维护和安全性好。

2. 总线型网络

总线型网络指各学生工作站以总线型方式连接,所有的工作站共享一条公用的传输链路,一次只能由一个设备传输信息,这种结构布线要求简单,扩充容易,端用户失效、增减不影响全网络工作。

3. 环型网络

环型网络结构主要用于广域网。这种结构中的传输媒体(如光纤)将所有学生工作站连成环型。数据在环路中沿着一个方向(或相反方向)在各个节点间传输。这种结构可消除端用户通信时对中心系统的依赖性。

（二）按覆盖范围划分的计算机网络

1. 广域网

广域网（Wide Area Network，WAN），也称远程网。通常跨接很大的物理范围，所覆盖的范围从几十千米到几万千米，它能连接多个城市或国家，或横跨几个洲（省）并能提供远距离通信，形成国际性的远程网络。目前使用最多，影响最广的广域网是因特网。

2. 局域网

局域网（Local Area Network，LAN）是指在某一区域（如校园、厂区、街道）内由多台计算机互联成的计算机集合。一般距离不超过几千米。局域网可以实现软件共享、打印机共享，以及日常办公管理、日常教学活动等所需的电子邮件、传真通信等服务功能。

（三）按承载介质划分的计算机网络

1. 有线网

有线网是采用双绞线、同轴电缆和光纤等介质连接的计算机网络。双绞线是目前最常见的连网介质，组网成本相对较低，但传输距离较短。同轴电缆也是常见的一种连网介质，带宽较大，传输距离比双绞线长。光纤是长距离组网的主要介质，其尺寸小、重量轻、传送距离长，但价格昂贵。

2. 无线网

无线网主要采用空气（或真空）作传输介质，依靠电磁波和红外线等介质作为载体来传输数据，联网方式方便灵活，但联网费用相对较高。

3. 移动网

移动网就是将移动通信和无线网两者结合的产物。4G时代的开启以及移动终端设备的快速发展为移动网发展提供了动力。以往移动网主要指基于GPRS技术的互联网，现在随着3G、4G甚至5G网络的出现，已逐步有取代有线或无线网的趋势。

（四）计算机网络的选型

体验中心在构建和部署网络环境时，应充分考虑网速、成本、安全等综合因素，目前的常规做法是采用星型拓扑结构构建机房的局域网，对外保留因特网接口，对内采取有线网为主，无线网为辅的访问方式，这样既能实现高速网络通讯，又能实现机动灵活的访问。

二、服务器及其选型

服务器承载着XBRL后台数据运算、存储、软件分发等功能。根据体验中心用户机的规模大小和应用种类，我们既可以在单台服务器同时部署运行多套软件，也可以分别在多台服务器单独部署运行多套软件。在具体的服务器选型上,既可以选择传统的机架式服务器,也可以选择易于扩展的刀片服务器,还可以选择虚拟服务器。

以上的服务器选型策略没有绝对的优劣之分,完全视经费投入的多寡、对计算和存储资源的实际需求以及标准机房建设是否配套到位而定。

传统服务器选型一般倾向于机架式服务器,机架式服务器具有单次投入费用较低、安装部署便捷、便于管理等优势,但也存在着扩展能力有限、硬件存在单点故障风险等缺陷。目前,随着虚拟服务器的应用越来越广泛,越来越多的IT部门开始使用虚拟服务器。

服务器虚拟化的逻辑如图3-6所示。

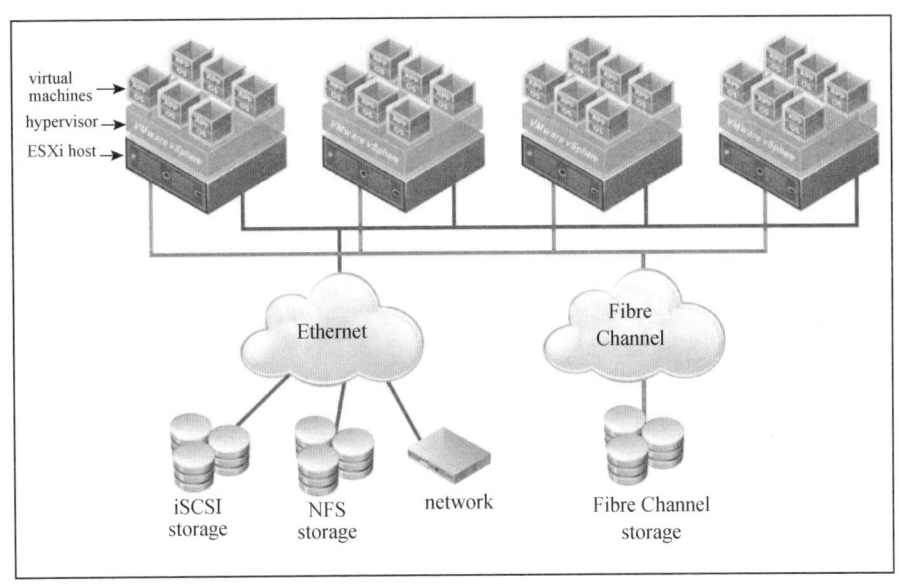

图3-6 服务器虚拟化逻辑示意图

在服务器虚拟化技术出现之前,一般是在硬件服务器上安装操作系统,并在其上安装部署web、数据库等服务。由于每台主机的配置和运行的服务都不一样,容易造成多台服务器忙闲不均的问题,形成资源浪费。并且一旦硬件设备损坏,就会直接影响服务的正常提供。

借助服务器虚拟化,可以在一台服务器或一个服务器群上安装多台虚拟主机,实现一机多用,彼此互不干扰,同时还能实现多机热备,合理调度资源,有效提高硬件利用率,保护硬件设备的投入。

服务器虚拟化带来的好处是:

（1）借助共享存储和两台以上的服务器，可以形成 cluster 实现高可用性架构（HA），当一台服务器由于硬件设备或网络等原因瘫痪后，其他服务器会自动接管瘫痪服务器上虚拟主机，在 30 秒以内恢复正常，系统故障率有效降低。

（2）当检测到虚拟机停止响应，HA 技术可以自动对该虚拟机执行关机重启操作。

（3）可以在不重装系统的前提下，在不同硬件设备上进行系统在线或脱机迁移。可以通过 P2V 技术将物理主机导入到虚拟系统进行管理和维护。

（4）借助动态资源调度技术（DRS），可以根据系统负载在虚拟机间自动分配 CPU 和内存等硬件资源，保证每台服务器均衡工作，既不会太闲，也不会太忙。

（5）借助电源管理技术，可以在业务低谷将硬件设备上的虚拟主机合并后关掉其中部分主机，降低能耗，侦测到业务高峰后自动恢复休眠主机。

（6）可以通过快照技术（snapshot）保留现场环境，通过备份软件快速完成业务系统的备份和恢复。

（7）可以借助容错技术（FT），在其他主机上实现操作上的完全同步，主机一旦宕机即自动切换到镜像设备，同时在其他主机上重新产生镜像。

（8）可以通过角色定义方便灵活地实现 CPU、内存、网络、存储等资源的权限管理。

（9）可以借助 alarm 技术获取各类报错信息，借助 report 技术按周期获取主机资源耗用报表。

（10）可以将主机转换成模板，通过定制策略克隆主机，实现快速部署。

（11）可以借助内置的虚拟交换机技术（Virtual Switching，VSwitch），实现 vlan 划分、带宽控制、网卡扩容、防火墙保护。

可以预见，服务器虚拟化将是今后的潮流所趋，如果能精心部署，合理规划，将简化机房主机和网络布线，降低服务器的日常管理维护工作量。

目前虚拟化技术主要分成服务器虚拟化和终端虚拟化两大领域。在服务器虚拟化领域，业界领先的产品分别是 Vmware 公司的 Vsphere 产品、Citrix 公司的 Xenserver 产品和微软的 Hyper-v 产品，其中 Vmare 公司的 Vsphere 产品和 Citrix 公司的 Xenserver 产品更具代表性。

本章小结

本章重点对学习资源、多媒体教室、体验教学管理系统以及计算机网络与服务器等 XBRL 体验环境的建设问题进行了讨论。

在建设 XBRL 体验环境时，应充分考虑 XBRL 技术的高度复杂性，精心融入人性化的设计理念，克服学习者的畏难情绪，激发学习者的热情和成就感。人性化的设计应充分体现在计算机机房布局、教学管理系统开发、操作终端界面设计、网络体系架构设计、助教人员分配乃至于演示讲稿撰写等方方面面。

体验中心学习资源的建设主要包括教学讲义的撰写，主流的 XBRL 软件工具和网上应用平台的选择，XBRL 分类标准、XBRL 财务报告样本以及 XBRL 最佳实践的收集，以及重要的 XBRL 学术研究资料的汇总等方面。

多媒体教室建设的重点是充分考虑人性化的需要，合理选择操作终端、多媒体教学管理软件和桌面虚拟化技术等，其中多媒体教学管理软件的性能优劣将直接影响教师对教学过程的管理和控制效果。

体验教学管理系统是 XBRL 体验中心软件和平台环境建设的重点内容之一，它的建设不仅需满足教学目的、适应教学流程的需要，还应考虑学习者体验 XBRL 技术时的人际交互、内容交互，以及对反思观察、抽象概括等需求的支持。

网络与服务器选型则应根据技术的发展趋势，选择成熟、经济、主流的类型。

第四章

XBRL 体验软件平台及其选型

软件和平台是 XBRL 教学环境的重要组成部分,是实现体验式教学课堂教学情景化、操作内容模拟化和教学内容形象化的重要工具。在 XBRL 的体验过程中,会涉及很多软件和平台,如操作系统、办公软件、杀毒软件、电子邮件、各类浏览器、视频播放软件、截屏软件、XBRL 专用软件与平台、XML 数据库,以及用于管理 XBRL 教学过程的体验教学管理系统等。由于这些软件和平台大都属于通用类软件和平台,在很多文献中都有深入的介绍,体验教学管理系统又在第三章中有了详细的论述,因此,本章将重点讨论 XBRL 专用软件、XBRL 公共平台以及它们的选型原则。

第一节 XBRL 软件与平台类型

一、分类概述

目前,XBRL 在企业中的应用主要体现在财务报告(FR)层面和账簿(GL)层面,财务报告层面的应用相对比较成熟,而账簿层面的应用则处于起步阶段。

(一) XBRL 财务报告应用领域

一方面,根据 XBRL 国际组织的建议,在企业实际应用中,XBRL 数据处理一般可以分为:生成 XBRL 文件所需数据的准备、XBRL 文档校验、XBRL 格式报表的申报、XBRL 文档的存储和数据的分析利用五个阶段。另一方面,如从 XBRL 实例文档制作到企业报送 XBRL 财务报告的编报流程来划分,XBRL 的数据处理则可划分为:XBRL 实例文档制作、报送、接收、清洗、审核、信息披露等环节。

我们认为,无论 XBRL 的信息处理流程如何划分,以下的软件工具都是必需的:分类标准编辑器、分类标准浏览器、实例文档生成器、实例文档浏览器、XBRL 校验工具、财务分析工具及存储工具等。

（二）XBRL 通用账簿应用领域

XBRL 通用账簿分类标准旨在为企业内部数据提供参考标准，能够对 ERP 系统的信息提供建模语言，具体如企业总账信息、分类账（包括应收/应付账款，采购/销售/库存等），以及更多细节性信息（包括文本的创建时间、交易和状态信息等）。XBRL 通用账簿分类标准的制定并不是要取代现有的系统软件，而是作为统一的、公开的、跨平台的数据标准，这样的设计初衷能够解决当前普遍的数据异构以及信息孤岛现象。同时，由于 XBRL 通用账簿分类标准与 XBRL 财务报告分类标准都源自 XBRL 技术，这使得建立通用账簿数据与外部财务报告数据之间的关联变得简单，事实上，XBRL 通用分类标准提供了企业内部数据与外部财务报告之间的映射标准。总之，XBRL 通用账簿分类标准能够提供全局的、整体的、统一的企业内部数据标准，有利于消除不同信息系统之间的隔阂，促进信息之间的传输与交互。

2003 年，日本的服装生产商华歌尔（Wacoal）成为世界上第一个将 XBRL 技术应用在企业内部数据管理（也即是使用 XBRL 通用账簿分类标准）的企业。虽然当时所用的 XBRL 通用账簿分类标准不是最新版本，但其成功经验仍然值得借鉴和推广。通过 XBRL 通用账簿分类标准，华歌尔公司最终建立了一个以 XML 和 XBRL 技术为核心的数据交互平台，企业的信息系统运行效率也得到了大幅度的提升：在为 36 家分公司进行合并财务报告时，将月底结算周期缩短了两天，同时，基于实时的现金管理在很大程度上改善了企业管理报告的质量。2006 年，XBRL 通用分类标准也在政府机构得到了首次应用。美国联邦住房局通过对不同的分散子系统进行统一的 XBRL 账簿标准化改进，实现了这些系统之间的信息交互。成功的企业还包括 2008 年的日本软件商富士通（Fujitsu）公司。在中国，XBRL 通用账簿分类标准的应用也正逐步展开，并已有一些成功经验，如四川长虹电器股份有限公司（以下简称长虹）就探索了 XBRL 账簿层面与报告层面的关联问题，正在探索基于 GL 的集团内部系统集成问题。

二、软件工具介绍

随着 XBRL 技术规范的逐步稳定和完善，越来越多的 XBRL 标准需求被挖掘，于是就有更多的 XBRL 分类标准被制定出来。这对 XBRL 应用软件也提出了更高的要求，以满足不同阶段和目的的需求。

按照不同应用领域的分类，XBRL 软件工具可分为 XBRL 财务报告软件和 XBRL 通用账簿软件。其中，如前所述，目前市场上大多数关于 XBRL 的软件多集中在财务报告领域，具有一定的通用性。而 XBRL 通用账簿软件则相对较少，大多仅限于简单的操作功能，企业真正要应用 XBRL 通用账簿技术则可能需要进行二次开发。

（一）XBRL 财务报告相关软件

在 XBRL 财务报告软件方面，根据 XBRL 数据的流程划分，分为数据生成阶段、数据校验阶段、数据管理阶段、数据应用阶段。数据生成阶段包括的功能有分类标准浏览/编辑、实例文档浏览/编辑，数据校验阶段包括分类标准校验、实例文档校验，数据管理阶段包括 XBRL 数据存储、版本管理、文档格式转换及数据加密技术，数据应用阶段则包括财务分析功能等。不同的 XBRL 软件可能侧重了某个阶段的功能，也可能整合了不同阶段的多项功能。以下根据涉及不同的 XBRL 财务报告流程阶段展开，分别予以简要介绍。

1. 数据生成阶段

XBRL 分类标准对 XBRL 财务报告的披露起规范与指导作用，是 XBRL 应用的基础。当前 XBRL 分类标准的架构普遍遵循"企业通用-行业扩展-企业扩展"的模式，因此分类标准的内在逻辑结构比较复杂，如果没有比较成熟的 XBRL 分类标准软件，把握 XBRL 分类标准的"脉络"将是极其困难的事情。例如，财政部 2015 版通用分类标准的分类标准就分别位于 4 个层级的文件夹中，并且根文件夹下还涉及引用的国际财务报告准则分类标准，而通用分类标准还细分为通用部分、银行业扩展部分、石油和天然气行业扩展部分等。同时，根据 2015 年《企业会计准则通用分类标准编报规则》，企业扩展分类标准应当包含扩展分类标准模式文件和与其相关的链接库文件。因此在此阶段，首先应当提供分类标准的简便操作功能，包括浏览/编辑（含扩展）功能等。

XBRL 财务报告实例文档是基于 XBRL 特殊格式的企业财务报告，是 XBRL 应用的核心。目前 XBRL 财务报告实例文档的编制方式通常可分为三种，分别是手工录入式、自动转换式和内部嵌入式。其中，手工录入式是指将财务报告从 ERP 系统中导出".doc"".xls"".pdf"".csv"或纸质等中间过渡格式，而后用手工录入或拷贝粘贴的方式将财务报告的结构和数据再次键入"手工录入式 XBRL 软件"，进而生成 XBRL 扩展分类标准和实例文档。自动转换式是指将财务报告从 ERP 系统中导出 Word 和 Excel 格式，而后通过对财务报告中的概念和数据进行颜色标记，将财务报告的结构和数据自动采集到"自动转换式 XBRL 软件"中，进而自动生成 XBRL 扩展分类标准和实例文档。内部嵌入式是指在 ERP 等企业管理系统中嵌入 XBRL 模块，该模块直接从 ERP 的数据库中提取财务报告的结构和数据，将财务报告的结构与分类标准进行映射后，自动生成 XBRL 分类标准和实例文档。可见，手工录入式和自动转换式都需要事先从 ERP 等企业管理系统中导出财务报告数据，所不同的是自动转换式对财务报告格式有特定要求，而手工录入式则没有；自动转换式和内部嵌入式都有映射环节，所不同的是，自动转换式既映射财务报告结构又映射财务报告数据，而内部嵌入式只映射财务报告结构，之后从

ERP等企业管理系统中直接提取数据。国内大多数XBRL软件都支持手工录入式编报,如吉贝克、富士通、中科金财、东华,用友和浪潮也提供单机版本的手工录入式XBRL编报软件。NTT软件主要支持自动转换式编报,将含有表格和数字的用于一级和四级标记的Excel文件,以及含有大段文字的用于二级和三级标记的Word文件,自动映射为XBRL分类标准和实例文档。在内部嵌入式方面,包括用友、金蝶和浪潮在内的软件商皆在ERP系统中直接嵌入了XBRL模块,用友嵌在NC产品中,金蝶嵌在EAS中,浪潮嵌在BI中,实现了ERP与XBRL的无缝对接。还有一些软件商通过定制开发的方式,直接从企业ERP数据库中提取财务报告的结构和(或)数据,间接实现了XBRL格式财务报告生成的自动化,如吉贝克、普联、NTT和东华。此外,还有一些企业着重于XBRL在企业内部的应用,如普联助力中国石油的年金系统和昆仑银行的内部统计系统。

2. 数据校验阶段

数据校验阶段对于保证XBRL数据准确性至关重要,通常需要对XBRL分类标准和XBRL实例文档分别进行校验。对于XBRL文档的数据检验可分为三个层面:XML规则层面、XBRL语法规则层面及XBRL业务规则层面。

XML规则层面。XBRL技术源自XML,是XML语言在商业报告语言领域的应用,因此,XBRL分类标准和XBRL实例文档必须符合XML语法校验。满足正确语法表示的XBRL数据可以称为"形式良好"的XML文件。XBRL软件应当能够实现XML规则层面的校验。如前所述,XBRL是XML在商业报告领域的特殊应用,比起一般的XML语法规则,还需要更具体的XBRL语法规则约束。因此,仅仅是符合XML规则校验,是远远不够的。

XBRL语法规则层面。2003年,XBRL国际组织颁布了XBRL技术规范2.1版本之后,这一版本构成了XBRL语法规则的基础。XBRL分类标准和实例文档都必须遵循XBRL技术规范2.1版本。而这仅是XBRL语法规则层面校验的第一步,XBRL国际组织针对XBRL分类标准和XBRL实例文档又分别制定了相应的语法规则要求:①为了加强用于财务报告的XBRL分类标准之间的一致性,XBRL国际组织制定了财务报告分类标准架构(Financial Reporting Taxonomy Architecture,FRTA),其设计目标在于最大化分类标准对于非技术(从计算机科学角度看)用户和报告领域的专家的可用性,而不损害分类标准用于描述报告需求的能力以及以精确的、与XBRL相符的方式的可能性。②为使计算机应用程序与读者更容易分析、比较XBRL财务报告数据,XBRL国际组织还制定了财务报告实例文档标准(Financial Reporting Instance Standard,FRIS)。2006年,XBRL颁布了维度(dimension)技术规范,这是对XBRL技术规范2.1的补充。因此,维度技术规范也是属于XBRL语法规则校验层面。

通常，用于生成 XBRL 文档的软件都会整合 XBRL 分类标准浏览/编辑、XBRL 实例文档浏览/编辑功能，也因此通常会具备分类标准校验的功能和实例文档校验的功能。其中可以通过 XBRL 计算链接库(Calculation Linkbase)和公式链接库(Formula Linkbase)对包括加减乘除、逻辑关系在内的勾稽关系进行校验。校验的充分与否完全取决于计算链接库和公式链接库的定义情况。

XBRL 业务规则层面。基于链接库的语法校验功能，XBRL 软件能够检查报告在 XML 语法规则和 XBRL 语法规则层面的合规性水平，但是这并不能保证 XBRL 数据的准确性。例如，XBRL 分类标准扩展的冗余性问题，也即是企业扩展了自认为没有被定义的概念。这些错误可能单纯地从语法层面无法被发掘，需要进行人工校验。未来随着公式链接库应用的愈发熟练，公式链接库将能够表示更多的业务规则，从而能够进一步提升 XBRL 业务规则层面校验的有效性。

3. 数据管理阶段

数据管理阶段主要包括数据存储、版本管理、文档格式转换及数据加密等。以下分别予以介绍。

XBRL 数据存储方面。目前主要有三种 XBRL 数据的存储方案，分别是传统文件系统存储、关系型数据库存储以及 XML 原生数据库存储。传统文件系统存储是指 XBRL 数据的存储直接由操作系统的文件管理系统来进行管理和存储，并不再借助于第三方数据库，例如，NTT、富士通和中科金财的 XBRL 软件都采用传统的文件系统存储。关系型数据库存储是基于较成熟的关系型数据库技术对 XBRL 数据进行存储，或是把 XBRL 文档整体看成字符型大型对象字段，直接存储到关系数据库中，或是通过拆分的方式，把 XBRL 文档映射成关系表再存储于关系数据库。在关系型数据库存储方面，吉贝克和东华就是采用开源的 MySQL 数据库，普联、用友和金蝶采用的是 Oracle 数据库。XML 原生数据库存储则是将 XBRL 数据存储于原生 XML 数据库中，其最小的存储单位是节点，每个节点都有自己的 ID，这种存储方式下，存取过程是直接对整个 XML 文档进行操作。目前已有方正构建了 XBRL 原生数据库。

XBRL 版本管理方面。通常每隔一段时间会计准则(包括美国公认会计原则 US GAAP,中国企业会计准则等)都会进行修订，从而基于会计准则制定的分类标准也需要进行更新，建立不同版本分类标准之间的关系就显得十分重要。2013 年，XBRL 国际组织颁布了版本(Versioning)技术规范，旨在表达分类标准集合存在的详细版本更新情况，方便进行 XBRL 分类标准的管理。开源软件 Arelle 最初的设计初衷即是为了能够进行 XBRL 分类标准版本管理。中国的中科金财、久其软件同样能够提供分类标准版本管理功能。

文档格式转换方面。通过文档格式转换功能，可以将 XBRL 数据转换为使用

第四章
XBRL体验软件平台及其选型

者更为熟悉的数据处理格式，例如，.xls格式、CSV格式等。XBRLAnalyst软件通过插件的方式附在Excel软件，同时将XBRL数据转换为.xls格式，XBRL to XL也拥有类似的功能，将XBRL数据转为.xls格式。Altova公司的MapForce软件则能提供更丰富的文档格式转换，包括XML数据与XBRL数据的相互转换、数据库与XBRL数据的相互转换、平面文件（flat file）[①]与XBRL数据的相互转换、Excel数据与XBRL数据的相互转换，以及网络服务与XBRL数据的相互转换等。

XBRL数据加密方面。XBRL被设计用来存储和传输商业报告信息，可能会受到外部实体篡改的威胁，这些是企业对XBRL数据的安全性考虑。因此，在某些XBRL应用项目中，就采用了XBRL数据加密技术，如euroFiling的XBRL项目，这能够在一定程度上提供XBRL数据的安全保障。

4. 数据应用阶段

XBRL技术应使利益相关者能够从中受益，这是促进XBRL技术的全面推广与应用的前提条件，从而才能最大化发挥XBRL的价值。数据应用阶段是指使用者利用XBRL数据，并充分挖掘标准化财务数据的应用价值。目前对于XBRL数据的应用主要集中在企业分析、行业对标等。目前，上交所、深交所都提供了基于XBRL的公共财务分析平台，证监会也对外开放了基于XBRL的基金信息披露平台。XBRLAnalyst可以提供更丰富的应用分析，包括杜邦分析、行业趋势分析、企业估值分析等。关于这些平台的使用，详情可参见第八章。

（二）XBRL通用账簿相关软件

由于XBRL通用账簿分类标准是关于企业内部数据的标准，因此基于XBRL通用账簿分类标准的应用详情并不会对外公开，并且不会有通用的XBRL账簿软件。已有的资料显示日本的日立（Hitachi）和富士通（Fujitsu）都有过XBRL通用账簿相关软件的开发经验，其中日立采用的是XiRUTE日记账引擎，富士通采用的是XBRL通用账簿分类标准和面向服务架构（Service Oriented Architecture, SOA）相结合的方式。开源软件Arelle软件能够提供XBRL GL分类标准以及最佳实践的浏览体验。

通过数据标准映射工具能够实现不同结构的数据标准之间的相互关联。XBRLGL分类标准的SRCD模块提供了企业账簿数据与财务报告数据之间的映射标准，但显然借助于更为强大的数据标准映射工具能够使企业账簿数据与财务报告数据的映射建立更为便捷。数据标准映射工具的代表性软件是Altova公司的MapForce软件。MapForce软件能够提供直观图形方式的映射数据管理方案，并且可以自动生成程序代码。已有基于MapForece的数据标准映射尝试，包括

[①] 平面文件是一种包含没有相对关系结构的记录的文件，如纯文本的Word文档，以及CSV格式文件。

Excel 向 XBRL GL 的映射、XBRL GL 到 XBRL 财务报告的映射。具体思路可参见 http://www.xbrlgl.org/。

第二节 国内外主流软件

XBRL 应用软件业的发展是包括我国在内的各国 XBRL 应用推广中的重要一环。企业编制 XBRL 财务报告需要 XBRL 报告生成软件。交易所要将上市公司 XBRL 实例文档的内容导入数据库需要相关的 XBRL 转换软件。投资者要对上市公司的 XBRL 实例文档数据进行分析比较更需要 XBRL 数据浏览和分析软件。本节主要介绍国内外的主流软件产品。

我国的 XBRL 软件生产者或销售者,需通过第三方认证机构进行 XBRL 软件认证。通过认证的 XBRL 软件说明已经遵循 XBRL 基础、维度和公式三个技术规范,认证信息可以在北京赛西认证有限责任公司网站 http://www.cc.cesi.cn/或国家认证监督管理委员会网站 http://tycx.cnca.cn/rjw/上查询。截至 2015 年 11 月,通过 XBRL 软件认证的企业如表 4-1 所示。

表 4-1 国内 XBRL 软件认证状态

序号	企业名称	产品名称	版本号	获证时间
1	富士通(中国)信息系统有限公司	Interstage XWand	V13	2014-09-09
2	普联软件股份有限公司	普联 XBRL 处理器	V1.0	2014-09-09
3	恩梯梯数据(中国)有限公司	XBRL 生成读取校验组件系统	V2.6	2014-09-09
4	上海吉贝克信息技术有限公司	GBICC-XBRL-CORE	V1.0	2014-09-09
5	金蝶软件(中国)有限公司	金蝶 XBRL 报告系统	V1.0	2014-11-24
6	用友网络科技股份有限公司	用友 XBRL 处理器	V1.0	2014-11-24
7	浪潮通用软件有限公司	浪潮可扩展商业报告语言(XBRL)软件	V6.0	2014-11-24
8	北京久其软件股份有限公司	久其 XBRL	V3.0	2014-11-24
9	北京东华易时科技有限公司	XBRL 编报系统	V1.1	2014-11-24
10	立信会计师事务所(特殊普通合伙)	立信通用 XBRL 编报软件	V1.5	2014-11-24
11	江苏富深协通科技股份有限公司	富深协通 XBRL 处理器	V1.0	2015-04-24
12	四川长虹电器股份有限公司	天地汇 XBRL 智能引擎	V2.0	2015-11-03

一般来说,会计人员并不需要详细掌握XBRL技术规范,只需选择通过认证的XBRL引擎或软件产品即可。

一、国内通过认证的软件产品

(一)吉贝克

吉贝克是国内最早踏入XBRL领域的软件商之一,同时支持证监会和财政部发起的XBRL报送项目。吉贝克公司推出的XBRL软件的功能包括分类标准扩展、实例文档编制以及对扩展的分类标准和编制的实例文档进行技术层面和业务层面的校验,此外,吉贝克公司的XBRL软件具备基于XBRL数据的财务分析功能。吉贝克的XBRL软件是典型的B/S结构,适用IE浏览器。在XBRL数据存储方面,吉贝克的XBRL软件则借助于传统的关系型数据库,采用开源的MySQL数据库。吉贝克还可以通过定制开发的方式,直接从企业ERP数据库中提取财务报告的结构和数据,间接实现XBRL格式财务报告生成的自动化。

(二)普联

普联拥有具有自主产权的XBRL处理引擎,致力于监管部门报送和企业内部应用,是财政部XBRL报送系统和XBRL数据分析系统的重要技术力量之一。普联的XBRL软件是典型的B/S结构,适用Google浏览器,其功能包括分类标准扩展、实例文档编制以及对扩展的分类标准和编制的实例文档进行技术层面和业务层面的校验。在XBRL数据存储方面,普联采用商用的Oracle数据库。

(三)NTT DATA

NTT DATA的XBRL软件属于典型的C/S结构,数据采集、分类标准的基本操作(建立、编辑和存储)、实例文档的浏览等功能在客户端,数据映射、实例文档生成、分类标准和实例文档的校验等功能在服务器端。NTT DATA直接采用传统文件系统进行存储,即将XBRL分类标准文件(.xsd和.xml)和实例文档文件(.xml)直接存储在电脑的某一文件夹下,无需借助数据库。此外,NTT DATA软件还提供公式编辑的功能。

NTT DATA软件主要支持自动转换式编报,将含有表格和数字的用于一级和四级标记的Excel文件,以及含有大段文字的用于二级和三级标记的Word文件,自动映射为XBRL分类标准和实例文档。

(四)富士通

富士通的XBRL软件是事实上的国际标准,软件工具种类齐全,能够满足世界各地的开发需求和报送要求。富士通的XBRL软件是典型的单机版,分类标准扩展、实例文档编制、分类标准和实例文档校验全部都集中在一台计算机上完成。富士通软件也提供公式编辑的功能。富士通XBRL软件产品包括XBRL工具集

(XWand Toolkit)、应用开发 API 编程软件(XWand Application Developer)和运行服务器应用程序的平台(XWand Runtime,包含 Java 和.NET 库集)。

其中,XBRL 工具集包括从 Excel 到 XBRL 的转换工具、微软 Word 的 XBRL 插件、数据映射工具、实例文档仪表盘、分类标准差异比较工具、XWand 查看工具等。富士通提供单机版本的手工录入式 XBRL 编报软件。与 NTT DATA 一样,富士通也是直接采用传统文件系统进行存储,即将 XBRL 分类标准文件(.xsd 和.xml)和实例文档文件(.xml)直接存储在电脑的某一文件夹下,无需借助数据库。

（五）用友

用友研发团队从 2006 年开始从事 XBRL 软件的开发工作,其自主引擎、灵活报送、预置服务包等独特的优点受到了好评。用友是基于自己成熟的 ERP 产品用友 NC,开发出 XBRL 模块。用友的 XBRL 软件是典型的 B/S 结构,适用 IE 浏览器。在 XBRL 数据存储方面,用友采用商用的 Oracle 数据库。用友还提供单机版本的手工录入式 XBRL 编报软件。用友在 ERP 系统 NC 产品中直接嵌入了 XBRL 模块,实现了 ERP 与 XBRL 的无缝对接。

（六）金蝶

金蝶也是基于自己成熟的 ERP 产品,开发出 XBRL 模块,金蝶公司推出的 XBRL 软件的功能包括分类标准扩展、实例文档编制,以及对扩展的分类标准和编制的实例文档进行技术层面和业务层面的校验。在 XBRL 数据存储方面,金蝶采用商用的 Oracle 数据库。金蝶在 ERP 系统 EAS 产品中直接嵌入了 XBRL 模块,实现了 ERP 与 XBRL 的无缝对接。

（七）浪潮

2010 年,浪潮公司正式开始了 XBRL 相关软件和服务的研发工作。2011 年,首次发布 XBRL 产品,该产品已具备了基础的实例文档编辑功能。而在 2012 年发布的产品更趋完善,具备了全面的分类标准和实例文档的创建与校验功能。并于 2013 年正式投入财政部的 XBRL 试点应用中,共计为 72 家试点企业(共计 169 家地方试点企业)提供 XBRL 产品和技术服务支持。

与用友、金蝶一样,浪潮也是基于自己成熟的 ERP 产品,开发出 XBRL 模块,浪潮的 XBRL 软件是典型的 B/S 结构,适用 IE 浏览器。浪潮公司推出的 XBRL 软件的功能包括分类标准扩展、实例文档编制,以及对扩展的分类标准和编制的实例文档进行技术层面和业务层面的校验。对于基层报告编制人员,提供简单易用的填报、编制、校验工具,此外,针对通用分类标准提供辅助工具。针对报告管理分析人员,浪潮 XBRL 软件提供全面嵌入式应用方案,与业务系统集成,数据及时可靠。针对管理层,浪潮提供企业深入应用的分析决策方案,利用 XBRL 标准化为管理层提供抓手。在 XBRL 数据存储方面,浪潮可采用商用的 SQL Server 或 Oracle

数据库。浪潮也提供单机版本的手工录入式 XBRL 编报软件。浪潮在 ERP 系统 BI 中直接嵌入了 XBRL 模块,实现了 ERP 与 XBRL 的无缝对接。

(八)中科金财[①]

中科金财股份有限公司致力于推动在组织内部应用 XBRL 技术,提供基于 XBRL GL 的组织内部应用服务,分享经过改进的 XBRL GL 分类标准、XBRL GL 最佳实践的研究成果,以及用于体验的 XBRL GL 实例文档。中科金财的 XBRL 软件工具包括报表元素提取软件、XBRL 实例文档展示分析系统、XBRL 数据映射软件、XBRL 分类标准管理软件和 XBRL 实例文档编辑软件。此外,中科金财还提供 XBRL 企业应用套件,借此套件可以改变企业传统的报表上报模式和数据交换方式,提高企业总部和分支机构之间,监管部门和企业之间数据交换效率,套件包括分类标准查看工具、实例文档编辑工具、规则校验工具、XBRL 实例文档展示分析工具、XBRL 分类标准版本管理工具和资源管理工具等。

(九)久其

久其软件公司一直关注 XBRL 在中国的发展,积极参与推进 XBRL 在国内的应用,并进行相关软件产品的研发,形成了全面的 XBRL 解决方案。久其软件公司于 2010 年年底正式发布"久其 XBRL 分类标准编辑器"和"久其 XBRL 实例文档编辑器",久其报表产品全面支持 XBRL。久其 XBRL 核心引擎包括:分类标准编辑器、实例文档编辑器、实例文档展示、校验、公式编辑器、版本管理、元素映射、数据接口和第三方应用程序。久其还提供 XBRL 转换工具,该工具可以将 Excel 文件转为实例文档。

久其的 XBRL 产品满足企业对报表业务的采集、审核、上报、汇总、分析、输出等功能需求;操作方便快捷,一次配置,多次使用,轻松导出 XBRL 实例文档;无需二次数据录入,降低用户工作量,减少披露差错;支持分类标准版本管理、XBRL 技术规范校验和财政部等其他监管单位的规则校验。

(十)东华

东华软件的 XBRL 产品支持财报数据采集、分类标准扩展、实例生成的全面功能。具体来说,其功能包括:企业财报数据自动采集、基于企业财务科目的元素梳理、批量扩展分类标准、建立映射和自动生成 XBRL 报告并校验。东华软件的 XBRL 产品自动提取财务科目和财务数据,自动根据财务科目完成企业会计科目与基础分类标准的映射;智能分析企业财务科目,整理需扩展的分类标准元素,批量扩展分类标准元素并与企业财务科目匹配;使用被财政部校验平台采用的校验库,可同时应对多个监管机构的报送规则(财政部、纽交所等);网络平台化交换企

[①] 其主体力量建立了观澜商务咨询有限公司。

业财务数据,应对集团企业客户,母公司 XBRL 平台智能收集下属公司财务报表;支持并行操作,完成映射更新及合并功能,支持映射关系合并、更新,以支持需要大规模改变分类标准元素和结构的企业多人同时进行扩展和映射工作;从财务报告和 ERP 系统内自动提取财务数据,根据映射关系自动生成 XBRL 实例文档,无需手工输入,避免人为输入数据,减少工作量和错误;保留企业往年报送模板,次年报送只需获取财务事实值并更新企业扩展分类标准;保存企业不同年度财务报告,不同分类标准之间映射关系,作为模板使用,可以同时应对多个不同分类标准,满足不同监管机关和企业的需要。

(十一) 立信

立信会计师事务所和上海立信维一软件有限公司合作开发的"立信通用 XBRL 编报软件 V1.2"内置自主研发的 XBRL 处理器,支持 XBRL 基础技术规范、维度技术规范和公式技术规范;内置了企业会计准则通用分类标准编报规则的处理模块。软件可通过右键菜单对列报链接库、定义链接库等进行扩展和编辑,支持禁止关系、覆盖关系等操作,支持单节点子树复制、多元素复制等操作,方便链接库的编辑和扩展操作,软件对链接库(定义链接库、列报链接库)的编辑(如表格的扩展行、扩展列)可实时在实例文档填报界面显示,方便用户填报数据。立信通用 XBRL 编报软件可解析符合 XBRL 技术规范的分类标准,可用于企业会计准则通用分类标准、石油天然气行业扩展分类标准、银行业扩展分类标准、国资委财务监管扩展分类标准的实施工作。

(十二) 长虹

经过两年时间的不断调研、分析和研究,长虹在 2015 年 10 月自主研发出基于 XBRL 技术的自动编制财务报告的分布式、云服务智能报告平台和智能引擎。长虹基于 XBRL GL2015 版本研发了 XBRL 数据交换平台,完成了数据元素和 GL 元素的映射、GL 实例文档的自动生成、FR-GL 下钻数据的验证,形成高效分类标准编辑器、可视化数据关系映射器、智能实例文档编辑器、最佳实践共享发布器和智能引擎五大独立产品单元,互相协作完成企业快速编制 XBRL 财务报告和高效报送监管机构的网络协作性平台,以云服务的模式服务于企业应用。

二、国际典型软件产品

伴随着 XBRL 技术的不断发展,国际上 XBRL 的软件市场也在不断推陈出新,同时激烈的竞争也导致部分软件企业退出这一领域(如日本的 Hitachi 公司),有些企业则是强强联合,进一步巩固了该领域的技术优势。例如,2011 年 EDGAR Online 公司和 UBmatrix 公司合并,UBmatrix 是较早进入 XBRL 领域的软件公司,并有着很强的技术优势和行业领导力,曾为包括美国证券交易委员会在内的监管机构提供服务,同时与甲骨文(Oracle)和 SAP 在 XBRL 领域有过合作。XBRL 国际组织的工具和服务栏目(https://www.xbrl.org/the-standard/how/tools-and-services/),会推荐一些典型的目前正在使用的工具和服务。以下,列举其中的部分工具予以介绍。

(一) 富士通(Fujitsu)公司的 Interstage XWand

Interstage XWand 是富士通在财务报告供应链上实施 XBRL 的完整解决方案。Interstage XWand 通过提供工具和功能用于支持采用 XBRL,能够同时满足监管机构、软件商、信息披露者与服务提供商、受监管公司以及其他利益相关者。同时提供企业内部系统和对外财务报告的解决方案。Interstage XWand 提供具有丰富功能的整合产品的完整套件,满足财务报告供应链上众多利益相关者的需求。访问网址为:http://www.fujitsu.com/global/products/software/middleware/application-infrastructure/interstage/solutions/xbrl/。

1. Interstage XWand 处理引擎

Interstage XWand 处理引擎是富士通 XBRL 软件的核心和大脑。处理程序内含最新的 XBRL 技术规范,并且构成了 Interstage XWand 产品的基础。处理引擎提供了包括分类标准和实例文档在内的所有 XBRL 构件的完整表达。提供创建和控制符合 XBRL 技术规范规则的构件的功能。形成了通用创建模块,并且基于此模块创建 Interstage XWand 中的所有工具。对于监管机构和解决方案提供商而言,处理引擎是创建系统的基础,这些系统通过处理 XBRL 文档可以对报告数据进行创建、检验和分析(包括交叉分析)。

2. 分类标准编辑器(Taxonomy Editor)

作为 XBRL 采纳过程中的第一步,XBRL 分类标准的创建是取得成功的最为关键的步骤。

无论是监管部门或是信息披露企业,分类标准的创建和扩展都需要使用分类标准创建工具。Interstage XWand 的分类标准编辑器提供了创建、扩展以及校验符合 XBRL2.1 技术规范的分类标准的全部功能。Interstage XWand 已在多个国家的 XBRL 项目中得到应用,用于创建分类标准。分类标准编辑器支持与分类标准创建和编辑相关的全方位的任务。能够以图形展示分类标准的结构,并且能够分别管理五个不同的链接库(包括列报链接库、计算链接库、定义链接库、标签链接库以及参考链接库)。还支持维度分类标准,不仅可以用于编辑器还可以作为浏览器。还能够通过最佳实践(如 FRTA)来校验 XBRL 的最佳实践符合性。

3. 实例文档生成器(Instance Creator)

Interstage XWand 的实例文档生成器是图形操作界面的编辑器,允许数据录入 XBRL 实例文档。与分类标准编辑器相类似,实例文档生成器的用户界面比较直观,并且能够全面支持 XBRL2.1 技术规范和维度 1.0 技术规范。还提供了校验 XBRL 实例文档同 XBRL 技术规范(包括计算链接库和维度链接库)的一致性校验。

4. Excel 向 XBRL 的转换工具

对于以微软 Excel 表格作为外部报告的公司,Interstage XWand 包含一个特殊的工具,能够便于电子表格数据到相关 XBRL 分类标准元素的映射。一旦映射建立,在后续的使用过程中就可以自动完成数据转换。

这个转换工具对于映射过程特别有用,尤其是在企业采纳 XBRL 技术的初期阶段。转换工具通过拖拽(drag and drop)的方式,将分类标准元素与电子表格的单元格进行匹配。确认外部财务报告中的元素,并将它们与所要求的分类标准的相应元素进行匹配,转换工具便利了信息的自动抽取,并将其转换为需要的 XBRL 实例文档。一旦映射过程完成,任意的后续映射电子表格都能够自动创建 XBRL 实例文档。

5. 数据映射

Interstage XWand 另外还包含一个工具,能够将 XBRL 实例文档转换为 CSV 文档。这个功能便于进行数据分析,有利于 XBRL 数据传输至其他信息系统。外部信息系统可以是数据库、商业智能工具、图形图表工具等。

数据映射工具允许用户定义需要抽取的财务事实信息,以及其中所涉及的规则,包括累加多个抽取域值用于创建新的事实值,以及运用公式创建计算值。数据映射工具运用公式计算规范来创建抽取规则,以允许完全的透明度和可复用。

6. 微软 Word 的 XBRL 插件

许多公司都使用微软的 Word 软件来制作它们的外部财务报告。Interstage XWand 包含一个特殊的微软 Word2007 插件,可以方便使用对应的 XBRL 分类标准概念来标记 Word 文件中的事实值。

7. 网页集成式 XBRL(Inline XBRL)

XBRL 技术规范的最新补充是网页集成式 XBRL 规范,或是 iXBRL。这是一种新的存储 XBRL 数据的数据格式,是将 XBRL 数据嵌入浏览器展示格式(HTML)。将 XBRL 数据置于 HTML 文档里面,这样使用标准的 HTML 浏览器就能够显示 XBRL 实例文档,因此方便阅读财务数据而无需借助于额外的 XBRL 工具或者技术。同时,由于这一文档内含 XBRL 标签,因此 XBRL 处理器能够处理该文档。

Interstage XWand 还支持网页集成式(Inline XBRL),从而文档的格式信息能够转入(iXBRL)实例文档中。任何人都可以通过这个插件,运用 XBRL 标签来标记 Word 数据,而不需要 XBRL 或者 Interstage XWand 的相关训练。

（二）IRIS 商业服务公司

IRIS 商业服务公司能够为全球范围内的机构提供完整并且专业的 XBRL 产品和解决方案。公司总部位于印度的孟买市，并且在美国、新加坡、英国、阿联酋驻有国际办事处。IRIS 是 XBRL 国际组织和 XBRL US 的直接会员。公司在财务信息管理领域拥有超过 18 年的业内认可的技术专业，能够提供数据和内容管理的定制化技术解决方案，便于投资者和交易所之间的信息传播，同时能够提升机构客户的内容管理效率。

IRIS 在 XBRL 领域已经展开一系列的研发工作，包括分类标准创建、软件解决方案、结构化和非结构化数据转化为 SEC 要求的 XBRL 格式。IRIS 在 XBRL 拥有多领域的技术。通过分类标准专家、软件工程师、商业分析师以及会计师的共同努力，为 XBRL 供应链提供了一套完整的产品和服务。

1. IRIS Carbon

IRIS Carbon 是基于云端的、会计师熟悉的、多功能的信息披露平台，能够解决专业人士的端到端外部报告需求。其协作性特性可以允许多个用户同时操作同一个文档。通过 IRIS Carbon 还可以在美国证券交易所检查、完成并提交 XBRL 和 EDGAR 超链接文本（HTML）。基于该平台，公司能够以高效和成本有效的方式编制内部和外部报告。平台的核心特点包括：①实时协作。允许多用户同时在同一个文档进行协作。②单一数据源，多种数据格式。可以从单一的数据源文档中，创建多种格式（包括 XBRL 和 EDGAR）的输出。③丰富的数据链接。更新链接的数据变得简单，类似在某一时刻作出变动。④智能的编辑方式。编辑、操作痕迹、检阅以及评论功能使得完成过程变得简单。⑤逐年延展（Roll Forward）披露。仅需编制文档一次，后续编制过程更新方便。⑥审计确认。允许外部审计师查阅公司报告并作出评价，同时还可以对平台本身提出修改建议。

2. IRIS FinX

IRIS FinX 通过 XBRL-GL 框架来满足企业的财务自动化需求，以及财务合并、内部报告、基于监管报告的 XBRL 创建。IRIS FinX 可以作为附加的软件进行使用，可以接收任意 ERP 系统、会计软件包以及任意平面文件（flat file）的数据输入。IRIS FinX 是在公司内部的基于浏览器的解决方案，同时也可以提供可操作服务模式的云端产品。其主要的模块包括：财务合并、端到端 XBRL 编制、商业智能、信息披露管理、IFRS 转换规则引擎（在研）。

3. IRIS iDEAL

IRIS iDEAL 是银行集中式数据存储库系统与中央银行之间的"桥梁"。一旦 IRIS iDEAL 整合到银行的内部数据源，那么通过定义好的映射，结构化数据就可以直接生成。IRIS iDEAL 主要由六个部分组成：①分类标准映射器。通过映射器，用户可以上传新的分类标准并建立分类标准元素与输入文件中所抽取数据的映射关系。②XBRL 处理器。iDEAL 处理器可以读取输入数据并将其转换为 XBRL 实例文档。③校验器。基于预定义的 XBRL 技术规范和监管机构特有的商业规则，校验器模块可以校验由 XBRL 处理器生成的 XBRL 实例文档。④渲染程序（render）。渲染程序是将 XBRL 实例文档转换为人类可读格式的过程。同时还可以以 HTML 或 Excel 格式进行下载。⑤日志查阅器。日志查阅器能够记录用户操作 iDEAL 平台的过程。⑥用户管理。通过用户管理，管理员能够严格控制日志查阅器、映射器、分类标准以及输出的操作权限。

（三）CoreFiling

CoreFiling 是专业化的 XBRL 软件公司。世界各地的许多监管机构、政府部门，以及企业都曾采用 CoreFiling 编报 XBRL。该公司的高级管理人员和开发人员还是 XBRL 国际组织的活跃成员，并积极参与到 XBRL 技术规范的开发。其 XBRL 相关的产品包括 Seahorse，SpiderMonkey，Magnify，True North，Yeti 和 Sphinx。

1. Seahorse

Seahorse 是基于 SaaS 的 XBRL 和 iXBRL 产品工具。可以快速且准确地创建有效的 XBRL 报告，用于满足当前欧洲强制披露要求下的法定义务。这些法定义务包括 CRD IV，Solvency II，HMRC，Companies House 和 Revenue Ireland。

2. SpiderMonkey

SpiderMonkey 是易操作的桌面工具，分析师和会计师无需掌握 XBRL 专业知识就可以创建、修改和扩展 XBRL 分类标准。利用 SpiderMonkey 可以创建企业层面的分类标准。SpiderMonkey 包含了整合修订控制、多用户支持，以及公开查阅功能。通过友好界面，SpiderMonkey 简化了在复杂财务和业绩报告系统之后的元素定义过程，便于业务专家的使用。这使得这些专家能够专注于内容而不需要去理解潜在的技术知识。

3. Magnify

Magnify 是桌面程序，通过对 XBRL 文档的查阅，能够提供全面的校验清单。Magnify 能够明确检验报告的计算公式，并验证结果是否正确。如果监管机构允许分类标准扩展，Magnify 也可以校验这些扩展元素的标签与财务报表中已经使用的术语是否重叠。一旦错误被识别，Magnify 将高亮显示错误的出处。Magnify 还允许对文档初稿进行比较，或以文档序号或以并排的方式进行比较，不同时期的数据也可以进行比较。

4. True North

True North 提供不同的解决方案以满足 XBRL 处理和校验需求，包括一系列可选模块。True North 有三个不同的版本，分别是 True North XBRL 处理器、True North 企业级 XBRL 处理器、True North 网络服务处理器。其中可选的模块包括 iXBRL 校验和处理程序、XBRL 转换程序、Sphinx 校验、XII 公式链接库校验和表格链接库处理器。

5. Yeti

Yeti 基于直观的基于浏览器的界面提供 XBRL 分类标准浏览和查阅功能。可以通过 CoreFiling 分类标准库（http://bigfoot.corefiling.com/）来搜索和查阅 XBRL 分类标准，或者创建协作环境用于支持分类标准开发。关于 Yeti 的更多介绍，详见第七章第三节"软件平台的选择与整合"。

6. Sphinx

Sphinx 是商业和会计创建语言，审计师、监管者、分析师和商业报告编制者通过 Sphinx 能够增强数据质量并提升一致性。Sphinx 专门为业务专家设计，而不是为 IT 专家和程序员设计。Sphinx 通过质量规则的创建来帮助在数据源头控制错误，并在应用初期识别数据的问题。

第三节 国内外公共平台

一、国内公共平台

（一）财政部 XBRL 综合服务平台

财政部的"XBRL 综合服务平台"是集通用分类标准维护、XBRL 财务报告在线报送、校验、存储、查询和简单的数据分析功能于一体的报送系统。除此之外，还通过建立市场化的 XBRL 软件认证制度，这能够为通用分类标准的实施和 XBRL 的应用推广奠定基础。

财政部 XBRL 综合服务平台除了满足通用分类标准的开发需要之外，还将对其他监管扩展分类标准进行开放，包括监管扩展分类标准的开发、测试、发布和修订。未来财政部将逐步构建中国企业 XBRL 财务报告统一服务平台，在各监管机构之间实现信息共享，从而解决机构之间的信息孤岛问题，能够更有利于各方的决策需要，提高决策效率。

（二）上交所 XBRL 信息披露平台

自 2008 年年度报告起，上交所开始全面推行 XBRL 格式的报告披露，要求所有上市公司同步提交 XBRL 格式的年度报告，即所有上市公司除提交年度报告摘要和全文的 PDF 文件之外，还需要提交包括年度报告完整内容的 XBRL 实例文档，目前信息披露范围已覆盖年度报告、半年度报告、季度报告等。通过上交所官方网站，能够访问上交所上市公司的 XBRL 信息：进入上交所首页，我们看到右下角的"上市公司 XBRL"快速导航，点击进入上交所 XBRL 信息披露平台（http：//listxbrl.sse.com.cn/），如图 4-1 所示。

图 4-1　上交所 XBRL 信息披露平台

证券投资者及财务信息使用者可以在上交所网站中直接查询 XBRL 格式的上市公司的基本情况、股本结构、财务报告明细数据等，而且还可以直接从上交所网站查看上市公司 PDF 版本的公告，分析历史数据并对同行业不同公司的数据进行比较。

（三）深交所 XBRL 互动平台咨询系统

2006 年 3 月，深交所组建了"XBRL 与上市公司信息披露电子化标准"项目小组，对上市公司定期财务报告信息披露和工商企业会计报表进行了分类和定义，于 2009 年 2 月正式推出基于 XBRL 的上市公司信息服务平台。

进入深交所网站首页，在左边"业务专栏"中我们可以看到"XBRL 上市公司信息服务平台"这一链接，进入深交所的 XBRL 平台，访问网址是 http：//xbrl.cninfo.com.cn/do/welcome/request，点击页面中的"欢迎使用"进入深交所 XBRL 互动平台咨询系统，如图 4-2 所示。

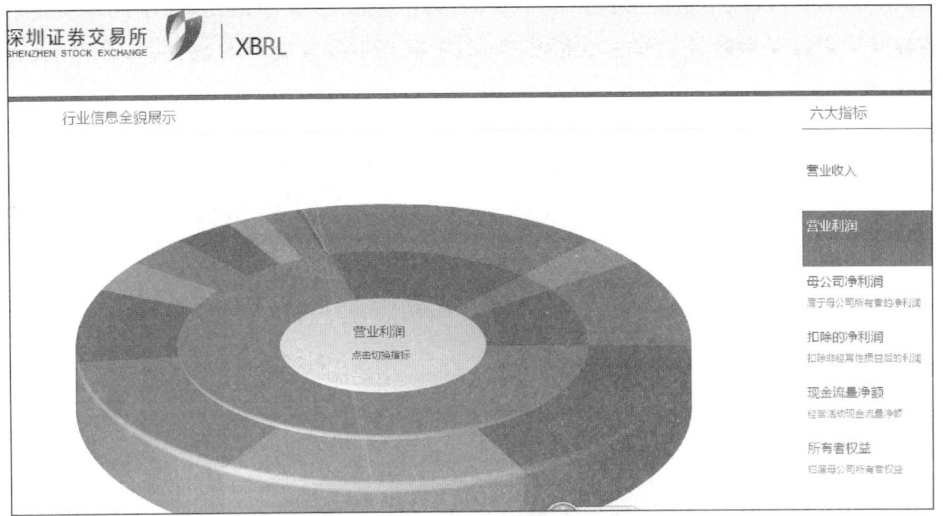

图 4-2　深交所 XBRL 互动平台咨询系统

深交所的 XBRL 互动平台咨询系统不仅提供上市公司基本 XBRL 实例文档的相关数据,还具备相对丰富的财务指标数据分析的功能和分析结果的展示,可以满足投资者及信息使用者对财务数据分析的部分需要。深交所"XBRL 互动平台咨询系统"引入了多元化的功能,为投资者提供的 Web 分析工具包含了以下功能:

(1) 展示单个公司近 5 年的年报历史数据,数据根据最新年报的披露情况持续更新。

(2) 提供丰富的公司财务数据和指标。不仅提供资产负债表、利润表、现金流量表和股本结构表等原始数据,而且还提供 18 个比率类指标。

(3) 提供"财务数据对比"功能,对原始数据进行分析,而且不限于同行业公司的比较。用户可以任选不超过 5 家公司,获得多公司、多指标的立体分析结果,公司对比情况一目了然,并有鼠标悬停提示,在观察走势的同时可精确掌握具体数值。

(4) 提供"行业数据对比"功能。对于任何行业的至多 5 家公司,提供走势对比。

(四) 基金公司信息披露平台

2009 年 7 月,证监会基金信息披露平台正式发布,访问网址为:http://fund.csrc.gov.cn/,并要求基金信息披露义务人按法规规定以 XBRL 实例文档形式向证监会报备并对外披露信息的专用网站。自此,证监会开始全面要求所有基金管理公司和托管行正式向平台报送所有的定期报告。

通过证监会基金信息披露网站"XBRL 应用"栏目可进一步访问证监会基金信息

XBRL应用平台,该平台能够提供的XBRL应用包括:基金净值比较、不同基金比较、基金同比以及基金环比。平台还能以图形的方式进行直观展示,借助该平台的分析工具,投资者可以实现相关数据的横向和综合的比较和分析,如图4-3所示。

图4-3 证监会基金信息XBRL应用平台

在证监会基金信息披露网站中,基金的XBRL数据经提取转换后以授权使用的方式提供给了国内部分证券公司、资讯公司、披露媒体等机构。此外,基金信息披露的监管部门结合其他数据,将XBRL成功应用到了及时统计、非现场检查、产品诚信监管等领域。

基金信息的XBRL标准化,在很大程度上改善了基金信息披露的规范性水平、透明程度以及信息化程度。平台的搭建极大地降低了基金信息的收集成本,并且提升了基金信息的编制、传输以及分析的效率和效果,这对包括基金管理公司、托管行、第三方机构以及监管机构在内的各方都是有益的。

二、国外公共平台

(一) SEC的XBRL平台

从2003年起,SEC就开始研究通过数据标记改进信息披露系统的可能性。2005年2月,SEC开始发起XBRL财务报告自愿披露计划(Voluntary Filing Program, VFP),并鼓励上市公司使用XBRL标准化技术进行财务信息披露。在通过

第四章
XBRL体验软件平台及其选型

2008年的一项XBRL阶段渐进式实施计划之后,从2011年6月15日起,所有在美国上市的公司都要提交XBRL定期报告到EDGAR系统中。其访问网址是http://www.sec.gov/structureddata。

SEC 2009年2月发布的《最终规则》(Final Rule,文号33-9002)要求在美上市公司提交信息披露传统电子文档的同时提交XBRL报告。规则中要求企业根据所遵循的会计准则,选择US GAAP或IFRS分类标准制作报告并可按实际需要自行扩展分类标准。

截至2012年3月31日,已有8 335家机构向SEC报送了30 579份实例文档。其中大部分采用了自定义扩展分类标准的方式。即各报送单位根据自身报告的内容,建立扩展分类标准,其中包括模式文件、标签链接库、定义链接库、列报链接库、计算链接库,并在此基础上编制实例文档。

SEC的官方网站向市场开放企业报送的分类标准和实例文档(包含企业的扩展部分),同时还提供XBRL实例文档的展示界面。

美国XBRL地区组织(XBRL US, Inc)向市场提供了基于苹果操作系统Brix应用程序。通过该程序可以查看、搜索和分类XBRL报告和标签。它可以通过通知功能提醒用户某一特定公司报送了XBRL报告,或某一特定标签被使用。

SEC的XBRL平台采用了EDGAR披露系统,EDGAR的全称是Electronic Data Gathering, Analysis, and Retrieval System,即电子化数据收集、分析及检索系统,是以电子化方式提交、传递、接收、审核、接受、加工、存储以及发布的系统平台。SEC建立EDGAR信息披露系统的目的是为电子化存档提供便利,提升信息处理的速度和效率,同时便于投资者、金融机构以及相关人士能够更及时地获取市场信息。EDGAR数据资料库已成为美国证券市场最重要、使用最广泛的数据平台。

(二)日本金融厅的XBRL平台

在日本,金融监管实行的是混业监管,日本金融厅是日本金融监管的最高行政部门,金融厅对包括银行业、证券业、保险业及非金融机构在内的多个机构进行全面监管。为了能够更好地进行监管,同时降低企业的信息披露负担,2001年金融厅开始启用EDINET(Electronic Disclosure for Investors' NETwork)信息披露平台。

EDINET是基于《日本金融工具与交易法》下的电子披露系统,要求其监管对象信息披露的内容包括年报、半年报、季报、证券登记表、大股东持股报告等。起初EDINET要求信息披露的格式是HTML,然而HTML格式的数据不具备重用性,投资者在进一步进行数据分析时,仍需要重新输入数据。于是,从2006年起,日本金融厅开始研究基于XBRL格式的EDINET系统。2007年1月至2月,进行了第一轮分类标准的线下测试,共有50家公司参与。2007年7月至8月,进行了第二轮分类标准的线上测试,共有1 200家公司参与。在经过多轮测试之后,该系统于2008年正式投入使用。金融厅强制要求所有的公司报送XBRL格式的数据,要求的XBRL信息披露范围是主要财务报表(primary financial statement)信息。通过EDINET系统,大约有5 000家企业和3 000家投资基金公司报送了XBRL格式的财务信息。

在2008年基于XBRL格式的EDINET系统运行之后,金融厅就开始广泛收集各方的意见,其中就包括众多的EDINET用户要求扩展XBRL应用,使之能够更有效地进行国际对标。2011年金融厅开始着手扩展XBRL应用范围,增加搜索功能以及XBRL数据的分析功能来升级EDINET系统。2012年6月,金融厅发布了EDINET升级系统的规范说明书。2013年9月,EDINET升级系统开始投入使用,新系统的XBRL披露范围不再局限于主要财务报表,还涵盖了其他重大事项,包括大股东持股报告、特别报告,以及要约收购的相关信息。投资者可以通过XBRL标记确定特别报告的原因而不必查阅PDF或者其他格式的文档。

日本金融厅XBRL平台的访问网址是http://disclosure.edinet-fsa.go.jp/,使用者登录该平台能够获取相关的XBRL报告数据。

(三) FASB分类标准网络可视化平台

财务会计准则委员会(Financial Accounting Standards Board,FASB)是美国制定财务会计和报告准则的指定私营机构,而自2010年起FASB还承担了美国XBRL分类标准的制定和维护工作。在其网站上定期发布最新版本的XBRL分类标准,并提供该分类标准的网络可视化平台,便于使用者在网络环境下浏览、查询分类标准。该网络可视化平台是由CoreFiling公司提供技术支持的。

以2015年美国XBRL分类标准为例,其网络可视化的访问链接为:http://xbrlview.fasb.org/yeti/resources/yeti-gwt/Yeti.jsp#tax~(id~156*v~3912)!net~(a~3063*l~749)!lang~(code~en-us)!rg~(rg~32*p~12)。

网络可视化平台提供了包括列报链接、计算链接,以及定义链接在内的多种网络浏览视图。

(四) XBRL to XL

XBRL to XL(http://www.xbrlxl.com/)平台是Fundamental X公司(http://www.fundamentalx.co.uk/)的核心应用,该公司开发了关于文本(包括XBRL)的智能数据抽取工具,并提供财务服务行业的咨询和培训,是由吉姆·特拉斯科特(Jim Truscott)于2000年创建,总部位于英格兰黑斯廷斯。

2012年1月,XBRL to XL应用平台正式上线,能够提供XBRL财务数据转换为Excel格式,并进行迅速分析。其中,Sector 3是XBRL to XL平台中的一部分,曾获得2012年第二届XBRL挑战赛大奖。

（五）XBRLAnalyst

XBRLAnalyst并不是真正意义上的公共平台,但由于其强大的XBRL应用能力,并且能够从公开途径获取免费试用该平台的机会,因此在这里也同样予以介绍。XBRLAnalyst平台是FinDynamics公司(https://findynamics.com/)旗下的一个应用产品,能够提供XBRL数据分析服务。正如前文所述,美国SEC已全面要求上市公司采用XBRL技术进行财报披露,XBRLAnalyst正是基于SEC的XBRL平台进行的XBRL应用分析,借助于XBRL标准化的格式能够完成更多细致颗粒度的数据分析,从而能够设计出更为出色、便利的财务分析模型。

第四节 软件的选择原则

一、安全性

包括美国"棱镜门"秘密监听事件在内的信息安全问题已经为我们敲响了网络安全的警钟,我们所处的网络环境并不如想象的那么安全。经济信息安全问题已经成为国家层面关注的重要事件。企业商业信息是企业的核心数据,汇集企业商业信息的平台很可能就是一个国家的机密数据库。随着越来越多XBRL信息平台的建立,信息的安全性保证就显得尤为关键和迫切。因此,对于XBRL软件的选择,除了性能价格外,还需要考虑的重要标准就是是否能够保障企业的经济信息安全。

二、一体式

一体式是指XBRL软件功能的完备性。根据XBRL软件的功能进行选择时,越是功能齐全完备、满足企业需求的XBRL软件,越会得到使用者的青睐。在早期,XBRL软件的功能普遍比较简单,更多的是集中在XBRL财务报告的编制上。现如今,越来越多的软件能够提供更为全面的XBRL解决方案,包括XBRL财务报告的编制(根据企业的需求,选择合适的编制方式)、XBRL财务报告的存储(选择合理的存储方式)、XBRL财务报告的管理、XBRL财务报告的数据应用,以及XBRL在企业内部的应用。一体化的趋势愈发明显,软件功能愈发整合。因此,在选择XBRL软件时,不必只局限于某一方面(如XBRL财务报告编制),而应当结合公司的战略发展高度,充分考虑一体化原则,这样能够更大化发挥XBRL的标准化作用。

三、普适性

软件的普适性是指软件能很好地适应企业的需要,特别是财务业务处理的变化。此外,XBRL 软件的扩展能力特别是软件兼容性的问题,也是选择软件的重要原则之一。随着计算机技术的不断发展,企业的计算机软件系统面临着升级转换的问题,实现 XBRL 软件在不同软件系统间的转换是评判 XBRL 软件扩展功能的一个重要指标。

四、人性化

人性化设计是指软件易学易用易懂的性能,主要包括软件操作界面的简洁明了、用户使用手册的简明扼要、培训资料内容完整、自定义功能简单实用等。XBRL 软件代替手工劳动,节约了劳动力成本,但不同的 XBRL 软件在易学易用方面差别很大。尽管 XBRL 技术具有一定的技术含量,但这并不能成为 XBRL 软件难以操作的理由。实践表明:人性化设计特点强的 XBRL 软件更受欢迎,因为此类财务软件在符合基本功能需要的前提下,能最大限度地方便用户。在人性化方面,由于长期的国内财务软件实践经验,比起国外 XBRL 软件产品,国内 XBRL 软件产品能够提供更符合国内财务人员操作习惯的体验,同时尽量减少财务人员比较陌生的计算机知识。因此,选择 XBRL 软件时,应当充分考虑该 XBRL 软件是否以人为本,其易操作性如何。

本章小结

XBRL 应用企业常常面临的问题是:如何选用合适的 XBRL 软件?怎样将相关的数据进行处理,使得不同的信息使用者得到所需要的数据?由于不同企业的信息化水平不同,并且需求也不同,因此在选择数据处理的软件时,应当根据自身的实际情况做出相应选择,同时在不同的应用阶段,需要选择的软件很可能也有差异。本章对当前国内外主流的软件工具以及各类平台进行介绍和分析,并对软件的选择提出原则性建议。

第五章

XBRL 体验样本及其获取

　　XBRL 体验样本是 XBRL 体验的"原料"。体验者通过精心设计的体验过程，了解、熟悉或者深入解析 XBRL 体验样本，在这个过程中加深对 XBRL 技术及其应用的认知。到底什么是体验样本？体验样本有些什么特点？体验样本可以分成哪些具体的类别？这些问题是 XBRL 体验活动的组织者和体验参与者首先面临的问题。其次，在具体的体验实践中，哪些样本是体验效果比较好的，适合作为体验样本？这些体验样本如何获取呢？如果想自行收集体验样本，有没有可以借鉴的收集原则？本章根据各国 XBRL 实施的经验，尝试对上述问题进行探讨，并提供实践中的一些做法供读者参考。

第一节　XBRL 体验样本概述

一、XBRL 体验样本的含义

　　XBRL 体验样本是指体验者在 XBRL 体验过程中用到的 XBRL 相关技术和知识的具体载体，是可以被记录的 XBRL 实施过程中的相关文档和经验，包括技术规范、分类标准、实例文档、应用项目等。

　　体验样本可以根据与 XBRL 报告的关系分为狭义体验样本和广义体验样本。狭义的体验样本是准备和报送 XBRL 报告的一部分，是 XBRL 报告报送活动的一个子集，包括技术规范、分类标准和实例文档。对于这些样本的体验主要是为了熟悉 XBRL 基本原理、报告的报送规则和报送活动等。而广义的体验样本不仅包括技术规范、分类标准和实例文档，还包括 XBRL 应用项目。XBRL 报告一般是 XBRL 应用项目的一个部分或者环节。XBRL 报告是广义体验样本的一个子集，不同于狭义体验样本与 XBRL 报告的关系。应用项目不仅包括XBRL报告本身及其准备和报送活动,还包括XBRL在应用主体的具体实施与应用。例如XBRL-GL的应用、XBRL系统与应用主题信息系统的对接等。另外,在技术与系统之外的内容,例如XBRL在应用主体实施XBRL的经验,包括实施策略、制度设计、人员安排、资源匹配等。XBRL体验者参与XBRL体验的一个主要目的就是在各自的组织中实施XBRL相关技术。

体验者除了需要体验XBRL技术规范、分类标准、实例文档这些"硬技术"之外,还需要体验和学习其他机构实施XBRL项目的经验。通过体验和学习XBRL"软技术",才能更好地熟悉和了解"硬技术"实施的环境和背景,这个过程也是XBRL体验的一个重要组成部分。本章除了介绍XBRL技术规范、分类标准、实例文档等体验样本外,还会介绍一些具有代表性的XBRL应用项目,供读者参考和借鉴。

XBRL体验样本与统计学样本既有相似性又存在一定的差异。一方面,XBRL体验样本与统计学样本存在一定的相似性。两者都要求具有一定的代表性。统计学中的样本,对应的是总体。样本是总体的一部分。统计学中的样本是从总体中通过一定的方法抽样取得的,并通过对这些样本的研究,探知总体的部分特性。XBRL体验样本是XBRL实施过程中相关文档和经验的一部分,也具有一定的代表性。另一方面,XBRL体验样本与统计学样本还存在一定的差异性。统计学中的样本,一般具有随机性的特点,通过抽样的随机性强化样本的代表性。这与总体数量较大具有一定的关系。而XBRL体验样本的一个特点是体验样本的选择具有一定的主动性,即通过专业的判断和筛选,选择XBRL相关文档和经验中适合体验的部分,作为体验样本,这与XBRL体验的目的相关。

考虑到不同的体验目的和实际需求,本章包含了XBRL体验样本的主要类别,读者可以根据自己的需要进行选择。考虑到主要目标读者的需要和全书篇幅的限制,本章的内容未对计算机和软件技术的细节进行过多阐述。有兴趣的读者可以通过本章提供的相关网址进行深入了解和学习。技术规范、分类标准、实例文档是一般体验者都需要了解的部分。建议收集样本的先后顺序依次为先技术规范,再分类标准,最后实例文档。而应用项目样本提供了XBRL实施的各种背景条件,可以帮助体验者更好地理解上述的三个部分。

二、体验样本的类别

XBRL体验样本的类别可以根据XBRL技术架构来划分。主要包括技术规范、分类标准、实例文档、应用项目等,具体如表5-1所示。

第五章 XBRL体验样本及其获取

表 5-1 体验样本类别表

类别	范围	样本举例	类别	范围	样本举例
技术规范	国际	基础	实例文档	国际	IFRS 实例文档
		维度			美国上市公司实例文档
		公式			GL 实例文档
		全球分类账		中国	试点中央企业实例文档
		网页集成式			石油天然气行业实例文档
		表链接库			银行监管报表实例文档
		版本			国有企业财务监管报表实例文档
		可扩展性列举			基金实例文档
		分类标准包			上交所上市公司实例文档
	中国	基础技术规范			深交所上市公司实例文档
		维度技术规范	应用项目	国际	美国 SEC 上市公司 XBRL 报告项目
		公式技术规范			IFRS XBRL 报告项目
		版本技术规范			东京证券交易所上市公司 XBRL 报告项目
分类标准	国际	IFRS 分类标准			荷兰标准商业报告项目(SBR)
		GL 分类标准			澳大利亚标准化报送系统项目 (SBR)
		美国 GAAP 分类标准			新加坡会计与公司监管局 XBRL 项目
	中国	企业会计准则通用分类标准		中国	中国石油企业会计准则通用分类标准实施项目
		石油和天然气行业扩展分类标准			中国石油年金管理 XBRL 项目
		银行监管报表可扩展商业报告语言(XBRL)扩展分类标准			中国石化报表优化提升和数据应用项目中 XBRL 的运用
		国资委财务监管报表 XBRL 扩展分类标准			浦发银行 XBRL 嵌入式报送与财务会计指标应用体系项目
		基于 XBRL 的基金信息分类标准			东方航空 XBRL 内部应用项目
		上交所分类标准			长虹 XBRL 综合实施项目
		深交所分类标准			

第二节 技术规范样本

一、技术规范样本类别

技术规范的样本主要包括国际组织技术规范和中国技术规范,本书整理了主要类别的技术规范,具体如表5-2所示。

表5-2 XBRL技术规范样本的主要类别

名称	发布主体	版本	名称	发布主体	版本
基础	国际组织	2.1	可扩展性列举	国际组织	1
维度	国际组织	1	分类标准包	国际组织	1
公式	国际组织	1	基础技术规范	中国	GB/T 25500
全球分类账	国际组织	2015	维度技术规范	中国	GB/T 25500
网页集成式	国际组织	1.1	公式技术规范	中国	GB/T 25500
表链接库	国际组织	1	版本技术规范	中国	GB/T 25500
版本	国际组织	1			

(一)国际组织技术规范

目前最新版的 XBRL 国际组织基础技术规范是 2.1 版本。该版本的主体内容是由 XBRL 国际组织在 2003 年发布的。技术规范 2.1 版本除了在计算机技术等环节上进行改进之外,在技术规范架构上的一个重要改变是增加了公式链接库(Formula Linkbase)。这项改进对于非计算机的业务人员的信息披露是有一定影响的,增加了数据校验的范围和方式,可以提高 XBRL 实例文档报送的数据准确性。技术规范后续还引入了 DTS 的项目,增加了 role、arcrole 的标准值等,并允许对其进行自定义,不断完善链接库的作用,持续提高实例文档的数据质量。同时,国际组织后续还在不断进行小范围的修订和增补,不断发布勘校版本。

(二)中国技术规范

GB/T 25500—2010《可扩展商业报告语言(XBRL)技术规范》分为四个部分:基础技术规范、维度技术规范、公式技术规范和版本技术规范。其中,基础部分是 XBRL 技术规范的核心,不仅规定了 XBRL 的技术架构,还定义了 XBRL 分类标准和实例文档中使用的 XML 元素和属性。维度部分提供了一个定义维度元数据,并且在 XBRL 实例文档中加入了对其进行引用的通用机制,以维度化的方式处理分类标准中的元素定义问题,可达到同一元素在不同背景环境下的复用。公式

第五章 XBRL体验样本及其获取

部分扩展了在可发现分类标准集(DTS)里可获得信息的范围。公式技术规范提供了一套表述 XBRL 数据结构相关复杂公式关系的语法,这些语法可用于编制从 XBRL 实例文档获得信息产生新 XBRL 事实值的规则。版本部分定义了 XBRL 分类标准版本报告的 XML 语法,提供了两个可发现分类标准集之间差异的结构化描述。

二、国际组织技术规范样本获取

(一) XBRL(基础)

(1) 样本来源:XBRL 国际组织网站 https://www.xbrl.org/,XBRL 中国地区组织网站 http://www.xbrl-cn.org/。

(2) 主要内容:XBRL 基础技术规范文件定义了 XML 元素和属性,这些元素和属性可以被用于各类商业报告的创建、交换和比较等活动中的信息表达。技术规范文件包含的内容是十分广泛而基础的,是 XBRL 分类标准、实例文档和各类应用所必须遵从的基础规范。该文件主要包括:概述、版本变化、XBRL 框架、XBRL 实例文档、分类标准等。另外,该文件还有附录部分,涵盖了模式文件、知识产权、文档历史、致谢和勘误等注意事项。读者在下载使用及在体验过程中也需要阅读相关的注意事项。

(3) 获取方法[①]:该文件可以通过上述网站直接下载。可用下载页面的参考地址为:http://www.xbrl.org/Specification/XBRL-2.1/REC-2003-12-31/XBRL-2.1-REC-2003-12-31+corrected-errata-2013-02-20.html。

(二) Dimensions(维度)

(1) 样本来源:XBRL 国际组织网站、XBRL 中国地区组织网站。

(2) 主要内容:第一版的 XBRL 技术规范中并没有维度技术规范,该技术规范是在 XBRL 技术应用的过程中,根据实际需要增加的新技术规范。该规范主要是向分类标准制定者开放了定义和限制维度信息的权限。有了维度的概念,分类标准制定者就可以在分类标准中引入维度的概念,从而向 XBRL 报告的报送者开放维度的设定,允许其在实例文档中使用分段〈segment〉、场景〈scenario〉和上下文〈context〉元素。这些元素被用来描述子公司、分公司、产品分类等多维度的信息。该技术规范主要包括:制定背景、分类标准的维度和实例文档的维度等部分。

(3) 获取方法:该文档可以通过上述网站直接下载。可用下载页面的参考地址为:http://www.xbrl.org/specification/dimensions/rec-2012-01-25/dimensions-rec-2006-09-18+corrected-errata-2012-01-25-clean.html。

---

① 本章所涉及的相关网页链接,是基于2016年1月29日的实际网页摘录的,后续可能会有更新。

(三) Formula(公式)

(1) 样本来源:XBRL 国际组织网站、XBRL 中国组织网站。

(2) 主要内容:公式技术规范也是在 XBRL 实际应用的过程中不断完善和更新的,该规范是 XBRL 技术规范 2.1 版本的一个扩展模块。该模块界定的是 XBRL 变量规范(XBRL Variables Specification)。该规范定义了从 XBRL 报告及支持这些报告的元数据中获得信息、创建和处理 XBRL 事实值(XBRL facts)和 XBRL 实例文档的语法规范。这些语法规范主要是帮助分类标准制定者界定报告中的各种较复杂的计算关系,例如,乘除关系等。

(3) 获取方法:该文档可以通过上述网站直接下载。由于该部分规范包含的文档较多。需要依次分别下载。

Formula 下载地址为:http://www.xbrl.org/specification/formula/rec-2009-06-22/formula-rec-2009-06-22.html

Aspect Cover Filters 下载地址为:http://www.xbrl.org/specification/aspectcoverfilters/rec-2011-10-24/aspectcoverfilters-rec-2011-10-24.html

Boolean Filters 下载地址为:http://www.xbrl.org/specification/booleanfilters/rec-2009-0 6-22/booleanfilters-rec-2009-06-22.html

Concept Filters 下载地址为:http://www.xbrl.org/specification/conceptfilters/rec-2009-0 6-22/conceptfilters-rec-2009-06-22.html

Concept Relation Filters 下载地址为:http://www.xbrl.org/specification/conceptrelationfilters/rec-2011-10-24/conceptrelationfilters-rec-2011-10-24.html

Consistency Assertions 下载地址为:http://www.xbrl.org/specification/consistencyassertions/rec-2009-06-22/consistencyassertions-rec-2009-06-22.html

Custom Function Implementation 下载地址为:http://www.xbrl.org/specification/customfunctionimplementation/rec-2011-10-24/customfunctionimplementation-rec-2011-10-24.html

Dimension Filters 下载地址为:http://www.xbrl.org/specification/dimensionfilters/rec-2009-06-22/dimensionfilters-2009-06-22+corrected-errata-2011-03-10.html

Entity Filters 下载地址为:http://www.xbrl.org/specification/entityfilters/rec-2009-06-22/entityfilters-rec-2009-06-22.html

Existence Assertions 下载地址为:http://www.xbrl.org/specification/existenceassertions/rec-2009-06-22/existenceassertions-rec-2009-06-22.html

General Filters 下载地址为：http://www.xbrl.org/Specification/generalFilters/REC-2009-06-22/generalFilters-REC-2009-06-22.html

Generic Messages 下载地址为：http://www.xbrl.org/specification/genericmessages/rec-2011-10-24/genericmessages-rec-2011-10-24.html

Implicit Filters 下载地址为：http://www.xbrl.org/specification/implicitfilters/rec-2009-06-22/implicitfilters-rec-2009-06-22.html

Match Filters 下载地址为：http://www.xbrl.org/specification/matchfilters/rec-2009-06-22/matchFilters-REC-2009-06-22+corrected-errata-2014-05-28.html

Period Filters 下载地址为：http://www.xbrl.org/specification/periodfilters/rec-2009-06-22/periodfilters-rec-2009-06-22.html

Relative Filters 下载地址为：http://www.xbrl.org/specification/relativefilters/rec-2009-0 6-22/relativefilters-rec-2009-06-22.html

Segment Scenario Filters 下载地址为：http://www.xbrl.org/specification/segmentscenariofilters/rec-2009-06-22/segmentscenariofilters-rec-2009-06-22.html

Variables 下载地址为：http://www.xbrl.org/specification/variables/rec-2009-06-22/variables-rec-2009-06-22+corrected-errata-2013-11-18.html

Tuple Filters 下载地址为：http://www.xbrl.org/specification/tuplefilters/rec-2009-06-22/tuplefilters-rec-2009-06-22.html

Unit Filters 下载地址为：http://www.xbrl.org/specification/unitfilters/rec-2009-06-22/unitfilters-rec-2009-06-22.html

Validation 下载地址为：http://www.xbrl.org/specification/validation/rec-2009-06-22/validation-rec-2009-06-22.html

Validation Messages 下载地址为：http://www.xbrl.org/specification/validationmessages/rec-2011-10-24/validationmessages-rec-2011-10-24.html

Value Filters 下载地址为：http://www.xbrl.org/specification/valueFilters/REC-2009-06-22/valueFilters-REC-2009-06-22.html

Value Assertions 下载地址为：http://www.xbrl.org/specification/valueassertions/rec-2009-06-22/valueassertions-rec-2009-06-22.html

（四）Global Ledger(GL)（全球分类账）

(1) 样本来源：XBRL 国际组织网站、XBRL 中国地区组织网站。

(2) 主要内容：全球分类账技术规范目前仍是一个比较开放的规范，各类研究和专业人士仍然可以向国际组织提供反馈建议，以利于该规范的更新和完善。该规范描述了使用 XBRL 分类标准描述分类账的技术框架。该规范包含各类的推荐规范,界定了一些规则和惯例,主要用于综合使用和度量不同的分类账的分类标准。其中一个文档还包括了分类标准概览、相关技术规范参与制定者、后续更新信息等。读者和体验者可以根据该文档所提示的信息,在体验后向国际组织提供相关的反馈信息。

(3) 获取方法:该文档可以通过上述网站直接下载。

该部分技术规范分为 XBRL GL Framework 和 XBRL GL Taxonomy Framework Technical Architecture 两部分。其中,XBRL GL Framework 的下载地址为:http://www.xbrl.org/int/gl/2015-03-25/gl-framework—REC-2015-03-25.html;XBRL GL Taxonomy Framework Technical Architecture 的下载地址为:http://www.xbrl.org/int/gl/2015-03-25/GLTFTA-REC-2015-03-25.html。

(五)Inline XBRL(网页集成式)

(1) 样本来源:XBRL 国际组织网站、XBRL 中国地区组织网站。

(2) 主要内容:网页集成式 XBRL 技术规范主要是规范如何将 XBRL 片段内嵌入 HTML 文件(网页文件)。该规范的目标是提供一个文件,使用户可以在浏览网页的同时使用 XBRL 标签,并通过一些客户端的工具直接自动处理这些标签。该技术规范定义了这类文件的语法规则,并且还界定了这些语法规则是如何对应到 XBRL 实例文档的。该技术规范的主要内容包括概述、文档信息、结构、特殊元素、附注信息元素、分数和数值型元素、表头元素、隐藏元素、非数值元素、引用元素、资源元素、元组元素、变换关系等。

(3) 获取方法:该文档可以通过上述网站直接下载。该文档分为两部分:

一是 specification,下载地址为:http://www.xbrl.org/specification/inlinexbrl-part1/rec-2010-04-20/inlinexbrl-part1-rec-2010-04-20+corrected-errata-2011-08-17.html;

二是 schema,下载地址为:http://www.xbrl.org/specification/inlinexbrl-part2/rec-2010-04-20/inlinexbrl-part2-rec-2010-04-20.html。

同时,该规范还有两份支持文档可供参考,分别是 Conformance Suite 和 Primer。其中,Conformance Suite 的下载地址为:http://specifications.xbrl.org/work-product-index-inline-xbrl-inline-xbrl-1.0.html;

Primer 的下载地址为:http://www.xbrl.org/Specification/inlineXBRL-part0/REC-2010-04-20/inlineXBRL-part0-REC-2010-04-20.html。

(六)Table Linkbase(表链接库)

(1) 样本来源:XBRL 国际组织网站、XBRL 中国地区组织网站。

(2) 主要内容:表链接库技术规范界定了限制 XBRL 中表格的相关语义和语

法。表引用关系构成了一个子集,该子集包括事实、被 DTS 定义的与事实相关的信息以及这些事实在笛卡尔坐标系(Cartesian coordinate system)中的代表关系。该技术规范主要包括:概述、使用、事实的来源、模型(Models)、结构化模型(Structural model)、定义模型(Definition model)、布局模型(Layout model)和处理模型(Processing model)。

(3) 获取方法:该文档可以通过上述网站直接下载。可用下载页面的参考地址为:http://www.xbrl.org/specification/table-linkbase/REC-2014-03-18/table-linkbase-REC-2014-03-18.html。

(七) Versioning(版本)

(1) 样本来源:XBRL 国际组织网站、XBRL 中国地区组织网站。

(2) 主要内容:版本技术规范规定了 XBRL 版本报告的 XML 语法。分类标准制定者可以使用版本报告来描述两个不同版本分类标准之间的变化。该规范界定了版本报告的框架,即一个核心基础与三个层级——任务(Assignments)、行为(Actions)和事件(Events)。这三个层级都是在技术规范的相关扩展模块中使用的。该技术规范还分为几个部分,包括基础规范、概念使用、概念细节和维度。

(3) 获取方法:该文档可以通过上述网站直接下载。该规范分为四个部分,分别是 Base、Concept Use、Concept Details、Dimensions。其中:

Base 的下载地址为:http://www.xbrl.org/specification/versioning-base/rec-2013-02-27/versioning-base-rec-2013-02-27.html;

Concept Use 的下载地址为:http://www.xbrl.org/specification/versioning-concept-use/rec-2013-02-27/versioning-concept-use-rec-2013-02-27.html;

Concept Details 的下载地址为:http://www.xbrl.org/specification/versioning-concept-details/rec-2013-02-27/versioning-concept-details-rec-2013-02-27.html;

Dimensions 的下载地址为:http://www.xbrl.org/specification/versioning-dimensions/rec-2013-02-27/versioning-dimensions-rec-2013-02-27.html。

(八) Extensible Enumeration(可扩展性列举)

(1) 样本来源:XBRL 国际组织网站、XBRL 中国地区组织网站。

(2) 主要内容:可扩展性列举规范允许域成员网络(domain member networks),限制报告相关概念的使用,允许分类标准制定者使用可扩展列举来开发多语言的元素标签。该规范包括概述、限制和允许的可扩展性列举。

(3) 获取方法:该文档可以通过上述网站直接下载。可用下载页面的参考地址为:http://www.xbrl.org/Specification/ext-enumeration/REC-2014-10-29/ext-enumeration-REC-2014-10-29.html。

（九）Taxonomy Packages（分类标准包）

（1）样本来源：XBRL 国际组织网站、XBRL 中国地区组织网站。

（2）主要内容：分类标准包技术规范定义了分类标准的文件命名和位置格式。该格式可以让规范符合性检查套件直接从 ZIP 压缩文件中自动定位入口点，以便进行自动的技术规范符合性检测。这个规范还涵盖了 URL 重匹配功能，允许分类标准包中存在公共位置（URLs）。该技术规范的主要内容包括：概述、一致性处理和分类标准包。该部分的技术规范虽然名称叫分类标准包，但其实质仍然属于技术规范，主要规定 ZIP 压缩包中标志文件的标准格式和路径，使得 XBRL 软件能够自动识别这些入口文件，否则使用者会不知如何访问分类标准。

（3）获取方法：该文档可以通过上述网站直接下载。可用下载页面的参考地址为：https://www.xbrl.org/Specification/taxonomy-package/PR-2015-12-09/taxonomy-package-PR-2015-12-09.html。

三、中国技术规范样本获取

国内技术规范包括四个部分：基础、维度、公式和版本。本书将这四个部分都纳入了体验样本的范围。

（一）基础技术规范

（1）样本来源：XBRL 中国地区组织网站。

（2）主要内容：基础技术规范为 GB/T 25500—2010 的第 1 部分，按照 GB/T 1.1—2009 给出的规则起草，该部分技术内容与 XBRL 国际组织制定的可扩展商业报告语言技术规范 2.1 版，即 Extensible Business Reporting Language Specification 2.1 版（2008 年 7 月 2 日的勘误修订版）基本一致。基础技术规范是 XBRL 技术规范的核心，不仅规定了 XBRL 的技术架构，还定义了 XBRL 分类标准和实例文档中使用的 XML 元素和属性。

基础技术规范的主要内容包括 9 章。该规范界定了规范的使用范围、规范性引用文件、术语和定义缩略语。该规范规定了 XBRL 处理器应满足的要求及其分级、命名空间前缀惯例说明。基础规范还概述了 XBRL 架构，包括 XBRL 分类标准、XBRL 实例概述、数据完整性和安全性、校验、XBRL 中的 XLink 等。同时规范还制定了有关 XBRL 实例文档的规则，包括根元素、schemaRef 元素、linkbaseRef 元素、roleRef 元素、arcroleRef 元素、item 元素、数据类型定义、context 元素、元组、等价性谓词表、脚注等。最后该规范还界定了 XBRL 分类标准，包括分类标准模式文件和分类标准链接库。

（3）获取方法：该文档可以通过上述网站直接下载。可用下载页面的参考地址为：http://www.xbrl-cn.org/2012/0507/74093.shtml。

（二）维度技术规范

（1）样本来源：XBRL中国地区组织网站。

（2）主要内容：维度技术规范为GB/T 25500—2010的第2部分，该规范按照GB/T 1.1—2009给出的规则起草。该部分技术内容与XBRL国际组织制定的XBRL维度技术规范1.0版（XBRL Dimensions Specification 1.0）基本一致。维度技术规范是《可扩展商业报告语言（XBRL）技术规范第1部分：基础》（GB/T 25500.1—2010）的一个扩展规范，提供了一个定义维度元数据并且在XBRL实例文档中对其进行引用的通用机制，以维度化的方式处理分类标准中的元素定义问题，可达到同一元素不同背景环境下的复用。

维度技术规范的主要内容包括6章。该规范界定了规范的使用范围、规范性引用文件、命名空间及前缀。该规范规定了维度分类标准，包括架构、超立方体、基础项声明与超立方体、跨越不同基础集的维度关系集合的分割、维度、domain-member关系和继承、维度的缺省值。另外，该规范还特别规定了实例文档里的维度，包括基础项的校验和维度等价事实的定义等。

（3）获取方法：该文档可以通过上述网站直接下载。可用下载页面的参考地址为：http://www.xbrl-cn.org/2012/0503/74094.shtml。

（三）公式技术规范

（1）样本来源：XBRL中国地区组织网站。

（2）主要内容：公式技术规范为GB/T 25500—2010的第3部分。该规范按照GB/T 1.1—2009给出的规则起草，该部分技术内容与XBRL国际组织制定的XBRL公式技术规范1.0版（XBRL Formula Specification 1.0）基本一致。公式技术规范是基础技术规范的一个扩展规范，它扩展了能在可发现分类标准集（DTS）里可获得信息的范围。公式技术规范提供了一套表述XBRL数据结构相关复杂公式关系的语法，这些语法规则可用于从XBRL实例文档获得信息产生新XBRL事实值。

公式技术规范的主要内容包括11章。该规范界定了规范的使用范围、规范性引用文件、命名空间及前缀、公式部分结构说明。该规范规定了通用链接规范，包括通用链接、通用标签、通用参考。该规范界定了公式技术规范中的变量，包括XPath的求值与初始、方面、变量的语法、变量求值等。该规范定义了过滤器，包括布尔过滤器、概念过滤器、维度过滤器、实体过滤器、通用过滤器、隐式过滤器、匹配过滤器、期间过滤器、相关过滤器、片段-场景过滤器、元组过滤器、单位过滤器、值过滤器等。该规范规定了公式及其语法、公式处理模型。该规范界定了校验规范，包括语法、所有断言的处理模型。最后，该规范还规定了断言规范，包括一致性断言规范、存在性断言规范和值断言规范。

(3) 获取方法：该文档可以通过上述网站直接下载。可用下载页面的参考地址为：http://www.xbrl-cn.org/2012/0503/74095.shtml。

（四）版本技术规范

(1) 样本来源：XBRL 中国地区组织网站。

(2) 主要内容：版本技术规范为 GB/T 25500 的第 4 部分。该规范按照 GB/T 1.1—2009 给出的规则起草。该部分技术内容与 XBRL 国际组织制定的 XBRL 版本技术规范 1.0 版（基础和概念基础）(XBRL Versioning Specification 1.0, Base and Concept base) 基本一致。该规范是《可扩展商业报告语言(XBRL)技术规范第 1 部分：基础》(GB/T 25500.1)的一个扩展规范，定义了 XBRL 分类标准版本报告的 XML 语法，提供了两个可发现分类标准集之间差异的结构化描述。

版本技术规范的主要内容包括 10 章。该规范界定了规范的使用范围、规范性引用文件、命名空间及前缀。该规范界定了版本的模块化背景、URI 解析、语法语义规则。该规范规定了版本报告的结构，包括组成、版本报告、DTS 标识符、任务、任务类别、行为、事件、标识符、标签和引用、相关版本报告等。该规范规定了基础事件，包括命名空间名称事件和角色 URI 事件。该规范界定了标识符，包括命名空间名称标识符、角色 URI 标识符、URI 引用。该规范规定了映射，包括命名空间映射和角色 URI 映射。最后，该规范还界定并描述了一些概念基础，例如事件、概念标识符、概念映射等。

(3) 获取方法：该文档可以通过上述网站直接下载。可用下载页面的参考地址为：http://www.xbrl-cn.org/2012/0503/74096.shtml。

第三节 分类标准样本

一、分类标准样本类别

分类标准的样本主要包括国际分类标准和中国分类标准，本书整理了主要类别的分类标准，具体如表 5-3 所示。

表 5-3 分类标准样本类别

名称	范围	版本	制定机构
IFRS 分类标准	国际	2015	国际会计准则理事会(IASB)
美国 GAAP 分类标准	美国	2015	美国财务会计准则委员会(FASB)
GL 分类标准	国际	2015	XBRL 国际组织

(续表)

名称	范围	版本	制定机构
企业会计准则通用分类标准	中国	2015	财政部
银行监管报表可扩展商业报告语言(XBRL)扩展分类标准	中国	2011	银监会、财政部
国资委财务监管报表XBRL扩展分类标准	中国	2014	国资委、财政部
基于XBRL的基金信息分类标准	中国	2015	证监会
上交所分类标准	中国		上交所
深交所分类标准	中国		深交所

(一)国际的分类标准

1. IFRS 分类标准

2015版IFRS分类标准包括IFRS基金会在2014年5和11月发布的《暂定标准1》和《暂定标准2》。2014年12月,IFRS基金会发布了《暂定标准3(建议稿)》,其相关的最终变化也被纳入到2015版IFRS分类标准中。

2015版IFRS分类标准的主要内容如下:

(1)分类标准文件和信息(Taxonomy files and information)。包括IFRS2015分类标准的通用信息和技术层面的信息,以及分类标准文件。

(2)版本信息(Versioning information)文件的具体信息,主要包括2014系列版本与2015版本的差别。

(3)分类标准阅读工具(Taxonomy viewing tools),提供了一个可以阅读IFRS 2015分类标准的工具列表。

(4)解释性的示例(Illustrative examples),采用IFRS2015分类标准的XBRL财务报告示例和网页集成式XBRL财务报告(Inline XBRL)示例,包含主表和附注。

(5)IFRS分类标准图解(The IFRS Taxonomy Illustrated),提供不需要XBRL专业知识也可以读懂的解释信息。采用可视化的方法,简要解释和展示IFRS分类标准的架构。

(6)xIFRS(IFRSs with XBRL)工具。这是一个支持阅读和理解IFRS分类标准的在线工具。用户可以通过这个工具阅读电子版的IFRS分类标准。

(7)Excel格式定义(Definitions in excel format),是一个用Excel工作表格展示分类标准的工具,为了便于阅读,该展示以列报链接库的形式组织。

(8)IFRS分类标准架构(IFRS Taxonomy Architecture),这是一个技术指导

性的文件，主要帮助使用者了解 IFRS 分类标准架构更加详细的描述。

2. 美国 GAAP 分类标准（2015 版）

2016 版的美国 GAAP 分类标准目前尚在征求意见和审核阶段。2016 版分类标准建议稿包含了会计准则更新以及对该官方分类标准的其他改进建议。目前正在使用的是 2015 版的美国 GAAP 分类标准，该版本较 2014 版的主要变化是相关的会计准则更新，以及根据保险行业资源小组（Insurance Industry Resource Group）的建议去掉了分类标准的冗余部分。此外，新版分类标准还新增了维度，用于提供根据担保和利益类型划分的利益担保义务的披露信息。FASB 还通过删除未使用项目以缩小分类标准的整体规模，一如既往地简化分类标准。此举应该有助于定位相关元素，并减少美国申报资料中的扩展分类标准数量。

2015 版的美国 GAAP 分类标准主要包括以下部分：

（1）模式文档：

http://xbrl.fasb.org/us-gaap/2015/elts/us-gaap-2015-01-31.xsd

http://xbrl.sec.gov/dei/2014/dei-2014-01-31.xsd

（2）自动引入的部分：

http://xbrl.fasb.org/us-gaap/2015/elts/us-types-2015-01-31.xsd

http://xbrl.fasb.org/us-gaap/2015/elts/us-roles-2015-01-31.xsd

http://www.xbrl.org/dtr/type/numeric-2009-12-16.xsd

http://www.xbrl.org/dtr/type/nonNumeric-2009-12-16.xsd

（3）需要说明，并可以被引入的部分：

http://xbrl.sec.gov/country/2013/country-2013-01-31.xsd

http://xbrl.sec.gov/currency/2014/currency-2014-01-31.xsd

http://xbrl.sec.gov/exch/2015/exch-2015-01-31.xsd

http://xbrl.sec.gov/invest/2013/invest-2013-01-31.xsd

http://xbrl.sec.gov/naics/2011/naics-2011-01-31.xsd

http://xbrl.sec.gov/sic/2011/sic-2011-01-31.xsd

http://xbrl.sec.gov/stpr/2011/stpr-2011-01-31.xsd

http://www.xbrl.org/lrr/role/negated-2009-12-16.xsd

http://www.xbrl.org/lrr/role/net-2009-12-16.xsd

http://www.xbrl.org/lrr/arcrole/factExplanatory-2009-12-16.xsd

3. XBRL GL（2015）分类标准

XBRL GL 分类标准超出了报表的范畴，包含了各类会计科目的内容，包括日记账分录或者交易事项的信息。由于 XBRL GL 分类标准对应信息的粒度较细，所以无需标准化的会计科目，就可以对各类财务和非财务信息进行电子化及处理。

通过该分类标准还可以建立会计账簿的信息与会计交易事项之间的联系,为会计信息的频道化报送提供了技术基础。

GL 分类标准的特点是该分类标准是若干分类标准的组合。该分类标准在实际运用中,有一个通用的模式文档(gl-gen-2015-03-25.xsd)。每个模块自身的模式文档都分为两个部分:元素声明(in-gl-xxx-2015-03-25.xsd)和内容模型声明(in-gl-xxx-content-2015-03-25.xsd)。该分类标准中的模块可以进行不同的组合。它们都在子文件夹 plt 下,与其他的子文件夹(例如 cor、bus 等)并列。这些相关的子文件夹的名字如下:

COR(subfolder case-c)

COR 和 BUS(subfolder case-c-b)

COR、BUS 和 MUC(subfolder case-c-b-m)

COR、BUS、MUC 和 USK(subfolder case-c-b-m-u)

COR、BUS、MUC、USK 和 TAF(subfolder case-c-b-m-u-t)

COR、BUS、MUC、USK、TAF 和 SRCD(subfolder case-c-b-m-u-t-s)

COR、BUS 和 TAF(subfolder case-c-b-t)

COR 和 TAF(subfolder case-c-t)

(二)中国的分类标准

1. 企业会计准则通用分类标准

为反映企业会计准则变化,规范采用可扩展商业报告语言(XBRL)编报财务报告行为,保证以 XBRL 格式编报的财务报告质量,根据《中华人民共和国会计法》、企业会计准则和《可扩展商业报告语言(XBRL)技术规范》(GB/T 25500—2010)系列国家标准,财政部对企业会计准则通用分类标准(以下简称通用分类标准)进行了修订,形成了 2015 版通用分类标准。

2015 版通用分类标准包含通用部分和行业扩展部分。通用部分包含了财务报表和附注等财务报告组成要素,反映的是企业会计准则对财务报告列示和披露的基本要求,是企业编制 XBRL 格式财务报告的基础。对于在国际财务报告准则分类标准中已定义、与我国企业会计准则含义一致的会计概念,通用分类标准采用直接引用的方式,将国际财务报告准则分类标准核心模式文件中的相关元素装载到通用分类标准中。本版通用分类标准中元素总数为 5 013 个,通用部分元素 4 317 个。

2015 版通用分类标准指南在逻辑上分为两层结构:元素和扩展链接角色。其中,元素部分包括:元素属性、通用分类标准中使用的重要虚元素、元素标签及后缀。扩展链接角色部分包括:扩展链接角色的定义、通用部分扩展链接角色的编码和统一资源标识符(URI)的定义、行业扩展部分扩展链接角色的编码和统一资源标识符的定义。另外，2015版通用分类标准还包括维度部分的界定。

在获取通用分类标准体验样本的过程中和体验通用分类标准的过程中，体验者还需要对2015版通用分类标准的文件结构有所了解。从物理形态上来看，通用分类标准是一个电子文件包，分类标准文件分别位于4个层级的文件夹内。2015版通用分类标准的文件夹和文件结构如图5-1所示，所有文件被置于一个根文件夹内，根文件夹下包含引用的国际财务报告准则分类标准子文件夹和通用分类标准子文件夹，以及通用分类标准入口和扩展入口。通用分类标准文件夹下包含通用部分、银行业扩展部分、石油和天然气行业扩展部分、废弃部分的文件夹及相应的入口。

2. 我国的行业分类标准

我国行业分类标准中的银行业扩展部分、石油和天然气行业扩展部分已经被纳入2015版通用分类标准的文件中。

1）银行业扩展部分

银行业扩展分类标准中的元素是遵循企业会计准则要求，依据《可扩展商业报告语言（XBRL）技术规范第1部分：基础》（GB/T 25500.1—2010）、《可扩展商业报告语言（XBRL）技术规范第2部分：维度》（GB/T 25500.2—2010）、《可扩展商业报告语言（XBRL）技术规范第3部分：公式》（GB/T 25500.3—2010）和《可扩展商业报告语言（XBRL）技术规范第4部分：版本》（GB/T 25500.4—2010）系列国家标准，考虑通用分类标准所定义的元素，从银行财务报告共性实务中提取的XBRL财务报告概念。2015版银行业扩展部分元素为586个。

2）石油和天然气行业扩展部分

石油行业扩展分类标准中的元素是遵循企业会计准则要求，依据《可扩展商业报告语言（XBRL）技术规范第1部分：基础》（GB/T 25500.1—2010）、《可扩展商业报告语言（XBRL）技术规范第2部分：维度》（GB/T 25500.2—2010）、《可扩展商业报告语言（XBRL）技术规范第3部分：公式》（GB/T 25500.3—2010）和《可扩展商业报告语言（XBRL）技术规范第4部分：版本》（GB/T 25500.4—2010）系列国家标准，考虑通用分类标准所定义的元素，从石油天然气行业财务报告共性实务中提取的XBRL财务报告概念。2015版石油天然气行业扩展部分元素110个。

3）国资委财务监管报表XBRL扩展分类标准

国资委扩展分类标准中的元素是依据《可扩展商业报告语言（XBRL）技术规范第1部分：基础》（GB/T 25500.1—2010）、《可扩展商业报告语言（XBRL）技术规范第2部分：维度》（GB/T 25500.2—2010）、《可扩展商业报告语言（XBRL）技术规范第3部分：公式》（GB/T 25500.3—2010）和《可扩展商业报告语言（XBRL）技术规范第4部分：版本》（GB/T 25500.4—2010）系列国家标准、通用分类标准及其行

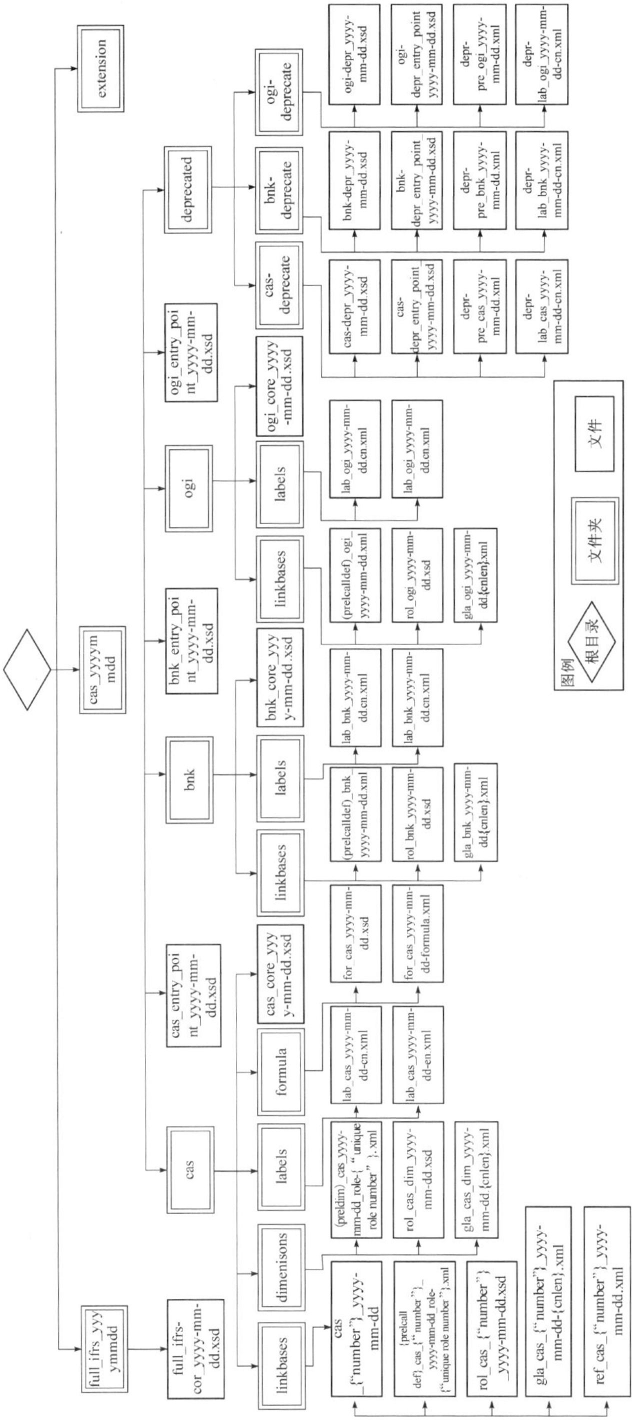

第五章 XBRL体验样本及其获取

图 5-1 通用分类标准的文件夹和文件结构

业扩展分类标准,根据国资委监管要求从财务监管报表中提取的 XBRL 报告概念。2014 版国资委扩展分类标准中的元素总数为 3 781 个,其中引用通用分类标准及行业扩展分类标准元素 1 256 个,新定义的扩展元素 2 525 个。本版扩展分类标准的范围涵盖企业财务决算报表、会计报表附注、财务决算专项说明、财务情况说明书、境外子企业财务决算报表、财务情况表及财务情况说明书。

根据上述逻辑设计,国资委扩展分类标准文件包中包含了独立的模式文件,用于存放国资委扩展分类标准新定义的元素。同时,将一些只适用于特定行业的新定义元素存放于特定行业的核心模式文件中。国资委扩展分类标准通过绝对路径引用通用分类标准及行业扩展分类标准的核心模式文件。

国资委扩展分类标准所包含的元素类型、元素属性、使用的重要虚元素和主要元素标签规则,大部分与通用分类标准保持一致,在通用分类标准已有数据类型的基础上扩展了适用于国资委财务监管报表的特殊数据类型,如元组。

由于国资委扩展分类标准通过绝对路径引用了通用分类标准和行业分类标准的核心模式文件,国资委扩展分类标准文件包中仅包含国资委扩展分类标准本身的核心模式文件和其定义的链接库,其文件夹和文件结构如图 5-2 所示。

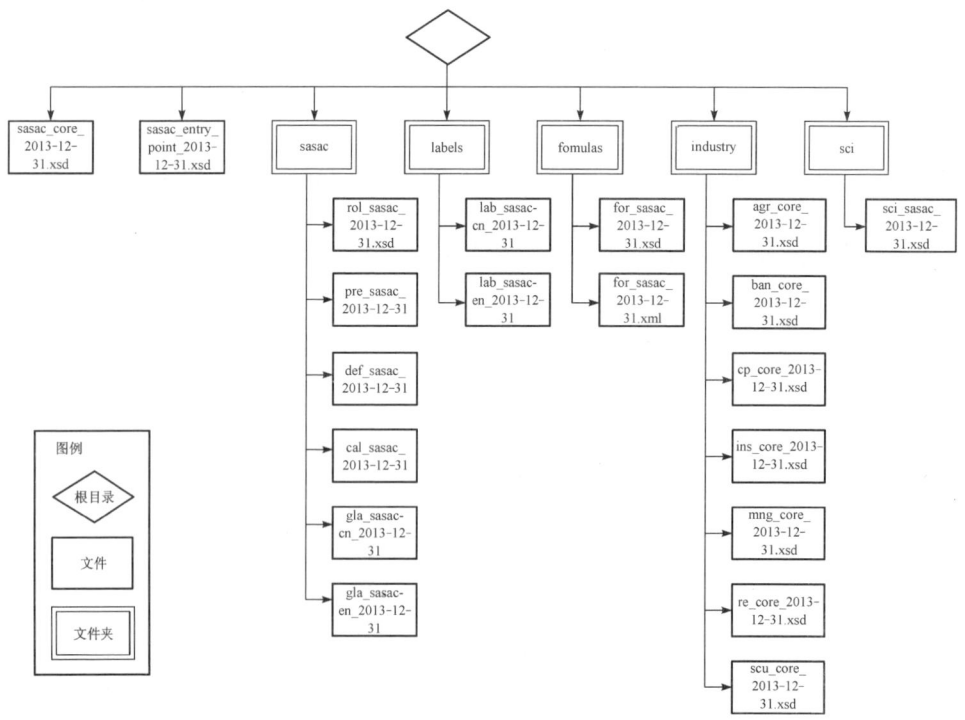

图 5-2 国资委扩展分类标准的文件夹和文件结构

4) 基于 XBRL 的基金信息分类标准

该分类标准主要是用于基金公司报送监管数据的,涵盖了财务信息和非财务信息两大类。分类标准中的财务信息涵盖了核心财务信息模块和监管财务信息模块。核心财务信息模块包括主要财务指标、基金净值表现及收益分配情况、基金的费用信息、根据会计准则的主要会计报表(含附注项目)、投资组合报告及报告附注等。非财务信息则主要有全局通用文档、基本信息、管理报告、重大事件、审计报告五个模块。其中,全局通用文档模块的内容主要包括:公告名称、送出日期、重要提示和备查文件信息等。基本信息模块主要是基金的基本概况和产品要素,例如,基金名称、简称、代码、运作方式等基金基本信息。另外还有基金相关机构信息、基金投资等。管理报告模块主要是重要通知、基金管理人报告和基金托管人报告等。重大事件模块包括基金风险揭示、基金差错处理、基金的重大事件等。另外,还有专门的审计报告模块。

5) 上交所分类标准

上交所的分类标准是围绕上市公司的信息披露制定的,参考的依据包括监管机构和交易所对上市公司的相关披露要求。上交所的分类标准涵盖的元素范围包括上市公司的基本情况、会计数据和业务数据、公司治理结构、监事会报告、财务报告明细数据等。从分类标准的架构角度看,上交所的分类标准的核心模块包括通用文档、公司基本信息、管理报告、重大事件、财务报告等。在此基础上,该分类标准根据上市公司的基本行业分类,从基本标准出发,衍生出工业及商业企业和金融服务分类标准。

6) 深交所分类标准

与上交所类似,深交所的分类标准是围绕上市公司的信息披露制定的,参考的依据包括监管机构和交易所对上市公司的相关披露要求。分类标准的元素范围不仅包括财务报告,还包括其他需要报送的监管报告。从分类标准的架构角度看,该分类标准还是以架构信息、财务报表核心定义层和证券行业应用层的顺序展开。深交所的分类标准的架构涵盖了核心的 XBRL 标准 schema 以及公司通用信息和共有财务信息。在共有财务信息的基础上,再根据上市公司的不同行业特征,分类标准定义了一般企业、商业银行、保险公司、证券公司的元素,并在此基础上定义了证券行业的特有财务信息。结合对上市公司的具体披露要求,该分类标准在公司通用信息的基础上,定义了证券行业中的非财务信息。

二、国际分类标准样本获取

(一) IFRS 分类标准

(1) 样本来源:IASB(International Accounting Standard Board,国际会计准则

理事会)网站。

(2) 主要内容:分类标准官方文件包包括以下 7 个部分:分类标准包、分类标准根地址(root URL)、完整版入口、完整版和管理层评论入口、组合入口、中小企业入口、基础入口。

(3) 获取方法:该文档可以通过上述网站直接下载。可用下载页面的参考地址为:

http://www.ifrs.org/XBRL/IFRS-Taxonomy/2015/Pages/IFRS-Taxonomy-2015-Information-and-Files-.aspx

http://www.ifrs.org/XBRL/IFRS-Taxonomy/2015/Documents/Taxonomy%202015/2014_PIR3_2015_annual.zip

http://www.ifrs.org/XBRL/IFRS-Taxonomy/2015/Documents/Taxonomy%202015/2014_annual_2015_annual.zip

http://www.ifrs.org/XBRL/IFRS-Taxonomy/Pages/External-taxonomy-viewers.aspx

http://www.ifrs.org/XBRL/Resources/Pages/IFRS-Taxonomy-Illustrated-2015.aspx

http://www.ifrs.org/XBRL/Resources/Pages/xIFRS.aspx

http://www.ifrs.org/XBRL/IFRS-Taxonomy/2015/Documents/Taxonomy%202015/Taxonomy%20View%20with%20definitions%20-%20annual%202015.xlsx

http://www.ifrs.org/XBRL/Resources/Pages/IFRS-Taxonomy-Architecture.aspx

(二) 美国 GAAP 分类标准

(1) 样本来源:FASB 网站。

(2) 主要内容:该分类标准定义的元素主要包括财务报表相关信息和相关监管机构要求进行的相关披露信息。

(3) 获取方法:获取该分类标准需要在该网站的相关页面选择同意相关的条款,即可进入相关的浏览页面:

http://xbrlview.fasb.org/yeti/resources/yeti-gwt/Yeti.jsp#tax~(id~156*v~3912)!net~(a~3063*l~749)!lang~(code~en-us)!rg~(rg~32*p~12)

(三) XBRL GL(2015) 分类标准

(1) 样本来源:XBRL 国际组织网站。

(2) 主要内容:该分类标准文档是一个模块包,提供会计和业务系统中所需要的各类数据的标准表述格式。该模块包包含 cor、bus、gen、ids、muc、plt、srcd、taf、usk 等文件夹。其中,COR 是核心模块,BUS 是高级商业概念,MUC 是用来表示多币种信息的,USK 是美国、英国和其他英格兰法系中使用的概念,TAF 是与税收和审计文件相关的概念,SRCD 是可以与 XBRL 财务报告分类标准直接匹配的相关概念。

(3) 获取方法:国际组织网站提供的 GL 分类标准是一个 zip 格式的压缩包(文件名为 XBRL-GL-REC-2015-03-25.zip),可以通过上述网站直接下载,解压缩后使用。可用下载页面的参考地址为:http://www.xbrl.org/int/gl/2015-03-25/XBRL-GL-REC-2015-03-25.zip。

三、国内分类标准样本获取

(一) 企业会计准则通用分类标准(2015 版)

(1) 样本来源:财政部网站、XBRL 中国地区组织网站。

(2) 主要内容:2015 版通用分类标准将石油和天然气行业、银行业两项行业扩展分类标准整合到通用分类标准中,作为通用分类标准的行业模块。2015 版通用分类标准包括通用部分和行业扩展部分,分别对应原通用分类标准和行业扩展分类标准。

(3) 获取方法:该文档可以通过上述网站直接下载。可用下载页面的参考地址为:http://www.xbrl-cn.org/2015/0408/112571.shtml。

(二) 银行监管报表可扩展商业报告语言(XBRL)扩展分类标准

(1) 样本来源:XBRL 中国地区组织网站、银监会。

(2) 主要内容:在列报内容上,银行业扩展分类标准引用了通用分类标准,共同反映银行资产负债表、利润表、现金流量表、所有者(股东)权益变动表和财务报表附注等财务报告构成要素;在逻辑设计上,银行业扩展分类标准采用了与通用分类标准相同的逻辑设计,按照通用分类标准的建模方法,以 XBRL 语言反映银行财务报告应披露的信息;在物理结构上,银行业扩展分类标准中各文件和文件夹的层级设计和组织方式与通用分类标准保持了基本一致。

(3) 获取方法:该文档可以通过上述网站直接下载。可用下载页面的参考地址为:http://www.xbrl-cn.org/2011/1220/75085.shtml。

(三) 国资委财务监管报表 XBRL 扩展分类标准

(1) 样本来源:国资委网站。

(2) 主要内容:该扩展分类标准的范围涵盖企业财务决算报表、会计报表附注、财务决算专项说明、财务情况说明书、境外子企业财务决算报表、财务情况表及财务情况说明书。

(3) 获取方法:该文档可以通过上述网站直接下载。可用下载页面的参考地址为：http://www.sasac.gov.cn/n85463/n327265/n327279/n327291/n327295/c1327061/part/1327062.zip

http://www.sasac.gov.cn/n85463/n327265/n327279/n327291/n327295/c1327069/part/1327070.zip

（四）基于 XBRL 的基金信息分类标准

（1）样本来源：证监会网站。

（2）主要内容：该分类标准涵盖了财务和非财务信息。其中，核心财务信息模块包括主要财务指标、基金净值表现、主要会计报表、投资组合报告及报告附注等。非财务信息则主要有全局通用文档、基本信息、管理报告、重大事件、审计报告五个模块。

（3）获取方法：该文档可以通过上述网站直接下载。可用下载页面的参考地址为：http://eid.csrc.gov.cn/fund-xbrl/cfid-DTS20151222.zip。

第四节　实例文档样本

一、实例文档样本类别

实例文档的样本主要包括国外实例文档和中国实例文档，本书整理了主要类别的实例文档来源，具体如表 5-4 所示。

表 5-4　实例文档样本类别

名称	范围	依据分类标准	接收机构
IFRS 实例文档	国际	IFRS 分类标准	各国相关机构
美国上市公司实例文档	国际	美国 GAAP 分类标准	美国 SEC
GL 实例文档	国际	GL 分类标准	由国际组织发布
试点中央企业实例文档	国内	企业会计准则通用分类标准	财政部
石油天然气行业实例文档	国内	石油和天然气行业扩展分类标准	财政部
银行监管报表实例文档	国内	银行监管报表可扩展商业报告语言（XBRL）扩展分类标准	银监会
国有企业财务监管报表实例文档	国内	国资委财务监管报表 XBRL 扩展分类标准	国资委
基金实例文档	国内	基于 XBRL 的基金信息分类标准	证监会
上交所上市公司实例文档	国内	上交所分类标准	上交所
深交所上市公司实例文档	国内	深交所分类标准	深交所

二、国外实例文档样本获取

（一）IFRS 实例文档

（1）接收机构：实施 IFRS 国家的相关监管机构。

（2）获取方法登录相关机构的网站进行查看或下载。例如，通过加拿大证券监管委员会(Canadian Securities Administrators)的网站，可以查询该国 XBRL 自愿报送计划中的公司财务报告，网址为：http://www.sedar.com/search/search_form_pc_en.htm。

（二）SEC 实例文档

（1）接收机构：美国 SEC。

（2）获取方法：SEC 网站浏览：http://xbrl.sec.gov/。

（3）样本特点：网站可以直接浏览，不具有分析功能，可以下载实例文档。

（三）GL 实例文档

（1）获取方法：第一步在国际组织网站下载 GL 分类标准压缩包，文件名为 XBRL-GL-REC-2015-03-25.zip，可用下载页面的参考地址为：http://www.xbrl.org/int/gl/2015-03-25/XBRL-GL-REC-2015-03-25.zip。

将该压缩包解压缩后，找到 ind 文件夹，该文件夹里就是 GL 最佳实践（best practice)的实例文档。

（2）样本特点：GL 最佳实践实例文档提供了诸如固定资产、日记账等比较详细的账簿信息，包括财务和非财务。元素的粒度较报表元素更细，所反映的信息不仅包含传统的总分类账信息还包括事项信息。

三、国内实例文档样本获取

（一）中央企业实例文档

（1）接收机构：财政部。

（2）获取方法：XBRL 中国地区组织网站 http://www.xbrl-cn.org/2012/0719/79351.shtml。

（3）样本特点：该网站目前只提供了 9 家样例企业的实例文档供访问者下载。

（二）石油天然气行业实例文档

（1）接收机构：财政部。

（2）获取方法：XBRL 中国地区组织网站 http://www.xbrl-cn.org/2012/0719/79351.shtml。

（3）样本特点：该网站目前只提供了 2 家样例企业的实例文档供访问者下载。

（三）银行监管报表实例文档

（1）接收机构：银监会。

（2）获取方法：XBRL 中国地区组织网站 http://www.xbrl-cn.org/2012/0719/79351.shtml。

（3）样本特点：该网站目前只提供少量样例企业的实例文档供访问者下载。

（四）国有企业财务监管报表实例文档

（1）接收机构：国资委。

（2）获取方法：XBRL 中国地区组织网站 http://www.xbrl-cn.org/2012/0719/79351.shtml。

（3）样本特点：该网站目前尚未提供样例企业的实例文档供访问者下载。

（五）基金实例文档

（1）接收机构：证监会。

（2）获取方法：证监会网站浏览：http://fund.csrc.gov.cn/web/found_compare_NetValue.statFund。

（3）样本特点：网站可以直接浏览，并且具有分析功能，但是目前不可以下载实例文档。

（六）上交所上市公司实例文档

（1）接收机构：上交所。

（2）获取方法：上交所网站的"上市公司 XBRL"板块：http://listxbrl.sse.com.cn/。

（3）样本特点：网站可以直接浏览，并且具有分析功能，但是目前不可以下载实例文档。

（七）深交所上市公司实例文档

（1）接收机构：深交所。

（2）获取方法：深交所 XBRL 上市公司信息服务平台：http://xbrl.cninfo.com.cn/jsp/index.jsp。

（3）样本特点：网站可以直接浏览，并且具有分析功能，但是目前不可以下载实例文档。

第五节　应用项目样本

一、应用项目样本类别

近年来，XBRL 技术在全球范围内不断推进，本节介绍一些国内外比较具有代表性的应用项目,供体验者参考。项目样本如表 5-5 所示。

表 5-5 部分 XBRL 应用项目样本

国别	项目名称	应用领域
国际	美国 SEC 上市公司 XBRL 报告项目	财务报告
	IFRS XBRL 分类标准项目	财务报告
	东京证券交易所上市公司 XBRL 报告项目	财务数据
	荷兰标准商业报告项目(SBR)	SBR 项目
	澳大利亚标准化报送系统项目(SBR)	SBR 项目
	新加坡会计与公司监管局 XBRL 项目	财务报表
国内	中国石油企业会计准则通用分类标准实施项目	内部应用
	中国石油年金管理 XBRL 项目	内部应用
	中国石化报表优化提升和数据应用项目中 XBRL 的运用	内部应用
	浦发银行 XBRL 嵌入式报送与财务会计指标应用体系项目	内部应用
	东方航空 XBRL 内部应用项目	内部应用
	长虹 XBRL 综合实施项目	内部应用

二、国际典型应用项目样本

(一) 美国 SEC 上市公司 XBRL 报告项目

美国 SEC 实施的上市公司 XBRL 报告项目采用的是分阶段逐步实施的方式。从大型公司到中小型公司,从报表数据到附注数据分阶段的逐步实施。相关规则要求,根据公司规模大小不同,分阶段逐步实施,并逐步增加 XBRL 格式详细信息的数量及其在报告中的占比。

在首次开展 XBRL 报告报送的阶段,公司主要财务报表的每个数字都必须使用 XBRL 进行标记,而财务报表附注和某些财务表格则可以单独标记为文本块。在后续实施,即第二年报送 XBRL 报告的时候,公司需要按照四个层次的要求添加附注信息:一是将每个完整的附注作为单一的文本块添加;二是对于重要会计政策中的每一条重要会计政策,将附注作为单一的文本块添加;三是将每个附注中的每个表作为单一的文本块添加;四是必须为所有附注中的每个数量(比如币值、百分比和数字)添加标签。SEC 要求在 XBRL 数据文件中展示定期和临时报告(10-K 和 10-Q 格式及某些 8-K 格式)及有价证券申请上市注册报表(等价格或价格范围确定之后)还有以财务报表和财务日程来说明本财年所发生变动的交接报告。企业财务报表要做出 XBRL 数据标记,包括财务报表脚注及规定日程。财务报表中出现的所有期间都要配 XBRL 数据。企业向 SEC 提交相关上市注册报表或报告当日结束以前,还要在本企业网站上以 XBRL 格式公示财务报表,并将该报表在网站上保留至少 12 个月。

SEC 采用分阶段实施具有一定的好处,为公司和服务供应商提供了后续继续发展和完善的空间,并可以从先行先试的公司那里获得经验和教训。这种方式利于 SEC 积累解决影响公司报送体验和 XBRL 报告质量等多个关键问题的经验。

(二) IFRS XBRL 报告项目

近年来,XBRL 技术在全球的推广持续深入,为促进和保障 IFRS 在全球范围内得到一致采用,国际会计准则委员会基金会(IASCF)于 2002 年启动了 IFRS 分类标准制定工作。首份国际财务报告准则分类标准征求意见稿于 2002 年 11 月发布,以 2002 版国际财务报告准则合订本为基础。2008 年 3 月 1 日,IASCF 发布了 IFRS 分类标准 2008,从这套分类标准开始,IASCF 开始建立了分类标准制定与准则制定工作协调进行的模式:每年新 IFRS 发布后,XBRL 团队立即启动相关分类标准开发工作,至第二年新版 IFRS 合订本发布后,与之配套的 IFRS 分类标准也随即发布。此外,2015 年国际财务报告准则基金会还发布了中小企业 IFRS 的修订内容。该委员会在就变化内容征询各方意见之后,还接续发布了更新后的中小企业 IFRS 分类标准。IFRS 分类标准在采用 IFRS 的国家中得到广泛采用。这些国家包括新加坡、丹麦、韩国、日本、以色列、澳大利亚、荷兰、智利、南非、西班牙、英国、阿联酋。其他不少国家也正在考虑采用 IFRS 以及 IFRS 分类标准。该分类标准的一个特点就是发布了多语言的标签,这也是为了更好地在更多国家推广 IFRS 分类标准。同时,IFRS 分类标准的实施也对 IFRS 本身的推广产生了一定的积极影响。

(三) 东京证券交易所上市公司 XBRL 报告项目

东京证券交易所的 XBRL 项目是基于其已有的 TDnet(Timely Disclosure Network)系统的。该交易所在该系统中进行了升级,使得该系统可以处理 XBRL 格式的数据。交易所在不改变原有系统的前提下,实现了通过原有系统收集、存储和发布上市公司的 XBRL 财务数据。该交易所实施 XBRL 的一个特色是限制在一个较小的范围内应用 XBRL。一方面,可以在小样本的环境下观察 XBRL 使用中的流程、技术等问题,积累经验;另一方面,还可以通过小范围的示范效应向上市公司、投资者和社会公众展示 XBRL 的技术特点和实施优势。该项目将样本上市公司的盈余摘要数据转化为 XBRL 格式,并向信息使用者开放了一些新功能,包括以英语和日语来展示 XBRL 格式报告的盈余摘要数据,允许对多家上市公司的数据进行比较,可以将数据转化为表格形式,以供使用者进行后续的分析。此外,该系统还支持采用网页方式展示 XBRL 数据。

在受到各国 XBRL 实施者关注的数据职责方面,根据日本相关规定,东京证券交易所有责任确保上市公司的预发布年度财务报告、半年度盈余报告和季度报告的及时披露。

(四) 荷兰标准商业报告项目(SBR)

荷兰标准商业报告项目(SBR)由荷兰财政部、司法部、商会和内政部共同开展。该项目实施以前,企业需要根据不同政府各部门的不同要求报送不同版本、不同内容的报表,且这些部门都有权独立对报表进行评估和复核。项目实施后,企业只需编报一份 XBRL 报告,各部门通过相关系统,自动从单一数据文件中获取不同的内容,实现了报告数据的一次报送和频道化(各部门根据自身的数据需求,获得所需要的报告数据)使用。荷兰企业从过去向各种外部机构报送三四十份报告的沉重负担中解脱出来,报送信息元素从原来的 20 万个减少到了 4 500 个;政府的各部门之间的信息互通和共享得到了进一步加强——任何部门对公司的报表发出风险信号,其他部门也会关注,从而促使企业更认真地对待报表编报工作。据该国相关机构测算,标准商业报告项目每年可为荷兰节约 3.5 亿欧元的信息处理成本。

根据该国相关要求,自 2013 年 1 月 1 日起 XBRL 已经成为荷兰企业和个人进行所得税申报的唯一合法形式。2014 年起,增值税报告也采用以 XBRL 格式报送。其他税务、年度决算和报送给荷兰统计局的报告则从 2015 年起使用 XBRL。

(五) 澳大利亚标准化报送系统项目(SBR)

澳大利亚标准化报送系统项目(SBR)是受到荷兰 SBR 项目的启发,由澳大利亚财政部牵头,澳大利亚政府多部门共同参与的。该项目的一个特点就是多政府部门的参与和协作。参与的部门包括澳大利亚审慎监管局、澳大利亚证券和投资委员会、澳大利亚税务局、国家和地区税收办公室、澳大利亚统计局等。该项目的实施目标是简化企业和政府间的信息报送、提高效率、降低成本。具体来说,该项目的实施希望能够使得公司报送的报表更易于使用和理解,使用账目/记录备案软件自动预填写政府部门要求公司填报的各类报表,引入单一的安全模式,用于参与该项目的各部门、机构之间的数据互动。该项目的实施已经取得了一定的成效,有相关的报道显示 SBR 项目为澳大利亚节省了大量的信息报送、传输和使用的成本。

(六) 新加坡会计与公司监管局 XBRL 项目

新加坡会计与公司监管局(ACRA)XBRL 项目是由新加坡的工商注册管理部门——新加坡会计与公司监管局主导发起的。该局要求自 2007 年 11 月 1 日起,新加坡境内所有公开发行及非公开发行公司采用 XBRL 报送 2007 年 4 月 30 日及以后日期披露的财务报告。

为充分利用所收集的 XBRL 财务报告,该局于 2010 年 1 月推出了一项服务,信息使用者可以通过基于网络的软件 OpenAnalytics 查看和分析新加坡企业的

XBRL 财务报表。通过该项服务,各类公司都可以以较低的成本和较高的效率,将其业绩与同行比较,发现公司自身的改进空间。在金融领域,商业银行可以获得原来难以获得的行业信贷风险评估所需的企业财务信息;资本市场投资者可以挖掘尚未开发的获利空间;证券分析师则可以跟踪和解析公司或任何行业的业绩走势。为让投资者感受到 XBRL 在数据处理和决策支持方面的优势,进一步进行 XBRL 报送的推广,该局还尝试在公司每次提交全套 XBRL 格式财务报告之后,为其提供一次免费的数据分析服务,使公司决策层能够根据以往的业绩进行趋势分析,通过一系列生动图表将本公司的经营情况与其他同行标杆公司及公司所处行业平均水平进行比较和分析。

三、国内典型应用项目样本

(一)中国石油企业会计准则通用分类标准实施项目

中国石油企业会计准则通用分类标准实施主要通过将 XBRL 技术内嵌入中国石油财务信息系统(以下简称"FMIS 系统"),实现以下两个目标:一是基于通用分类标准及石油天然气行业扩展分类标准构建企业统一对外报告报送系统,实现报告信息的一次标记、多次使用;二是运用 XBRL 技术开展企业财务分析,有效提高财务管理水平,支持业务财务(以下简称业财)有机融合。

项目方案的总体目标是 XBRL 与公司财务系统 FMIS 的融合。直接嵌入账务系统工作量大、周期长,系统承载压力较大;而财务报告多年来格式较稳定,且标准化、模块化程度较高,因此中国石油考虑从财务报告入手,将 XBRL 嵌入到 FMIS 的报表系统报告层次中,进一步挖掘财务报告的应用潜力。系统设计总体思路是"XBRL 报告系统+报表系统=新一代报表报告系统",将 XBRL 系统与现有报表系统集成,以报表系统引擎作为 XBRL 系统的数据加工引擎,实现业务数据到 XBRL 数据的抽取、加工,从而进一步提高报表系统数据的灵活性和规范性,降低报表系统数据的冗余性,极大提高报表数据的使用效率。

中国石油在尝试 XBRL 技术的过程中发现,在企业内部应用 XBRL,应该是对企业成熟信息系统的进一步完善和优化,是通过与企业现有信息系统的有效融合来发挥其优势的。因此,企业内部应用 XBRL,与企业现有信息系统之间不存在冲突关系,是互补关系,或者共生关系。明确 XBRL 在企业内部应用的定位和优势,并通过一定的渠道进行推广,促使企业正确认识 XBRL 的优势和应用模式,将有助于 XBRL 在企业内部的应用,有助于 XBRL 在企业内部生根发芽并茁壮成长。XBRL 未来的发展方向应该是可以方便植入到企业的信息系统,财务人员不需要了解所有难懂的信息技术,只需学会简单易懂的操作,让每个人都发挥主观能动性,发掘数据的潜力。

（二）中国石油年金管理 XBRL 项目

中国石油实施了企业年金 XBRL 数据统计分析平台项目，该项目与上述的通用分类标准的实施存在差异。该项目主要是采用企业扩展分类标准的方法，用 XBRL 解决企业实际经营管理中的问题。

该项目以企业年金为试验田，将 XBRL 引入企业年金数据管理领域，探寻通过数据管理提高企业年金行业管理水平的路径和方法，并探寻 XBRL 可为企业年金行业带来的支持和革新。该项目的主要目标是实现企业年金投资数据的标准化，并在此基础上深入挖掘 XBRL 在数据分析应用方面的优势，基于此进行企业年金投资数据分析，从而对企业年金的投资业绩和风险进行有效监控。该项目主要在以下几方面进行了探索。

一是探讨 XBRL 技术起源、发展历史以及发展和应用现状，以此为基础，分析 XBRL 的优势和弱势，从技术层面探寻 XBRL 可用于年金管理领域的立足点；

二是研究国内外企业年金管理现状，分析企业年金现状和改革发展方向，并进一步分析企业年金面临的主要困境，探寻困境解决途径，以及 XBRL 在解决企业年金困境中的优势；

三是结合中国石油企业年金 XBRL 数据统计分析平台，以企业年金管理为试验田，尝试在企业年金领域应用 XBRL，建立一套中国石油企业年金 XBRL 分类标准，一套中国石油企业年金 XBRL 实例文档数据库，对企业年金数据进行标准化管理，并进一步有效利用企业年金 XBRL 数据，建立一套基于 XBRL 数据的中国石油企业年金业绩和风险监控指标体系；

四是结合具体实践，对企业年金行业应用 XBRL 的必要性、可行性、方式和路径等进行总结和提炼，并对 XBRL 在企业年金行业以及其他行业的应用和发展进行展望，尝试探索 XBRL 推广应用的新路径，为我国 XBRL 的有效推广提出建议。

在"中国石油企业年金 XBRL 数据统计分析平台"中，探索性地应用了分类标准自动维护技术、XBRL 解析引擎技术以及 XBRL 智能联查技术，实现了对企业年金投资数据与外部市场数据的管理与挖掘。通过本项目的成功实施，在中国石油企业年金中实现了企业年金数据的标准化、企业年金数据的灵活统计分析以及针对企业年金的业绩监控与风险监控。推动了企业年金数据管理方式、数据应用方式，以及信息系统建设的创新。

（三）中国石化报表优化提升和数据应用项目中 XBRL 的运用

中国石化前期对 XBRL 的应用做过积极的探索，通过培训和宣讲的方式在部分下属企业进行过宣传贯彻，但下属单位没有真正应用 XBRL 数据进行企业报表上报和财务分析管理，公司总部每年上报给财政部和国资委的 XBRL 报表，采用 XBRL 转换工具对企业现有成品报表进行转换，没有实质性的内部管理、分析对标及其他应用。目前,中国石化充分利用 XBRL 的技术优势,将 XBRL 使用在报表优化提升和数据应用项目中,对 XBRL 技术在企业运营和数据管理中的应用进行了一系列的探索。

一是项目在设计过程中充分借鉴 XBRL 的先进理念,融入项目建设的主体内容。XBRL 是通过颗粒化对实例数据进行存储,可以提取到最细粒度的数据概念。XBRL 将数据打散,以独立的上下文加事实元素的格式存储一条条实例数据,并在独立的关系文件中描述它们之间的关系,实现了数据与格式的分离;同时,XBRL 也是被广泛认可的国际规范和标准,具有一套不断完善的技术规范,对 XBRL 中事实元素、抽象元素、链接关系等进行了科学的规范。

二是结合优化后的报表体系,梳理并补充完善财务指标体系,建立指标体系与会计报表、财政部通用分类标准 XBRL 元素的对应关系,形成完备的指标管理体系,包括指标的业务含义、分类、属性、维度、关键值、业务逻辑、数据逻辑、校验关系等内容。基于 XBRL 技术,参考 XBRL 通用分类标准,依据梳理后的中国石化指标体系,实现各类指标的模型、维度、维值及关键值的灵活配置,并自动生成 XBRL 元素。

三是开发 XBRL 报表管理工具,实现 XBRL 灵活组装对外披露报表,提供方便易用的向导式的报表公式自定义功能,实现格式化报表的自定义,持续优化系统性能,实现指标数据落地及校验、XBRL 元素自动创建、报表计算及校验等功能和性能的持续改善,充分满足报表时效性要求。改变传统报表转换上报 XBRL 报表的方式,实现财政部和国资委 XBRL 元素自动形成和报送,或者自动生成 XBRL 格式报表完成报送。

四是充分利用 XBRL 数据的数据标准化特点,在财务指标对标分析方面,通过将国内外同行业的 XBRL 格式的财务报告数据直接装载到系统,并通过定义对标分析指标和模板开展对标分析,从而实现财务指标对标分析过程的信息化和自动化。

(四)浦发银行 XBRL 嵌入式报送与财务会计指标应用体系项目

2014 年年初,浦发银行开展"上海浦东发展银行 XBRL 嵌入式报送与财务会计指标应用体系"建设项目的开发。该项目期望解决的主要问题包括:财务信息分散在各个业务部门各自建设的系统中,进行跨部门数据合作时,需要进行数据迁移或者跨系统数据的落地处理等;业务部门从不同的管理和专业视角对财务相关数据进行定义,容易出现口径不一致的情况;数据加工过程的不标准,造成多口径内外部数据管理较为困难,且沟通协调成本较高,财务数据价值的发挥大打折扣。

项目在实现 XBRL 内嵌式报送的基础上,结合 XBRL 技术处理规范化、标准化数据的优势,以该行财务会计数据为基础,通过制定数据规范、定义数据标准、建设维护 XBRL 元数据，逐步建立统一覆盖全行的财务会计指标应用体系，消除财务会计数据孤岛现象，实现财务会计数据的易采集、易存储、易理解、易处理，让数据更有价值。

该行的 XBRL 嵌入式报送与财务会计指标应用系统的项目建设分为两部分：

第一部分是内嵌式报送系统。结合该行之前年度 XBRL 格式财务报告报送工作，以及财政部针对 XBRL 报送的最新要求，完成 XBRL 内嵌式报送系统需求分析；整理对外披露财务报告中的各项 XBRL 元素，结合财务会计指标应用体系建设工作，完成内嵌式报送所需的 XBRL 数据寻源工作，在内嵌式报送系统中建立符合财政部要求的 XBRL 对外报送流程和后续维护。

第二部分是财务会计指标应用体系。分析与收集财务数据指标的应用需求，针对不同目的的财务数据，开发不同的财务应用功能：一是优化信息披露流程。针对对外披露报表的特点，将信息披露数据纳入到财务指标管理过程中，并通过汇总子公司会计科目数据，完成集团内往来账务的对账分析。二是对内统计报表与财务指标分析运用。针对对内统计报表与财务指标管理需求，开发基于财务指标的流程管理、分析应用以及多维度的钻透分析功能。三是自动化报表生成。为方便财务会计、管理会计等基于财务数据的灵活应用与扩展，项目开发和设计了财务数据报表及与财务相关的业务数据报表的实时灵活生成、对比分析、多维度展示等功能。

该项目在金融行业特别是商业银行实施 XBRL 技术方面进行了如下探索：一是嵌入总账层面的 XBRL 嵌入式报送。该行的嵌入式报送不再停留在报表层面的 XBRL 转换，而是深入到总账数据层面，通过将财务会计指标 XBRL 化，直接将 XBRL 技术应用到对外披露财务报表的过程。二是应用 XBRL 技术，建立完整的财务会计指标应用体系。应用 XBRL 的颗粒化技术，统一了不同来源的财务会计数据，为数据应用奠定了坚实的基础。三是应用 XBRL 的标准化技术，规范了行内财务会计指标及财务会计指标应用于管理会计、统计等领域的相关指标，同时实现了行内财务会计指标与国内及国际财务标准的对接。四是应用 XBRL 的可扩展性能，将管理层期后调整以及合并抵消纳入系统，最大程度实现了合并报表与附注的自动生成，并统一了财务会计指标调整前后的关系，实现了数据的跨部门应用。五是应用 XBRL 的相关性技术，使财务会计及应用指标的数据构成结构可多维度钻取和分析。此外，该行还将指标的应用与报表进行了灵活的有机结合。实现了报表的灵活定制以及财务会计及应用指标统一管理的有机结合。

（五）东方航空 XBRL 内部应用项目

中国东方航空股份有限公司（以下简称东方航空）将 XBRL 技术运用于财务系统的提升。首先，建立东方航空的扩展分类标准。根据 IASB 发布的 IFRS 分类标准和中国财政部 XBRL 分类标准,整理东方航空相关的会计元素,并将报表项目和其他信息披露项目映射到分类标准上;对于东方航空特有的会计元素,按 IFRS 分类标准和中国财政部 XBRL 分类标准扩展性的要求创建东方航空扩展的分类标准。其次,构建 XBRL 综合报告平台。从资源节约和整合应用角度出发,利用 HP Server 作为系统平台,与东方航空当前的服务器联合应用进行系统的测试以及系统应用的部署,以统一的数据格式实现财务数据的收集、汇总、验证、存储、查询和分析,自动生成财务报告实例文档。此外,东方航空财务系统还进行了调整,并进行了客户化开发。对东方航空的财务系统平台进行进一步应用和整合,对系统进行部分设置更改并开展部分客户化开发工作。

东方航空的探索不仅在财务信息层面,还延伸到了业务管理层面,探索了在企业内部深层次应用通用分类标准的途径,开发从企业财务系统自动生成实例文档数据转换接口。公司依据我国会计准则和 IFRS 分类标准分别扩展企业分类标准,在此基础上,按照公司内部管理的要求,进一步探究分子公司内部管理层面上的分类标准扩展应用工作,开发了集分类标准扩展、管理、发布、自动化数据转换接口和内部控制为一体的综合报告平台,实现了财务报告自动转换成 XBRL 实例文档的愿景,使得公司同时具有数据提供者和监管者两个角色,对外是数据提供者(被监管),对内是分子公司的监管者,实现了从被监管到监管者的转变,从而对 XBRL 在企业的应用和探索打开新的思维视角。

东方航空作为企业示范应用的试点单位,结合自身信息化建设的目标,基于通用分类标准制定了适用于东方航空的扩展分类标准,研发了自动化、流程化、智能化的 XBRL 财务报告平台。通过与财务系统的集成,实现从企业的日常账务信息中自动生成 XBRL 格式的财务报告实例文档,将 XBRL 平台打造成为集财务报表、管理报表为一体的 XBRL 统一展示平台,提升了财务信息化水平。

(六) 长虹 XBRL 综合实施项目

长虹不仅在报表、报告层面利用 XBRL 技术,而且还在账簿层面引入了 XBRL GL 的相关技术,在更深的层面探索 XBRL 技术的应用。项目的实施主要解决三个目标:

一是实现 XBRL 财务报告的自动生成。通过项目实施,建立统一的 XBRL 数据模型及平台,将公司核算系统数据及财务报告平台数据源与 XBRL 智能报告平台进行映射匹配,实现一次映射,多次复用,实现 XBRL 财务报告的自动生成。因报告平台有专业人员维护分类标准及扩展分类标准建模,规避人工梳理元素,扩展分类标准,手工填报实例文档准确率及效率问题。

二是利用 XBRL GL 的技术优势,解决企业内部应用及管理问题。通过项目实施,提升集团内部管理能力,从而可更便捷地管控分公司、子公司,更易于获得企业客户数据,更快捷地提取财务及经营分析结果,从而帮助总部进行投资经营决策。规避集团总部目前只能看到下属企业一层层汇总上来的财务报告,对其内部结构及数据来源尚不清楚,无法准确地得到定量和定性的分析。使用 XBRL 报告格式,集团总部通过对应的整合平台可以实时地抓取真实可信的底层数据,同时,通过分析模型快速地得出分析指标结论,规避内部管理死角。

三是建立基于 XBRL 建立企业数据标准。通过项目实施,建立统一长虹数据标准体系,统一的数据标准管理机制,统一的数据标准管理平台,突破公司目前面临的数据资产管理困境。基于 XBRL 建立企业数据标准,探索 XBRL 应用的价值与根本出路,也为财政部展现 XBRL 应用的新方向。建成行业 XBRL 分类标准及数据标准,引领行业数据标准化,推进行业扩展标准的形成,形成 XBRL 最佳实践。

该项目的实施要点包括:长虹 XBRL 包括长虹 XBRL 智能报告平台、长虹 XBRL 数据交换平台和长虹 XBRL 数据分析平台。长虹 XBRL 引擎及平台项目建立在 XBRL 技术规范 2.1 上,满足 XBRL 国际技术规范 2.1,长虹 XBRL 智能报告平台是以财政部企业会计准则通用分类标准 CAS 为基础进行的扩展应用,长虹 XBRL 数据交换平台基于 GL 建立,并以 XBRL 实例文档建立数据分析中心,满足监管机构财务报告报送要求,提升长虹企业财务报告报送能力,加强长虹的企业内部财务管理。

该项目实现的要点包括:支持 XBRL 技术规范 2.1,支持通用分类标准最新版本 2015,隐藏 XBRL 专业知识,降低财务人员使用门槛。导航式扩展企业分类标准,简单易用;通过 Excel 模版自动生成企业分类标准。可重用的源到 FR 映射关系,实现自动映射;自动填报 XBRL 财务报表数据;标准化的财务报表数据分析中心;实现了基于 SOA 面向服务的分布式架构设计;财务数据打上 XBRL 标签,标准数据交换介质;实现了同一平台,多套分类标准置入,通过数据源匹配映射,同步生成基于不同分类标准的实例文档。

通过该项目的实施,长虹实现了统一财务报告数据存储,减少交互接口的开发工作量,提高 XBRL 财务报告编报效率,提高 XBRL 财务报告的正确率,运用了基于 XBRL 实时分析财务报表,降低了财务报告报送成本,高效的数据应用价值,提高了经营决策效力。

第六节　体验样本收集原则

体验样本的收集是为 XBRL 体验服务的,符合要求的样本是达到体验预期目的的重要条件之一。所以,体验样本的收集需要具有全面性、多样性、典型性、通用性和规范性的要求。同时,体验样本的可获取性也是制约体验样本收集的一个重要因素。在体验样本收集的计划和实施阶段,需要综合考虑上述因素,遵循一定的原则开展体验样本收集。

一、全面性

体验样本的类别包括XBRL技术规范、分类标准、实例文档和应用项目。涵盖了XBRL报告报送流程的主要环节,为体验者了解XBRL技术规范,浏览、修改、扩展分类标准,浏览、编制实例文档等提供了基础。

以实例文档推荐样本为例,需要收集的样本包含了世界最主要的两大财务报告体系:IFRS和US GAAP的实例文档。在国内涵盖了实施XBRL通用分类标准的样本企业实例文档和主要行业扩展分类标准企业实例文档,包括:试点中央企业实例文档、石油天然气行业实例文档、银行监管报表实例文档、国有企业财务监管报表实例文档、基金实例文档、上交所上市公司实例文档、深交所上市公司实例文档。另外,在账簿层面,还包含了国际组织推荐的XBRL GL最佳实践的实例文档。这些实例文档的样本范围基本涵盖了报告层面和账簿层面的各类实例文档;基本覆盖了XBRL实施过程中我国XBRL报告报送者可能涉及的主要实例文档类别。

二、多样性

在体验样本的不同类别中,涵盖了具体的样本项目,包括国内样本和国际样本,包括不同的行业、企业。多样性的样本为体验者进行不同样本之间的比较提供了素材,多样性也是体验式教学个性化服务的基础。

以国内XBRL应用项目推荐样本为例,推荐样本存在一定的差异,具有一定的多样性。例如,推荐样本涵盖了不同的行业:制造业、交通运输、银行等。推荐样本涵盖了同一行业的不同企业的差异化应用,例如,石油天然气行业的中国石油企业会计准则通用分类标准实施项目、中国石化报表优化提升和数据应用项目中XBRL的运用。推荐样本涵盖了XBRL技术不同的使用层次和深度,有的项目侧重XBRL在报表层面的应用,例如,浦发银行XBRL嵌入式报送与财务会计指标应用体系项目;有些项目则是利用GL技术深入到企业的日常业务中,例如,长虹XBRL综合实施项目。推荐样本还包括了同一企业内部XBRL技术在不同角度的应用,例如,中国石油企业会计准则通用分类标准实施项目和中国石油年金管理XBRL项目。

三、典型性

体验样本类别广泛、数量较多,为了提高体验的效果,本书分别从技术规范、分类标准、实例文档等类别中选择了具有典型性的样本，推荐体验者进行体验。

以国际 XBRL 应用项目推荐样本为例，推荐样本的范围涵盖了目前实施 XBRL 中具有一定代表性的国家的应用项目。美国 SEC 项目中，报送 XBRL 报告的上市公司数量在全世界首屈一指。IFRS XBRL 分类标准的推广范围和影响力值得借鉴。东京证券交易所上市公司 XBRL 报告项目从小到大的试点过程体现出 XBRL 实施中的一些经验。荷兰标准商业报告项目（SBR）和澳大利亚标准化报送系统项目（SBR）从政府各部门协作、共同推进 XBRL 的角度提供了宝贵经验。新加坡会计与公司监管局 XBRL 项目是亚太地区比较成功的 XBRL 项目之一，对亚太地区的国家通过政府介入推广 XBRL 提供了借鉴。

四、可获取性

本书基于体验样本收集的实践，选择了具有一定可获得性的体验样本，特别是可以便捷地通过网络免费获得的体验样本。同时，考虑到 XBRL 技术的推广和发展，本书还将部分暂时无法直接免费获得的样本也纳入样本范围，为读者后续尝试获得提供参考。

以本章推荐的四大类体验样本为例，不同类型的样本具有不同的可获取性。技术规范是国际组织和各国政府制定和发布的，其可获取性是各类样本中最高的。类似的，国家官方分类标准的可获取性也比较高。上市公司这类公众公司的实例文档需要报送交易所或者监管机构，具有一定的披露义务，所以这些公司的实例文档具有较高的可获取性。而其他公司或者组织的实例文档和部分行业扩展分类标准的实例文档可获取性可能受到一定的限制。应用项目相关资料的可获取性与应用项目实施主体的意愿、受关注程度有关。可见，可获取性是制约样本收集的重要因素。如果通过协商等方式以非公开渠道、合法获取了相关的体验样本，则必须遵循相关的约定和法律法规控制体验样本的使用范围。

五、通用性

本书选择的体验样本具有一定的通用性，可以供分类标准制定者制定分类标准、XBRL 报送者报送 XBRL 报告时借鉴与学习。

以分类标准的推荐样本为例，IFRS 分类标准具有一定的通用性。在会计准则趋同的大背景下，我国企业会计准则通用分类标准与 IFRS 分类标准存在一定的联系。由于 IFRS 本身的通用性，体验 IFRS 分类标准对于向 IFRS 趋同国家的 XBRL 标准制定者、报告报送者具有一定的借鉴意义。US GAAP 分类标准的分行业特点也被其他分类标准制定者借鉴，该思路也被运用于其他的分类标准中，对交易所制定上市公司财务报告和监管报告分类标准产生了一定的影响。选取这类具有一定通用性的体验样本有利于体验者学习和借鉴 XBRL 实施的相关经验。

六、规范性

体验样本均需要经过相关权威机构或组织发布或者校验。体验样本的规范性是对体验效果和质量的保证。参与 XBRL 体验的目的包括知识学习、技术了解和经验借鉴,参与 XBRL 体验的大部分体验者并非 XBRL 技术或者领域的专家,需要通过体验熟悉 XBRL。这就要求体验样本的规范性达到一定水平,以免给体验者造成误导。

在具体体验的过程中,体验环境下使用的各类软件也都有一定的校验要求,如果使用未经相关权威机构或组织发布或者校验的分类标准或者实例文档就可能造成相关文件读取、存储失败等情况。这不仅影响体验,而且也不利于 XBRL 技术优势的展示,向体验者传递错误的信息。

本章小结

XBRL 体验样本是指体验者在 XBRL 体验过程中用到的 XBRL 相关技术和知识的具体载体,是 XBRL 实施过程中的相关文档和经验。体验样本可以根据与 XBRL 报告的关系分为狭义体验样本和广义体验样本。狭义体验样本的类别包括技术规范、分类标准、实例文档,广义体验样本还包括应用项目。

本章分类从具体类别和获取方法两个层面依次向读者介绍了技术规范、分类标准、实例文档和应用项目样本的具体信息和特点。在技术规范方面,本章介绍了国际规范中的主要部分,包括基础、维度、公式、全球分类账、网页集成式、表链接库、版本、可扩展性列举和分类标准包,还介绍了我国 XBRL 技术规范,包括基础技术规范、维度技术规范、公式技术规范和版本技术规范。在分类标准方面,本章涵盖了国际上最有影响力的 IFRS 分类标准和美国 GAAP 分类标准。在国内分类标准方面,本章涵盖了企业会计准则通用分类标准和监管扩展分类标准,例如银行监管报表可扩展商业报告语言(XBRL)扩展分类标准、国资委财务监管报表 XBRL 扩展分类标准、基于 XBRL 的基金信息分类标准、上交所分类标准和深交所分类标准。本章除了介绍财务报告层面的分类标准,还涵盖了总分类账簿和会计事项层面的分类标准,即国际组织发布的最新 GL 分类标准。在技术规范样本和分类标准样本的基础上,本章还涵盖了与分类标准相对应的、不同国家的实例文档样本,包括 IFRS 实例文档、美国上市公司实例文档和国际组织发布的 GL 最佳实践实例文档。在国内实例文档方面,本章既包含了采用企业会计准则通用分类标准的试点中央企业实例文档,同时还包含基于不同行业扩展分类标准的企业实例文档,例如石油天然气行业实例文档等。根据不同的监管要求,本章还纳入了银行监管报表实例文档和国有企业财务监管报表实例文档。此外,根据金融行业相关披露要求,本章还介绍了基金实例文档、上交所上市公司实例文档和深交所上市公司实例文档等体验样本。

  本章不仅向读者推荐了包括国际组织、美国、欧洲、澳洲等部分国家的分类标准、实例文档和应用项目样本,还介绍了我国通用分类标准和各行业扩展分类标准的体验样本,以及基于这些分类标准的实例文档样本。此外,本章介绍了我国部分XBRL应用项目,范围涵盖分类标准、财务报告、业务系统和XBRL GL等涉及的行业包括制造业、交通运输行业、金融业等。另外,本章还介绍了通过公开渠道获取这些体验样本的参考方法。结合XBRL中国组织体验中心的实践,本章最后还归纳了一些体验样本收集的原则,包括全面性、多样性、典型性、可获取性、通用性和规范性。

第六章

XBRL 体验内容设计

本章基于 XBRL 业务报告供应链,针对供应链中的六类参与者——实体、审计师、数据商、监管者、投资者和软件商,分析其主要的 XBRL 业务流程和 XBRL 知识需求,结合实际的 XBRL 知识需求调研结果,抽象整合出适合不同业务领域各类参与者的体验模块和体验流程,以满足 XBRL 体验的个性化需求。

第一节 XBRL 业务报告供应链

一、XBRL 业务报告供应链简介

XBRL 业务报告供应链(Business Reporting Supply Chain,BRSC),表达了所有实体的综合报告过程,这些实体包括上市公司、中小企业和公共部门等,详见图 6-1。该供应链虽然为财务报告量身定做的,但却同样适用于其他领域。

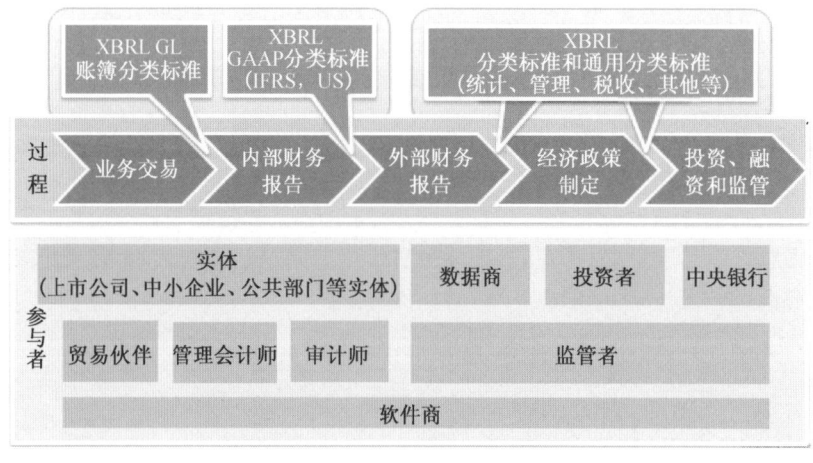

图 6-1 XBRL 业务报告供应链

第六章 XBRL体验内容设计

由图6-1可见,业务报告供应链过程始于实体的业务交易,该环节产生业务数据。接下来,业务数据经汇集、分析生成用于内部运营和管理的内部报告,以及用于不同目的的对外报告。对外而言,业务数据可用于经济政策制定,投资、融资和监管分析,决策支持等。

从业务交易到内部报告,主要参与者是实体本身、实体的贸易伙伴、管理会计师和审计师。一旦内部财务信息被鉴证并公开,其他的参与者便开始参与进来,这些参与者主要是数据集成和发布商(以下简称数据商)、投资者、监管者等。在业务报告供应链的每一个阶段,都离不开各种基于XBRL的会计软件和其他软件的支持。

在内部财务报告过程中,需要借助XBRL GL,在外部报告过程中,需要借助GAAP(General Accepted Accounting Principle,公认会计原则)分类标准。同样,经济政策制定、投资、筹资、监管过程,也需要业务报告和其他分类标准的支持。

XBRL在财务领域的运用,通常可分为两个层次:一个是账簿层,被称为GL(Global Ledger);一个是财务报告层,被称为FR(Financial Reporting)。当前国内外对XBRL的运用,多为FR层次。

二、XBRL业务报告供应链中参与者的活动

XBRL业务报告供应链中,各参与者对XBRL的运用目标和角度各不相同,具体如下:

监管者(Regulators):借助XBRL,金融监管者(Financial regulators)可从所属监管机构收集大量复杂的业绩和风险信息;证券监管者(Securities regulators)和交易所(Stock exchange),需要分析上市公司和证券的业绩和合规性,并确保这些信息及时提供给市场,以便后续使用和分析;商会(Business registrars)需要接收并公开上市公司和非上市公司一定范围的企业数据,包括年度财务报告;税务机构(Tax authorities)需要获取公司财务报告和其他合规性信息,以审核(process)和评估(review)企业的税务;统计和货币政策机构,需要从不同组织获取财务业绩信息。

企业(Companies):借助XBRL,企业可以向一个或多个监管方提供信息,可以在复杂的集团内部准确地传递信息,可以在供应链内部交换信息,以管理风险、衡量交易活动。

政府(Governments):借助XBRL,政府机构可以通过统一数据定义、合并报告义务,或两者兼用,简化企业向政府报送的过程和手续。还可以通过标准化合并报告或交互报告的编制方式和使用方式(在政府部门之间使用,或发布给社会大众使用),提升政府报告水平。

数据商(Data Providers):特定的数据商,需要使用市场上发布的业务信息和风险信息,为市场上的其他参与者提供数据比较、比率计算和其他增值信息产品。

投资者(Investors):在分析师的帮助下,投资者使用 XBRL 数据评估相关风险和业绩,比较潜在的投资对象,了解已有投资的经营业绩。

会计人员(Accountants):会计人员使用 XBRL 满足客户的报告需求,通常需要编制 XBRL 格式的财务报告。

审计师(Auditors):审计师审计 XBRL 格式的财务报告,提交 XBRL 格式的审计报告,提供 XBRL 实施咨询,参与 XBRL 国际组织和地区组织的工作。

软件商(Software vendors):软件商开发合规的 XBRL 软件平台,提供 XBRL 实施咨询。

第二节 XBRL 业务流程分析

一、实体的 XBRL 业务流程

XBRL 业务报告供应链中的实体包括上市公司、中小企业、公共部门等。鉴于 XBRL 在企业中的应用最为广泛,下文以企业为例进行阐述。企业对于 XBRL 的运用,一方面用于企业内部管理,包括集团内部和供应链内部的信息传递和交换;一方面用于向监管方或政府报送 XBRL 报告。

(一)企业内部运用 XBRL 业务流程

企业内部运用 XBRL 的业务流程,因目标和实现方式不同而存在差异。图 6-2 是中国石油湖北销售将 XBRL 运用于管理会计领域的业务流程。

中国石油湖北销售的 XBRL 内部应用目标为:按照面向用户,充分发挥 XBRL 标准化、结构化和可扩展等优势,采用 XBRL 标准构建方法论,建立 XBRL 指标体系,实现原始交易数据的实时采集和颗粒化、标准化管理;建立 XBRL 系统平台,盘活企业数据资产,实现基于大数据的运营风险监控、经营目标预测、决策信息支持等功能,在业财融合的基础上促进管理会计价值提升,助力提升终端销售与企业整体经营管理水平。为实现该目标,中国石油湖北销售基于内部管理报表梳理构建了一套 XBRL 指标体系,基于业务管理需要设计了一系列 XBRL 业务模型,基于数出一门的整合思想研发了一个 XBRL 数据平台,进而采集企业的基础数据、业务数据和财务数据,经过清洗、转换、装载等数据标准化工作,根据建立的 XBRL 业务模型对数据进行加工处理,使得输出的 XBRL 数据能够满足预算管理、风险管理、客户管理和业绩评价等领域不同层级业务人员和管理人员的需要。本部分的详细内容可参见财政部 2016 年推出的 XBRL 典型案例。

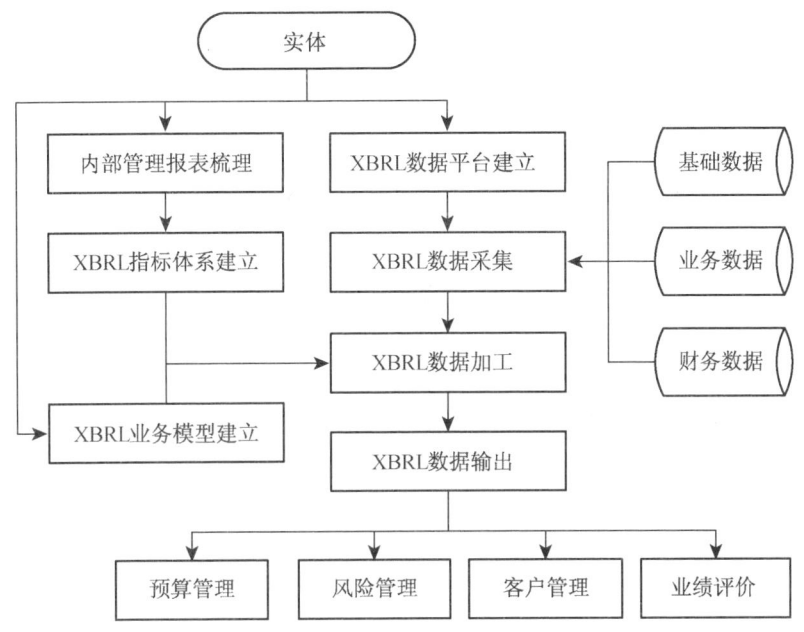

图 6-2 实体内部运用 XBRL 业务流程

（二）企业外部报送 XBRL 业务流程

企业向监管机构或政府机构等报告接收方报送 XBRL 格式的商业报告，是当前 XBRL 运用最为广泛的领域，包括财务报告、税收报告、统计报告、可持续发展报告等。我国大型中央企业、银行和保险企业向财政部报送财务报告，是典型的企业对外报送，其业务流程如图 6-3 所示。

在企业对外报送 XBRL 的过程中，就分类标准而言存在两种典型情形：一是分类标准不可扩展，企业只需要在做好组建团队、熟悉分类标准和业务规则、选用 XBRL 软件等准备工作之后，基于报告接收方发布的分类标准，编制、校验、上报实例文档即可；二是分类标准可扩展，企业需要在做好准备工作之后，基于接收方发布的基础分类标准进行元素梳理，进而创建和校验扩展的分类标准，编制和校验实例文档，扩展的分类标准和实例文档均通过校验之后，再将报告上报给接收方。

二、审计师的 XBRL 业务流程

审计师在 XBRL 业务报告供应链中扮演多重角色，但其核心的本职工作是审计 XBRL 格式的财务报告，提交关于 XBRL 格式财务报告的审计报告，业务流程

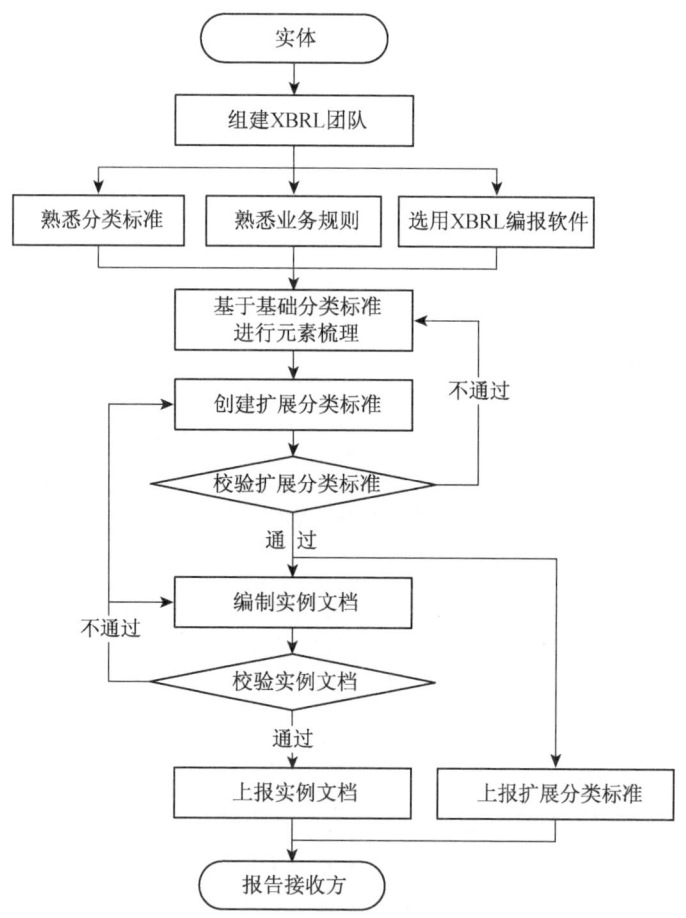

图 6-3 实体外部报送 XBRL 业务流程

如图 6-4 所示。

XBRL 格式的财务报告,既包括装有财务数据的实例文档,也包括装有财务报告概念和结构的分类标准。为此,审计师既要对扩展分类标准进行鉴证,又要对实例文档进行鉴证,鉴证的目的是保证实例文档和扩展分类标准的质量,鉴证的结果是出具附带审计师签名的 XBRL 格式财务报告的鉴证报告。当然,在 XBRL 应用的先进国家如荷兰,已将鉴证报告 XBRL 化,同时实现了鉴证报告的电子签名。

三、数据商的 XBRL 业务流程

数据商以收集、加工和出售数据为己任,是数据增值的重要环节。Findynamics 公司(https://findynamics.com/)是典型的 XBRL 数据商。该公司的目标是基于美国 SEC 的 XBRL 公开数据,开发一个全新的财务分析工具,促进财务分析采用更新、更好、更简单的方法,其主要业务流程如图 6-5 所示。

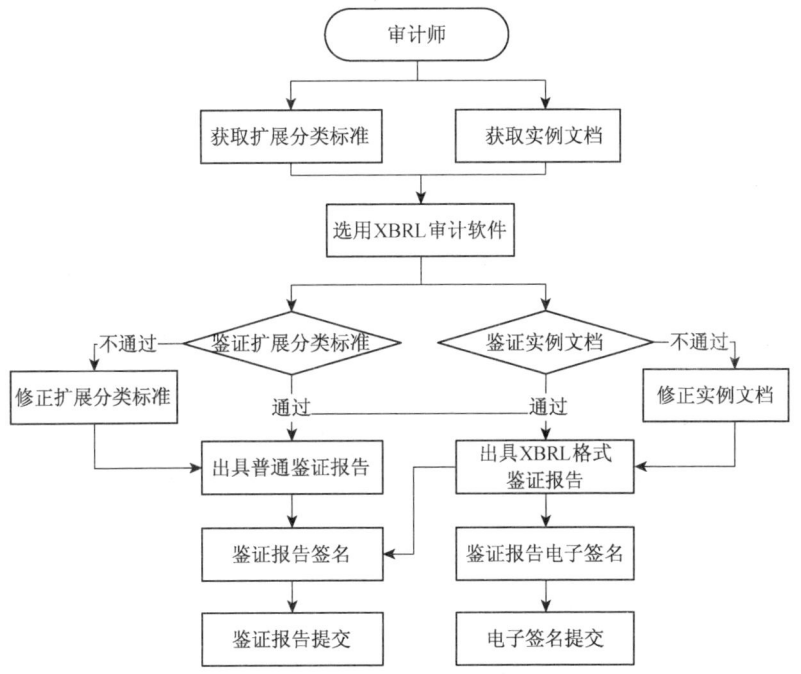

图 6-4 审计师 XBRL 业务流程

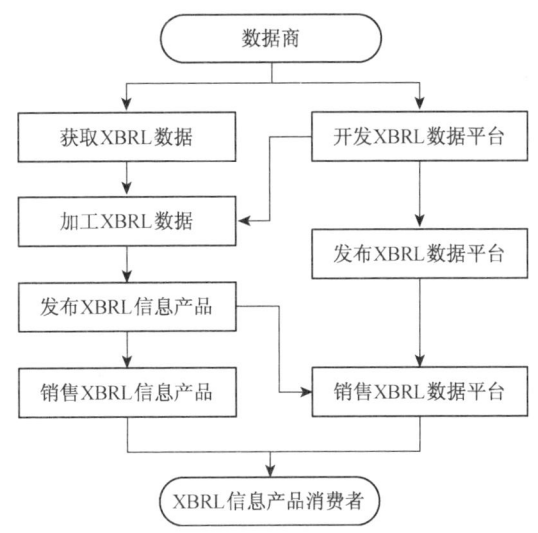

图 6-5 数据商 XBRL 业务流程

Findynamics 公司从 SEC 网站直接获取所有上市公司的 XBRL 数据（包括 10-K，10-Q 等），自行开发并发布 Excel 插件版和网页版 XBRL 数据平台，提供财务分析数据、财务分析结果和财务分析模板等 XBRL 信息产品，分析师、投资者等数据使用者可以购买其 XBRL 数据平台，及其收集的 XBRL 数据和发布的 XBRL 信息产品。

四、监管者的 XBRL 业务流程

尽管 XBRL 由查尔斯·霍夫曼这位注册会计师提出，但截至目前，XBRL 应用的最大受益方是一线监管机构。一般而言，监管者需要向上市公司、中小企业、公共部门等收集基础信息、业务信息和财务信息，用于不同的监管目的。因此，监管机构通常成为一个国家或一个地区 XBRL 项目的发起人和推动者，其 XBRL 业务流程如图 6-6 所示。

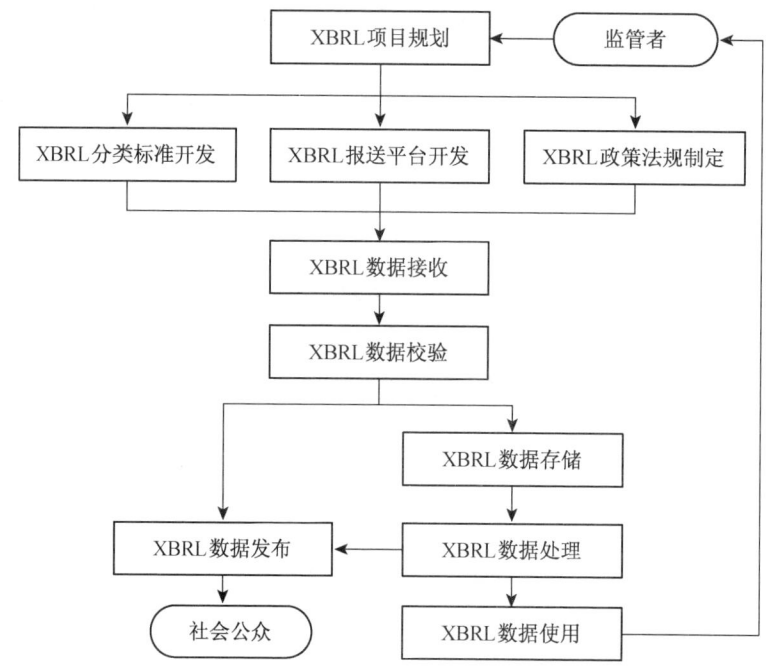

图 6-6　监管者 XBRL 业务流程

在一个由监管机构推动的 XBRL 项目当中，监管机构通常需要完成 XBRL 项目的准备与计划、设计与开发、管理与维护、创建与使用四个阶段的任务[①]。

在准备与计划阶段，监管方应完成业务实例收集、可行性论证、实施经验学习、

---

① XBRL 国际组织，2015，XBRL Implementation Life cycle(XBRL 实施生命周期)。

关键成功因素考量等准备性工作,以及项目团队组建、实施阶段规划、XBRL方案选择①、配套措施制定、赢得利益相关方(特别是报送方和软件商)及社会公众的支持等计划性工作。

在设计与开发阶段,最为核心的是分类标准开发和报送平台开发。分类标准开发要确定开发原则,如是否引用已有分类标准,采用何种建模方法,使用哪些技术规范等,要考虑业务需求、业务规则、校验规则和数据使用,要确保分类标准的质量,使得分类标准既符合技术规范,又与业务场景一致。报送平台开发要考虑XBRL数据的接收、校验和可扩展性,也要考虑审计轨迹保留,以及XBRL数据的可信度、安全性、不可否认性、存储和发布等。

在管理与维护阶段,监管者需要做好市场沟通、用户培训、客户支持、帮助手册、测试运行等管理工作,以及监督进展、获得反馈、分析XBRL数据看其是否符合预期等,以便决定是否需要进行分类标准版本更新及历史数据处理等。

在创建与使用阶段,通常由报送方创建实例文档,他们需要了解XBRL的强制性、熟悉分类标准和业务规则,选择XBRL创建工具,为创建XBRL实例文档做好准备。XBRL数据可用于监督、审计、监管,可与商业智能和分析平台集成,可二次发布数据,从而有效使用和分析数据,大大提升XBRL项目的价值。

五、投资者的XBRL业务流程

投资者是XBRL数据的终端消费者,也是XBRL项目中最为受益的群体之一,其典型业务流程如图6-7所示。

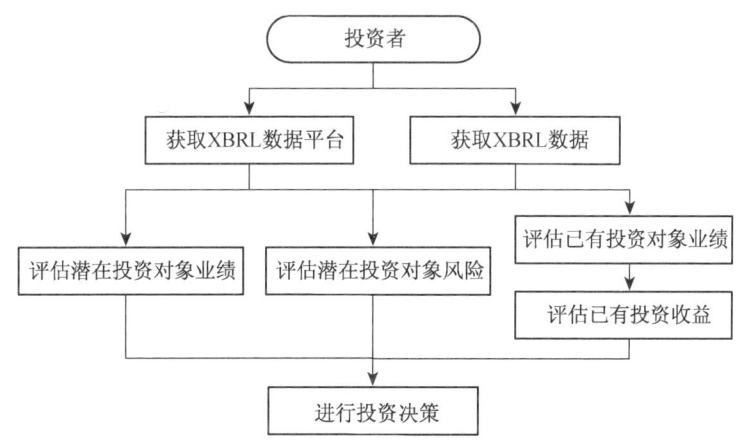

图6-7 投资者XBRL业务流程

---

① 如是否允许报送方扩展分类标准,是否使用网页集成式分类标准,是否强制对XBRL数据进行审计等。

投资者借助 XBRL 数据平台和内置的 XBRL 数据(如 XBRLAnalyst),或者借助普通的数据处理工具和相应的 XBRL 数据(如 XBRL to XL),可以评估潜在投资对象的经营业绩及其投资风险,从而作出是否新增投资及何时新增投资的决策,也可以评估已有投资对象的经营业绩和自身已经取得的投资收益或已经承担的投资损失,从而作出是否继续持有及增减投资的决策。当然,投资者在评估过程中,可能借助分析师的力量。

六、软件商的 XBRL 业务流程

在信息化社会,管理思想要靠信息化工具方能较好落地。XBRL 是服务于电子格式商业报告的编制、交换和利用的标准化语言,其项目实施全程都离不开软件商的支持。软件商的核心任务是开发出合规的、功能和性能良好的 XBRL 软件平台,并将其付诸于 XBRL 业务报告供应链的各个环节。XBRL 软件平台隶属软件系统范畴,其生命周期与一般软件平台的生命周期相似,但又有其本身的特色,其核心业务流程如图 6-8 所示。

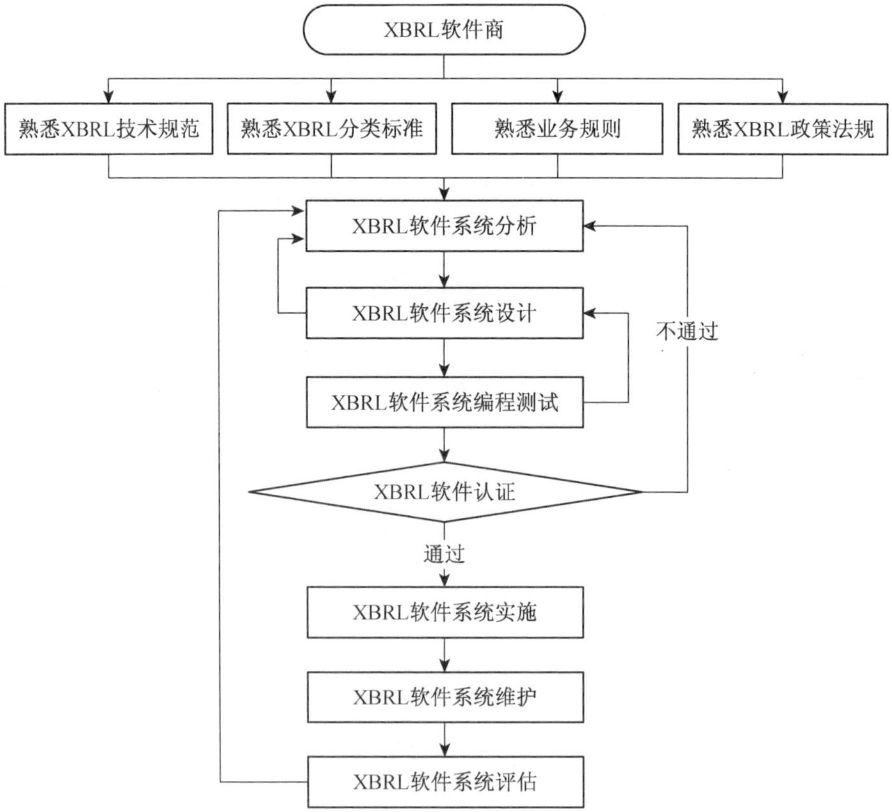

图 6-8 软件商 XBRL 业务流程

XBRL 软件系统的生命周期主要涵盖系统分析、系统设计、编程测试、系统实施、系统维护和系统评估等同于一般软件系统生命周期的环节,也包括 XBRL 软件认证这个特殊环节。XBRL 软件认证是指,由第三方认证机构证明 XBRL 软件符合 XBRL 技术规范国家标准要求的合格性评定活动,对于保障会计信息真实性、完整性和可靠性,促进金融环境的透明性和稳定性具有积极意义。我国 XBRL 软件认证技术委员会由财政部和中国国家认证认可监督管理委员会(以下简称认监委)联合组成,认监委负责 XBRL 软件认证工作的组织实施、监督管理和综合协调,财政部负责推动 XBRL 软件认证结果的采信,引导 XBRL 业务报告供应链相关方采用通过认证的 XBRL 软件。

第三节　XBRL 知识需求分析

根据 XBRL 业务报告供应链中各类参与者不同用途的业务流程,可以提炼各类参与者的 XBRL 知识需求。

一、实体的 XBRL 知识需求

从本章第二节可知,实体(包括上市公司、中小企业、公共部门等实体)可在内部管理和外部报送中运用 XBRL,不同运用领域的知识需求、知识类别、掌握程度和学习方式如表 6-1 所示。

表 6-1　实体的 XBRL 知识需求

运用领域	知识需求	知识类别	掌握程度	学习方式	备注
内部管理	了解 XBRL 基础知识	通用	了解	讲解	—划分应用主题,如预算管理、风险管理、客户管理、业绩评价等 —划分用户层级,如决策层、管理层、操作层等
	熟悉分类标准	通用	熟悉	讲解/体验	
	熟悉实例文档	通用	熟悉	讲解/体验	
	熟悉业务规则	定制	熟悉	讲解	
	开发 XBRL 软件平台	定制	了解	讲解	
	内部管理报表梳理	定制	掌握	讲解/体验	
	XBRL 指标体系建立	定制	掌握	讲解/体验	
	XBRL 业务模型建立	定制	掌握	讲解/体验	
	XBRL 数据采集	定制	掌握	讲解/体验	
	XBRL 数据加工	定制	了解	讲解/体验	
	XBRL 数据输出	定制	掌握	讲解/体验	
	XBRL 数据使用	定制	掌握	讲解/体验	

续 表

运用领域	知识需求	知识类别	掌握程度	学习方式	备注
外部报送	熟悉分类标准	通用	熟悉	讲解/体验	
	熟悉业务规则	通用	熟悉	讲解	
	选用 XBRL 编报软件	通用	掌握	讲解	
	基于基础分类标准进行元素梳理	定制	掌握	讲解/体验	
	创建扩展分类标准	定制	掌握	讲解/体验	区分手工录入式、自动转换式和内部嵌入式
	校验扩展分类标准	定制	掌握	讲解/体验	
	编制实例文档	定制	掌握	讲解/体验	区分手工录入式、自动转换式和内部嵌入式
	校验实例文档	定制	掌握	讲解/体验	
	上报实例文档	定制	掌握	讲解/体验	
	上报扩展分类标准	定制	掌握	讲解/体验	

需要特别注意的是,在内部管理应用过程中,需要针对特定的应用主题,如预算管理、风险管理、客户管理、业绩评价等,也需要区分用户层级,如决策层、管理层、操作层等。在 XBRL 外部报送过程中,在创建扩展分类标准和编制实例文档环节,分别需要区分 XBRL 的编报方式,如手工录入式、自动转换式和内部嵌入式。

二、审计师的 XBRL 知识需求

从本章第二节可知,审计师在 XBRL 业务报告供应链的主要任务是 XBRL 鉴证和 XBRL 咨询,不同运用领域的知识需求、知识类别、掌握程度和学习方式如表 6-2 所示。

需要特别注意的是,在 XBRL 鉴证业务中,鉴定报告提交和电子签名提交,都是针对 XBRL 格式的鉴证报告而言的。在 XBRL 咨询业务中的 XBRL 知识需求,取决于咨询对象。如果咨询对象是实体,则知识需求等同于实体内部运用和外部报送的知识需求;如果咨询对象是监管机构,则知识需求等同于监管机构的 XBRL 知识需求。

表 6-2　审计师的 XBRL 知识需求

运用领域	知识需求	知识类别	掌握程度	学习方式	备注
XBRL 鉴证	了解 XBRL 基础知识	通用	了解	讲解	
	熟悉分类标准	通用	熟悉	讲解/体验	
	熟悉实例文档	通用	熟悉	讲解/体验	
	选用 XBRL 审计软件	定制	了解	讲解	
	获取扩展分类标准	通用	掌握	讲解/体验	
	鉴证扩展分类标准	定制	掌握	讲解/体验	
	修正扩展分类标准	定制	掌握	讲解/体验	
	获取实例文档	通用	掌握	讲解/体验	
	鉴证实例文档	定制	掌握	讲解/体验	
	修正实例文档	定制	掌握	讲解/体验	
	出具鉴证报告	定制	掌握	讲解/体验	
	出具 XBRL 格式鉴证报告	定制	掌握	讲解/体验	
	鉴证报告电子签名	定制	掌握	讲解/体验	
	鉴证报告提交	定制	掌握	讲解/体验	针对 XBRL 格式鉴证报告
	电子签名提交	定制	掌握	讲解/体验	针对 XBRL 格式鉴证报告
XBRL 咨询	同接受咨询方的 XBRL 知识需求	—	掌握	—	针对不同的受咨询方,如实体、监管机构等

三、数据商的 XBRL 知识需求

从本章第二节可知,数据商在 XBRL 业务报告供应链的主要任务是加工 XBRL 数据,使得 XBRL 数据增值,其知识需求、知识类别、掌握程度和学习方式如表 6-3 所示。

表 6-3　数据商的 XBRL 知识需求

运用领域	知识需求	知识类别	掌握程度	学习方式
XBRL 数据增值	开发 XBRL 平台	定制	掌握	讲解
	发布 XBRL 平台	定制	掌握	讲解
	获取 XBRL 数据	定制	掌握	讲解/体验
	加工 XBRL 数据	定制	掌握	讲解/体验
	发布 XBRL 信息产品	定制	掌握	讲解

需要特别注意的是,XBRL 数据商往往同时提供 XBRL 数据平台、XBRL 数据和 XBRL 信息产品,可以绑定运用,也可以单独运用。

四、监管者的 XBRL 知识需求

从本章第二节可知,监管者在 XBRL 业务报告供应链的主要任务是发起并推动 XBRL 项目的实施,其知识需求、知识类别、掌握程度和学习方式如表 6-4 所示。

表 6-4　监管者的 XBRL 知识需求

运用领域	知识需求	知识类别	掌握程度	学习方式	备注
XBRL 项目实施	XBRL 项目规划	定制	掌握	讲解	
	XBRL 分类标准开发	定制	掌握	讲解/体验	划分监管领域
	XBRL 报送平台开发	定制	掌握	讲解	
	XBRL 数据接收	定制	掌握	讲解/体验	
	XBRL 数据校验	通用	掌握	讲解/体验	
	XBRL 数据存储	定制	掌握	讲解/体验	
	XBRL 数据处理	定制	掌握	讲解/体验	划分监管领域
	XBRL 数据使用	定制	掌握	讲解/体验	划分监管领域
	XBRL 数据发布	定制	掌握	讲解/体验	

需要注意的是,通常情况下,XBRL 分类标准开发、XBRL 数据处理和 XBRL 数据使用需要划分不同的监管领域,如证券监管、税收监管、统计监管、工商管理等。

五、投资者的 XBRL 知识需求

从本章第二节可知,投资者在 XBRL 业务报告供应链的主要任务是运用 XBRL 数据进行投资决策,其知识需求、知识类别、掌握程度和学习方式如表 6-5 所示。

表 6-5　投资者的 XBRL 知识需求

运用领域	知识需求	知识类别	掌握程度	学习方式
投资决策	获取 XBRL 数据平台	定制	掌握	讲解/体验
	获取 XBRL 数据	定制	掌握	讲解/体验
	评估企业业绩	定制	掌握	讲解/体验
	评估投资风险	定制	掌握	讲解
	评估投资收益	定制	掌握	讲解

需要特别注意的是,投资者往往并不需要了解 XBRL 技术层面的知识,只需要掌握怎样使用 XBRL 数据平台中的 XBRL 数据即可。

六、软件商的 XBRL 知识需求

从本章第二节可知,软件商在 XBRL 业务报告供应链的主要任务是开发合规且功能性能良好的 XBRL 软件系统,其知识需求、知识类别、掌握程度和学习方式如表 6-6 所示。

表 6-6　软件商的 XBRL 知识需求

运用领域	知识需求	知识类别	掌握程度	学习方式
XBRL 软件开发	熟悉 XBRL 技术规范	通用	掌握	讲解/体验
	熟悉 XBRL 分类标准	通用	掌握	讲解/体验
	熟悉业务规则	通用	掌握	讲解
	熟悉 XBRL 政策法规	通用	掌握	讲解
	XBRL 软件系统分析	定制	掌握	讲解/体验
	XBRL 软件系统设计	定制	掌握	讲解/体验
	XBRL 软件系统编程测试	定制	掌握	讲解
	XBRL 软件认证	通用	掌握	讲解
	XBRL 软件系统实施	定制	掌握	讲解
	XBRL 软件系统维护	定制	掌握	讲解
	XBRL 软件系统评估	定制	掌握	讲解

需要特别注意的是,XBRL 软件商需要掌握的 XBRL 知识最为深入,但能够在课堂上体验的部分比较有限,多为知识讲解型。

第四节　XBRL 知识需求调研

XBRL 中国地区组织体验中心成立后,在 XBRL 中国地区组织和财政部会计司的支持下,面向全国 XBRL 相关人士,在 2013—2014 年开展了为期 4 个月的"XBRL 知识培训需求调研"活动。本节将详述调研背景和调研过程,深入分析调研结果,并与体验中心的实际授课情况进行对比,以期为读者提供有益参考。

一、调研背景

2013 年 11 月 28 日,经财政部批示,XBRL 中国地区组织体验中心[①](以下简称体验中心)落户上海国家会计学院。该中心将与 XBRL 中国地区组织网站一起,成为

---

① XBRL 中国地区组织体验中心网址为 http://www.xbrl-cn.org/focus/XBRL_CN_EC/。

XBRL 知识在中国扩散与传播的重要阵地。为全面了解培训群体对 XBRL 知识的需求范围及深度,合理设计培训课程,提高培训效率和效果,体验中心于 2013 年 12 月至 2014 年 3 月面向 XBRL 相关人士开展了"XBRL 知识培训需求调研"活动。

二、调研问卷设计

基于 XBRL 当前理论与实务发展的前沿,结合体验中心前期建设的经验积累,我们设计了 XBRL 知识培训需求调研问卷。问卷内容划分为 8 个部分,分别是"1. 为什么学习 XBRL""2. 什么是 XBRL""3. 为什么会产生 XBRL""4. XBRL 是如何工作的""5. XBRL 的应用现状怎样""6. 如何将 XBRL 用于 FR""7. 如何将 XBRL 用于 GL"和"8. 如何看待 XBRL"。其中,前 3 部分、第 5 部分及第 8 部分多为普及性、一般性的 XBRL 知识;第 4 部分涉及 XBRL 的技术原理,是技术性的 XBRL 知识;第 6、第 7 部分聚焦 XBRL 的实际运用,是应用性的 XBRL 知识。每个部分再根据实际情况往下划分一到两层,分别形成 XBRL 知识大项和知识细项。

XBRL 的利益相关者是潜在的 XBRL 受训群体,而 XBRL 业务报告供应链集成了 XBRL 的利益相关者。企业在运营过程中与贸易伙伴发生业务交易,管理会计师可根据 XBRL GL 标准生成内部财务报告,可根据 XBRL FR 标准生成外部财务报告,外部财务报告经审计师审计后对外发布,数据商对企业公开发布的 XBRL 财务报告进行集成、加工和再次发布,供投资者和监管者使用,使 XBRL 信息服务于经济政策制定,以及投资、融资和监管。当然,从业务交易信息的收集、内部财务报告的生成、外部财务报告的生成,以及财务报告的收集、挖掘和使用均离不开软件开发商的支持。

根据 XBRL 业务报告供应链中的利益相关者,结合体验中心可能的和现有的培训对象,我们把培训群体划分为实施企业、中介机构、监管者、软件商、投资者五类。其中,实施企业是指已运用或将运用 XBRL 进行监管报送或内部管理的企业,它们是 XBRL 财务报告数据的提供者;中介机构是为实施企业提供 XBRL 实施咨询和鉴证服务的会计师事务所或管理咨询公司,它们是 XBRL 财务报告质量的保证者;监管机构是指制定分类标准、接收 XBRL 格式财务报告,或组织企业进行 XBRL 报送和质量检测的监管部门,如财政部、国资委、证监会、银监会等,以及这些部委的下属机构;软件商是指 XBRL 软件的开发者,它们可能同时提供 XBRL 的实施咨询服务;投资者是指可能利用 XBRL 格式的财务报告进行财务分析和决策支持的广大投资者,它们是 XBRL 格式财务报告的重要受益者。

三、调研过程

(一)调研对象及渠道

为保证调研的全面性、权威性和针对性,在 XBRL 中国地区组织和财政部会计司的大力支持下,在 XBRL 中国地区组织官网①和中国会计视野网②的全力协助下,我们得以面向会计信息化委员会咨询专家、会计信息化标准化技术委员会、中国会计学会会计信息化专业委员会、上海市会计学会会计信息化专业委员会、XBRL 实施企业等,通过现场会议、电子邮件、QQ 群、网站等调查形式,展开了较大规模的调研。

(二) 调研结果收集

调研问卷的发放对象、发放形式、发放数量,以及调研问卷的回收数量和有效数量详见表 6-7。本次调研共计收回问卷 103 份,有效问卷 96 份。关于问卷发放及有效问卷的判断遵从以下原则:一名专家可能在多个委员会中任职,问卷发放时剔除了重复数量,因专家组和 QQ 群便于问卷跟踪,为此收回问卷都为有效问卷;而网络问卷存在重复提交的情况,且存在与前两组重复的问卷,为此有效问卷数低于收回问卷数。

表 6-7 调研问卷发放与收集统计

调研对象	调研对象组成	问卷发放数	问卷收回数	有效问卷数	备注
会计信息化专家组	会计信息化咨询委员会 90 人 会计信息化标准化技术委员会 39 人 中国会计学会会计信息化专业委员会 20 人 上海市会计学会会计信息化专业委员会 10 人	电子邮件和现场会议发放 105 份	37	37	填写全部知识项
XBRL 通用分类标准实施 QQ 群	实施企业、监管者、软件商、中介机构等 260 人	QQ 群共享	13	13	填写全部知识项
XBRL 中国地区组织官网和中国会计视野网	实施企业、监管者、软件商、中介机构、研究人员等	网页展示	53	46	填写 XBRL 知识大项
合 计	—	—	103	96	—

四、调研结果统计

因专家组和 QQ 群调研问卷中填写的是全部知识项,而网络调研问卷相对简化,只要求填写 XBRL 知识大项,为此调研结果的总体统计基于 XBRL 知识大项,

---

① XBRL 中国地区组织官网调研网址为 http://www.xbrl-cn.org/2014/0220/99425.shtml
② 中国会计视野网调研网址为 http://vote.esnai.com/new/votes.asp?id=312

在对调研结果进行深入剖析时,将会结合 XBRL 知识小项的调研结果。此外,在 96 份有效调研问卷中,涉及实施企业培训内容的问卷有 82 份,涉及中介机构培训内容的问卷有 36 份,涉及监管机构培训内容的问卷有 31 份,涉及软件商培训内容的问卷有 32 份,涉及公共投资者培训内容的问卷有 27 份。本次调研的总体统计结果如表 6-8 所示。

表 6-8 XBRL 知识培训需求调研结果统计①

知识点	培训群体		实施企业		中介机构		监管者		软件商		投资者	
			家数	占比	家数	占比	家数	占比	家数	占比	家数	占比
			82	85.42%	36	37.50%	31	32.29%	32	33.33%	27	28.13%
1. 为什么学习 XBRL	1.1	我国 XBRL 标准的制定思路	58	70.73%	31	86.11%	30	96.77%	28	87.50%	18	66.67%
	1.2	我国 XBRL 相关标准的发布	63	76.83%	31	86.11%	31	100.00%	30	93.75%	21	77.78%
	1.3	我国 XBRL 标准的实施思路	69	84.15%	32	88.89%	30	96.77%	28	87.50%	19	70.37%
	1.4	我国 XBRL 标准的实施进度	56	68.29%	25	69.44%	31	100.00%	29	90.63%	19	70.37%
2. 什么是 XBRL	2.1	XBRL 的概念与特征	64	78.05%	30	83.33%	29	93.55%	31	96.88%	23	85.19%
	2.2	XBRL 的起源与发展	58	70.73%	25	69.44%	28	90.32%	27	84.38%	19	70.37%
	2.3	XBRL 的目标与作用	74	90.24%	34	94.44%	30	96.77%	27	84.38%	24	88.89%
3. 为什么会产生 XBRL	3.1	信息技术的发展	53	64.63%	24	66.67%	25	80.65%	25	78.13%	17	62.96%
	3.2	企业商务环境的变化	53	64.63%	21	58.33%	25	80.65%	22	68.75%	17	62.96%
	3.3	会计信息化的发展与变革	71	86.59%	29	80.56%	27	87.10%	28	87.50%	18	66.67%
	3.4	电子财务报告应用存在的问题	68	82.93%	30	83.33%	28	90.32%	29	90.63%	20	74.07%

① 深底色为占比≥80%,浅底色为占比<30%,无底色为 30%≤占比<80%。

第六章 XBRL体验内容设计

续 表

培训群体 知识点			实施企业		中介机构		监管者		软件商		投资者	
			家数	占比	家数	占比	家数	占比	家数	占比	家数	占比
4. XBRL是如何工作的	4.1	各级XBRL组织	41	50.00%	25	69.44%	29	93.55%	25	78.13%	12	44.44%
	4.2	XBRL的技术架构	64	78.05%	27	75.00%	26	83.87%	32	100.00%	12	44.44%
	4.3	XBRL软件的认证体系	48	58.54%	23	63.89%	26	83.87%	31	96.88%	9	33.33%
	4.4	XBRL研发链	38	46.34%	17	47.22%	22	70.97%	31	96.88%	6	22.22%
	4.5	XBRL应用链	71	86.59%	30	83.33%	26	83.87%	31	96.88%	21	77.78%
	4.6	XBRL数据文档的存储	60	73.17%	27	75.00%	22	70.97%	30	93.75%	7	25.93%
5. XBRL的应用现状怎样	5.1	在国际上的应用概况	61	74.39%	29	80.56%	30	96.77%	30	93.75%	18	66.67%
	5.2	在国际上的典型应用	63	76.83%	31	86.11%	30	96.77%	29	90.63%	18	66.67%
	5.3	在国内的应用概况	64	78.05%	34	94.44%	30	96.77%	29	90.63%	20	74.07%
	5.4	在国内的典型应用	66	80.49%	34	94.44%	30	96.77%	29	90.63%	19	70.37%
6. 如何将XBRL用于FR	6.1	应遵循的标准和规范	62	75.61%	27	75.00%	26	83.87%	32	100.00%	8	29.63%
	6.2	应用架构设计	64	78.05%	25	69.44%	24	77.42%	31	96.88%	8	29.63%
	6.3	软件工具选择	57	69.51%	27	75.00%	23	74.19%	32	100.00%	15	55.56%
	6.4	基于通用分类标准的元素梳理	68	82.93%	24	66.67%	21	67.74%	29	90.63%	9	33.33%
	6.5	分类标准的扩展	68	82.93%	25	69.44%	22	70.97%	29	90.63%	8	29.63%
	6.6	实例文档的创建	68	82.93%	27	75.00%	22	70.97%	28	87.50%	10	37.04%
	6.7	分类标准和实例文档的校验	62	75.61%	26	72.22%	24	77.42%	31	96.88%	7	25.93%
	6.8	如何避免XBRL的实施风险	67	81.71%	32	88.89%	25	80.65%	28	87.50%	11	40.74%
	6.9	基于实例文档的分析决策	73	89.02%	29	80.56%	27	87.10%	27	84.38%	18	66.67%

155

续 表

知识点		培训群体	实施企业		中介机构		监管者		软件商		投资者	
			家数	占比	家数	占比	家数	占比	家数	占比	家数	占比
7. 如何将XBRL用于GL	7.1	XBRL GL 简介	65	79.27%	24	66.67%	23	74.19%	27	84.38%	11	40.74%
	7.2	XBRL GL 的技术架构	65	79.27%	21	58.33%	21	67.74%	28	87.50%	7	25.93%
	7.3	XBRL GL 的逻辑结构	62	75.61%	20	55.56%	21	67.74%	29	90.63%	5	18.52%
	7.4	XBRL GL 的最佳实践	67	81.71%	26	72.22%	21	67.74%	28	87.50%	10	37.04%
	7.5	XBRL GL 的应用	69	84.15%	26	72.22%	22	70.97%	27	84.38%	11	40.74%
8. 如何看待XBRL	8.1	XBRL 存在的问题和争议	58	70.73%	29	80.56%	28	90.32%	30	93.75%	18	66.67%
	8.2	XBRL 的发展趋势	65	79.27%	30	83.33%	28	90.32%	29	90.63%	19	70.37%
	8.3	XBRL 的应用趋势	66	80.49%	32	88.89%	28	90.32%	30	93.75%	18	66.67%
	8.4	如何进一步学习 XBRL	60	73.17%	28	77.78%	26	83.87%	27	84.38%	17	62.96%

五、调研结果分析

由表 6-8 可见，对于 XBRL 知识的培训需求，从知识项的范围而言，超过 80% 的知识项数量从大到小分别为软件商、监管者、中介机构、实施企业和投资者，分别为 36，26，17，14，2 项；从知识项的类别来看，深度由深至浅分别为软件商、实施企业、监管者、中介机构和投资者，技术性、应用性的 XBRL 知识占比超过 80% 的知识项数量分别为 19，8，6，3 和 0 项。以上两个方面的排序说明参与调研的人员普遍认为：

软件商作为 XBRL 技术的引领者和 XBRL 软件的开发者，掌握的 XBRL 知识应该最全、最深，方有可能开发出合规的、功能齐全的、性能良好的、易于使用的 XBRL 软件。对于软件商而言，绝大多数知识项占比高于 80%，59% (23/39) 的知识项占比高于 90%，特别是技术性和应用性的 XBRL 知识项占比，明显高于其他受训群体。

监管者作为 XBRL 技术的推广者和政策制定者，应该掌握较为宽广的 XBRL

知识面以及一定的 XBRL 知识深度。令人惊讶的是,参与调研者普遍认为,对于 XBRL 普及性和一般性的知识,监管者应该掌握的程度皆为最高,特别是前 3 部分和第 5 部分。可见,对监管者进行 XBRL 培训时,应同时注意知识广度和知识深度的把握。

中介机构作为 XBRL 实践应用的咨询者和 XBRL 数据质量的鉴证者,肩负连接企业和 XBRL 政策的重任,应掌握的 XBRL 知识广度和知识深度都仅次于监管机构。但从调研结果来看,受访者普遍认为中介机构应该掌握的普及性、一般性、技术性的 XBRL 知识占比高于实施企业,而应用性的 XBRL 知识占比却低于实施企业。这说明,调研参与者对中介机构在 XBRL 业务应用链中地位和作用的认识尚不明晰,尤其需要加大这方面的培训力度。

实施企业作为 XBRL 的实际应用者和 XBRL 信息提供者,应该掌握一定的 XBRL 知识面,重点要掌握 XBRL 的应用知识,特别是如何将 XBRL 用于 FR 和 GL,知识项占比均接近或达到 70%。除此之外,企业应在一定程度上了解"XBRL 是如何工作的",特别是 XBRL 的技术架构和 XBRL 应用链。当然,在对实施企业进行 XBRL 培训时,也应注重普及性和一般性知识的讲解。

投资者作为 XBRL 数据的使用者和最终的受益者,仅需掌握少量普及性和一般性的 XBRL 知识。

第五节 XBRL 体验模块设计

一、XBRL 体验模块抽取

基于本章第三节 XBRL 知识需求分析和第四节 XBRL 知识需求调研的结果,根据 XBRL 模块抽取原则,可抽取 XBRL 业务报告供应链中各参与者的 XBRL 体验模块。XBRL 的抽取原则主要包括两条:其一是该处理环节为 XBRL 处理流程特有;其二是该处理环节可方便引入课堂进行体验。XBRL 业务报告供应链中各参与者各运用领域的体验模块抽取和模块类型,如表 6-9 所示。对于不能体验而学生又有必要掌握的 XBRL 知识需求,可放在相应模块的配讲内容之中。

需要关注的是,在 XBRL 体验模块抽取的过程中,出现了通用模块和定制模块。若一个模块可以为 XBRL 业务报告供应链中不同参与者体验,则归类为通用模块。若一个模块仅可以为 XBRL 业务报告供应链中单一参与者体验,则归类为专用模块,即定制模块。

表6-9　XBRL体验模块抽取

参与者	运用领域	知识需求	知识类别	学习方式	体验模块抽取	模块类型
实体	XBRL内部应用	了解XBRL基础知识	通用	讲解	XBRL体验入门	通用
		熟悉XBRL GL分类标准	通用	讲解/体验	认识GL分类标准	通用
		熟悉XBRL GL实例文档	通用	讲解/体验	认识GL实例文档	通用
		熟悉业务规则	定制	讲解	—	—
		开发XBRL软件平台	定制	讲解	—	—
		内部管理报表梳理	定制	讲解/体验	内部管理报表梳理	定制
		XBRL指标体系建立	定制	讲解/体验	XBRL指标体系建立	定制
		XBRL业务模型建立	定制	讲解/体验	XBRL业务模型建立	定制
		XBRL数据采集	定制	讲解/体验	XBRL数据采集	定制
		XBRL数据加工	定制	讲解/体验	XBRL数据加工	定制
		XBRL数据输出	定制	讲解/体验	XBRL数据输出	定制
		XBRL数据使用	定制	讲解/体验	XBRL数据使用	定制
	XBRL外部报送	了解XBRL基础知识	通用	讲解	XBRL体验入门	通用
		熟悉分类标准	通用	讲解/体验	认识分类标准	通用
		熟悉实例文档	通用	讲解/体验	认识实例文档	通用
		熟悉业务规则	通用	讲解	—	—
		选用XBRL编报软件	通用	讲解/体验	XBRL软件的比较与选择	通用
		基于基础分类标准进行元素梳理	定制	讲解/体验	基于基础分类标准进行元素梳理	定制
		创建扩展分类标准	定制	讲解/体验	创建扩展分类标准	定制
		校验扩展分类标准	通用	讲解/体验	校验分类标准	通用
		编制实例文档	定制	讲解/体验	编制实例文档	定制
		校验实例文档	定制	讲解/体验	校验实例文档	通用
		上报实例文档	定制	讲解/体验	上报XBRL财务报告	定制
		上报扩展分类标准	定制	讲解/体验	上报XBRL财务报告	定制

续　表

参与者	运用领域	知识需求	知识类别	学习方式	体验模块抽取	模块类型
审计师	XBRL 鉴证	了解 XBRL 基础知识	通用	讲解	XBRL 体验入门	通用
		熟悉分类标准	通用	讲解/体验	认识分类标准	通用
		熟悉实例文档	通用	讲解/体验	认识实例文档	通用
		选用 XBRL 审计软件	定制	讲解/体验	选用 XBRL 审计软件	定制
		获取扩展分类标准	通用	讲解/体验	获取分类标准	通用
		鉴证扩展分类标准	定制	讲解/体验	校验分类标准	通用
		修正扩展分类标准	定制	讲解/体验	修正分类标准	定制
		获取实例文档	通用	讲解/体验	获取实例文档	通用
		鉴证实例文档	定制	讲解/体验	校验实例文档	通用
		修正实例文档	定制	讲解/体验	修正实例文档	定制
		出具鉴证报告	定制	讲解/体验	出具鉴证报告	定制
		出具 XBRL 格式鉴证报告	定制	讲解/体验	出具 XBRL 格式鉴证报告	定制
		鉴证报告电子签名	定制	讲解/体验	鉴证报告电子签名	定制
		鉴证报告提交	定制	讲解/体验	鉴证报告提交	定制
		电子签名提交	定制	讲解/体验	电子签名提交	定制
数据商	XBRL 数据增值	了解 XBRL 基础知识	通用	讲解	XBRL 体验入门	通用
		开发 XBRL 平台	定制	讲解	—	—
		发布 XBRL 平台	定制	讲解	—	—
		获取 XBRL 数据	定制	讲解/体验	获取分类标准	通用
					获取实例文档	通用
		加工 XBRL 数据	定制	讲解/体验	加工 XBRL 数据	定制
		发布 XBRL 信息产品	定制	讲解	—	—
监管者	XBRL 项目实施	了解 XBRL 基础知识	通用	讲解	XBRL 体验入门	通用
		XBRL 项目规划	定制	讲解	—	—
		XBRL 分类标准开发	定制	讲解/体验	XBRL 分类标准开发	定制
		XBRL 报送平台开发	定制	讲解	—	—
		XBRL 数据接收	定制	讲解/体验	XBRL 数据接收	定制
		XBRL 数据校验	通用	讲解/体验	XBRL 数据校验	通用
		XBRL 数据存储	定制	讲解/体验	XBRL 数据存储	定制
		XBRL 数据处理	定制	讲解/体验	XBRL 数据处理	定制
		XBRL 数据使用	定制	讲解/体验	XBRL 数据使用	定制
		XBRL 数据发布	定制	讲解/体验	XBRL 数据发布	定制

续 表

参与者	运用领域	知识需求	知识类别	学习方式	体验模块抽取	模块类型
投资者	XBRL投资决策	了解 XBRL 基础知识	通用	讲解	XBRL 体验入门	通用
		获取 XBRL 数据平台	定制	讲解/体验	获取 XBRL 数据平台	定制
		获取 XBRL 数据	通用	讲解/体验	获取 XBRL 数据	通用
		评估企业业绩	定制	讲解/体验	评估企业业绩	定制
		评估投资风险	定制	讲解	—	—
软件商	XBRL软件开发	了解 XBRL 基础知识	通用	讲解	XBRL 体验入门	通用
		熟悉 XBRL 技术规范	通用	讲解/体验	认识实例文档	通用
		熟悉 XBRL 分类标准	通用	讲解/体验	认识分类标准	通用
		熟悉业务规则	通用	讲解	—	—
		熟悉 XBRL 政策法规	通用	讲解	—	—
		XBRL 软件系统分析	定制	讲解/体验	XBRL 软件系统分析	定制
		XBRL 软件系统设计	定制	讲解/体验	XBRL 软件系统设计	定制
		XBRL 软件系统编程测试	定制	讲解	—	—
		XBRL 软件认证	通用	讲解	—	—
		XBRL 软件系统实施	定制	讲解	—	—
		XBRL 软件系统维护	定制	讲解	—	—
		XBRL 软件系统评估	定制	讲解	—	—

二、XBRL 体验模块整合

由上文 XBRL 体验模块抽取结果可知，有些模块是各类参与者可以共享的，如"XBRL 体验入门"模块，称为全局通用模块。有些模块则为某几类参与者所共享，如"校验分类标准"模块和"校验实例文档"模块为实体、审计师、数据商和监管者所共享，称为局部通用模块。全局通用模块和局部通用模块合称为通用模块。有些模块只能为某类参与者专享，如"XBRL 分类标准开发"模块为监管者专享，"编制实例文档"模块为实体专享，称为专用模块。

为系统考虑 XBRL 体验模块，需要作出一些调整，有模块增加，也有模块减少，具体如下：为提升体验课程的体验效果，有必要在通用模块中增加"XBRL 体验准备""XBRL 与教学评价""XBRL 体验总结"和"XBRL 体验与应用交流"四个模块；为巩固知识的学习和掌握，有必要在各实体专用模块中增加业务模拟模块，如在实体专用模块中增加"财务报告编报"模块,在审计师专用模块中增加"XBRL 鉴证模拟"模块,在投资者专用模块中增加"XBRL 投资决策模拟"模块;为增加课堂教学和实务工作的融合度,有必要在各专用模块增加经验分享模块;鉴于 XBRL GL 分类标准属于 XBRL 分类标准范畴,XBRL GL 实例文档属于 XBRL 实例文档范畴,将"认识 GL 分类标准"模块并入"认识分类标准"模块,将"认识 GL 实例文档"模块并入"认识实例文档"模块。

根据 XBRL 体验模块抽取结果和 XBRL 体验模块的调整结果,对 XBRL 体验模块进行分类整合,整合结果如图 6-9 所示。

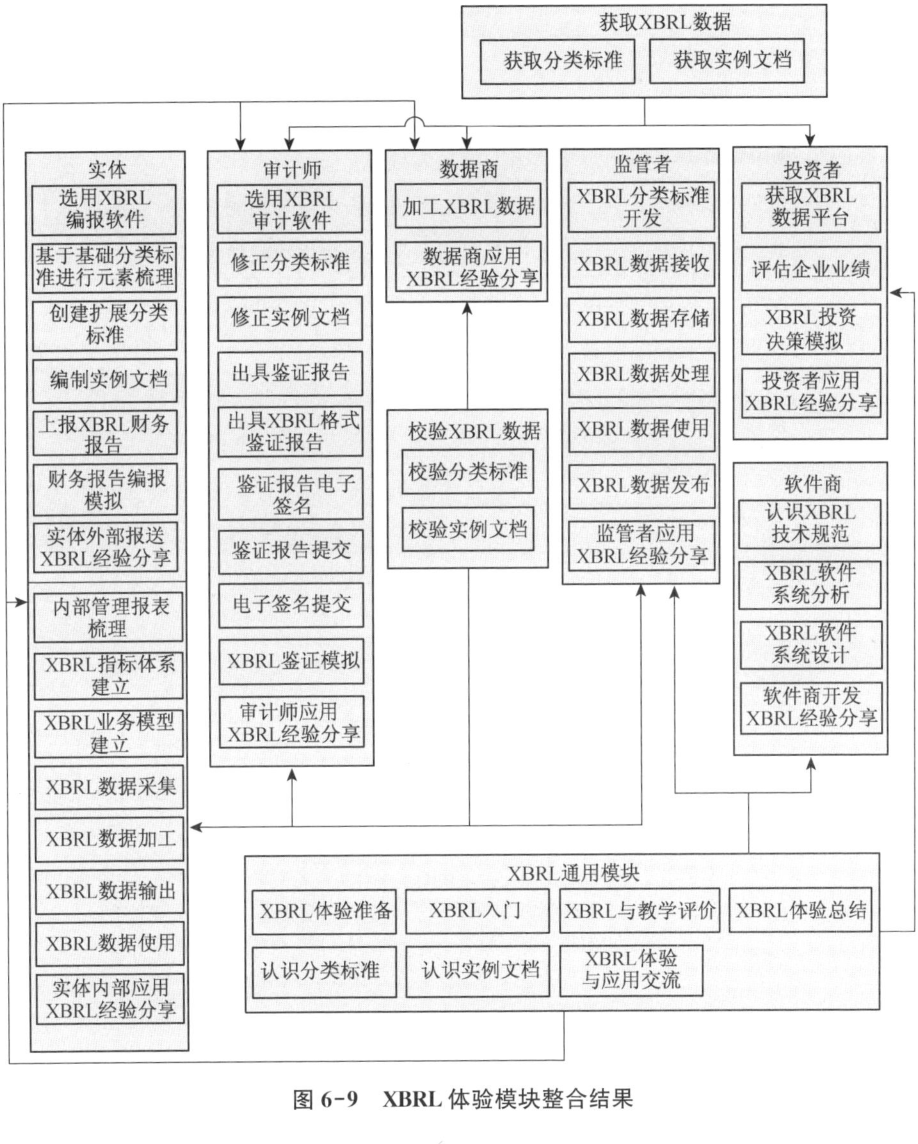

图 6-9 XBRL 体验模块整合结果

根据模块整合结果,我们共计得到 XBRL 体验模块 53 个,包括 11 个通用模块和 42 个专用模块。其中,全局通用模块 7 个,局部通用模块 4 个,实体专用模块 15 个,审计师专用模块 10 个,数据商专用模块 2 个,监管者专用模块 7 个,投资者专用模块 4 个,软件商专用模块 4 个。

三、XBRL 体验模块设计

根据 XBRL 体验模块整合结果,可以进行 XBRL 体验模块设计,即对每个 XBRL 体验模块作出说明,并列明该模块的体验用户,具体如表 6-10 所示。

表 6-10　XBRL 体验模块设计

体验模块类型	体验模块名称	模块说明	体验用户
通用模块	XBRL 体验准备	了解 XBRL 的基础知识	实体 审计师 数据商 监管者 投资者 软件商
	XBRL 体验入门	熟悉 XBRL 的体验环境	
	认识分类标准	了解分类标准与商业报告概念和结构之间的关系	
	认识实例文档	了解实例文档与商业报告数据之间的关系	
	XBRL 与教学评价	学生对 XBRL 本身和体验教学作出评价	
	XBRL 体验总结	教师对 XBRL 体验情况进行总结	
	XBRL 体验与应用交流	学生分享 XBRL 体验感悟,与授课专家、助教等进行深入交流	
获取 XBRL 数据	获取分类标准	获取所需要的 XBRL FR 层次的分类标准	审计师 数据商 投资者
	获取实例文档	获取所需要的 XBRL FR 层次的实例文档	
校验 XBRL 数据	校验分类标准	依据技术规范、基础分类标准、编报规则、最佳实践等,对 XBRL FR 层次的分类标准进行校验	实体 审计师 数据商 监管者
	校验实例文档	依据技术规范、基础分类标准、编报规则、最佳实践等,对 XBRL FR 层次的实例文档进行校验	
实体专用模块	选用 XBRL 编报软件	比较并选用 XBRL 编报软件	
	基于基础分类标准进行元素梳理	基于数据接收方发布的基础分类标准,对企业的元素进行梳理	
	创建扩展分类标准	基于数据接收方发布的基础分类标准和元素梳理结果,采用直接录入式、自动转换式和内部潜入式三种方式创建扩展的分类标准	
	编制实例文档	基于扩展的分类标准,采用直接录入式、自动转换式和内部潜入式三种方式编制实例文档	

续 表

体验模块类型	体验模块名称	模块说明	体验用户
实体专用模块	上报 XBRL 财务报告	将编制的实例文档及相应扩展分类标准上报监管方 XBRL 接收平台	实体
	财务报告编报模拟	针对不同的监管领域,选用一款 XBRL 编报软件,针对一个简单的实例,模拟整个 XBRL 财务报告的编报过程	
	实体外部报送 XBRL 经验分享	针对不同的实体类型及行业类型,邀请相应实体前来分享对外报送 XBRL 的经验	
	内部管理报表梳理	对实体内部管理报表进行梳理,完成对报表的归并与整合	
	XBRL 指标体系建立	基于内部管理报表梳理结果,建立 XBRL 指标体系	
	XBRL 业务模型建立	基于具体应用主题,建立相应的 XBRL 业务模型	
	XBRL 数据采集	采用各种方式,采集企业的基础数据、业务数据和财务数据	
	XBRL 数据加工	对采集来的数据进行清洗、转换、装载,按 XBRL 业务模型对数据进行加工	
	XBRL 数据输出	根据报表梳理结果,以图表形式展现给各层管理人员	
	XBRL 数据使用	各层管理人员采用 XBRL 数据输出结果,结合业务实际作出业务决策	
	实体内部应用 XBRL 经验分享	针对不同的实体类型及行业类型,邀请相应实体前来分享内部应用 XBRL 的经验	
审计师专用模块	选用 XBRL 审计软件	比较并选用 XBRL 审计软件	
	修正分类标准	根据分类标准校验结果,对分类标准进行修正	
	修正实例文档	根据实例文档校验结果,对实例文档进行修正	
	出具鉴证报告	根据分类标准和实例文档的校验情况和修正情况,出具鉴证报告,表明 XBRL 商业报告的质量	
	出具 XBRL 格式鉴证报告	采用手工录入式、自动转换式和内部潜入式等方式,将鉴证报告转换成 XBRL 格式	
	鉴证报告电子签名	在 XBRL 格式的鉴证报告上使用电子签名,保证鉴证报告的真实性、完整性和准确性	

续 表

体验模块类型	体验模块名称	模块说明	体验用户
审计师专用模块	鉴证报告提交	将 XBRL 格式鉴证报告提交至指定平台	审计师
	电子签名提交	将对 XBRL 格式鉴证报告提交至指定平台	
	XBRL 鉴证模拟	选用一款 XBRL 审计软件,针对一个简单的实例,模拟 XBRL 鉴证全过程	
	审计师应用 XBRL 经验分享	邀请审计师前来分享 XBRL 鉴证及其他相关业务的经验	
数据商专用模块	加工 XBRL 数据	对 XBRL 数据进行比较、计算比率等,对企业进行估值	数据商
	数据商应用 XBRL 经验分享	邀请数据商前来分享开发数据平台及让 XBRL 数据增值的经验	
监管者专用模块	XBRL 分类标准开发	针对具体监管领域和监管要求,开发分类标准	监管者
	XBRL 数据接收	通过多种途径和终端设备接收 XBRL 数据	
	XBRL 数据存储	了解 XBRL 数据的三种存储方式:传统文件系统、关系型数据库和 XML 原生数据库	
	XBRL 数据处理	针对具体监管领域和监管要求,对接收的 XBRL 数据进行查询和进一步加工,如统计、分析等	
	XBRL 数据使用	将 XBRL 数据处理结果生成各式图表,用于决策支持	
	XBRL 数据发布	将接收到的 XBRL 数据部分或全部向社会公众发布	
	监管者应用 XBRL 经验分享	针对不同监管领域和 XBRL 项目阶段,邀请相应监管者前来分享推进 XBRL 项目的经验	
投资者专用模块	获取 XBRL 数据平台	比较并获取数据商提供的 XBRL 数据平台	投资者
	评估企业业绩	利用 XBRL 数据平台及其内置的 XBRL 数据进行财务分析,评估企业业绩	
	XBRL 投资决策模拟	选用一个 XBRL 数据平台,针对某个行业,模拟运用 XBRL 数据进行企业估值的全过程	
	投资者应用 XBRL 经验分享	邀请投资者前来分享利用 XBRL 数据进行投资决策的经验	

续 表

体验模块类型	体验模块名称	模块说明	体验用户
软件商专用模块	认识 XBRL 技术规范	了解 XBRL 基础技术规范和扩展技术规范	软件商
	XBRL 软件系统分析	针对不同 XBRL 软件类型，进行 XBRL 软件系统分析	
	XBRL 软件系统设计	针对不同 XBRL 软件类型，进行 XBRL 软件系统设计	
	软件商开发 XBRL 经验分享	邀请软件商前来分享 XBRL 开发和实施经验	

第六节　XBRL 体验流程设计

一、通用 XBRL 体验流程

从 XBRL 体验流程的角度，可将 XBRL 体验模块划分为起始模块、基础模块、核心模块、提升模块、收尾模块和拓展模块。其中，起始模块、基础模块、收尾模块和拓展模块皆为全局通用模块，核心模块和提升模块均为局部通用模块和专用模块。按此逻辑可设计通用的 XBRL 体验流程，如图 6-10 所示。

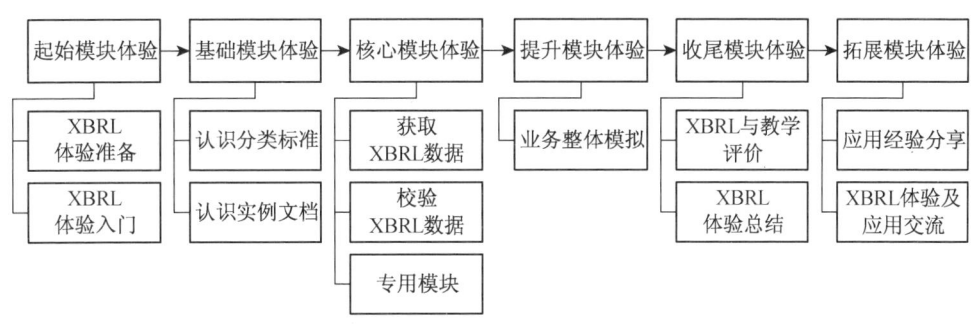

图 6-10　通用 XBRL 体验流程

二、实体体验流程

（一）实体 XBRL 外部报送体验流程

基于本章第五节 XBRL 体验模块的设计结果，依据通用 XBRL 体验流程,可为实体设计以"XBRL外部报送"为体验目标的体验流程,如图6-11所示。

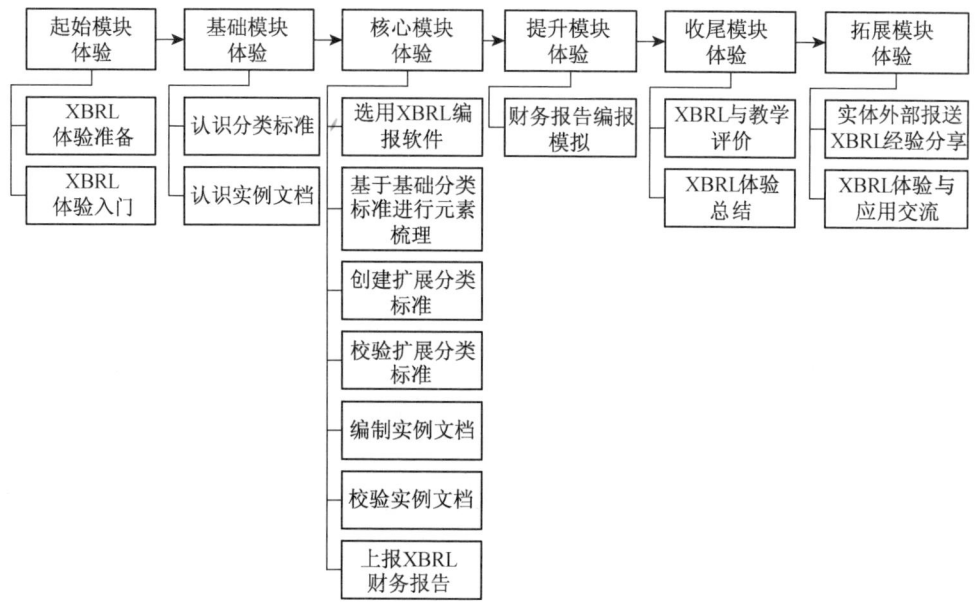

图6-11 实体XBRL外部报送体验流程

就企业外部报送XBRL而言,当前多为FR层次的运用。因此,"认识分类标准"和"校验分类标准"模块限于FR层次的分类标准,"认识实例文档"和"校验实例文档"限于FR层次的实例文档。

（二）实体内部应用体验流程

基于本章第五节XBRL体验模块的设计结果,依据通用XBRL体验流程,可为实体设计以"XBRL内部应用"为体验目标的XBRL体验流程,如图6-12所示。

就企业内部运用XBRL而言,既有内部报表层次的运用,也有账簿层次的运用。因此,"认识分类标准"需要同时了解FR层次和GL层次的分类标准,"认识实例文档"需要同时了解FR层次和GL层次的实例文档。

三、审计师体验流程

基于本章第五节XBRL体验模块的设计结果,依据通用XBRL体验流程,可为审计师设计以"XBRL鉴证"为体验目标的XBRL体验流程,如图6-13所示。

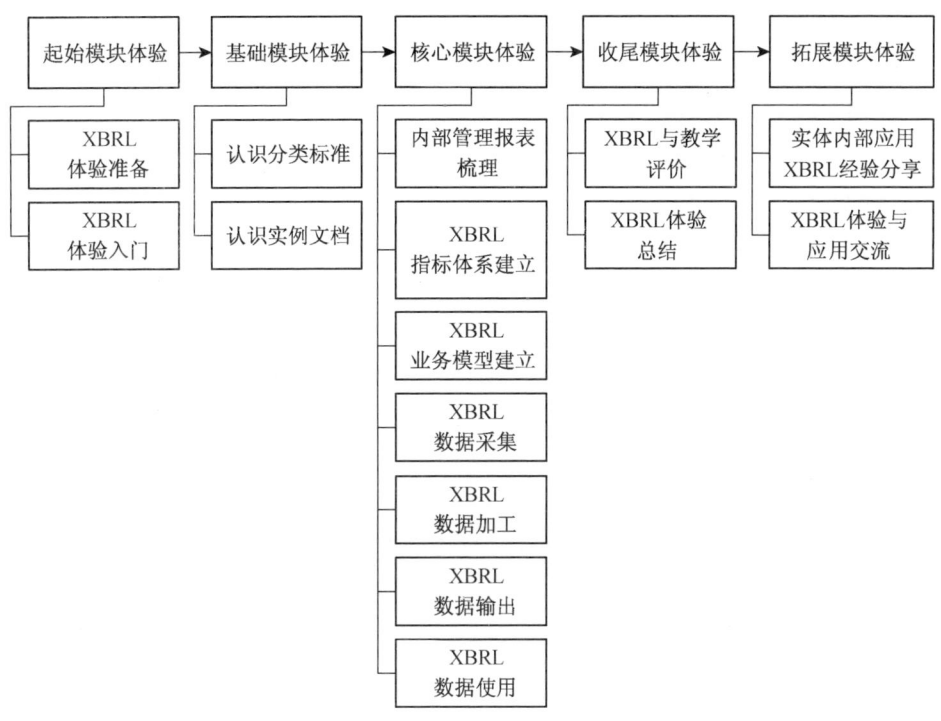

图 6-12 实体 XBRL 内部应用体验流程

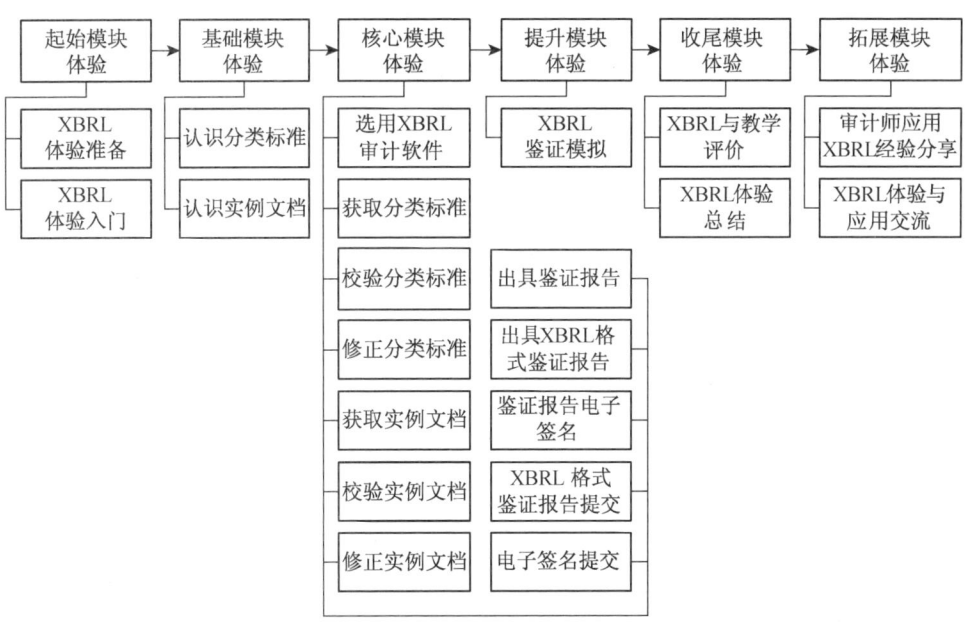

图 6-13 审计师 XBRL 鉴证体验流程

就审计师进行 XBRL 鉴证而言,既有财务报告层次的 XBRL 运用,也有账簿层次的 XBRL 运用。因此,"认识分类标准"需要同时了解 FR 层次和 GL 层次的分类标准,"认识实例文档"需要同时了解 FR 层次和 GL 层次的实例文档。

除 XBRL 鉴证业务之外,审计师也可能关注 XBRL 咨询业务,若为实体提供咨询,则可遵循实体 XBRL 体验流程,若为监管者提供咨询,则可遵循监管者 XBRL 体验流程。

四、数据商体验流程

基于本章第五节 XBRL 体验模块的设计结果,依据通用 XBRL 体验流程,可为数据商设计以"XBRL 数据增值"为体验目标的 XBRL 体验流程,如图 6-14 所示。

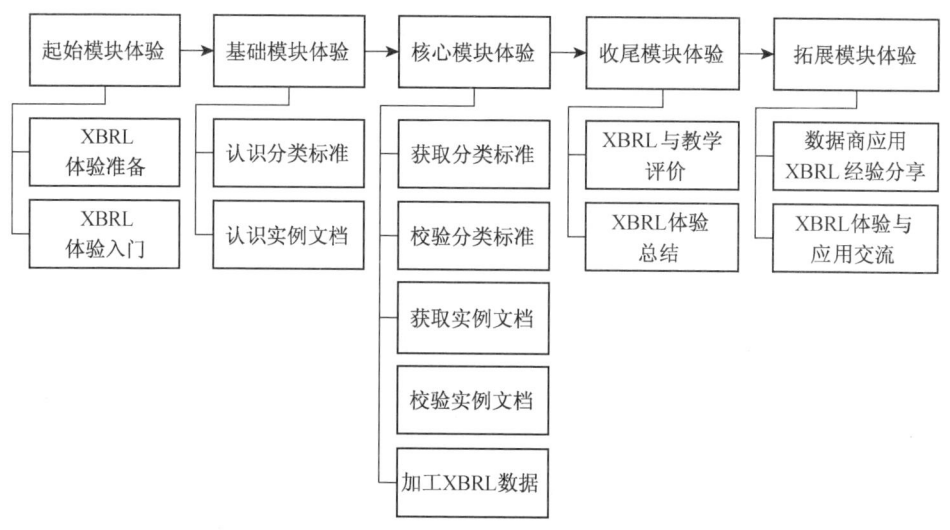

图 6-14 数据商 XBRL 数据增值体验流程

就数据商 XBRL 数据增值而言,仅为 FR 层次的 XBRL 运用。因此,"认识分类标准"和"校验分类标准"模块限于 FR 层次的分类标准,"认识实例文档"和"校验实例文档"限于 FR 层次的实例文档。

五、监管者体验流程

基于本章第五节 XBRL 体验模块的设计结果,依据通用 XBRL 体验流程,可为监管者设计以"XBRL 项目实施"为体验目标的 XBRL 体验流程,如图 6-15 所示。

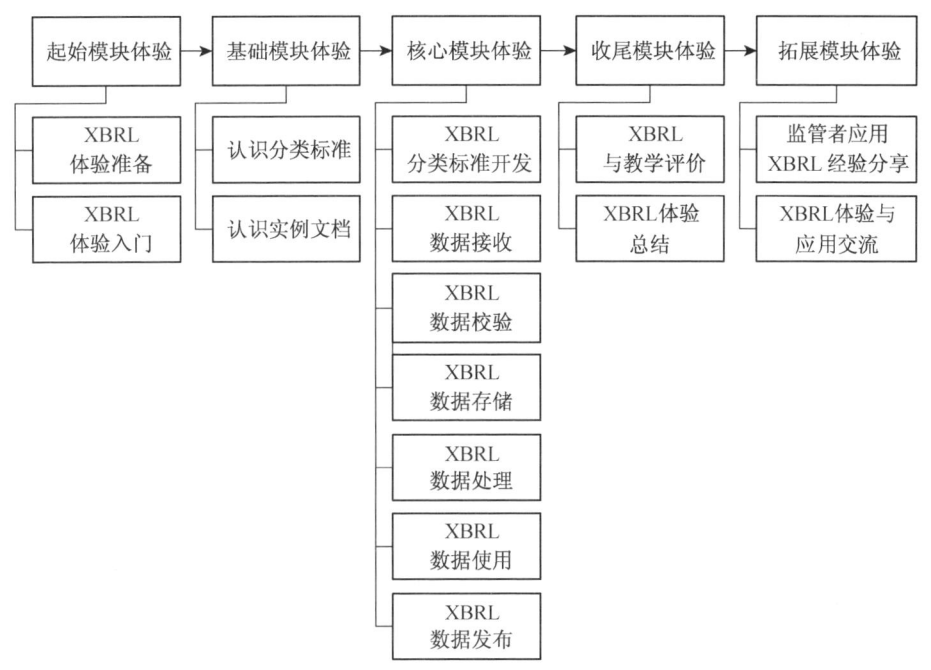

图 6-15 监管者 XBRL 项目实施体验流程

就监管者进行 XBRL 项目实施而言,多为 FR 层次的 XBRL 运用,也有 GL 层次的 XBRL 运用。因此,"认识分类标准""校验分类标准""认识实例文档"和"校验实例文档"4 个模块的体验内容,依据 XBRL 的运用层次而定。若运用层次为 FR,则 4 个模块的体验内容限于 FR 层次的分类标准和实例文档;若运用层次为 GL,则 4 个模块的体验内容限于 GL 层次的分类标准和实例文档;若运用层次为 FR 和 GL,则 4 个模块的体验内容会相应涉及 FR 层次和 GL 层次的分类标准和实例文档。

六、投资者体验流程

基于本章第五节 XBRL 体验模块的设计结果,依据通用 XBRL 体验流程,可为投资者设计以"XBRL 投资决策"为体验目标的 XBRL 体验流程,如图 6-16 所示。

就投资者 XBRL 投资决策而言,仅为 FR 层次的 XBRL 运用。因此,"认识分类标准"和"校验分类标准"模块限于 FR 层次的分类标准,"认识实例文档"和"校验实例文档"限于 FR 层次的实例文档。

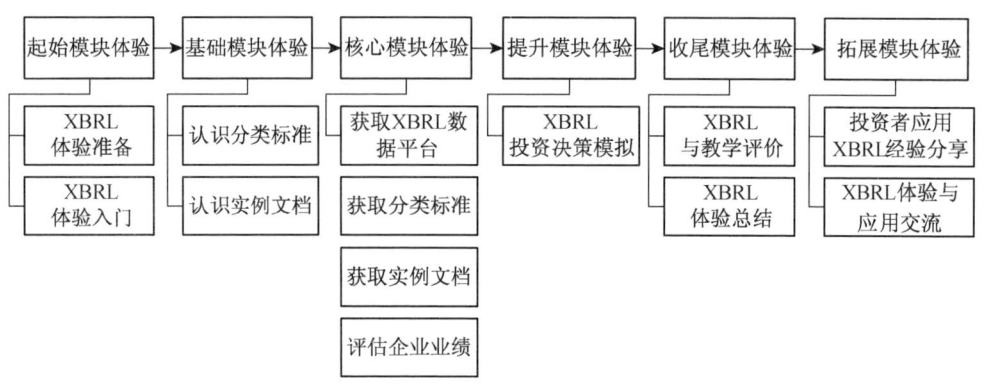

图 6-16 投资者 XBRL 投资决策体验流程

七、软件商体验流程

基于本章第五节 XBRL 体验模块的设计结果,依据通用 XBRL 体验流程,可为软件商设计以"XBRL 软件开发"为体验目标的 XBRL 体验流程,如图 6-17 所示。

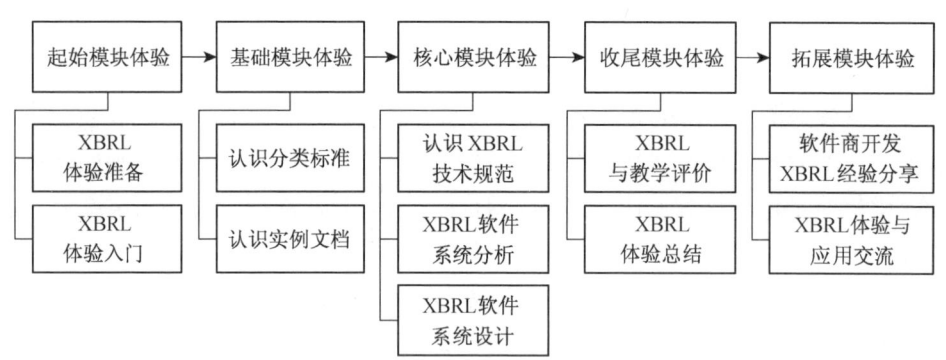

图 6-17 软件商 XBRL 软件开发体验流程

就软件商进行 XBRL 软件开发而言,既有财务报告层次的 XBRL 运用,也有账簿层次的 XBRL 运用。因此,"认识分类标准"需要同时了解 FR 层次和 GL 层次的分类标准,"认识实例文档"需要同时了解 FR 层次和 GL 层次的实例文档。

除 XBRL 软件开发业务之外,软件商也可能关注 XBRL 咨询业务,若为实体提供咨询,则可遵循实体 XBRL 体验流程,若为监管者提供咨询,则可遵循监管者 XBRL 体验流程。

第七节　XBRL 体验课程设计原则

一、课程设计的基本原则

XBRL 体验课程设计具有一些通用的基本原则，具体如下。

（一）考虑模块的难易

XBRL 体验模块有难易之别，有些模块比较容易接受和操作，如 XBRL 体验入门、XBRL 数据使用、校验分类标准等，有些模块相对不容易接受和操作，如创建扩展分类标准、编制实例文档等。因此在模块的排序方面，总体应遵循由浅入深、循序渐进的一般学习规律，如从数据使用到数据认识，再到数据生产，以便引发学生学习的兴趣和热情，减少抵触情绪和挫败感。

（二）考虑模块间的衔接

XBRL 体验模块之间存在一些固有的衔接关系，如必须先基于基础分类标准进行元素梳理，才能创建扩展分类标准和编制实例文档。因此在模块的排序方面，应考虑模块之间固有的衔接关系，如先下载文档再使用文档等，以便使得整个体验过程顺畅而有序。

（三）考虑体验者的兴趣

不同体验群体感兴趣的体验模块不同，如投资者和一般企业用户非常关心如何使用 XBRL 数据，而监管者则关心如何开发分类标准，如何接收、校验、存储和处理 XBRL 数据，如何使用和发布 XBRL 数据。限于体验时间，在安排体验模块时，应考虑从体验者最感兴趣的模块开始体验，以提升教学效率和教学效果。

（四）考虑模块间的过渡

XBRL 体验模块之间存在固有的衔接关系，学习知识本身存在先易后难的一般规律，体验者感兴趣的体验点又存在不同程度的差异，为此在设计体验课程时，应考虑穿插适度的体验讨论与体验评价，以及相应的知识讲解，使得模块之间的过渡自然而有效。

（五）考虑教师间的合作

一方面，XBRL 体验课程涉及若干 XBRL 软件和平台的登录与操作，虽然有一定引导程序，并鼓励学生在不断试错中感悟，但在学生需要的时候就要给出迅速而有效的解答非常必要；另一方面，学生的体验报告需要在体验过程中随时进行批阅，以便教师在课程结束前给出总体的分析和评价，学生在课程结束前及时获取体验报告，这就需要安排合适数量的业务助教。再者，体验环境的正常运转,特别是网络的持续通畅,在体验课程中尤为重要,这就需要安排一定数量的技术助教。

二、课程设计的个性化原则

为最大限度满足学生需求,使得整个体验过程充满挑战性和趣味性,并且取得良好的体验效果,设计者应充分考虑个性化的课程设计原则,具体如下。

(一)考虑所处 XBRL 供应链环节

在设计体验课程的过程中,首先应考虑体验者所处 XBRL 业务供应链的不同环节,从而从总体上定位相关的体验模块,可采用表 6-11 所示的表格进行匹配。

表 6-11 体验模块与 XBRL 业务报告供应链中的参与者匹配

模块 \ 参与者	实体	审计师	数据商	监管者	投资者
模块 1					
模块 2					
……					
模块 n					

(二)考虑所处工作层次

在确定好体验者所处的 XBRL 业务报告供应链环节之后,还要进一步考虑体验者所处的具体工作层次,如操作层、管理层和战略层,从而从细节上定位体验模块的具体体验内容,可采用表 6-12 所示的表格进行匹配。

表 6-12 体验模块与体验者所处的工作层次匹配

模块名称 \ 工作层次	操作层	管理层	战略层
模块 1			
模块 2			
……			
模块 n			

(三)考虑所处行业

因为有行业扩展分类标准的存在,不同行业建立扩展分类标准的基础分类标准有所差异,目前已正式发布银行业扩展分类标准、石油和天然气行业扩展分类标准,已发布证券业扩展分类标准和保险业扩展分类标准的征求意见稿。在体验过程中,凡是跟分类标准和实例文档有关的体验内容,应尽量采用体验者所在行业的体验样本,以提高体验者的体验兴趣和学习价值。可采用表6-13所示的表格进行匹配。

表6-13 体验模块与体验者所处行业匹配

模块名称 \ 行业	银行业	石油和天然气行业	证券业	保险业
模块1				
模块2				
……				
模块n				

(四) 考虑所属监管领域

因为有监管扩展分类标准的存在,不同企业所关注的监管分类标准有所差异,目前已正式发布银行监管和国资委监管扩展分类标准,有望推出保险监管扩展分类标准。此外,财政部作为中央企业的一线监管机构,证监会作为上市公司的一线监管机构,对XBRL报送内容和报送方式的要求有所差异。因此在体验过程中,应尽可能考虑体验者所属监管机构的XBRL报送要求,以提高培训价值。可采用表6-14所示的表格进行匹配。

表6-14 体验模块与体验者所属监管机构匹配

模块名称 \ 监管机构	财政部	银监会	保监会	国资委	证监会
模块1					
模块2					
……					
模块n					

(五) 考虑个体差异

因XBRL体验过程中会涉及会计业务知识、计算机操作能力和英语语言知识,而体验者的知识背景和接受能力也存在不同程度的差异,为保证同一班次的不同体验者在体验过程中不至于出现过度忙碌和过度空闲的情况,有必要区分必做模块和选做模块。必做模块按照常规标准进行打分,选做模块给定基础分。具体可参照表6-15进行匹配。

表 6-15　体验模块与体验者所属监管机构匹配

模块性质 模块名称	必做模块	选做模块
模块 1		
模块 2		
……		
模块 n		

本章小结

本章基于 XBRL 业务报告供应链,针对供应链中的六类参与者——实体、审计师、数据商、监管者、投资者和软件商,分析其主要的 XBRL 业务流程和 XBRL 知识需求,结合实际的 XBRL 知识需求调研结果,抽象整合出适合各类参与者不同业务领域的体验模块和体验流程,得到以下结论:

第一,从 XBRL 业务报告供应链出发设计 XBRL 体验模块和体验流程切实可行。XBRL 业务报告供应链中涵盖 XBRL 运用过程中主要的参与者,通过他们的主要业务流程分析 XBRL 知识需求,可进而抽象出 XBRL 体验模块,设计出各自的 XBRL 体验流程。

第二,XBRL 知识有适合体验和不适合体验之别。对于适合体验的知识内容,可以设置体验模块;对不适合体验的知识内容,可通过相关模块的知识配讲实现,也可向学生提供进一步学习的途径。

第三,XBRL 体验模块可以有不同角度的划分。从 XBRL 业务报告供应链参与者共享的角度,可划分为全局通用模块、局部通用模块和专用模块。从体验流程的角度,可划分为起始模块、基础模块、核心模块、提升模块、收尾模块和拓展模块。

第四,XBRL 体验流程可根据通用体验流程进行细化。通用流程为一般性体验流程,结合实体、审计师、数据商、监管者、投资者和软件商等不同参与者具体业务领域的知识需求和体验模块,可以得到不同参与者不同业务领域的具体体验流程。

第五,XBRL 体验课程的设计应遵从一般规律。它具体包括由浅入深、循序渐进,从数据使用到数据认识,再到数据生产;考虑模块之间固有的衔接关系,如先下载再使用;考虑模块之间的自然有效过渡,穿插适量体验评价和知识讲解;考虑体验者的兴趣所在,从其最感兴趣的模块开始体验;考虑教师团队内部的相互配合,设置适量业务助教和技术助教。

第六，XBRL体验课程的设计应充分体现个性化。要考虑体验者所属的供应链环节，区分实体、审计师、数据商、监管者、投资者和软件商；要考虑体验者工作所处的层次，区分战略层、管理层和操作层；要考虑体验者所处的行业，在相关模块采用本行业的体验样本；要考虑体验者所属监管领域，在相关模块采用本监管领域的体验样本；要考虑体验者之间的个性化差异，区分必做模块和选做模块。

第七章
XBRL 中国地区组织体验中心的具体实践

本章主要介绍 XBRL 中国地区组织体验中心近年来的具体探索,重点展现其工作思路和工作成果,以期为其他 XBRL 教学机构的组建提供有益的参考,也可为个人学习者构建自我体验平台提供借鉴。本章从体验中心的成立背景、发展历程与目标定位出发,详细阐述了体验中心体验环境的设计与搭建、软件平台的选择与整合、体验样本的筛选和运用,本章还特别介绍了在最新教学方案中对体验模块、体验内容、体验流程和课程类型等方面的思考,最后探讨了体验特色、体验效果和未来发展等问题。

第一节 体验中心的发展历程和目标定位

一、成立背景和发展历程

2005 年年底,当时中国还处于 XBRL 技术的导入期,上海国家会计学院曾组织过一场以"XBRL 在中国的应用与推广"为主题的研讨会,数十位来自政府监管机构、学术界、教育界和实业界的专家参加了会议,大家就 XBRL 在中国的技术走向、应用前景、推广路径等进行了广泛的讨论,会议提出了很多发展观点和建议,并达成了"积聚各方力量,从不同的层面全面推进 XBRL 在中国应用"的共识。

受这次会议的影响,上海国家会计学院于 2006 年年初成立了 XBRL 教研团队,并决心积极投身到 XBRL 的技术研究和知识传播工作之中。可是尽管热情高涨,但当时大家普遍对 XBRL 缺乏系统、深入的研究,研究力量也非常有限。教研团队首先从 XBRL 基础研究入手,收集了国内外大量的 XBRL 文献,并积极探讨 XBRL 技术在中国推进的可行性,撰写研究论文公开发表。经过一段时间的探索,教研团队发现:XBRL 技术的推进速度与政府引导、企业原生动力、监管者决心、市场反应、技术自身走向等有着密切的关系。同时,会计从业人员对新技术的接纳程

第七章
XBRL中国地区组织体验中心的具体实践

度对 XBRL 的推进也至关重要。

与此同时,政府开始发挥主渠道的作用,启动了系列的推进工作。2008 年 11 月,财政部牵头组织银监会、证监会、保监会、国资委、审计署、人民银行、税务总局、工业和信息化部等部门联合成立了中国会计信息化委员会和 XBRL 中国地区组织,开启了部门协作推进 XBRL 应用实施的新阶段。2010 年 10 月,财政部发布了企业会计准则通用分类标准,国家标准化管理委员会同时发布了财政部组织制定的 XBRL 技术规范系列国家标准。两项标准的制定发布,标志着 XBRL 在我国的各项应用有了统一的架构和规范。

考虑到上海国家会计学院作为一个培养高级财会人员的国家级培训基地,理应承担 XBRL 技术规范国家标准、企业会计准则通用分类标准等在财会群体中普及、推广的职责。同时,作为一个独立运营的事业单位,在 XBRL 国家标准颁布之际,如能快速推出 XBRL 培训业务,也不失为一个抓住时机、开拓新业务的创新之举。基于这个考虑,在 2010 年前后,教研团队开始尝试在校园内对会计群体进行 XBRL 的知识普及工作,在授课的初期,受传统思维的影响,采用的依然是常规的课堂讲授方式,但教研团队随之发现,对 XBRL 这样一项复杂度高、环节多、操作性强、需要精心体验的技术,传统的方法很难达到预期的教学效果。

教研团队受到工科实验教学、ERP 沙盘演练和 IT 产品体验商店的启发,希望采取一种以学生[①]为中心的、类似游戏的学习方式,通过精心设计操作环境、学习流程和报告形式,激发学生的学习热情,让学生自己动手实际操作,自简至繁,逐步演进,在感受中学习,在体验中领略 XBRL 的魅力。

尽管创意很好,但发现市场上可以满足要求的 XBRL 软件和平台极其贫乏,所需的体验样本也很难收集,同时专用的 XBRL 体验管理系统也亟须开发。为此,教研团队于 2010 年 9 月正式向上海国家会计学院申请成立了 XBRL 体验中心,希望借助于中心的平台去实现目标。

在随后的半年内,在财政部会计司和上海国家会计学院领导的大力支持下,体验中心组创人员充分利用学院已有的 IT 基础设备和内部技术力量,迅速搭建 XBRL 网络模拟运行平台;借助于 XBRL 中国地区组织的影响力及学院与 XBRL 相关软件行业的良好关系,快速收集了一些 XBRL 典型商用工具软件;利用上海本地高校、研究机构和上交所等 XBRL 专家及学院内部的师资资源,组建了 XBRL 体验中心的教学和管理团队;利用公开或证券交易所内部

[①] 由于 XBRL 体验中心的主要授课对象是学员,也包括一些学生,为此本章依据实际情境使用"学生"和"学员"。

的渠道，收集了国内外各类上市公司公开发布的 XBRL 财务报告，形成 XBRL 实例文档数据库；设计科学合理的学习体验流程，编写体验式学习操作指南，开发配套的教学管理软件和教学课件等。组建后的上海国家会计学院 XBRL 体验中心组织架构如图 7-1 所示。

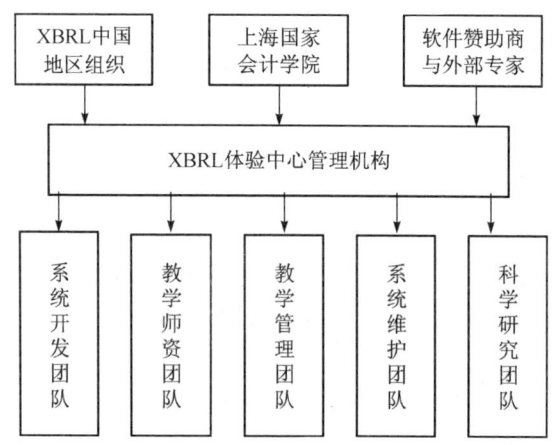

图 7-1　上海国家会计学院 XBRL 体验中心组织架构示意图

2011 年 6 月，上海国家会计学院 XBRL 体验中心迎来了她的第一批体验者——财政部会计领军人才班企业六期的全体学员。XBRL 体验课程打破常规，另辟蹊径，创造性的做法使学员在轻松、愉悦的气氛中感受到驾驭现代技术的轻松和自如，体验到完成某项操作而获得成功的喜悦，整个教学过程中学员们凝神细听、认真记录、积极体验，课堂气氛热烈踊跃。第一堂 XBRL 体验课给领军人才班各位学员留下了深刻的印象，同时也给 XBRL 体验中心的教研人员带来了成功的喜悦，坚定了其进一步创新的决心。

第一次成功体验以后，XBRL 体验中心陆续组织了多次成功的 XBRL 教学活动，包括全国总会计师班、全国和地方企业会计领军班、注册会计师培训班、商业银行培训班、全国税务领军班等，体验中心还接待了包括台湾政治大学、上海交通大学在内的多个教学研究机构的考察。

2013 年年初，为进一步扩大影响，吸引更多优质资源参与中心建设，最终为中国 XBRL 事业建设作出更大贡献，上海国家会计学院向 XBRL 中国地区组织的具体管理单位——财政部会计司提出申请，希望将上海国家会计学院 XBRL 体验中心冠名为 XBRL 中国地区组织体验中心。2013 年 11 月，经财政部分管会计工作的部领导批示，体验中心获准冠名为"XBRL 中国地区组织体验中心"（以下简称体验中心）。

据不完全统计,自 2010 年 9 月以来,体验中心培训过的高层财经管理干部达数千人,接待的 XBRL 专家学者也有数十人之多。在对外交流和参与 XBRL 国际组织活动方面,体验中心也迈出了较为坚实的步伐,6 年来,陆续接待了 XBRL 国际组织、XBRL 亚洲组织与台湾证券交易所等机构技术官员的访问,体验中心的教研人员还被遴选为 XBRL 国际组织最佳实践委员会的成员。可以说,体验中心的成立为财政部和 XBRL 中国地区组织的相关工作提供了有力的支持,为推动我国 XBRL 的知识普及和应用能力的建设作出了一定的贡献。

二、发展目标和受众定位

经过几年的探索与实践,XBRL 中国地区组织体验中心的教研团队对中心的发展有了较为清晰的认识,逐步形成了以下发展目标:

依据 XBRL 国际组织制定的知识框架,结合国内外各领域的 XBRL 最佳实践,以行为主义、认知主义和建构主义学习理论为指导,搭建一个集"认知、体验、交流、分享"于一体的交互式 XBRL 教学平台,并以此为基础,大力推动 XBRL 知识在中国财经群体中的普及,最终将体验中心建设成为国内领先、国际知名的 XBRL 教研阵地和中国 XBRL 领域对外交流合作的展示平台。

此外,XBRL 中国地区组织体验中心对培训对象(受众)的具体定位如下:

(1) XBRL 实施企业:已实施和将实施 XBRL 的企业管理层和操作人员。
(2) XBRL 监管机构:采用 XBRL 格式收集数据的各级监管部门。
(3) XBRL 软件开发商:XBRL 相关软件和平台产品的开发商和提供商。
(4) XBRL 服务提供商:XBRL 相关咨询服务提供商。
(5) 公众投资者:采用 XBRL 格式数据进行分析决策的投资者。
(6) XBRL 研究人员:研究 XBRL 的人员及借助 XBRL 格式数据进行研究的人员。
(7) XBRL 教学人员:教授 XBRL 相关课程、传授 XBRL 有关知识的人员。
(8) 其他:其他对 XBRL 感兴趣的人员。

读者如需对体验中心进一步了解,可访问 http://www.xbrl-cn.org/focus/XBRL_CN_EC/。

第二节 体验环境的设计与搭建

一、体验教室建立与布局

基于成本效益原则和资源复用原则,XBRL 中国地区组织体验中心教室采取在上海国家会计学院原通用计算机教室的基础上进行改造的方式建设。

（一）室内座椅和终端设备布局

考虑到授课班级人数规模、教学活动组织的复杂性和学生的实际体验效果等因素，体验教室安排了 64 个座位，分 8 个小组，采取排排坐的方式布局。教室布局如图 7-2 和图 7-3 所示。

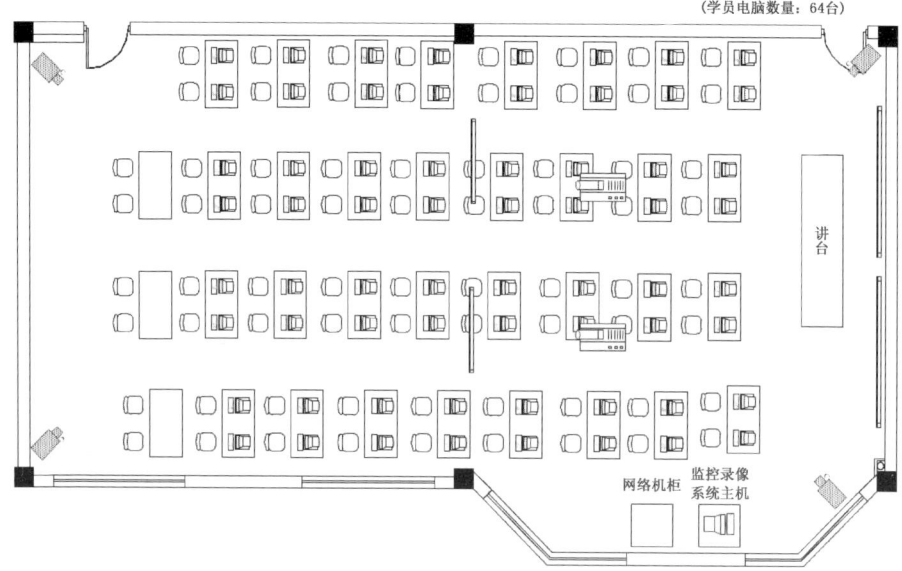

图 7-2　XBRL 中国地区组织体验中心教室布局示意图

图 7-3　XBRL 中国地区组织体验中心实景图

（二）视频系统

为凸显教师的教学内容，在教室前部安排了双大屏幕投影，同时在教室中部吊装了两台大屏幕 LED 显示器；教师可以利用讲台上放置的视频切换器，在教师桌面用机和教师自带电脑间进行自由切换，同时显示到 4 块显示屏上。

（三）音频系统

体验教室放置了桌面有线麦克风系统、无线移动麦克风系统和音频切换器等，可兼顾教师的讲台教学和移动教学的需要。

（四）计算机终端

教室中的 1 台教师用机和 64 台学生用机选用的都是常规的商用台式计算机，具体机型是 Acer veriton D733，CPU 配置为 AMD 4 核 3.2GHz A8 芯片，内存 4GB，硬盘 1TB，操作系统为 32 位 Windows7 旗舰版，另外安装了 Office2010、Adobe reader、Winrar、Google Chrome、截图工具等常用工具和红蜘蛛多媒体教室管理客户端软件、VMware Horizon Client 虚拟桌面登录系统以及 NTT Data、方正、富士通、浪潮、吉贝壳、用友、普联等公司的专用 XBRL 软件。

（五）教学环境布置

为营造浓厚的学习氛围，激发学生强烈的求知欲，在体验中心教室还特意摆放了资料架，提供免费的 XBRL 学习资料，在四周墙壁上悬挂了拟体验软件的功能介绍和生产厂商介绍等，如图 7-4 所示。

图 7-4　XBRL 中国地区体验中心教室内宣传环境图

（六）多媒体教学管理软件

为帮助教师有效地管理教学设备、控制教学过程，体验中心专门配备了红蜘蛛网络教学管理软件。该软件主要在局域网络上实现多媒体信息的教学广播，是一款在电子教室、多媒体网络教室或电脑教室中进行多媒体网络教学的流行软件,可集同步教学、控制、管理、音视频广播、网络考试等功能于一体,并能同时实现屏幕监视和远程控制等网络管理。红蜘蛛软件的系统架构如图 7-5 所示,软件界面如图 7-6 所示。

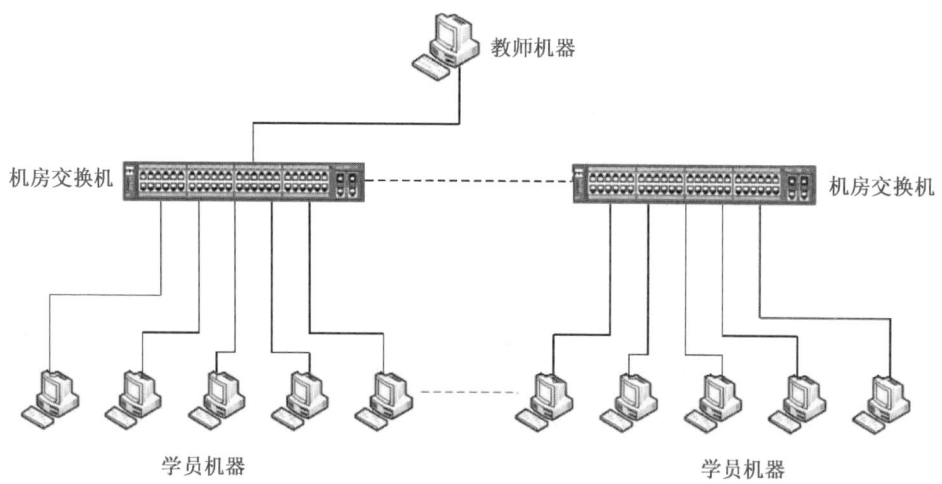

图 7-5 红蜘蛛网络教学管理软件系统架构图

图 7-6 红蜘蛛网络教学管理软件界面图

二、体验网络与服务器搭建

体验中心选用常用的 CISCO 网络交换机组成的星型局域网,连接所有的学生用机和服务器群(见图 7-7 和图 7-8),XBRL 体验中心接入层交换机型号为 CISCO2960,通过两根千兆双绞线上联至汇聚层,汇聚层交换机型号为 CISCO3560G,通过两根千兆单模光纤上联至中央机房,机房核心交换机型号为 CISCO7609,中央机房采用 600 M 带宽连接 CHINANET 和 CERNET。

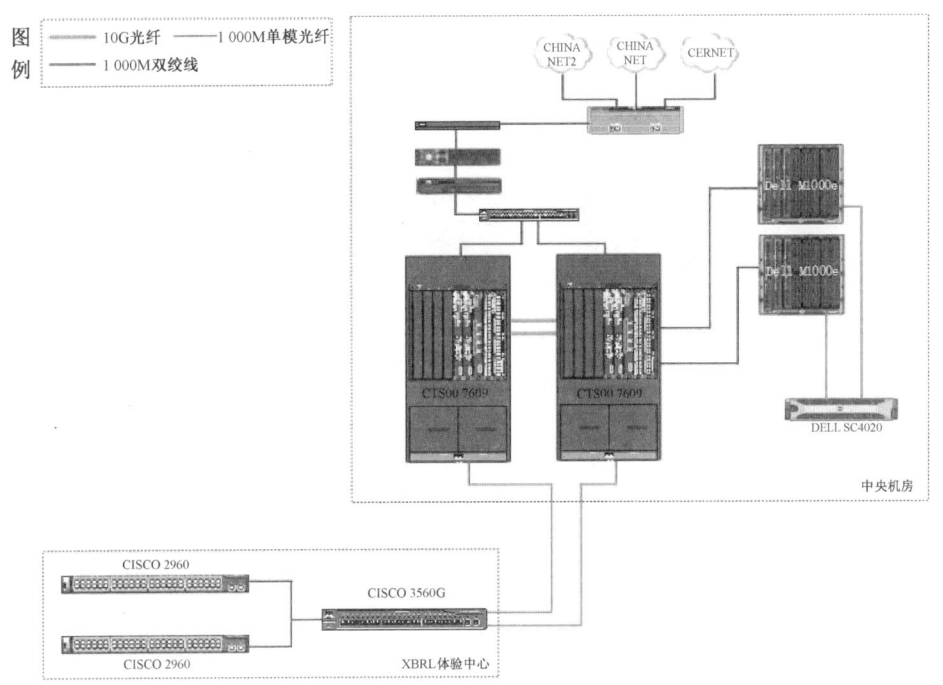

图 7-7　XBRL 体验中心网络接入示意图

在机房安放有两台 Dell M1000e 刀片机箱,分别有 3 块刀片式服务器,其中 2 块刀片用作服务器虚拟化,4 块刀片用作 VDI 桌面虚拟化。两个刀片机箱通过千兆单模光纤与 SAN 存储系统相连,为虚拟化提供物理空间。

在图 7-8 中:

服务器(单台)配置:型号为 Dell PowerEdge M820,CPU 为 2 颗 8 核 Inter Xeon E5-4620V2@2.6GHz,内存为 128GB DDR4,硬盘 2 块 300GB 硬盘做 raid 1。

SAN 架构存储配置:型号为 DELL SC4020,配 6 块 400GB 的 2.5"WISSD 硬盘,类型为 SAS,缓存为 6GB;配 18 块 1 TB 的 2.5"HDD 硬盘,类型为 NL-SAS,缓存为 6GB,转速为 7 200K。

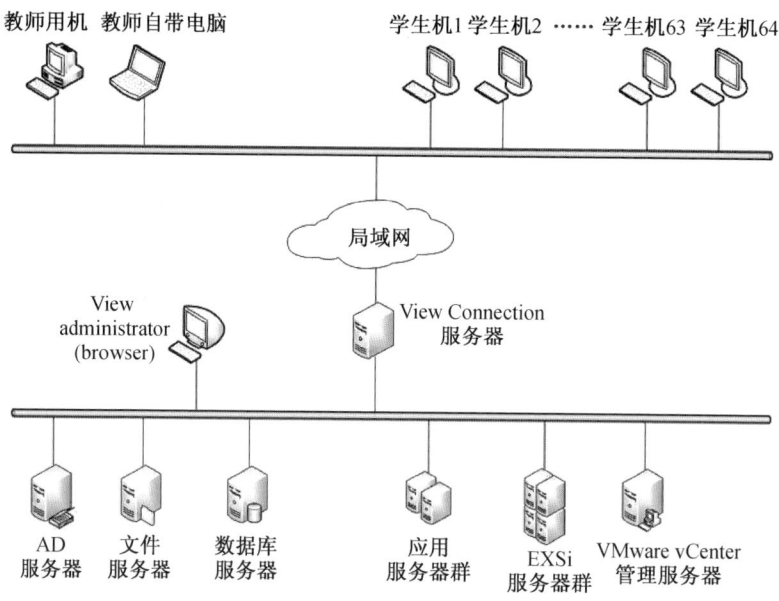

图 7-8　XBRL 体验中心局域网示意图

软件配置：VMware 桌面虚拟化软件套装 VMware VIEW，VMware 虚拟化后台管理软件 VMware vCenter，微软活动目录软件 Microsoft Active Directory（简称 AD）等。

应用服务器群：为 XBRL 体验中心提供软件体验环境和管理平台，将 2 台刀片物理服务器虚拟成 8 台服务器，这 8 台服务器均为 XBRL 体验中心服务，具体配置如表 7-1 所示。

表 7-1　XBRL 体验中心应用服务器配置表

序　号	应用名	CPU 内核	内存（GB）	实际使用空间
1	GBICC	4	64	2TB
2	NTT	4	24	
3	PANSOFT	2	16	
4	用友 1	8	16	
5	用友 2	8	16	
6	浪潮数据库	8	32	2TB
7	浪潮应用	4	16	
8	XBRL 管理系统	2	32	

三、体验客户端设计与实现

XBRL 中国地区组织体验中心使用的教室是上海国家会计学院的公共计算机教室,该教室除承担 XBRL 的教学任务之外,还承担着计算机辅助审计体验、预算管理电子沙盘模拟、专业水平考试辅导等教学任务,每一种教学任务需使用的软件环境和桌面布局都存在着较大的差异。

为使计算机终端能在不同的应用场景中快速切换,经过多次论证,中心的技术人员选择了虚拟化的方式来管理网络客户端,并选用了 VMware 公司的产品 VMware Horizon Client。VMware Horizon Client 是 VMware 的桌面端连接工具,通过该工具,用户可以在物理机和虚拟机之间轻松实现切换。

XBRL 体验中心教师用机采取实体机器和虚拟机器交互使用的模式,最大限度保证了教师机器的灵活性;学生用机采用自动登录虚拟机方式,开机自动运行 View client,同时在物理机保留后台,管理人员可以在物理机和虚拟机之间切换,实现双备份机制,学生用机可实现应用自动下发和系统统一管理的功能。

因为使用 B/S 架构的 XBRL 软件对浏览器的需求不同,体验中心还为每台终端特意安装了多个浏览器软件,如 IE 浏览器和 Google 浏览器等,并针对 B/S 架构的 XBRL 软件指定了特定浏览器的快捷方式,以方便学生快速进入指定页面。

为使学生能快速访问相关的软件资源,体验中心还对每台计算机的桌面布局进行了精心设计,使得网站快捷方式、通用软件、XBRL 专用软件等各种图标布局整齐、有序(见图 7-9 和图 7-10)。

图 7-9　XBRL 体验教室学生用机桌面布局图

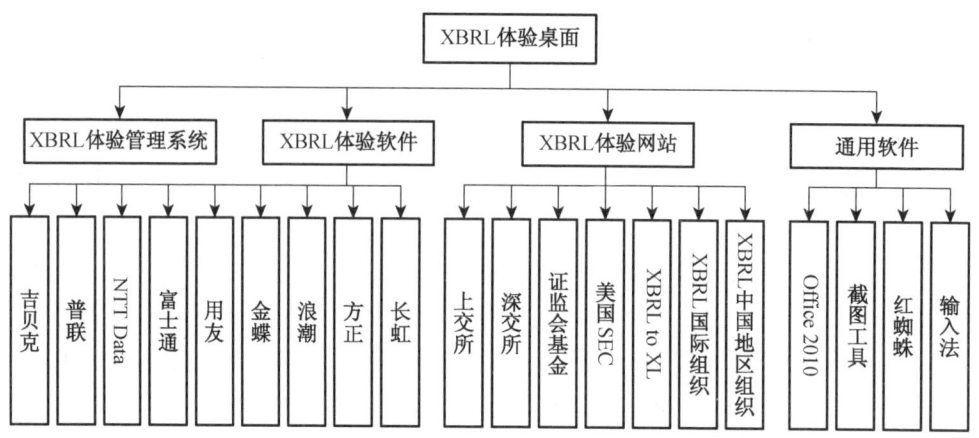

图 7-10 XBRL 体验教室学生用机桌面布局逻辑图

四、体验教学管理系统的设计与实现

（一）系统研发的目的和定位

本系统的开发目的是在 XBRL 体验式学习的过程中，帮助体验教师对学生的学习过程进行引导，记录学习过程和学习成果，并帮助助教给出评价，最后自动形成体验报告，并分发到每位学生的电子邮箱。

本系统的定位（或边界）是仅作为教学管理的辅助工具，并不涉及 XBRL 技术本身，所有与 XBRL 有关的学习均由学生利用各种 XBRL 专业工具软件自行完成。学生在该系统帮助下了解体验流程，阅读操作指南，记录学习过程，保存学习成果，在教师和助教辅导下操作实际的 XBRL 工具软件进行体验式学习。

本系统的价值是提供一个整合平台，将教学计划、操作手册、体验任务、体验流程、培训脚本等进行有机的整合，以便更好地实现体验式教学的目的。

（二）系统使用对象和界面划分

系统的使用对象可分成三个大类：学生、教师和教学辅助人员（助教）。

系统的应用大致可分成四个阶段：初始化阶段、课前准备阶段、正式学习阶段和事后总结阶段。

系统的操作界面分成两个部分：后台管理和维护界面（见图 7-11）、前台学生学习界面（见图 7-12）。

（三）系统开发需求

经过教师团队与开发团队的多次供需碰撞，最终确定拟开发的 XBRL 体验教学管理系统的功能需求如表 7-2 所示，该需求是按照体验式教学活动的四个阶段来划分的。

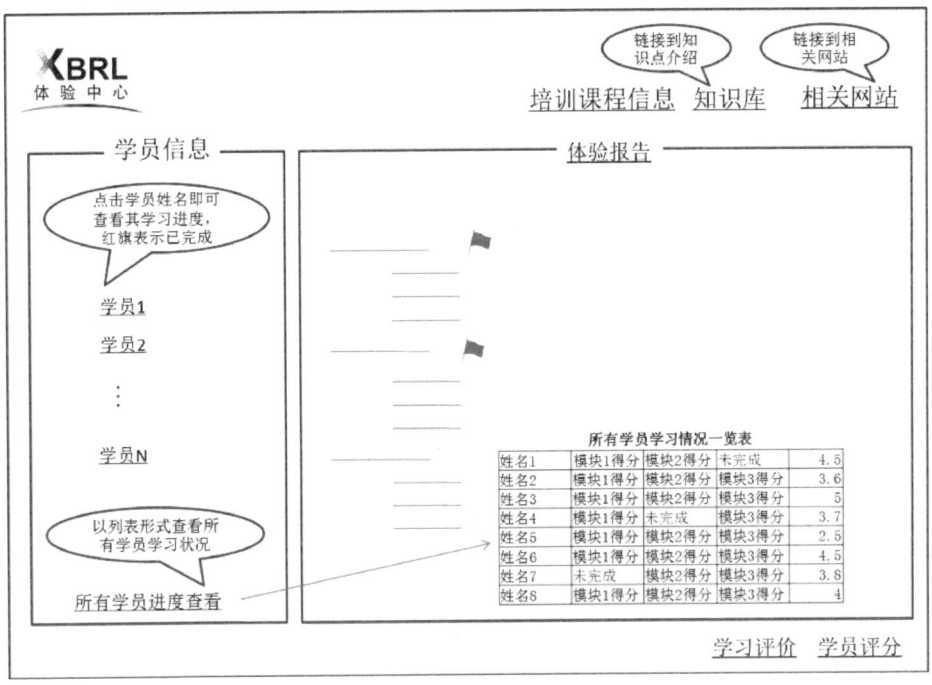

图 7-11　系统后台管理和维护界面设计示意图

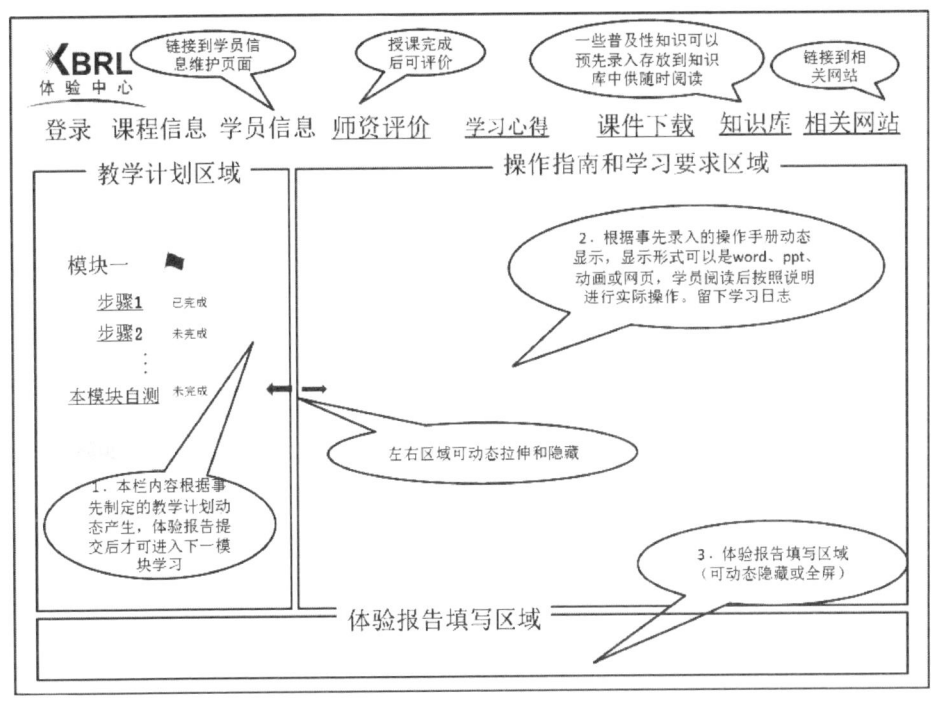

图 7-12　系统前台学生学习界面设计示意图

表7-2 体验教学管理系统开发功能需求一览表

阶　段	功　能	功能说明
初始化阶段	管理员账号初始化	账号维护、权限分配、角色对应等
	教师初始化	师资维护、授课背景填写等
	教学流程初始化	体验模块设置、课时安排、各模块体验步骤、关注的知识点、体验要求、角色划分等
	操作指南录入	电子化操作手册,成为在线帮助功能的一部分
	学生角色初始化	将学生划分成证券行业、基金行业、公司高管、财会人员、事务所、审计人员、普通用户等角色,通过和教学流程的配合来控制不同角色完成不同的体验过程
	知识库初始化	将XBRL背景知识提前录入方便学生随时参考阅读
项目准备阶段	培训项目信息录入和维护	培训班名称、时间安排、体验内容、授课教师、助教安排等信息维护
	培训班学生信息录入和维护	批量导入或现场录入培训班学生信息,包括姓名、身份证件号、来源地、职务、邮件、通讯方式、从业背景等,每个学生分配一个流水号作为学号,并为学生分组
	授课教师课件上传	授课教师课件上传到系统,方便学生听课时看电子版
学习阶段	学生身份的系列功能	学生首先登录—完善个人信息—浏览体验流程安排—熟悉体验环境
		学生浏览体验内容,根据操作提示逐步完成各模块体验内容,体验结果以截屏的方式进行保留,并粘贴至体验报告,提交给后台评分
	教师(助教)身份的系列功能	可动态查看每位学生的体验进度
		对于学生提交的体验内容可以通过后台进行浏览和评分。评分后学生不能再做修改,除非教师或助教将该模块恢复到学习状态
总结阶段	学生身份的系列功能	学生体验报告生成(含本模块学习目的、体验内容、操作过程、自测结果、结果截屏、实例文档数据、教师点评等)
		对课程进行评价
		通过系统反馈改进建议
	教师(助教)身份的系列功能	统计学生成绩(平均、最高、最低等)
		汇总学生反馈的意见
		统计学生对课程的评价分值

（四）系统主要功能模块

XBRL体验教学管理系统的主要模块及功能如图7-13所示，这些功能是按照不同的用户对象，分前后台划分的。

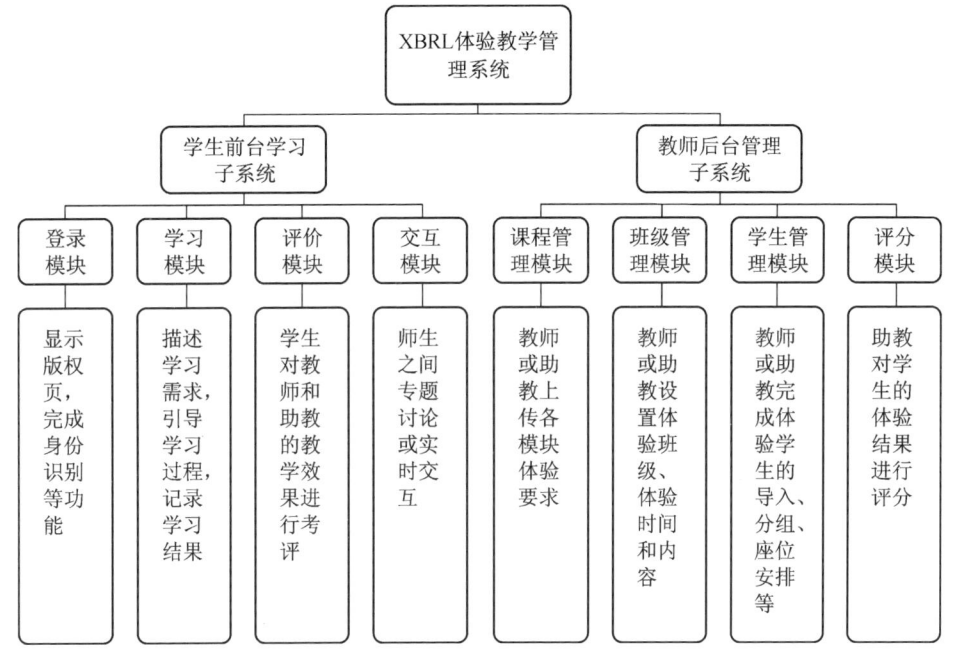

图7-13　体验教学管理系统主要功能图

（五）系统架构

系统采取B/S架构，后台数据库采用SQL Server 2005，开发语言采取ASP。其中，B/S架构(Browser/Server，浏览器/服务器模式)，是WEB兴起后的一种网络结构模式，WEB浏览器是客户端最主要的应用软件。这种模式统一了客户端，将系统功能实现的核心部分集中到服务器端，简化了系统的开发、维护和使用。客户机上只要安装一个浏览器，服务器安装一个应用系统和一个数据库，浏览器即可通过Web Server同数据库进行数据交互。

（六）开发模式

考虑到系统开发前应用界面的不确定性，本系统开发采用了原型法开发方法。原型法是指一种新型的系统开发方法，在获取一组基本的需求定义后，开发人员利用可视化的软件工具和开发环境，快速地建立一个目标系统的最初版本，并把它交给用户试用、补充和修改，再进行新的版本开发。反复进行这个过程，直到得出系统的最终版本，即用户满意为止。

（七）开发成果

经过 3 个月左右的集中开发，新系统基本实现了上述的功能，并在第一次体验教学中得到了有效检验，图 7-14 和图 7-15 是最终实现的系统界面。

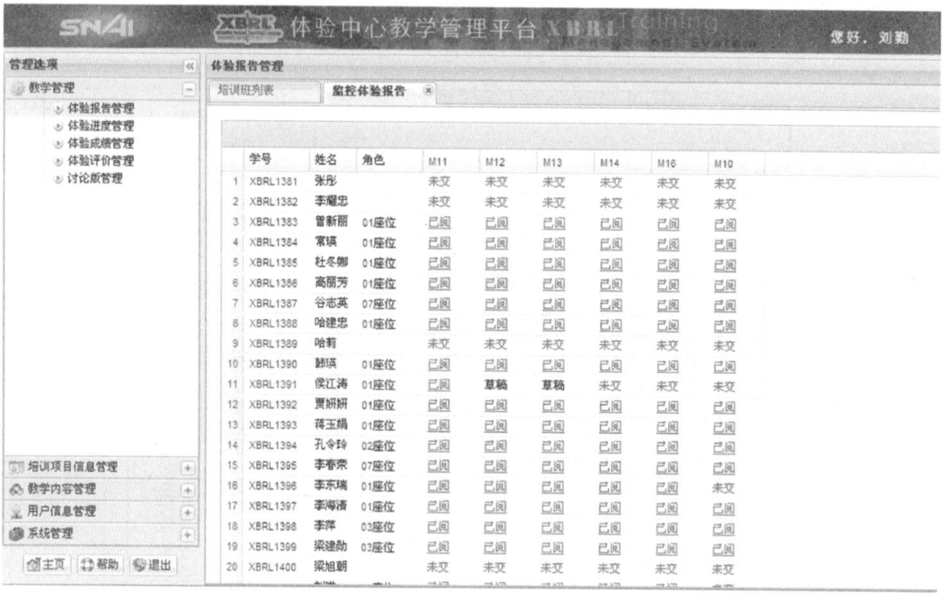

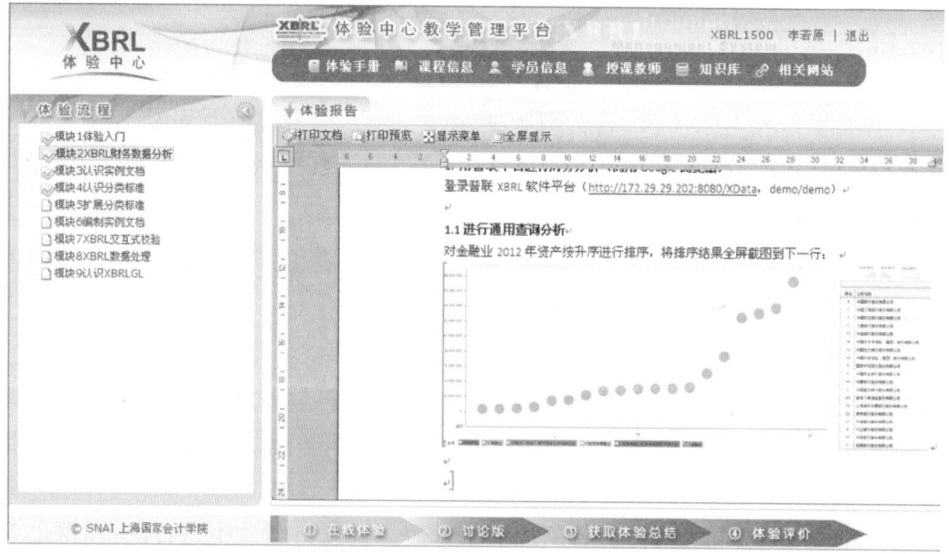

图 7-14　实际运行的体验管理系统后台管理界面

图 7-15　实际运行的体验管理系统前台学习界面

第三节 软件平台的选择与整合

一、软件平台的选择原则

体验中心选择软件平台的原则有以下七条：

第一为全面性。体验中心对于XBRL软件平台的选择具有全面性，包括分类标准编辑工具、浏览工具、校验工具，实例文档编辑工具、浏览工具、校验工具，XBRL数据下载工具、转换工具、分析工具，XBRL数据存储工具、查询工具、加密工具等主要的XBRL软件类型。

第二为多样性。体验中心对于同一类XBRL软件平台的选择具有多样性，如对于XBRL分类标准扩展和实例文档编制工具，我们既选择手工录入式，又选择自动转换式，还选择内部嵌入式。

第三为可获取性。体验中心对于XBRL软件平台的选择具有可获取性，体验中心能够获得的软件平台包括合作伙伴的XBRL软件产品，免费XBRL软件和XBRL公共平台，具有测试版本的XBRL软件产品，具有学术账号的XBRL软件产品等。

第四为规范性。本原则主要针对国内的XBRL软件产品，在同等条件下，体验中心优先引进通过XBRL软件认证的XBRL软件产品。

第五为可用性。XBRL体验课堂上，不允许出现时可访问、时不可访问的情况，为此选用的XBRL软件及平台应具有持久的稳定性。当然，国际免费平台或测试版本的软件平台是否可用，还有赖于国际网络的稳定性和访问速度。

第六为常用性。XBRL软件平台的使用频率，取决于学生感兴趣的程度和相应模块适用的课程类型，为此体验中心倾向于优先选择学生感兴趣的体验模块所涉及的软件平台。

第七为先进性。对于同一功能的XBRL软件产品，体验中心优先选择具有先进设计理念，具有良好功能、性能，能够充分体现XBRL特征和优势的软件产品。

二、国内软件平台选择

截至目前，国内尚无免费的XBRL软件产品或测试版本的XBRL软件产品可供XBRL学习者使用，为此，体验中心选择了合作伙伴的XBRL软件产品。幸运的是，在国内可以找到免费的XBRL公共平台可以访问，为此，国内免费XBRL公共平台也成为体验中心的选择对象。

(一) 合作伙伴的 XBRL 软件产品

自成立以来，XBRL 体验中心本着友好协作、互利共赢的原则，已先后引进 10 家 XBRL 合作伙伴，如 7-3 表所示。

表 7-3　XBRL 体验中心合作伙伴

序号	合作伙伴简称	合作伙伴全称	合作伙伴官网
1	吉贝克	吉贝克信息技术有限公司	http://www.gbicc.net
2	普联	普联软件股份有限公司	http://www.pansoft.com
3	NTT Data	恩梯梯数据（中国）有限公司	http://china.nttdata.com
4	富士通	富士通（中国）有限公司	http://www.fujitsu.com/cn
5	用友	用友软件股份有限公司	http://www.yonyou.com
6	金蝶	金蝶国际软件集团有限公司	http://www.kingdee.com
7	浪潮	浪潮集团有限公司	http://www.inspur.com
8	中科金财	北京中科金财科技股份有限公司	http://www.sinodata.net.cn
9	方正	北大方正信息产业集团有限公司	http://www.founderit.com/
10	长虹	四川长虹电器股份有限公司	http://www.changhong.com.cn/

这些合作伙伴向 XBRL 体验中心提供了丰富多彩的 XBRL 软件产品，主要包括分类标准编辑工具、浏览工具、校验工具，实例文档编辑工具、浏览工具、校验工具，XBRL 数据下载工具、转换工具、分析工具，XBRL 数据存储工具、查询工具等，产品类型较多，功能各异，具体如表 7-4 所示。

表 7-4　XBRL 合作伙伴提供的软件产品

合作伙伴	软件工具类型	工具名称
吉贝克	分类标准编辑器	吉贝克企业 XBRL 报告平台
	实例文档编辑器	
普联	分类标准浏览工具	普联通用分类实施报送系统
	XBRL 财务分析工具	
富士通	分类标准编辑器	Taxonomy Editor & Instance Creator
	实例文档编辑器	
NTT Data	分类标准扩展工具	Taxonomy ExtenderTool
	实例文档浏览器	InstanceViewer
浪潮	分类标准编辑器	浪潮 XBRL 分类标准编辑器
	实例文档编辑器	浪潮 XBRL 实例文档编辑器

续 表

合作伙伴	软件工具类型	工具名称
用友	分类标准编辑器	用友 NC
	实例文档编辑器	
金蝶	分类标准编辑器	金蝶 EAS
	实例文档编辑器	
方正	XML 原生数据库	方正 XML 数据库
长虹	分类标准编辑器	天地汇 XBRL 智能报告平台
	实例文档编辑器	

（二）国内免费公共平台的选择

在我国，社会公众可以免费访问的 XBRL 公共平台仅有 3 个，包括上交所的"上市公司 XBRL 平台"，网址为 http://listxbrl.sse.com.cn/；深交所的"XBRL 互动平台咨询系统"，网址为 http://xbrl.cninfo.com.cn/jsp/index.jsp；证监会的"基金信息披露平台"，网址为 http://fund.csrc.gov.cn/web/found_compare_NetValue.statFund。为此，体验中心选择国内这 3 个 XBRL 公共平台的部分功能，进行基于 XBRL 数据的财务分析体验，包括上市公司财务数据的横向比较和纵向比较，以及基金数据的横比、纵比、同比、环比等。

三、国际软件平台选择

由于 XBRL 在全球的广泛运用，催生了一系列有影响的、成熟而又友好的 XBRL 软件产品和公共平台。XBRL 国际组织网站的"工具与服务"专栏介绍了 49 款国际上主流的 XBRL 工具和平台，网址为 https://www.xbrl.org/the-consortium/resources/tools-and-services/。本着可得性、可用性、稳定性和典型性等原则，体验中心目前选取了 3 款国际 XBRL 软件产品和 2 个国际 XBRL 公共平台。

（一）国际免费软件选择

当前，体验中心选择的国际免费或试用 XBRL 软件产品，包括 Arelle、Xwand 和 XBRLAnalyst 共计 3 款。

1. Arelle

Arelle 为开源的全免费 XBRL 软件，网址为 http://arelle.org/。该软件提供分类标准和实例文档的浏览功能、分类标准的比较功能、分类标准的校验功能[①]、

[①] 校验可基于基础技术规范（XBRL2.1）、维度技术规范（Dimensions）、一般链接库（Generic Linkbase）、单位类型注册（Unit Type Registry），以及美国 SEC Edgar 报送手册（U.S. SEC Edgar Filer Manual）、IFRS 全球报送手册（IFRS Global Filing Manual）和英国海关与税务总署联合报送检测（HMRC Joint Filing Checks）。

基于表链接库表格的实例文档创建等。其网页服务 API 可以将 XBRL 与 Excel、Java 或 Oracle 集成，其 xbrlDB 数据库插件允许从 RSS feeds 或将个别 XBRL 文件转载到数据库中。在 XBRL 体验过程中，我们运用 Arelle 软件浏览分类标准和实例文档，特别是浏览 XBRL GL 的分类标准和最佳实践。Arelle 的主界面如图 7-16 所示。

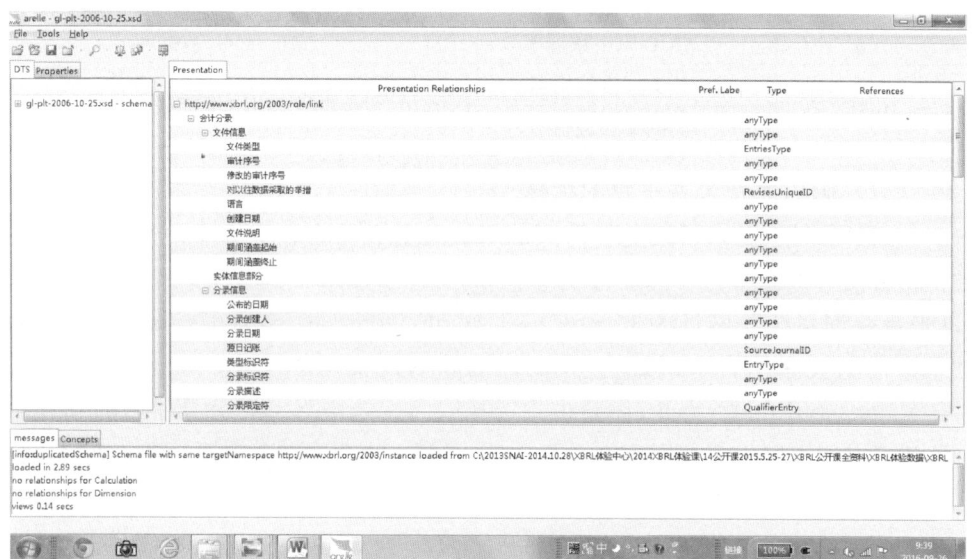

图 7-16 Arelle 的主界面

2. XWand

XWand 是富士通的一款中间件产品。富士通是一家日本信息与通信技术（information and communication technology，ICT)）公司，提供整套技术产品、解决方案和服务。约 15.9 万员工支持全球 100 多个国家的客户，富士通有限公司（TSE：6702)2015 年 3 月 31 日的年报收入为 4.8 万亿日元（约 400 亿美元）。其 Interstage XWand 产品已满足 34 个国家财务报告供应链所有参与者的需求，包括监管者、审计师、报送方、分析师和大型中坚企业。强有力的软件开发平台和工具，使得 XBRL 文档创建、校验和分析的效率和成本效益更高。学术用户可以申请为期 1 个月的 XWand 试用许可，申请网址为 http://www.fujitsu.com/global/products/software/middleware/application-infrastructure/interstage/xbrltools/，申请提交后，立刻会在注册邮箱中收到一封确认邮件，邮件中会告知审核时间为 2 个工作日。若审核通过，会在 2 个工作日后将 license 文件发送到个人注册邮箱。在 XBRL 体验过程中，我们运用 XWand 创建和校验分类标准、创建和校验实例文档。XWand 试用版本的主界面如图 7-17 所示。

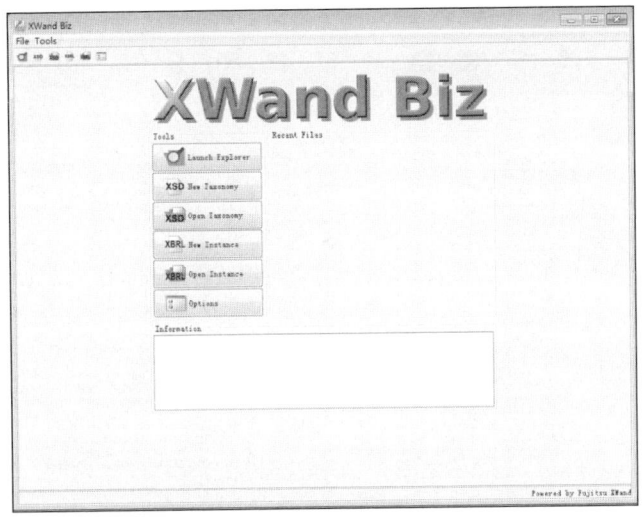

图 7-17　Xwand 试用版本的主界面

3. XBRLAnalyst

XBRLAnalyst，是 FinDynamics 公司开发的一款 XBRL 软件产品，可以通过 Excel 插件轻松访问所有美国上市公司的财报，包括 10-K、10-Q、8-K、S-1 等财报中所有财务报表和附注的原始细节数据。XBRLAnalyst 提供 Excel 插件版和网页版两个版本，用户可以申请 15 天的试用账号和免费的学术账号。一般用户可通过邮箱注册获得 15 天的试用权限，注册网址为：https://findynamics.com/register/。注册过程中需要填写图片中显示的验证码，该图片协议在中国无法正常访问，需要借助 VPN。经与 FinDynamics 深入沟通，中国用户可以通过服务支持邮箱提供注册相关信息，获得 15 天的试用权限，支持邮箱为：support@findynamics.com。网站注册之后，用户名和密码会立刻发送至用户注册的个人邮箱，通过支持邮箱注册的稍需时日。需要注意的是，每个邮箱仅能注册一次，即只能试用 15 天的 XBRLAnalyst，通过将 XBRL 数据转到 Excel 之中，进行个别公司财务信息的浏览和不同公司间财务数据的比对等。15 天过后，仅能进行个别公司的财务数据浏览，不能同行比对，也不能将数据转入 Excel 之中。学术用户可以注册免费的学术账号，学术账号的申请面向高校的教研人员和学生，申请要求详见网址：https://findynamics.com/academic-license/，期限为 1 年，到期后需要重新确认能否继续使用学术账号。在 XBRL 体验过程中，我们运用 XBRLAnalyst 进行单家上市公司财务数据的浏览和同行上市公司财务数据的比对，并把浏览和比对结果转到 Excel 当中。XBRLAnalyst 学术版 Excel 插件的主界面如图 7-18 所示。

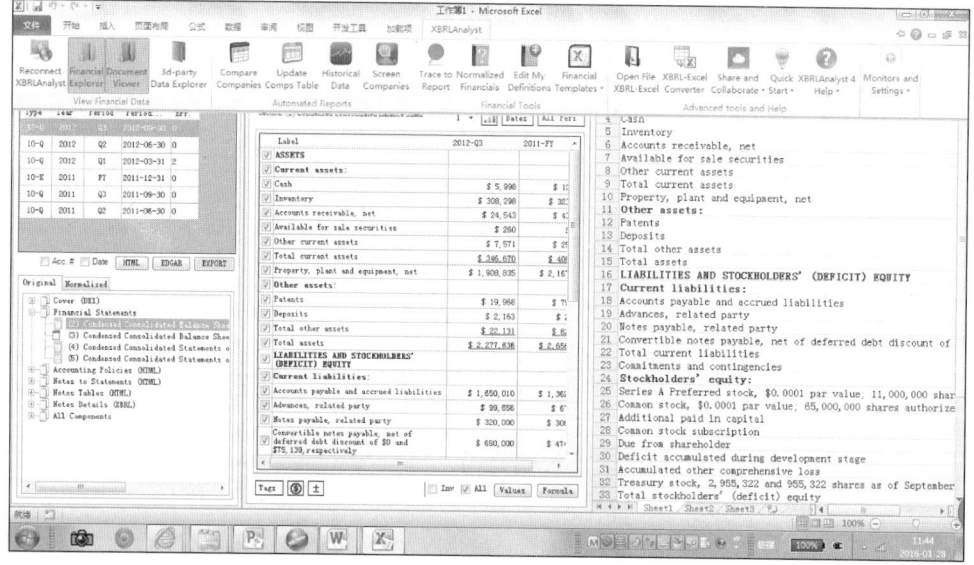

图 7-18　XBRLAnalyst 学术版 Excel 插件的主界面

（二）国际免费公共平台选择

当前，体验中心选择的国际免费或试用 XBRL 公共平台，包括 Yeti 和 XBRL to XL 两个。

1. Yeti

Yeti 是 CoreFiling 公司（https://www.corefiling.com）开发的一款分类标准工具。通过一个直观的基于浏览器的界面，Yeti 提供分类标准的浏览和评阅功能，主要服务于从事分类标准开发的机构。Yeti 既是一款分类标准浏览器，又是一个合作论坛，还是一个问题追踪系统。Yeti 为分类标准发布和分类标准合作开发提供统一的环境，有两种工作方式：Explore 和 Collaborate。

其中，Yeti Explore 可对 XBRL 分类标准展开强有力的搜索和浏览，可用于理解选中的分类标准，用于研究他人是如何构建分类标准的。它可通过名称、标签或者参考快速定位概念，一旦找到，可以通过创建书签或者提供邮箱链接，与利益相关方开启一场讨论。CoreFiling 提供一个免费的分类标准库，库中有很多来自全球的、可公开获得的重要分类标准。打开 Yeti Explore，就可访问 CoreFiling 分类标准库。Yeti Explore 可提供分类标准包的下载，也就是说，已发布的分类标准已事先打包并无缝集成在 CoreFiling 解决方案中，如银行领域的欧洲银行管理局资本要求指令分类标准（EBA's CRD IV taxonomy），以及保险行业的欧洲保险和职业养老金管理局偿债能力 II 分类标准（EIOPA's Solvency II taxonomy）。Yeti

Explore 有四大优势：其一是直观的用户界面，简单易用且与该公司的"Spider-Monkey"分类标准编辑器风格一致；其二是强大的搜索引擎，可以通过概念的标签、名称或参考，快速定位概念；其三是友好书签，允许存储概念的 URLs，用于进一步参考，或通过 Email 分发，用于进一步讨论；其四，树形定位视图，能够在一套分类标准中，快速定位某一特定概念的所有引用。Yeti Explore 的访问网址为：https://bigfoot.corefiling.com/yeti/resources/yeti-gwt/Yeti.jsp，界面如图 7-19 所示。

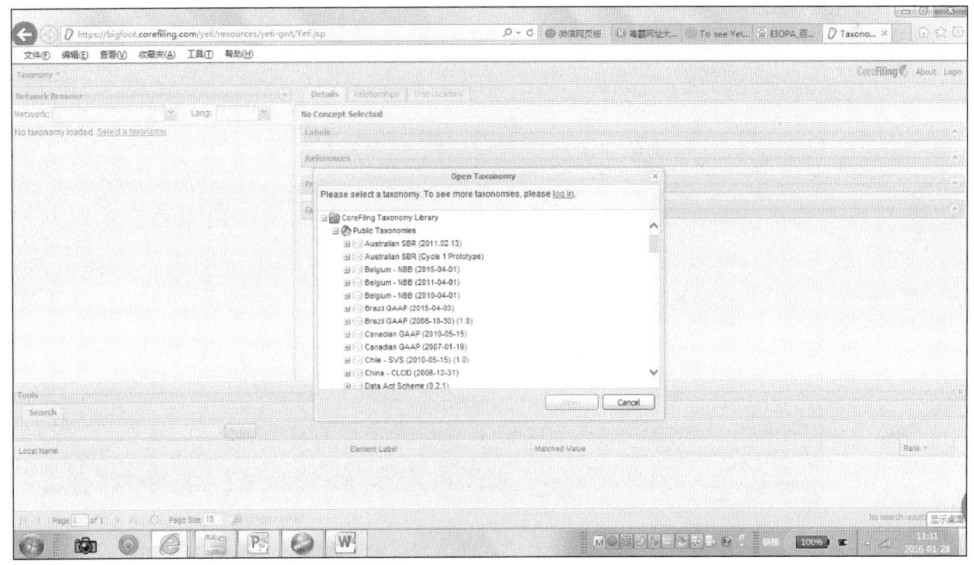

图 7-19　Yeti Explore 入口界面

Yeti Collaborate 扩展了 Yeti XBRL 分类标准评阅功能，提供结构化的在线讨论环境，在此环境中，与分类标准元素相关的评论可被记录下来，进行优先排序、任务分配和进度追踪。Yeti Collaborate 是该公司分类标准管理系统的组成部分。当 Yeti 与该公司 SpiderMonkey 联合使用时，Yeti 能为某一特定评阅组内的分类标准开发者提供最新的讨论线索，支持即时传达评论。针对某个主题的讨论可被追踪，Yeti 允许某个指定的主持人回顾评论，就在下个分类标准版本中如何解决问题作出最终的决策。透明性是最关键的工作提升。Yeti Collaborate 有四大优点：其一是用户评论提交，错误或差异很容易被突出显示或标注出来，并且分发给选定的用户评阅和处理；其二是 Email 通知，可以选中需要关注特定分类标准中新问题的用户，他们可以通过简单地点击 Yeti Collaborate 链接发表评论的方式，加入讨论；其三是隔离的私人的分类标准评阅，用户拥有分类标准如何被浏览的所有控制权，从访问权限到评论规则都可配置，允许用户进行个性化设置；其四是核心分类标准知识库,讨论线索的数据结果,可存储于信息库,用于报告目的。

在 XBRL 体验过程中,我们使用 Yeti Explore,让学生查看特定分类标准,并查看某个元素的定义和计算关系,以学习该分类标准的数据定义和报告结构。

2. XBRL to XL

XBRL to XL 是 XBRLXL 公司(http://www.xbrlxl.com/)的一款基于 XBRL 的财务数据下载和分析平台,是从 SEC 获取 XBRL 数据并转入 Excel 处于待分析状态的最快捷途径。整个过程只需要做三件事情,选择公司、处理数据和下载数据。

XBRL to XL 最多支持下载 5 个文件,这些文件可以是同一公司的,也可以是不同公司的。所有待比较的数据(含有 XBRL 标签)从选中的 SEC 上的文件中抽出,处理后转入 Excel 文件中不同的工作表,用于后续分析。

下载之前需要注册。在页面顶端输入邮箱和密码,点击"注册(register)"按钮,即可进入登录状态。邮箱仅用来接收应用程序更新信息。当浏览器长时间处于空闲状态时,将自动注销登录。当再次使用时,系统会提示重新进入登录状态。XBRL to XL 的登录界面如图 7-20 所示。

图 7-20　XBRL to XL 登录界面

运用公司名称、公司代码(Ticker or CIK)、行业分类代码(SIC)和"搜索(Search)"按钮,每次可以查找 1 个文件,10-Q 代表季度财务报告,10-K 代表年度财务报告。如果出现多个公司,则按字母顺序排列,选择需要的公司,重新搜索该公司的文件，之后再单击 Filing[n]，将选中的文件放入想要下载的文件列表。当完成文件选择之后，单击"XBRL to XL"按钮，进入下载页面，相对于.xls 文件而言，.zip 文件更小，下载速度更快。

按 SEC 要求，大公司从 2009 年第二季度开始报送 XBRL 报告，小公司从 2011 年第二季度开始报送。为此，XBRL to XL 平台中的数据文件有一定时间局限。

在 XBRL 体验过程中，我们使用 XBRL to XL，让学生选择并下载 5 家同行业公司的年报，进而在 Excel 当中进行财务比率和明细数据的查看。

四、软件平台的整合思路

XBRL 软件平台的整合思路主要有两条：

第一是配合模块设计。根据第六章第五节的模块整合结果可知，可用于体验中心教学的 XBRL 体验模块共计 53 个。XBRL 软件和平台的使用，主要是看其功能能够满足哪个模块的体验内容。如 NTT Data 的 XBRL 软件产品，具有分类标准创建、分类标准浏览、分类标准校验、实例文档创建、实例文档浏览和实例文档校验等功能，为此可在"认识分类标准"模块中用于浏览分类标准，可在"认识实例文档"模块中用于浏览实例文档，可在"分类标准扩展"模块中用于自动转换式扩展，可在"实例文档编制"模块中用于自动转换式编制，可在"分类标准校验"模块用于校验分类标准，可在"实例文档校验"模块用于校验实例文档。

第二是展现各自特色。尽管 XBRL 软件平台的大致功能可能一致，但具体功能实现中可能有很多亮点，用于体验模块中的功能将会尽显 XBRL 软件平台各自的特色。例如，吉贝克软件产品中内置了经验型 XBRL 扩展分类标准，支持整个表格的匹配性粘贴，支持同一家公司多个年度的 XBRL 编报，界面比较友好，可将其优先展现给学生，让学生容易接受 XBRL，愿意使用 XBRL 软件产品。再如，用友和金蝶的 XBRL 软件产品均有单机版和嵌入 ERP 版本。这两家公司相对于一般 XBRL 软件产品的优势在于，能够直接将 ERP 中的财务报表和账簿数据，通过一次性分类标准和财务报表的结构映射，多次自动生成 XBRL 财务报告。为此，体验中心将这两款软件产品用于"分类标准扩展"模块中的内部嵌入式扩展，以及"实例文档编制"模块中的内部嵌入式编制。

第四节 体验样本的筛选和运用

一、体验样本的筛选原则

体验中心筛选体验样本的原则有如下四条：

第一为全面性。体验中心对于体验样本的选择具有全面性，既包括可用于体验的技术规范、分类标准和实例文档，又包括可用于分享的最佳实践、真实案例等XBRL应用项目。

第二为多样性。对于技术规范、分类标准、实例文档和XBRL应用项目中的任何一类，均同时选择国外样本和国内样本，并根据学生行业背景选择相应的行业样本。

第三为典型性。典型性主要针对分类标准、实例文档和XBRL应用项目。其中分类标准和实例文档主要考虑不同应用领域和不同企业会计准则类型，XBRL应用项目主要考虑不同应用领域，如证券、税收、SBR项目、银行监管、国资监管等。

第四为可获取性。因为技术规范全球唯一且免费可获取，因此可获取性主要针对分类标准、实例文档和XBRL应用项目。用于体验的样本，需要能够顺利获取且能够向学生公开。

二、技术规范筛选

技术规范定义了XBRL的语法规则，总体而言可划分为基础技术规范和扩展技术规范。

（一）国际技术规范的筛选

XBRL国际组织先后发布了一系列XBRL技术规范，包括1个基础技术规范（XBRL 2.1 specification）和一系列扩展技术规范，具体可参见XBRL国际组织的技术规范子网站http://specifications.xbrl.org/。考虑到技术规范本身的认可级别和使用的广泛性，体验中心主要向学生介绍1个基础技术规范和6个扩展技术规范，包括维度技术规范（The XBRL Dimensions specification）、网页集成式技术规范［Inline XBRL (or iXBRL) specification］、表链接库（Table Linkbase）、公式技术规范（The Formula specification）、版本技术规范（The Versioning specification）和流技术规范（The Streaming specification）。

（二）国内技术规范的筛选

我国《可扩展商业报告语言（XBRL）技术规范》（GB/T25500—2010）系列国家标准涵盖基础、维度、公式和版本4个技术规范，尽管我国当前开展的XBRL软件认证只针对基础、维度和公式3个技术规范，但伴随企业会计准则通用分类标准2015版本的诞生，对版本技术规范的关注也将随之升温。为此，体验中心在设置授课内容时同时考虑了基础、维度、公式和版本4个国家标准（以下简称国标）。

参照《企业会计准则通用分类标准讲解》和4项XBRL技术规范国标，我们在授课过程中主要介绍我国技术规范国标制定的原则,如以国际标准为基础、按照我国标准编写规范起草、与我国实际情况相结合、注重与其他标准的兼容协调等;需要说明的几个问题,如分类标准的译法、公式规范为系列规范的有机整合、前瞻性地引入版本规范等;XBRL 技术规范国标的主要内容,基础规范为基础,其他 3 个技术规范为扩展;XBRL 技术规范国标的作用和特点,包括 XBRL 技术规范的全国统一性、模块化设计和相对稳定性。

关于 XBRL 基础国标,我们介绍基础国标概述、命名空间、XBRL 架构、XBRL 分类标准和 XBRL 实例文档,以及 XBRL 基础国标应用举例,如模式文件解析、链接库解析和实例文档解析等。

关于 XBRL 维度国标,我们介绍维度国标概述、维度的定义、维度的分类、维度规范模式文件的架构、维度弧的应用、维度的缺省值、维度的扩展和维度国标的应用举例等。

关于 XBRL 公式国标,我们介绍了公式国标概述、公式的定义、公式与公式链接库、公式国标的主要模块和公式国标的应用举例等。

关于 XBRL 版本国标,我们介绍版本国标概述、XBRL 版本管理的背景、XBRL 版本管理的风险、版本报告的定义、版本报告的 XML 表示、版本报告中的差异分类和版本报告的不同层级。

鉴于技术规范定义了 XBRL 的语法规则,多属技术层次的内容,而体验中心的学生多处于 XBRL 应用层次,为此,我们的体验模块中并未涉及技术规范的体验内容,目前仅作为讲解性内容。

三、分类标准筛选

(一) 国际分类标准的筛选

分类标准定义了 XBRL 的语义规则。XBRL 在财务领域的应用可划分为两个层次:一个层次是财务报告层次,称为 XBRL FR;另一个层次是账簿层次,称为 XBRL GL。

XBRL FR 层次的分类标准,一般需要根据企业会计准则制定。国际上的企业会计准则有两大典型代表,IASB 制定的 IFRS 和 FASB 制定的 US GAAP,与之相对应的两大企业会计准则分类标准分别是 IFRS 分类标准和 US GAAP 分类标准。为此,体验中心选择 IFRS 分类标准和 US GAAP 分类标准作为国际分类标准,提供给企业领军学生、公开课学生和其他一般学生学习参考。

鉴于税务领军学生对税务方面分类标准的特殊需求,体验中心选择英国海关与税务总署的 HMRC(HM. Revenue & Customs)分类标准,供学生学习和参考使用。

鉴于注册会计师领军人才对审计方面分类标准的特殊需求，体验中心选择荷兰的 SBR 分类标准，供学生学习和参考使用。

XBRL GL 层次的分类标准由 XBRL 国际组织统一制定，为展现会计系统和业务系统中的字段提供统一的格式，包含通用模块（GEN）、核心模块（COR）、高级业务概念模块（BUS）、多货币信息模块（MUC）、美英概念模块（USK）、税务审计概念模块（TAF）与 XBRL 财务报告分类标准映射模块（SRCD），共计 7 个模块。不同模块的组合构成调色板（plt）文件夹，ids 文件夹包含 XBRL GL 的实例文档示例，文件夹内容如图 7-21 所示。为此，体验中心选择 XBRL GL 的最新版本（gl-framework-REC-2015-03-25），供学生体验使用。最新版本 XBRL GL 的内容说明网址为 http://www.xbrl.org/int/gl/2015-03-25/gl-framework-REC-2015-03-25.html，文件包下载网址为 http://www.xbrl.org/int/gl/2015-03-25/XBRL-GL-REC-2015-03-25.zip，.zip 文件中包含 XBRL GL 的分类标准和实例文档。

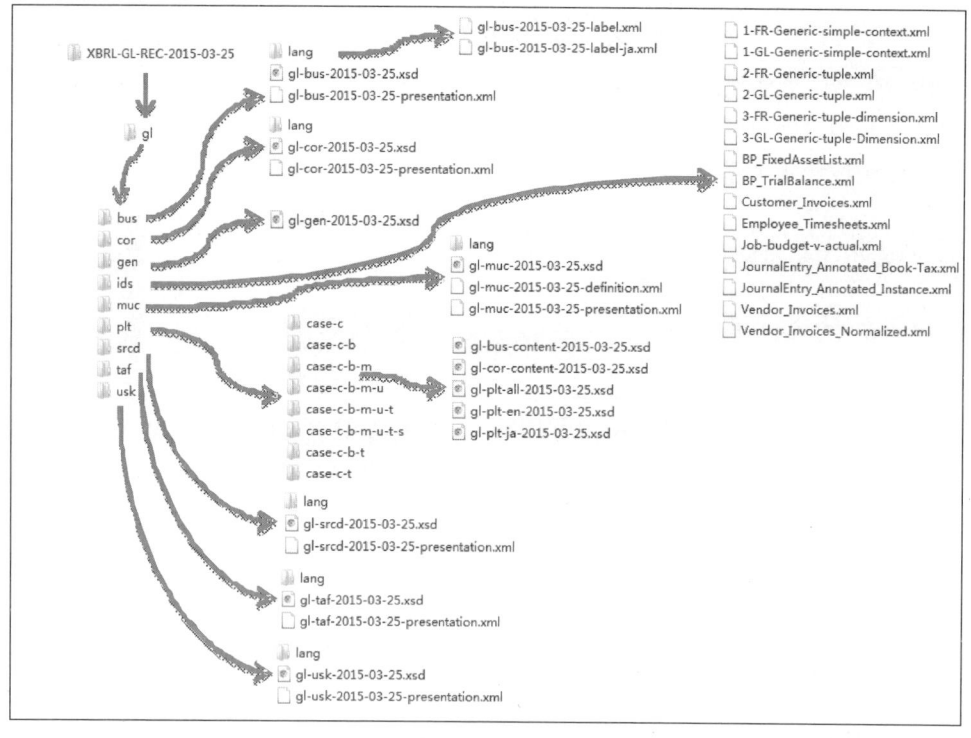

图 7-21 XBRL GL 的物理结构

鉴于 XBRL GL 分类标准为全英文版本，且合作伙伴已向体验中心提供了带有中文标签的 XBRL GL 分类标准——由 XBRL-GL-2006-10-25 和 srcd-2009-

05-12构成的"XBRL GL 体验文件包201403"。为此,体验中心推荐学生体验带有中文标签的XBRL GL 分类标准和实例文档。

(二)国内分类标准的筛选

在我国,企业会计准则和企业会计准则通用分类标准皆由财政部制定。原则上,其他监管机构的XBRL 分类标准、其他行业的XBRL 分类标准皆应在通用分类标准的基础上扩展制定。为此,体验中心选择最新版本的企业会计准则通用分类标准(2015-03-31)作为体验对象。该版本通用分类标准含有原本的企业会计准则通用分类标准、银行业扩展分类标准和石油天然气行业扩展分类标准。

鉴于银行类学生对银行监管扩展分类标准的特殊需求,体验中心选择"银行监管报表可扩展商业报告语言(XBRL)扩展分类标准",供学生学习和参考使用。

鉴于国企类学生对国资委监管扩展分类标准的特殊需求,体验中心选择"国资委财务监管报表XBRL 扩展分类标准",供学生学习和参考使用。

鉴于上交所、深交所和证监会基金分类标准目前均无法获得,暂未提供相应分类标准供学生体验。

鉴于向财政部报送的企业都要扩展分类标准,体验中心选取部分样例企业的扩展分类标准,供学生学习和参考使用。样例企业的分类标准可在XBRL 中国地区组织官网上下载,网址为http://www.xbrl-cn.org/2012/0719/79351.shtml。

四、实例文档筛选

(一)国际实例文档筛选

限于国际FR 层次实例文档的可获得性,体验中心主要选用SEC 的实例文档。学生可从SEC 网站下载具体公司具体期间的实例文档及其配套分类标准,也可从相应平台将SEC 实例文档数据转换到Excel 表格中,以便进行进一步数据处理。以apple 公司为例,SEC 网站的实例文档及配套分类标准下载页面如图7-22所示。

限于国际GL 层次实例文档的可获得性,体验中心直接从XBRL GL 分类标准的子文件夹"ids"中获取。

(二)国内实例文档筛选

限于国内实例文档的可获得性,体验中心主要选择9家企业2011年报送财政部的实例文档样例,范围涵盖中国铝业、兖州煤业、中国人寿、国家开发银行、中国石油、中国石化、华能国际、中国联通和东方航空。实例文档样例可在XBRL 中国地区组织官网上下载,网址为http://www.xbrl-cn.org/2012/0719/79351.shtml。

此外,在财政部和各企业的大力支持下,体验中心还将6家企业2014年报送财政

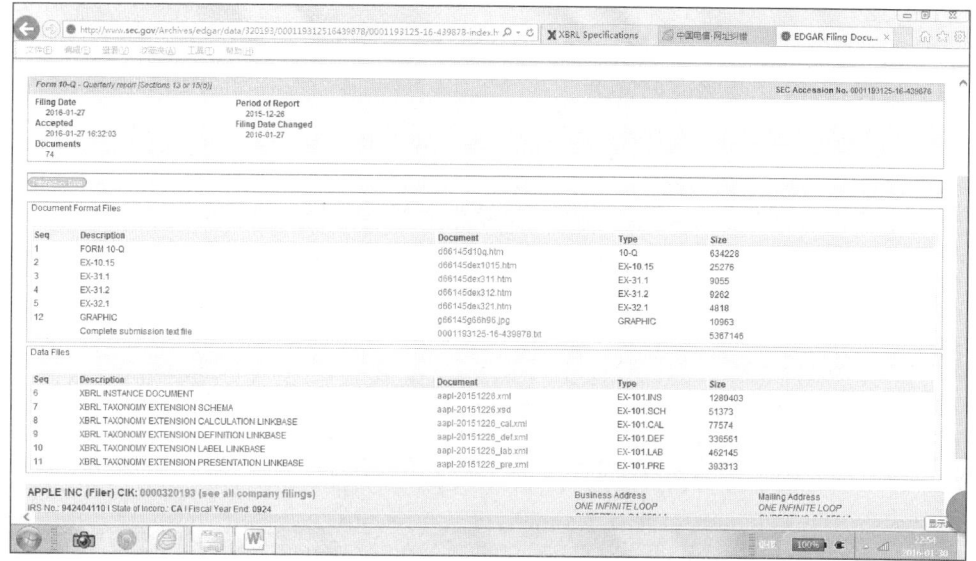

图 7-22　SEC 实例文档及配套分类标准下载界面

部的实例文档,用于向学生展示。

在上交所和深交所的大力支持下,体验中心还可根据学生需求,展示部分深交所实例文档和上交所实例文档。

五、应用项目筛选

(一)国际应用项目筛选

当前,XBRL 的应用领域已涉及财务报告、统计报告、税收报告、可持续发展报告、政府报告、监管报告和企业内部报告等。考虑到国际 XBRL 项目的典型性和代表性,在 SBR 项目方面,选取最有代表性的澳大利亚政府 SBR 项目,辅以荷兰、瑞典、芬兰和土耳其的 SBR 项目;在财务报告领域,选取最具影响力的美国 SEC XBRL 项目;在税收报告领域,选取最具代表性的英国海关与税务总署的 XBRL 项目;在金融监管领域,选取欧洲央行和日本央行的 XBRL 项目;在企业内部报告领域,选取最早成为经典案例的华歌尔和富士通 XBRL 项目。

(二)国内应用项目筛选

当前,国内 XBRL 应用项目日渐丰富,比较成熟的 XBRL 应用项目包括财政部的 XBRL 试点,深交所、上交所、证监会基金的 XBRL 项目,国资委的 XBRL 项目。考虑到与学生所在行业的契合程度,体验中心会根据不同体验班级,选择不同 XBRL 项目进行详细介绍,其他简单介绍。

此外,财政部于2015年开展了"企业会计准则通用分类标准典型实施应用案例"征集活动,涌现出一批企业内部应用XBRL的典型案例,包括中石油湖北销售、浦发银行、中国石油年金基金、中船集团、中国石化等企业的XBRL应用项目。体验中心在授课过程中,一方面会介绍这些XBRL项目的概况,一方面会邀请这些企业XBRL项目的相关负责人前来与学生进行全面分享与深入交流。

六、样本运用思路

对于体验样本而言,体验中心大致有四个层次的运用:一是认识层次,二是编制层次,三是开发层次,四是分享层次。

(一)认识层次的运用思路

可用于认识层次的体验样本包括技术规范、分类标准和实例文档。对于认识层次,体验样本的运用思路为"下载→打开→查看→校验"。如分类标准认识层次的运用思路如下:让学生亲自到网站上获取体验样本,分别用普通工具和专业工具浏览分类标准,在专业工具中查找特定元素、特定链接关系,对分类标准进行校验。

(二)编制层次的运用思路

可用于编制层次的体验样本包括分类标准和实例文档。对于编制层次,分类标准的运用思路为"下载→新建→导入→扩展→校验→保存",让学生从相关网站上获取基础分类标准,在分类标准编辑器中新建分类标准,导入基础分类标准并在此基础上扩展元素和链接库关系,对扩展的分类标准进行校验并保存。实例文档的运用思路为"新建→导入→编制→校验→保存",与分类标准编制层次的运用思路差别甚微,一是不需要下载,二是将扩展改为编制。

(三)开发层次的运用思路

可用于开发层次的体验样本主要是分类标准。对于开发层次,分类标准的运用思路为"下载→新建→导入→扩展→校验→保存→征求意见→修改→发布",前六个环节与编制层次的分类标准运用思路相同,后面三个环节有所不同。分类标准的开发过程还需要经过征求意见、反复修改和发布三个环节。

(四)分享层次的运用思路

可用于分享层次的体验样本主要是XBRL应用项目。XBRL应用项目的运用思路为"讲解→演示→讨论→评价",首先由教师讲解整个XBRL应用项目的概况,然后辅以关键功能或环节的演示,接下来由学生围绕XBRL应用项目展开讨论,最后由教师对整个XBRL应用项目和学生的讨论环节予以评价。分享层次的样本运用更接近于案例教学。

第五节 体验内容与体验流程

一、体验模块

（一）体验模块划分

当前，体验中心已形成17个成熟的体验模块，加上体验准备和体验总结两个模块，共计19个模块。每个模块的模块名称、体验目的、体验内容、配讲内容和模块类型如表7-5所示。

表7-5 XBRL体验模块划分

模块编号	模块名称	体验目的	体验内容	配讲内容	模块类型
—	体验准备	—	—	—为什么会产生XBRL —什么是XBRL —XBRL是如何推广的 —为什么选择体验式教学	—
模块1	XBRL体验入门	熟悉体验环境，了解XML如何支持网上汽车比价	1. 熟悉体验环境、完善相关信息 2. 体验网上汽车比价	—体验目的 —体验环节 —体验环境 —体验要求	基础模块
模块2	XBRL财务数据分析	了解如何运用XBRL格式财务报告，辅助决策支持	1. 用普联平台进行通用查询分析、财务指标分析和对标分析 2. 用上交所XBRL平台进行财务分析 3. 用深交所XBRL平台进行财务分析 4. 用证监会基金XBRL平台进行财务分析 5. 用XBRL to XL平台进行财务分析 6. 用XBRLAnalyst平台进行财务分析	—XBRL能干什么 —XBRL的应用现状怎样 —财务数据分析的基本类型	基础模块
模块3	认识实例文档	了解什么是实例文档，了解XBRL实例文档对软硬件系统的独立性	1. 下载实例文档 2. 用普通工具浏览实例文档 3. 用专业工具浏览实例文档	—XBRL的技术架构 —XBRL实例文档简介 —实例文档浏览工具介绍	基础模块

续 表

模块编号	模块名称	体验目的	体验内容	配讲内容	模块类型
模块 4	认识分类标准	了解什么是分类标准,了解 XBRL 分类标准对软硬件系统的独立性	1. 下载分类标准 2. 用普通工具浏览分类标准 3. 用专业工具浏览分类标准 4. 用网络平台浏览分类标准	—分类标准简介 —分类标准浏览工具介绍	基础模块
模块 5	扩展分类标准	了解如何采用不同的方式、不同的软件产品扩展分类标准	1. 手工录入式扩展分类标准 2. 自动转换式扩展分类标准 3. 内部嵌入式扩展分类标准	—分类标准扩展思路 —分类标准扩展步骤 —分类标准扩展方式 —分类标准编报方式 —分类标准扩展工具介绍	提升模块
模块 6	编制实例文档	了解如何采用不同的方式、不同的软件编制实例文档	1. 手工录入式编制实例文档 2. 自动转换式编制实例文档 3. 内部嵌入式生成实例文档	—实例文档编制步骤 —实例文档编制方式 —实例文档编制工具介绍	基础模块
模块 7	XBRL 交互式校验	通过相互校验分类标准和实例文档,体会 XBRL 数据流转的便利性	1. 交互校验分类标准 2. 交互校验实例文档	—XBRL 数据质量 —XBRL 校验的内容与场景 —XBRL 校验的依据与方法	提升模块
模块 8	XBRL 数据处理	了解 XML 原生数据库的存储方式与查询方式	1. 浏览 XML 原生数据库中的 XML 文件 2. 查询实例文档文件 3. 查询实例文档内容	—XBRL 数据的加密 —XBRL 数据的存储	提升模块
模块 9	认识 XBRL GL	通过浏览 XBRL GL 分类标准与最佳实践,认识 XBRL GL 的实质	1. 浏览 XBRL GL 分类标准 2. 浏览 XBRL GL 最佳实践	—XBRL GL 的概念和特征 —XBRL GL 的物理结构 —XBRL GL 的应用领域 —XBRL GL 的应用案例	提升模块

续　表

模块编号	模块名称	体验目的	体验内容	配讲内容	模块类型
模块10	XBRL免费软件下载	了解XBRL免费软件和试用软件的获取方式	1. 下载富士通试用软件 2. 获取富士通试用许可文件 3. 启动富士通XBRL试用软件 4. 获取XBRLAnalyst插件	—富士通XBRL Tools —XBRLAnalyst	拓展模块
模块11	XBRL软件的比较与选择	了解不同XBRL软件产品的优势及适用范围	1. XBRL软件的比较 2. XBRL软件的选择	—XBRL软件简介 —XBRL软件比较 —XBRL软件选择	拓展模块
模块12	财务报告编报模拟	学会基于通用分类标准实施步骤,编报财务报告中典型的维度表和非维度表	1. 建立分类标准 2. 建立非维度表结构并校验 3. 建立维度表结构并校验 4. 输入非维度表数据并校验 5. 输入维度表数据并校验	—基于通用分类标准的元素梳理 —创建扩展分类标准 —创建实例文档 —校验扩展分类标准与实例文档	拓展模块
模块13	XBRL与教学评价	探讨XBRL的应用趋势,对XBRL体验教学予以评价	1. 对XBRL本身的认识 2. 对XBRL应用的认识 3. 对XBRL体验的评价	—XBRL存在的争议 —XBRL发展与应用趋势 —进一步学习建议	基础模块
—	体验总结	—	—	—体验报告提交与批改 —体验报告发送与查收 —体验课程总结与分享	—
模块14	企业运用XBRL经验分享	学习先进企业和典型企业实施和运用XBRL的经验	—	—XBRL企业内部应用领域 —XBRL企业内部应用思路 —XBRL企业内部应用案例 —XBRL企业内部应用挑战 —XBRL企业内部应用价值	拓展模块

续 表

模块编号	模块名称	体验目的	体验内容	配讲内容	模块类型
模块 15	监管机构推进 XBRL 经验分享	学习国内外监管机构推进 XBRL 的经验	—	—XBRL 监管机构应用领域 —XBRL 监管机构应用思路 —XBRL 监管机构应用案例 —XBRL 监管机构应用挑战 —XBRL 监管机构应用价值	拓展模块
模块 16	XBRL 在我国的发展与应用趋势	了解 XBRL 在我国的发展和应用趋势	—	—XBRL 的发展趋势 —XBRL 的应用趋势 —XBRL 在我国的应用前景	拓展模块
模块 17	XBRL 软件自由体验	根据学生个人兴趣，自由选择 XBRL 软件和模块进行体验	1. 自由选择 XBRL 软件 2. 自由体验 XBRL 模块	—	拓展模块

（二）体验模块之间的关联

为降低 XBRL 体验的复杂性，体验模块设计的内在逻辑是由易到难，由浅入深。17 个体验模块之间的关联性如图 7-23 所示。体验入门是其他所有模块的基

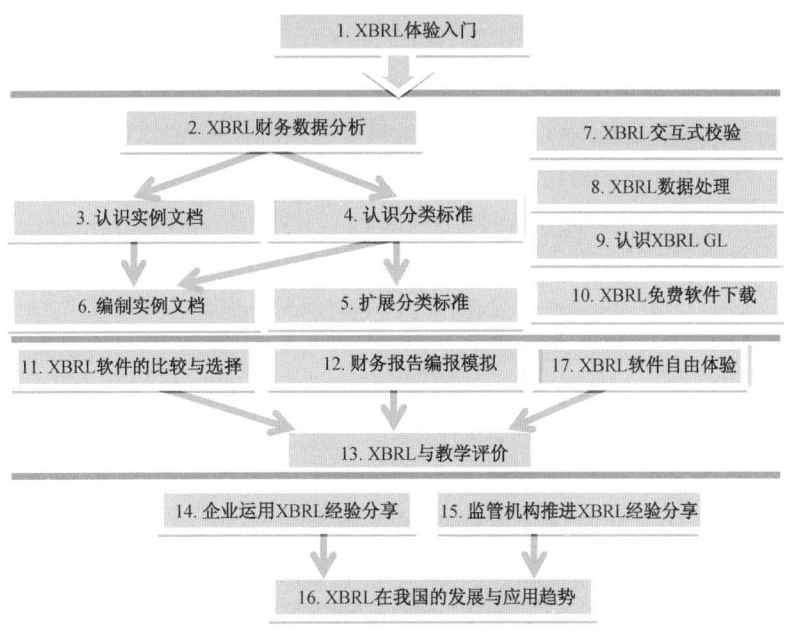

图 7-23　XBRL 体验模块之间的关联

础和前提;认识分类标准是扩展分类标准的基础;认识分类标准和认识实例文档是编制实例文档的基础;前 10 个模块是进行 XBRL 软件比较的基础;扩展分类标准、编制实例文档、交互式校验是财务报告编报模拟的基础;前 12 个模块及 XBRL 软件自由体验是进行 XBRL 与教学评价的基础。

二、体验内容

本部分将针对体验准备、体验总结和 17 个成熟 XBRL 体验模块,详细分析每个模块的体验内容、配讲内容,以及希望达到的体验效果。

(一)体验准备

体验准备是 XBRL 体验课程的基础和前提。本模块主要讲解 XBRL 的入门知识:XBRL 的产生背景,包括事项法会计的发展、公司商务环境的变化、信息技术的发展和网上财务信息披露的要求;XBRL 的基础知识,包括 XBRL 的概念与特征、XBRL 的起源与发展、XBRL 业务报告供应链、XBRL 的优势与效益;XBRL 的推广途径,包括 XBRL 国际组织、XBRL 国家组织、XBRL 实施培训、XBRL 知识手册、XBRL 体验中心、XBRL 知识竞赛和 XBRL 应用案例;选择体验式教学的考量等内容。

(二)体验入门

熟悉体验环境是顺利开展体验操作的前提。本模块主要通过登录体验教学管理系统,完善个人信息,特别是用于接收体验报告的电子邮箱,让学生熟悉体验环境,包括体验管理信息系统、截图工具、体验桌面等。此外,本模块还将向学生介绍体验模块之间的内在逻辑关系和体验要求。

(三)**XBRL 财务数据分析**

基于 XBRL 数据的财务分析,是学生最为喜欢的体验环节,因为该环节最能体现 XBRL 数据的特征和价值。本模块通过使用普联的 XBRL 平台进行通用查询分析、财务指标分析和对标分析,使用国内的上交所、深交所和证监会基金 XBRL 平台,以及国外的 XBRL to XL 平台和 XBRLAnalyst 平台进行财务分析,让学生了解如何运用 XBRL 格式财务报告,辅助决策支持。除此之外,本模块还着重介绍 XBRL 的国际应用现状和国际典型应用,主要包括澳大利亚、荷兰、瑞典、芬兰和土耳其的 SBR 项目,美国的证监会项目,英国的税收项目和日本的央行项目;国内应用现状和国内典型应用,主要包括深交所、上交所、证监会基金 XBRL 平台,证监会 IPO 系统,财政部的 XBRL 报送系统和分析平台,企业内部的典型应用等。

(四)认识实例文档

认识实例文档是编制实例文档的前提。本模块主要通过从美国 SEC 网站和 XBRL 中国地区组织网站下载实例文档,用浏览器等普通工具浏览实例文档,用富士通、浪潮、NTT Data 等专业工具浏览实例文档等环节,让学生理解 XBRL 的技术架构,了解财务报告中的数据与实例文档之间的关系,认识实例文档的物理存储与逻辑展现,以及实例文档的跨平台性,即对软硬件系统的独立性。

（五）认识分类标准

认识分类标准是扩展分类标准和编制实例文档的基础。本模块主要通过从美国 SEC 网站和 XBRL 中国地区组织网站下载分类标准,用浏览器等普通工具浏览分类标准,用富士通、浪潮、普联等专业工具浏览分类标准等环节,让学生了解什么是分类标准,包括财务报告中的概念及其特征与分类标准中的元素及其属性之间的关系,财务报告中的关系与分类标准中的链接库之间的关系,财务报告的分块表示与扩展链接角色之间的关系;分类标准的跨平台性,即对软硬件系统的独立性。

（六）扩展分类标准

创建扩展分类标准是编制实例文档的前一个步骤。本模块主要通过采用吉贝克 XBRL 平台进行手工录入式扩展分类标准,采用 NTT Data 分类标准编辑器进行自动转换式扩展分类标准,采用用友 NC 产品和金蝶 EAS 产品进行内部嵌入式扩展分类标准,让学生了解分类标准的扩展思路;分类标准的扩展步骤,包括基于通用分类标准的元素梳理、创建扩展分类标准和校验扩展分类标准;分类标准的扩展方式,包括复用和重新定义;分类标准的编报方式,包括手工录入式、自动转换式和内部嵌入式;如何采用不同的编报方式、不同的软件产品扩展分类标准。

（七）编制实例文档

编制实例文档是生成 XBRL 格式财务报告的过程,前提是已创建好了扩展分类标准。本模块主要通过采用吉贝克 XBRL 平台进行手工录入式编制实例文档,采用 NTT Data 分类标准编辑器进行自动转换式生成实例文档,采用用友 NC 产品和金蝶 EAS 产品进行内部嵌入式生成实例文档,让学生了解实例文档的编报方式,包括手工录入式、自动转换式和内部嵌入式,以及如何采用不同的编报方式、不同的软件产品编制实例文档。

本模块的内容与"扩展分类标准"模块的三种编报方式一一对应,在体验过程中,为保证某种编报方式的连续性,以及适量减少因软件切换给学生造成的困扰,两个模块的体验内容可以穿插进行,如先进行"扩展分类标准"模块的手工录入式扩展分类标准,再进行"编制实例文档"模块的手工录入式编制实例文档。

（八）交互式校验

校验是保障 XBRL 数据质量的重要环节。本模块通过采用富士通软件和浪潮软件,校验"认识分类标准"模块中下载的分类标准和"认识实例文档"模块中下载的实例文档,让学生体会 XBRL 数据流转的便利性,了解对 XBRL 数据质量的要求及可能存在的问题,XBRL 校验的技术内容与业务内容,在 XBRL 报送过程中需要进行校验的场合,XBRL 校验的技术规范依据、分类标准依据、编报规则依据和最佳实践依据，XBRL 软件认证、XBRL 人工校验、XBRL 软件自动校验等校验方法。

（九）XBRL 数据处理

XBRL 国际组织提供的是 XBRL 数据标准，而非 XBRL 数据处理解决方案，那么收集上来的 XBRL 数据应该如何处理呢？本模块通过采用 XML 原生数据库对 XBRL 实例文档文件进行加载、存储和查询等，对 XBRL 实例文档内容进行查询等，采用 XBRL 加密软件对 XBRL 实例文档进行加密和解密等，让学生了解 XBRL 数据的加密技术，理解采用传统文件系统、传统关系型数据库和 XML 原生数据库 3 种 XBRL 数据存储方式的异同，熟悉 XML 原生数据库的核心优势和主流产品。

（十）认识 XBRL GL

XBRL GL 是 XBRL 在账簿层的应用，它与 XBRL 在企业内部的应用、在税收领域的应用、在审计领域的应用等涉及 XBRL 报告底层明细数据的应用都密不可分。本模块通过采用 Arelle 软件浏览 XBRL GL 的分类标准与最佳实践，让学生了解 XBRL GL 的概念和特征、XBRL GL 的物理结构与模块组成、XBRL GL 的应用领域、XBRL GL 在监管机构、政府、企业、非营利组织应用的典型案例、XBRL GL 的后续学习网站等，认识 XBRL GL 的实质，展望 XBRL GL 在本行业的应用可能与应用前景。

（十一）XBRL 免费软件下载

获取免费软件或试用版软件，是很多学生特别关注的问题，这关系到他们离开体验中心后能否方便快捷地继续学习 XBRL、深入了解 XBRL。本模块通过富士通试用版本软件和 XBRLAnalyst 试用账号的获取，让学生了解 XBRL 国际组织推荐的 XBRL 软件产品和服务，学习如何从富士通官方网站上下载 Xwand 最新版本软件及说明书，如何获取面向学术人员和各地区或国家 XBRL 官方组织活动的为期 1 个月的免费 License，如何从 Findynamics 公司申请 XBRLAnalyst 的 15 天试用账号和为期 1 年并可续期的学术账号。

（十二）XBRL 软件的比较与选择

了解市场主流 XBRL 软件产品，也是学生前来体验 XBRL 的目的之一。在体验完前 10 个模块、使用过不同 XBRL 软件产品之后，本模块通过体验中心 10 家合作伙伴 XBRL 软件产品的基本情况、功能模块、体系结构、编报方式、已有应用领域等方面的比较，引出 XBRL 软件工具的选择要点，如考虑企业现有 ERP 系统、考虑是否通过 XBRL 软件认证、考虑 XBRL 实施所处阶段、考虑 XBRL 软件功能以及技术服务团队等，让学生了解 XBRL 软件产品的基本类型，各主流 XBRL 软件产品的优势及适用范围等。本模块内容详见《财务与会计》2015 年第 9 期的"国内 XBRL 软件的比较与选择"一文。

（十三）财务报告编报模拟

以完整案例将所学知识串联起来，是巩固知识的最佳路径。本模块借助一个简单的非维度表和一个典型的维度表,让学生从头到尾模拟财务报告编报的整个过程,包括通过分析财务报告结构、提取财务报告元素和映射通用分类标准,完成基于通用分类标准的元素梳理;通过新建分类标准文件、确定元素及其属性、确定元素标签、确定列报关系、确定计算关系、确定定义关系等,完成扩展分类标准的创建;通过新建上下文、单位,赋予事实值,设置精度和脚注等,完成实例文档创建;最后进行基于技术规范、通用分类标准及其编报规则的校验,以熟悉借助 XBRL 试用版软件完成基于通用分类标准的编报过程。

(十四) XBRL 与教学评价

学而不思则罔,思而不学则殆。本模块通过 XBRL 现有局限性的介绍,引发学生对 XBRL 优缺点、XBRL 的广泛应用给所在行业带来的机遇和挑战等的思考,引导学生客观看待 XBRL,不仅了解其优点,也熟谙其不足,以便在后续使用过程当中,扬长避短,充分发挥 XBRL 的优势和价值。此外,反馈是改进系统的最佳途径,体验中心还通过要求学生完成对教师、助教、课件以及体验效果的评价,了解学生的真实感受,获取学生的培训诉求,以不断完善体验课程。当然,本模块也会给出学生进一步学习 XBRL 的建议,包括相关网站、资料、认证考试等。

(十五) 体验总结

总结是学生回顾所学、展望未来不可或缺的环节。本模块是对所有体验模块体验结果的总结,通过安排助教老师批改体验报告,引导学生提交每个模块的体验报告、获取含有所有模块体验结果和体验评分的整份体验报告、畅谈体验感想、分享体验收获,教师总结体验心态、体验氛围、体验进度、体验得分等内容,完成 XBRL 体验环节的全部内容。

(十六) 企业运用 XBRL 经验分享

XBRL 最先进的运用在于企业。自 2010 年企业会计准则通用分类标准发布以来,XBRL 已在企业报送实施及内部运用方面取得重大进展。本模块旨在邀请先进企业和典型企业或 XBRL 软件商前来分享企业实施和运用 XBRL 的经验,与学生共同探讨 XBRL 在企业内部运用的思路和方法、挑战和价值,让学生了解 XBRL 的先进运用,思考如何在自己的单位运用 XBRL。

(十七) 监管机构推进 XBRL 经验分享

监管机构是当前 XBRL 运用之后的最大受益者。自证监会 2002 年开始制定《上市公司信息披露电子化规范》以来,我国深交所、上交所、证监会基金、证监会 IPO、财政部、银监会、保监会、国资委等监管机构,先后引入 XBRL 进行报告的报送和后续处理。本模块旨在邀请国内先进的 XBRL 应用监管机构,前来分享监管机构运用 XBRL 的思路和计划、进度与安排、挑战与价值,目的是让学生认识到 XBRL 在国内的推广与大规模应用只是时间问题。

(十八) XBRL 在我国的发展与应用趋势

想要长久立足于某个领域,战略眼光不可或缺。本模块旨在通过讲解 XBRL 在国际上的发展趋势和应用趋势,引导学生探讨 XBRL 在我国的发展和应用趋势。

(十九) XBRL 软件自由体验

因材施教是教学的最高境界。在定制课程或公开课程中,我们会专门设置"XBRL 软件自由体验"模块。本模块旨在鼓励学生根据个人兴趣,自由选择 XBRL 软件产品和体验内容,进行探索式体验,有助于学生深入了解某款软件产品。该模块对助教老师的要求较高,为此,体验中心从合作伙伴企业邀请 XBRL 实施专家相助。当然,学生也可以借此机会,完成前面未能跟上的模块体验。鉴于本模块的性质与内容,一般安排在"XBRL 与教学评价"模块之前进行。

三、体验流程

尽管每次课程的体验内容不尽相同,但体验流程大致相似,具体如图 7-24 所示。

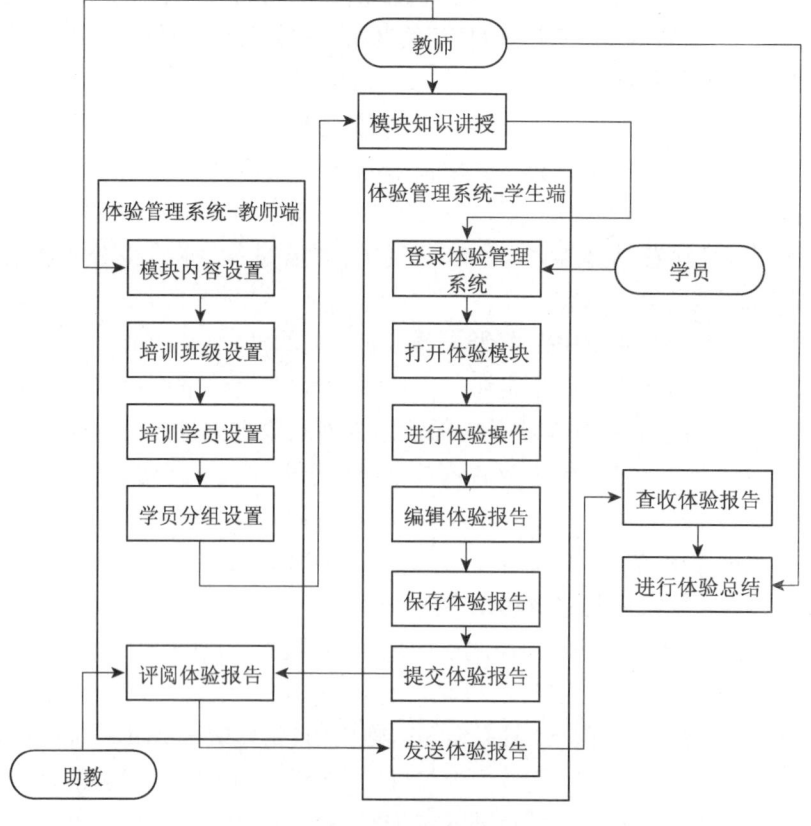

图 7-24　XBRL 体验流程

以下将简单介绍XBRL体验流程中的每个环节。

（一）模块内容设置

在上课之前，教师需要登录体验管理系统-教师端，进行模块内容设置，包括模块编号、模块名称、模块状态、对应课件、体验报告、体验目的、体验要求、体验步骤等。模块内容可以为众多培训班共享。

（二）培训班级设置

在上课之前，教师需要登录体验管理系统-教师端，在模块内容设置的基础上，进行培训班级设置，包括班级编号、班级名称、授课教师、开始日期、结束日期、助教老师、体验手册、模块内容选配，以及每个模块的开始授课日期和开始授课时间等。

（三）培训学员设置

在上课之前，教师需要登录体验管理系统-教师端，在培训班级设置的基础上，进行培训学员设置，包括所属培训班、姓名、学号、电子邮件等信息。为提高设置效率，体验教学管理系统支持从Excel中以字段匹配的方式批量导入学生信息。

（四）学员分组设置

在上课之前，教师需要登录体验管理系统-教师端，在培训学生设置的基础上，进行学员分组设置，包括小组名称、所属培训班、本组助教老师、本组学生、本组负责人等信息。学生分组决定助教老师评阅体验报告的范围。

（五）模块知识讲授

上课之后，在体验准备环节以及每个模块体验之前，教师都要进行配讲内容的讲授。知识教授环节不仅是本模块体验的基础，也是总结上一个模块体验情况的良机。

（六）登录体验管理系统

上课之后，在该模块配讲内容讲完之后，学生登录体验管理系统-学生端，完善个人信息后，进入体验流程。体验流程中会依次列示"培训班级设置"中选中的模块内容。

（七）打开体验模块

学生进入体验流程之后，双击打开某个体验模块，查看该模块的体验目的和体验步骤。

（八）进行体验操作

学生打开体验模块之后，按操作步骤要求，借助于XBRL工具平台进行体验操作。

（九）编辑体验报告

按要求将关键步骤的展示结果截图并粘贴到体验报告中，直到该模块的体验步骤全部完成。

(十) 保存体验报告

为防止因为断网、断电、浏览器无响应等特殊原因造成数据丢失,学生在体验过程中可借助"临时保存"功能,随时保存体验报告。

(十一) 提交体验报告

当学生全部完成某一体验模块,认为不存在问题,可以提交批阅时,可以借助"提交报告"功能提交体验报告。提交后的体验报告不能再修改,原则上每个模块只能使用一次"提交报告"功能。若偶遇学生因误操作而提交了体验报告,助教老师可以将体验报告退回,重置到提交前状态。

(十二) 评阅体验报告

学生提交体验报告之后,助教老师可以登录体验管理系统-教师端,针对本小组的学生,进行每个模块体验报告的批改,给出本模块的分数和评价。

(十三) 发送体验报告

当学生的所有体验报告都已提交,且经过助教老师批阅之后,学生可以借助"获取体验总结"功能,将涵盖所有模块体验内容、体验截图和体验得分的完整体验报告发送到个人在"登录体验教学管理系统"环节注册的邮箱之中。

(十四) 查收体验报告

建议学生在课堂上,登录个人邮箱查收体验报告。若未收到,可以尝试在体验管理系统-学生端重新获取。

(十五) 进行体验总结

原则上,体验总结环节,学生可以进行体验感想分享,教师可以就学生的体验过程及体验结果进行简单分析展示。但鉴于学生的体验操作有快慢之分,体验环境偶有好坏之别,在此环节中,可以让顺利完成体验的学生分享经验,让尚未完成体验的学生继续完成体验操作。

四、课程类型

当前,体验中心已经成功开设1天标准体验课程、2天选修体验课程、3天公开体验课程、3天定制体验课程、2天定制讲授课程、XBRL专题讲座和XBRL远程课程等,具体如下。

(一) 1天标准体验课程

自2014年4月份正式冠名以来,体验中心已面向企业会计领军人才、注册会计师行业优秀人才、税务领军人才等会计领域的高端培训对象,提供1天的标准体验课程。其学习目标是,初步认识与了解XBRL,课程安排如表7-6所示。

表 7-6 XBRL 1天标准体验课程安排

时间	教师	助教	授课内容	形式	时长
上午	1名	3名	体验准备	讲授	50分钟
			模块1:XBRL体验入门	讲授+体验	30分钟
			模块2:XBRL财务数据分析	讲授+体验	70分钟
			模块3:认识实例文档	讲授+体验	20分钟
下午	1名	3名	模块3:认识实例文档	讲授+体验	50分钟
			模块4:认识分类标准	讲授+体验	70分钟
			模块7:XBRL交互式校验	讲授+体验	30分钟
			模块8:XBRL数据处理	讲授+体验	30分钟
			模块13:XBRL与教学评价	讲授+体验	20分钟

鉴于同一个班级的学生对教授内容的理解程度不同,对体验内容的操作进度有所差异,1天标准课程中设置5个必做模块,分别为模块1、2、3、4和13,2个选做模块,分别为模块7和8。

(二) 2天选修体验课程

2天的《XBRL及其应用体验》课程,已于2015年正式成为上海国家会计学院全日制研究生的选修课程,面向会计专业硕士、审计专业硕士、税务专业硕士开设,其课程安排如表7-7所示。

表 7-7 XBRL 2天选修体验课程安排

课次	学时	授课内容	教学方式	时间	课外作业
第1天上午	4	体验准备	讲授	50分钟	撰写XBRL体验报告 撰写学习总结:我对XBRL技术的认识
		模块1:XBRL体验入门	讲授+体验	30分钟	
		模块2:XBRL财务数据分析	讲授+体验	70分钟	
		模块3:认识实例文档	讲授+体验	20分钟	
第1天下午	4	模块3:认识实例文档	讲授+体验	50分钟	撰写XBRL体验报告 撰写学习总结:我对XBRL报送的认识
		模块4:认识分类标准	讲授+体验	70分钟	
		模块5:扩展分类标准	讲授+体验	50分钟	
第2天上午	4	模块5:扩展分类标准	讲授+体验	40分钟	
		模块6:编制实例文档	讲授+体验	90分钟	
		模块7:XBRL交互式校验	讲授+体验	40分钟	

续表

课次	学时	授课内容	教学方式	时间	课外作业
第2天下午	4	模块8：XBRL数据处理	讲授+体验	40分钟	撰写XBRL体验报告 撰写学习总结：我对XBRL应用前景的认识
		模块9：认识XBRL GL	讲授+体验	40分钟	
		模块10：XBRL免费软件下载	讲授+体验	40分钟	
		模块11：XBRL软件的比较与选择	体验+讲授	30分钟	
		模块13：XBRL与教学评价	讲授+体验	20分钟	

鉴于研究生课程的学习特性，课程将综合上课出勤、体验报告和学习总结三个方面的得分，加权评定该课程的总成绩。其中，学习总结分为对XBRL技术的认识、对XBRL报送的认识、对XBRL应用前景的认识三个方面，字数不少于3 000字，根据总结报告的完整性、正确性和创新性等给出得分。

（三）3天公开体验课程

3天的《XBRL体验公开课》，已面向广大XBRL相关人员，包括XBRL实施企业、XBRL监管机构、XBRL软件开发商、XBRL服务提供商、XBRL教学人员、XBRL研究人员、公众投资者等，于2015年5月和10月开设两期，其中10月份的课程安排如表7-8所示。

表7-8 XBRL 3天公开体验课程安排

时间	课程内容	形式	时长
第1天上午	体验准备	讲授	90分钟
	模块1：XBRL体验入门	讲授+体验	20分钟
	模块2：XBRL财务数据分析	讲授+体验	60分钟
第1天下午	模块3：认识实例文档	讲授+体验	90分钟
	模块4：认识分类标准	讲授+体验	80分钟
第2天上午	模块5：扩展分类标准（三种方式）	讲授+体验	80分钟
	模块6：编制实例文档（三种方式）	讲授+体验	90分钟
第2天下午	模块14：企业运用XBRL经验分享	讲授	60分钟
	模块15：监管机构推进XBRL经验分享	讲授	60分钟
	模块16：XBRL在我国的发展与应用趋势	讲授	20分钟
	XBRL体验及应用交流	座谈	30分钟
第3天上午	模块7：XBRL交互式校验	讲授+体验	30分钟
	模块8：XBRL数据处理	讲授+体验	40分钟
	模块9：认识XBRL GL	讲授+体验	50分钟
	模块10：XBRL免费软件下载	讲授	20分钟
	模块11：XBRL软件的比较与选择	讲授	30分钟
第3天下午	模块12：财务报告编报模拟	讲授+体验	150分钟
	模块13：XBRL与教学评价	讲授+体验	20分钟

2015年10月份的公开课通知网址为 http://www.xbrl-cn.org/2015/0708/116433.shtml，5月份的公开课网址为 http://www.xbrl-cn.org/2015/0504/113521.shtml。与5月份的公开课程相比，增加了"财务报告编报模拟""监管机构推进XBRL经验分享"和"XBRL在我国的发展与应用趋势"等内容，更加贴近学生的实务操作需求和视野拓宽需求。

（四）3天定制体验课程

针对特殊客户需求，结合体验中心现有条件，设置面向特定客户的体验课程。如2015年11月份，针对某银行实施XBRL特殊需求，体验中心设计了3天的定制体验课程，课程安排如表7-9所示。

表7-9　XBRL 3天定制体验课程安排

时间	内容	形式	时长
第1天上午	XBRL概述	讲授	90分钟
	模块1：XBRL体验入门	讲授+体验	30分钟
	模块2：XBRL财务数据分析	讲授+体验	50分钟
第1天下午	模块3：认识分类标准	讲授+体验	60分钟
	模块4：认识实例文档	讲授+体验	60分钟
	模块5：扩展分类标准	讲授+体验	50分钟
第2天上午	模块5：扩展分类标准	讲授+体验	50分钟
	模块6：编制实例文档	讲授+体验	80分钟
	模块7：XBRL交互式校验	讲授+体验	40分钟
第2天下午	模块8：XBRL数据处理	讲授+体验	50分钟
	模块9：认识XBRL GL	讲授+体验	50分钟
	模块11：XBRL软件的比较与选择	讲授	30分钟
	XBRL编报规则	讲授	40分钟
第3天上午	银行XBRL实施经验分享	讲授	150分钟
	银行XBRL实施经验交流	问答	20分钟
第3天下午	模块17：XBRL软件自由体验	体验	140分钟
	XBRL体验及应用交流	座谈	30分钟

鉴于前来定制课程的客户是银行，我们在培训的第3天上午邀请了国内已实施XBRL的银行相关负责人，前来分享XBRL实施经验，并与客户企业展开深入交流。鉴于客户前来培训的目的是实施及在企业内部应用XBRL，我们在培训的第3天下午安排了主流XBRL软件产品的自由体验，邀请体验中心的合作伙伴，前来与客户深入沟通交流与其XBRL软件产品有关的问题。

(五) 2 天定制讲授课程

为宣传贯彻《企业会计信息化工作规范》和《企业会计准则通用分类标准》，在全社会普及企业会计信息化相关知识，提升企业会计信息化工作水平，财政部于 2015 年 8 月举办"全国企业会计信息化知识竞赛"。鉴于此，体验中心开发了面向该知识竞赛的 2 天定制讲授课程，课程安排如表 7-10 所示。

表 7-10　XBRL 2 天定制讲授课程安排

时间	内容	具体内容	时长
第 1 天	企业会计信息化竞赛背景	财政部关于开展企业会计信息化知识竞赛的通知	10 分钟
		全国企业会计信息化知识竞赛网站	
	企业会计准则通用分类标准讲解	第一章 可扩展商业报告语言（XBRL）概述	330 分钟
		第二章 XBRL 基础技术规范国标	
		第三章 XBRL 维度、公式和版本国标	
		第四章 企业会计准则通用分类标准	
		第五章 创建企业扩展分类标准	
		第六章 创建财务报告实例文档	
		第七章 校验扩展分类标准及实例文档	
		第八章 通用分类标准实施综合案例	
第 2 天上午	企业会计信息化工作规范释义	第一章 总则	170 分钟
		第二章 会计软件和服务	
		第三章 企业会计信息化	
		第四章 监督	
		第五章 附则	
第 2 天下午	企业会计准则通用分类标准及版本差异	2010 版企业会计准则通用分类标准简介	100 分钟
		2015 版企业会计准则通用分类标准简介	
		两个版本企业会计准则通用分类标准差异分析	
		2015 版企业会计准则通用分类标准指南补充	
		企业会计准则通用分类标准术语表	
	企业会计信息化竞赛试题分析与答疑	企业会计信息化知识竞赛题目类型分布	70 分钟
		企业会计信息化知识竞赛试题分析	
		企业会计信息化知识竞赛试题答疑	

参加培训的学生竞赛分数在 88～92 分之间，有不少学生位列优秀成绩二档和优秀成绩三档，获奖名单详见财政部网站，网址为 http://kjs.mof.gov.cn/

zhengwuxinxi/gongzuotongzhi/201601/t20160113_1649654.html。

（六）XBRL 专题讲座

并非所有的学生都有机会到体验中心来接受现场体验式学习，为此体验中心还设计了 XBRL 专题讲座，如面向上海国家会计学院校友的财经讲堂。2015 年 9 月份财经讲堂的课程安排如表 7-11 所示。

表 7-11　XBRL 财经讲堂安排

内　容	具 体 内 容	主讲人	时长
开场致辞			10 分钟
主题演讲一：我国推进 XBRL 的战略	—对 XBRL 技术的理解 —财政部推进 XBRL 的工作 —XBRL 的应用建议	财政部会计司领导	40 分钟
主题演讲二：XBRL 基本原理及国内外典型应用	—为什么会产生 XBRL —什么是 XBRL —XBRL 是如何推广的 —XBRL 的应用现状怎样	上海国家会计学院教师	60 分钟
主题演讲三：XBRL 在企业中的应用	—企业内部应用 XBRL 现状 —企业年金应用 XBRL 案例介绍 —XBRL 在企业内应用发展的思考	企业 XBRL 内部应用负责人	60 分钟
互动时间			30 分钟

鉴于财经讲堂的主要听众是上海国家会计学院校友群体，以及其他感兴趣的网络听众，为此，体验中心选取了听众最可能感兴趣的三个主题。本次课程的现场听众约有 150 名，网络视频听众 167 名。

（七）XBRL 远程课程

自成立以来，体验中心已委托上海国家会计学院远程教育网（www.esnai.net）录制了 5 门 XBRL 课程，包括免费的"XBRL 入门"，收费的"可扩展商业报告语言 XBRL 简介""企业会计准则通用分类标准实施指南""企业会计准则通用分类标准编报规则（2013）"和"企业会计准则通用分类标准 2015 解读"。此外，体验中心还计划推出"XBRL 编报实例"等培训课程，以及 XBRL 远程体验和 XBRL 认证课程等。

第六节　体验特色和体验效果

一、体验特色

（一）软件产品多样化

当前，体验中心的 XBRL 软件产品较为丰富，既包括 10 家合作伙伴的 11 款

XBRL 软件产品和 3 个国内免费公共平台,也包括 3 款国际免费或试用软件,以及 2 个国际免费或试用平台。产品类别较为丰富,可覆盖 XBRL 业务报告供应链的绝大部分环节,包括 XBRL GL 层次的内部报告、XBRL FR 层次的外部报告,以及 XBRL 数据的收集、发布和使用等,产品功能较为齐全。

(二)课程内容模块化

根据 XBRL 知识需求调研,结合现有 XBRL 软件产品的功能和优势,体验中心设计出模块化的体验课程,每个模块可单独体验,也可与其他模块组合体验。如模块 5 扩展分类标准、模块 6 编制实例文档和模块 7 交互式校验,既可分别单独体验,也可组合起来进行手工录入、自动转换和内部嵌入三种方式的分类标准编报体验。

(三)课程设置类别化

在大量实际调研和多年授课经验的基础上,体验中心根据不同类别的培训对象,筛选出相应的 XBRL 体验模块和配讲内容,保证 XBRL 讲授内容和体验内容的精准性和实用性。目前已成功开设半天专题讲座、1 天标准课程、2 天选修课程、3 天定制课程、3 天公开课程、远程网络课程等,以满足不同类别学生的知识需求。

(四)授课师资多元化

XBRL 体验中心虽然坐落在上海国家会计学院,但它更是国内外 XBRL 的教研阵地和交流合作的展示窗口。为此,体验中心特通过聘请 XBRL 领域的高级专家、教授,招纳 XBRL 方向的博士后和访问学者等多种方式,丰富教学力量,满足授课需要,保证授课效果。当前,XBRL 体验中心自有 4 名专职教师(其中 1 名为教授,3 名为博士)和 8 名兼职助教,已聘请过的外部师资包括 XBRL 领域的政府领导、咨询专家、实施企业负责人、软件开发商代表、教授和国际专家。在 XBRL 体验中心,聘请什么样的师资,很大程度上取决于学生层次和授课需要。

(五)教学研究同步化

科研是教学的"源头活水",如果没有科研做支撑,课堂教学就会失去"灵魂"。为此,体验中心不仅重视 XBRL 的教学工作,也非常重视 XBRL 的科研工作。已发表的 XBRL 方向的学术论文包括《会计研究》2015 年第 8 期的"市场竞争、政府行为与 XBRL 技术扩散"、《财务与会计》2015 年第 9 期的"国内 XBRL 软件的比较与选择"、《中国会计报》2014 年 6 月份的"国产 XBRL 软件迎来春天"等;已申请到的 XBRL 方向的课题包括 2014 年 9 月份获批的中国博士后科学基金项目"信息共享环境下 XBRL 信息整合的机制设计与实现路径研究"、2015 年国家自然科学基金项目"中国情境下 XBRL 技术扩散研究:影响因素、企业行为选择与政府干预";已撰写的 XBRL 领域的案例包括"东方航空 XBRL 实施案例"和"中石油湖北销售 XBRL 内部应用案例"等;已获得的 XBRL 方向的奖项包括"杨纪琬奖学金优秀博士学位论文""杨纪琬奖学金优秀会计学术专著"和"中国会计学会全国会计信息化年会优秀论文"等。

二、体验效果

（一）体验中心已接待学生

自体验中心成立以来,我们已迎接 27 个班次 1 300 余名现场体验学生,包括国资委国有大型企业总会计师、全国企业会计领军人才、全国税务领军人才、地方企业会计领军人才(舟山、陕西、榆林、湖南、山东、宁夏等)、注册会计师协会行业优秀人才(上海、山东等)、实施 XBRL 金融机构(中国进出口银行、中国农业发展银行等)、上市公司财务人员、EMPAcc 项目学生、全日制 MPAcc 学生、XBRL 监管人员(上交所、深交所、证监会等)、XBRL 教研人员(高校、研究所等)、XBRL 软件开发商等,以及广大的网络直播课堂听众、网络课程听众和现场讲座听众。

（二）典型体验感言分享

在众多学生之中,体验班次最多的是地方企业领军人才和注册会计师行业优秀人才,体验感悟最深的是全国税务领军人才,体验积极性最高的是 XBRL 公开课学生,主要包括软件开发商、监管人员和教研人员。以下是各类学生的 XBRL 体验感言选摘。

1. 企业会计领军人才

学生 1:本人认为 XBRL 在国内的推广和应用非常必要,对于国内企业的对标和国际化非常重要。整个学习过程非常充实,愉快。

学生 2:通过实际操作,在较短的时间内了解了 XBRL 相关的知识,体会到了 XBRL 给财务人员带来了挑战,也给财务分析带来了便利。很好。

学生 3:实际操作和理论相结合,便于理解,实用性很好。增强了学生财务管理手段和水平。

学生 4:通过浸入式体验,对 XBRL 有了感性的认识,基本了解了不同的软件操作方式,相信 XBRL 的推广将会对财务领域甚至其他领域带来革命性的改变。

学生 5:这是一门新技术新知识的学习与应用,对于专业知识和计算机及软件操作要求较高,熟悉了 XBRL 语言的基本模块及体验操作,对 XBRL 有了更进一步了解,利于今后 XBRL 在单位的应用与推广,学到了很多。

学生 6:很有意思。通过实际操作对 XBRL 有了更为直观的认识。虽然只是粗略的了解,但对以后的深入学习,提供了一个便捷的通道。

学生 7:既有理论概括,又有实战操作;加深了对 XBRL 的理解;离开课堂还有"邮件中相关资料"可温习,2 个字概括:"不错!"

学生 8:充分认识了 XBRL 的应用重要性和意义,这必将是一门广泛应用的数据分析语言,尽管存在局限性和不足,仍带给我对未来工作发展无限的遐想和期望。

学生9:通过体验了解了XBRL概念和历史、应用现状,体验了XBRL常用的几种工具,XBRL的特征决定了其良好的应用前景。

学生10:有点手忙脚乱,很新奇,也很有吸引力。

2. 注册会计师行业优秀人才

学生1:我平时审计的主要客户是证券投资基金,已经使用XBRL作为定期报告的模板,因此之前对XBRL有了初步的了解。这次体验让我对XBRL有了更进一步的认识,并通过实际操作更进一步理解了XBRL的一些原理,这次体验对我帮助很大。

学生2:对XBRL有了更加直观的认识,也体会到如果XBRL大力推广会使得信息更加透明和可比。

学生3:通过这次的接触对XBRL有了一个浅显的认识,希望能更好地推广,这样就能在以后的审计工作中很好地运用。

学生4:体验很好,XBRL是一种全新的商业语言,具有普适性。作为财务专业人员,应尽快掌握XBRL的应用。

学生5:全新的课程,全新的学习方式,给我们带来了全新的感受,很喜欢这种互动式的学习过程,跟进国际最新的理念,开阔了眼界。

学生6:对XBRL的应用功能可以如此丰富,感到非常新奇,会随着知识和软件的普及而应用广泛。也感谢各位老师的耐心指导,感觉收获颇丰,开拓了一个新的信息来源渠道。

学生7:初次近距离实际体验XBRL系统,有了一定的感性认识,深感会计、审计大数据时代的来临;技术进步不可阻挡,将大大提高我们会计、审计的效率;同时也对我们原有的知识结构和传统审计方法提出了挑战。

学生8:前瞻性的课程,老师授课清晰认真,助教的协助指导及时耐心。教学效果相当好,的确是有很大收获的,对今后的工作有帮助,且指明了接下来个人在XBRL领域继续学习的方向和途径。

学生9:课程内容覆盖XBRL的基本知识,对于入门级的学生很有帮助。体验教学的模式效果和效率都比单纯的书本教学要好。同时老师也提供了供后续学习的途径,包括相关的网站链接和认证途径等。

学生10:重新认识了XBRL在上市公司年报中的应用,对于以后运用这个工具开展同行业分析很有作用。

3. 税务领军人才

学生1:体验很好,对于XBRL有了一个感性的认识;很多国际国内组织、机构都已经使用XBRL进行数据的处理和公布,发现了一个数据交换和利用的宝库;以后会进一步学习研究 XBRL,并争取在税务系统进行应用和实践。

学生 2:本课程将理论认知与实践操作紧密结合,使学生在轻松愉悦的氛围中加深了对 XBRL 数据交换标准的认识,同时也体会到其对第三方数据共享的积极意义。

学生 3:非常复杂和神奇的系统,代表着未来财务报告的发展方向,具有前瞻性、智能化的特点,财务报告及分析的信息化和全球化是一个必然的发展方向。

学生 4:标准化将是会计语言的发展趋势,XBRL 对税收工作,如税收管理、纳税评估及税务稽查有一定作用。

学生 5:非常好,通过老师一步一步地带领讲解和演示,让大家渐渐了解了 XBRL 这个本来很技术化的新概念。而且让大家实际动手,逐步试错来掌握这项技术。

学生 6:今天的体验是我第一次接触 XBRL,给予我极其深刻的印象,对于 XBRL 的功能、国内及国际应用状况有了进一步的了解。刘院长的讲授深入浅出,刘老师 XBRL 软件的应用水平极其高超,教学态度诲人不倦。

4. 教研人员

学生 1:老师与团队教学服务一流,让我对 XBRL 有了深入了解,对今后教学科研一定大有益处。

学生 2:很棒!学到很多有用的 XBRL 相关中文信息材料和教育方式方法内容。体验到很多非常新的 XBRL 研究教育动态。

学生 3:我在教育行业,从事会计信息化教学。XBRL 的广泛应用和普及趋势使得 XBRL 教学成为会计信息化的重要教学内容之一。这次体验式教学,完全动手操作,体验效果实现从纸面到实践的质的飞跃!XBRL 教学也是我们会计类学科教学特色之一,构建学生的差别竞争能力,体现我校会计相关学科集团应用的教学特色。

学生 4:非常难得的一次专题培训机会,3 天的系统训练很有收获,教师授课方式亲切而灵活,对 XBRL 有了一定的感性认识,有助于自己在该方面的理论研究指导。

学生 5:在短短的 3 天内,接触到很多的软件,虽然学习得还不深入,但是也迅速入门,对神秘的 XBRL 感觉不再畏惧。对于新知识与先进的理论知识有很高的兴趣。

学生 6:工作环境轻松,指导到位,老师对理论与实务的讲解均形象生动。

5. 软件开发人员

学生 1:通过体验式的授课方式,边学习边使用,将理论知识及时通过实际操作消化及深入理解。学习效果好,知识掌握深刻,同时,使得学习内容丰富多彩,灵活多样,不枯燥,让学生产生极大的学习动力和学习乐趣。

学生2:3天培训时间很短,但是培训内容充实,教师和学生热情都很高。学习氛围很好,上海国家会计学院的软硬环境都很合适,不错的体验!

学生3:系统性地了解到XBRL知识,并以体验的方式熟悉国内主流软件,有利于对XBRL的直观认识,非常好。

学生4:很不错的一次体验旅程,体验了很多市面上XBRL相关软件的功能优点。

学生5:紧张刺激而不乏趣味性!通过老师的精彩讲解和实际上机操作体验,对XBRL有了深刻的认识,感觉收获很大。

学生6:整个课程是理论加操作同时进行,这种方式对加深理解是挺不错的,而且每个老师教得都很细心和耐心。

第七节 体验中心的未来发展

自2010年正式组建以来,XBRL中国地区组织体验中心得到了财政部会计司、XBRL国际组织、行业监管机构以及参训学生等社会各界的广泛认可,随着网络技术的快速发展,教学环境的不断变化,XBRL应用的迅速普及和学习需求的持续提升,体验中心必须与时俱进,不断追求更为卓越的发展目标,总体而言,我们认为XBRL中国地区组织体验中心下一步可能会向以下七个方向发展。

一、产品和平台的多样化

目前,XBRL中国地区组织体验中心引进的产品以XBRL生成器、校验工具和展示工具为主,选择的公共平台仅能对预设的XBRL实例文档进行横向或纵向比较。从信息处理的视角来看,对XBRL实例文档的高效存储、安全传输和数据挖掘的产品还明显欠缺,能启发学生的企业内部XBRL应用案例也明显不足。因此,下一步在继续引进新的、通过XBRL软件认证的软件商产品和平台的同时,还需引进更多的XBRL专业数据处理的厂商产品,如XML数据库产品、XBRL或XML数据挖掘产品等,并引进能将XBRL技术成功运用到企业内部管理的最佳实践,使体验的产品和平台能够适应更多类型、更多层次学生的教学需要。

二、体验知识点的纵深化

目前,XBRL体验中心提供的体验知识点主要集中在FR(财务报告)的层面,在企业内部的应用,特别是在GL(全球账簿)层面的应用,还没有设计出合适的体验模块。下一步需结合不同类别实体的XBRL应用需求,从凭证、账簿到报表,从内控、内审到税务筹划,从企业内部各系统的集成到企业与外部监管机构的信息交换,从分类标准处理中简单的扩展元素录入到如何针对复杂的应用需求制定企业 XBRL 解决方案,更为深入地模拟 XBRL 的应用场景。

三、体验内容更加个性化

现有的体验模块划分主要基于不同类型应用群体(如企业、数据商、监管者、软件商和投资者等)的学习需要,但对这些群体的不同层次(如决策层、管理层和操作层等)的需要则没有进一步地细化,也没有顾及这些群体不同学习阶段(如初学阶段、提高阶段、研究阶段等)的需要。因此,为得到更加满意的体验效果,设计的体验内容和时间安排还需更加个性化,即每个人的体验内容应该智能化地编排,并与其个人的学习期望相吻合。要做到这一点,不仅需要设计更细颗粒的模块,可能还会对助教的工作带来巨大的挑战。

四、体验活动的协同化

尽管在体验教学管理系统中学生可以被划分成不同的角色,并且这些角色的任务之间可以具有一定的关联关系,但在具体的体验环节和体验内容的设置上,目前还是以学习者个人为中心,没有设置需多人协同完成的复杂任务。因此,现有的设计没能充分模拟 XBRL 项目实施中多人参与的实际情况。此外,没有协同的过程也难以充分实现体验式教学的博弈性和趣味性。因此,今后需进一步优化体验流程,使每位学生的体验任务与同伴的任务相关联。只有团队内部充分协同,才能共同完成复杂的任务。

五、Web 化和移动终端化

现有的体验式教学活动主要安排在体验教室内,基于桌面 PC 机系统来操作。随着移动互联网的快速发展和网络教学方式的普及,客户端(学生端)的设备将呈现多样化的趋势,如笔记本电脑、智能手机和 PAD 等网络终端的使用将越来越为频繁,使用的地点也会突破教室的范围,延伸到其他私人或公共场所。因此,未来的体验中心教学方式将会向 WEB 化和终端移动化方向发展,这同时也给 XBRL 软件厂商带来了巨大挑战,因为 XBRL 软件对各种平台的适应性将显得尤为重要。

六、效果评价的智能化和自动化

对教学效果进行科学的评价是体验式教学的重要环节。对学生的学习成果进行公平、专业、快速的评价会对学生的学习活动产生积极的影响,同样,对教师的教学活动进行科学的评价会有利于教师不断完善教学过程、提升教学质量。

目前,在 XBRL 中国地区组织体验中心,教师(助教)对学生的评价主要采取在后台逐题主观评分的方式,虽有一定的标准,但标准不够严谨,不同的教师之间存在着尺度不一的问题;学生对教师的评价主要采取 5 分制总体评价的方式,由于是非匿名方式,也存在着不真实的可能。因此,未来的效果评价方式希望能采取智能化和自动化的方式,以克服上述评价方式带来的问题。

七、体验中心发展的国际化

未来体验中心发展的国际化主要体现在两个方面:一方面是培训对象和师资的国际化,体验中心除接待国内各行各业的学生之外,还应广泛接受来自境外的学习者,培训师资除依赖国内教师之外,还可以聘请 XBRL 国际组织的专家、学者;另一方面是体验中心研究的国际化,除了积极跟踪国内 XBRL 的研究和应用趋势,还应积极走出国界,积极参与 XBRL 国际组织的活动,调研国外 XBRL 成功经验,在国际期刊上发表学术论文,向国际社会介绍中国 XBRL 的最佳实践,同时在制定 XBRL 国际标准中发出中国的声音。

本章小结

本章详细地介绍了 XBRL 中国地区组织体验中心近年来的具体探索,主要得到以下结论:

第一,应抓准时机构建 XBRL 体验中心。XBRL 在国内的推广已成必然趋势,可选取恰当的时机构建 XBRL 体验中心,定位发展目标和受众群体尤为重要。

第二,应注重 XBRL 体验环境的搭建。XBRL 体验环境是体验的基础,可在资源共享和资源受限的情况下,考虑如何快速高效布局体验教室,搭建体验网络和体验服务器,设计和实现体验客户端,设计与开发体验管理系统。

第三,应注重软件平台的选择与整合。可从全面性、多样性、可获取性、规范性、可用性、常用性和先进性方面考虑国内外 XBRL 软件平台的选择,特别是提供免费版本和测试版本的产品,可从配合模块设计和展现软件特色两个角度整合利用 XBRL 软件平台的体验功能。

第四,应注重体验样本的筛选和运用。可从全面性、多样性、典型性和可获取性考虑体验样本的筛选与运用,包括技术规范、分类标准、实例文档和应用项目;可针对不同样本,考虑划分层次的运用思路,如认识层次、编制层次、开发层次和分享层次。

第五,应注重体验内容和体验流程的设计。可根据现有资源、授课对象的知识需求设置 XBRL 体验模块,细化每个模块中的体验内容,关注体验模块之间的衔接关系,归纳通用的体验流程,设置不同的体验课程类型。

第六,应注重体验特色建设。可根据体验中心的实际情况营造体验特色,如软件产品多样化、课程内容模块化、课程设置类别化、授课师资多元化、教学研究同步化等。

第七,应做好体验中心的长期发展规划。伴随XBRL技术的发展、XBRL运用的深入和广泛,以及培训对象XBRL知识结构的日益优化,体验中心只有与时俱进,不断追求卓越,方能立于相对长久的不败之地。

第八章

基于免费软件平台的体验模块分享

本章是基于免费软件平台的体验模块分享,所设计的体验模块涵盖了几乎所有的 XBRL 知识点,包括体验模块设计、XBRL 财务数据分析、认识实例文档、认识分类标准、财务报告编报模拟,以及认识 XBRL GL。基于免费软件平台的体验设计是为了能够使 XBRL 体验模块具有可复制性,也即读者根据本章所介绍的免费软件平台以及体验模块设计,同样能够完成相应的 XBRL 知识体验。这样能够极大降低 XBRL 知识体验的门槛,更利于 XBRL 知识的有效传播。

第一节 基于免费软件平台的体验模块设计

现如今已有许多优秀的 XBRL 软件平台发布,然而这其中很大一部分是收费的,其价格可能还不菲,这构成了体验 XBRL 的障碍。可喜的是,市场上公开的(或者可供试用的)软件平台正逐渐增多,这些软件平台的功能也比较丰富,但使用者面对这些功能可能会无从下手,无法进行有针对性、有目的性的体验。因此,基于市场上现有的免费软件平台(含免费试用平台),本章进行了一系列的体验模块设计,目的在于通过某一具体模块的体验,能够对 XBRL 的一个具体方面有比较清晰的认识。体验模块分享的范围包括:XBRL 财务数据应用、XBRL 技术原理(包括 XBRL 实例文档与 XBRL 分类标准)、XBRL 财务报告编制,以及 XBRL 通用账簿。为此,本章有针对性地设计了五个体验模块,分别是 XBRL 财务数据分析、认识实例文档、认识分类标准、财务报告编报模拟,以及认识 XBRL GL。基于免费软件平台的体验模块设计如表 8-1 所示。

每一个体验模块都是相对独立的,也就是说任一体验模块的完成并不依赖其他模块。因此,读者可以任意选择其感兴趣的模块进行体验。尽管模块的体验是相对独立的,但在模块的体验顺序上还是做了一些安排,首先是 XBRL 财务数据分析,这一模块的体验有利于吸引体验者,产生对 XBRL 知识的兴趣;其次是 XBRL

技术原理体验模块(包括认识实例文档和认识分类标准);再次是财务报告编报模拟,综合运用了 XBRL 实例文档和 XBRL 分类标准的技术知识;最后则是认识 XBRL GL,这是独立于 XBRL 财务报告的体验模块。XBRL 软件免费下载的内容包含在模块 2 和模块 12 中。

表 8-1　基于免费软件平台的体验模块设计

模块编号	模块名称	体验目的	主要的体验内容
模块 2	XBRL 财务数据分析	了解如何运用 XBRL 格式财务报告,辅助决策支持	1. 用上交所 XBRL 平台进行财务分析 2. 用深交所 XBRL 平台进行财务分析 3. 用证监会基金 XBRL 平台进行财务分析 4. 用 XBRL to XL 平台进行财务分析 5. 用 XBRLAnalyst 平台进行财务分析
模块 3	认识实例文档	了解什么是实例文档,了解 XBRL 实例文档对软硬件系统的独立性	1. 下载实例文档 2. 用普通工具浏览实例文档 3. 用专业工具浏览实例文档
模块 4	认识分类标准	了解什么是分类标准,了解 XBRL 分类标准对软硬件系统的独立性	1. 下载分类标准 2. 用普通工具浏览分类标准 3. 用专业工具浏览分类标准 4. 用网络平台浏览分类标准
模块 9	认识 XBRL GL	通过浏览 XBRL GL 分类标准与最佳实践,认识 XBRL GL 的实质	1. 浏览 XBRL GL 分类标准 2. 浏览 XBRL GL 最佳实践
模块 10	XBRL 免费软件下载	了解 XBRL 免费软件和试用软件的获取方式	1. 下载富士通试用软件 2. 获取富士通试用许可文件 3. 启动富士通 XBRL 试用软件 4. 获取 XBRLAnalyst 插件
模块 12	财务报告编报模拟	学会基于通用分类标准实施步骤,编报财务报告中典型的维度表和非维度表	1. 建立分类标准 2. 建立非维度表结构并校验 3. 建立维度表结构并校验 4. 输入非维度表数据并校验 5. 输入维度表数据并校验

在每一个模块的设计当中,都会详细介绍该模块的体验目的、体验知识点、体验过程中会运用的平台工具以及获取方法、围绕该体验模块所设计的体验流程,以及体验过程中的注意事项和体验效果。由于是基于免费软件平台,本章的体验不必受限于特殊的体验环境,并且每一个模块的设计都是相对独立的,可以任意抽取其中的一个模块进行体验尝试。因此,通过合理的安排能够迅速地将体验模块进行复制,便于相关课程的开发。

第二节 XBRL 财务数据分析

一、体验目的

XBRL 财务数据的应用是 XBRL 的真正价值所在,如何运用 XBRL 进行分析是很多人较为感兴趣的。这一模块的体验目的主要是运用公开的平台工具,搭建 XBRL 财务数据分析,帮助了解 XBRL 财务数据的用途,增强对 XBRL 有用性的认知。

二、体验知识点

XBRL 财务数据应用的体验知识点主要包括基础应用与高级应用。基础应用包括应用 XBRL 数据进行公司历史数据比较,以及同行业公司数据比较。上交所 XBRL 平台、深交所 XBRL 平台、证监会基金平台、XBRL to XL 平台,以及 XBRLAnalyst 都能提供 XBRL 的基础应用体验。高级应用则包括数据之间的转换(如 XBRL 数据向 Excel 文件的转换),以及应用 XBRL 数据进行模型分析(如估值分析)。XBRL to XL 平台和 XBRLAnalyst 能够提供相关的 XBRL 高级应用体验。

三、平台工具及获取方法

(一) 上交所 XBRL 平台

XBRL 最初的应用更多是在企业对外财务报告披露上,上交所已在 XBRL 应用上积累了较为成熟的经验,这是考虑选择上交所 XBRL 平台进行体验的重要因素。

在上交所上市公司披露 2003 年年度报告时,交易所选择了 50 家上海本地上市公司进行年度报告摘要 XBRL 应用报送的试点。自 2008 年年度报告披露起,上交所要求所有上市公司同步提交定期报告的 PDF 文件和 XBRL 文档,即所有上市公司除提交年度报告摘要和全文的 PDF 文件之外,还需要提交包括年度报告完整内容的 XBRL 实例文档,并在上交所官方网站同时披露。

上交所 XBRL 平台访问网址是 http://listxbrl.sse.com.cn/,其应用也在不断改进,访问界面如图 8-1 所示。最新的上交所 XBRL 平台能够提供单个上市公司的历史数据比较,以及同行业上市公司的同期数据比较。上交所 XBRL 平台展示的上市公司数据包括:基本信息、股本结构、前 10 大股东、资产负债表、利润表,及现金流量表,能够比较同一上市公司最近 5 年的数据,并且最多可以同时选择 5 家同行业公司进行比较分析。

图 8-1　上交所 XBRL 平台

(二)深交所 XBRL 平台

深交所 XBRL 平台同样有着较长时间的 XBRL 应用,并且也在不断地对其应用平台进行升级。在分享体验模块时,很自然地要比较两个交易所的 XBRL 平台,因此这里也要重点介绍一下深交所的 XBRL 平台。

2005 年 1 月,深交所发布基于 XBRL 的"上市公司定期报告制作系统新版1.0",深交所全部上市公司利用该系统制作 2004 年年度报告,并直接生成 XBRL 实例文档。自 2008 年 12 月起,深交所开始要求所有深市上市公司披露年度报告相关的 XBRL 实例文档。2009 年 2 月,深交所正式推出上市公司信息服务平台(XBRL 平台),投资者可以通过该平台提供的"应用展示"栏目,直接看到以各种图表展示、非常直观的上市公司定期报告资料。2015 年深交所对 XBRL 平台进行了更新。

深交所 XBRL 平台的访问网址是 http://xbrl.cninfo.com.cn/do/welcome/

request,其访问界面如图 8-2 所示。最新的深交所平台能够直观展示包括营业收入、营业利润、母公司净利润、扣除的净利润、现金流量净额、所有者权益在内的六大指标的行业信息全貌,并且可以提供详细的行业信息和上市公司综合信息。

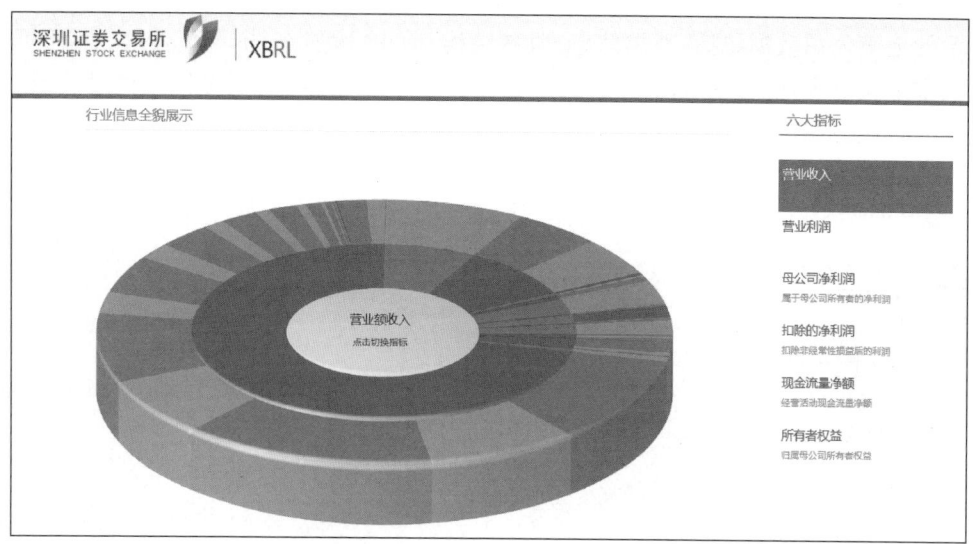

图 8-2　深交所 XBRL 平台

(三) 证监会基金 XBRL 平台

XBRL 的应用不仅是在财务报告领域,在其他领域亦有不俗的应用表现。因此,这里以证监会基金 XBRL 平台为代表,介绍 XBRL 在其他领域的应用体验。

自 2009 年 4 月起,所有基金管理公司正式通过证监会的"基金 XBRL 信息接收系统"报送对外披露的基金定期报告的 XBRL 实例文档。2010 年 12 月,新建基金电子化信息披露系统正式上升为主系统,所有基金管理公司和托管行正式向新系统报送所有定期报告。2011 年 4 月,所有基金管理公司完成符合报送要求的 722 只基金 2010 年年度报告的报送和披露工作,实现了同步报送、同步披露、同步入库,"三同步"有效提高了数据信息的及时性。基金规模在不断扩大,2014 年 1 月,证监会基金 XBRL 平台共完成符合报送要求的 1 466 只基金 2013 年第四季度 XBRL 实例文档的报送、披露、入库及数据推送。

证监会基金信息披露访问网址是 http://fund.csrc.gov.cn/web/login_do.login,如图 8-3 所示。

通过其"XBRL 应用"栏目可进一步访问证监会基金 XBRL 应用平台,能够提供的 XBRL 应用包括基金净值比较、不同基金比较、基金同比及基金环比,并且能够以图形的方式进行直观展示。如图 8-4 所示。

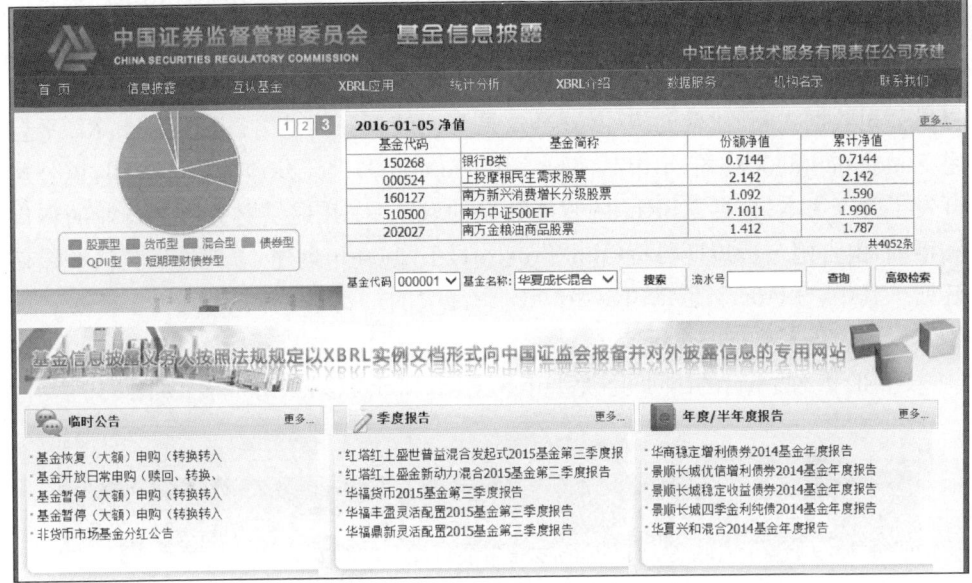

图 8-3　证监会基金信息披露平台

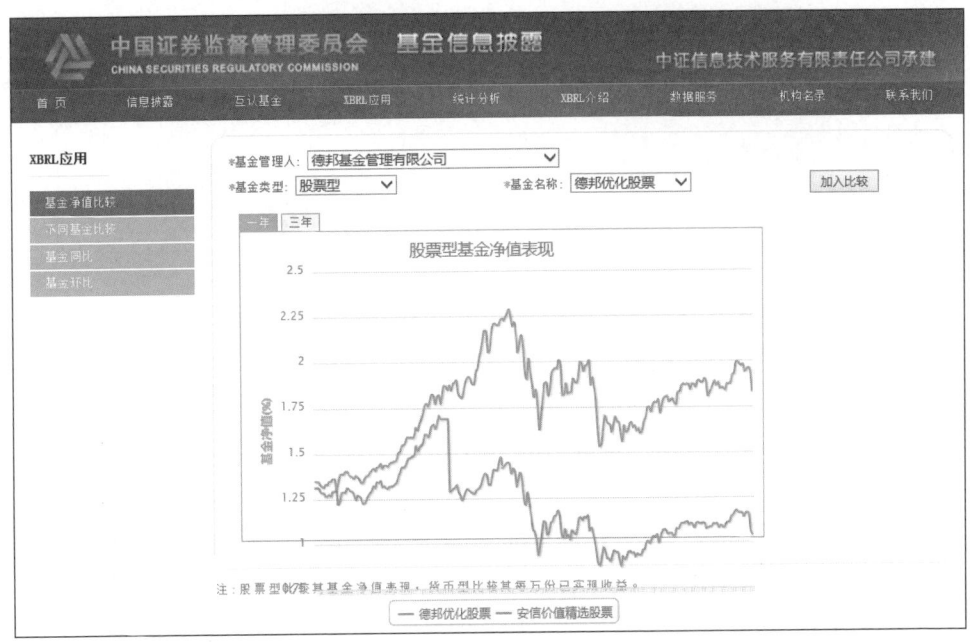

图 8-4　证监会基金 XBRL 应用展示

（四）XBRL to XL 平台

选择 XBRL to XL 平台是出于两个方面的考虑：其一是 XBRL to XL 平台的体验数据是美国 SEC 的 XBRL 实例文档，通过该平台能够了解国外的应用情况。其二则是 XBRL to XL 能够将 SEC 的 XBRL 实例文档数据转化为 Excel 格式，并提供公司数据查阅、比较的应用体验，这是其比较新颖的地方。XBRL to XL 平台是 Fundamental X 公司（http://www.fundamentalx.co.uk/）的核心应用，该公司开发了关于文本（包括 XBRL）的智能数据抽取工具，并提供财务服务行业的咨询和培训，由吉姆·特拉斯科特（Jim Truscott）于 2000 年创建，总部位于英格兰黑斯廷斯。其中，Sector 3 是 XBRL to XL 平台中的一部分，曾获得 2012 年第二届 XBRL 挑战赛大奖。

XBRL to XL 平台的访问网址是 http://www.xbrlxl.com/，访问界面如图 8-5 所示。

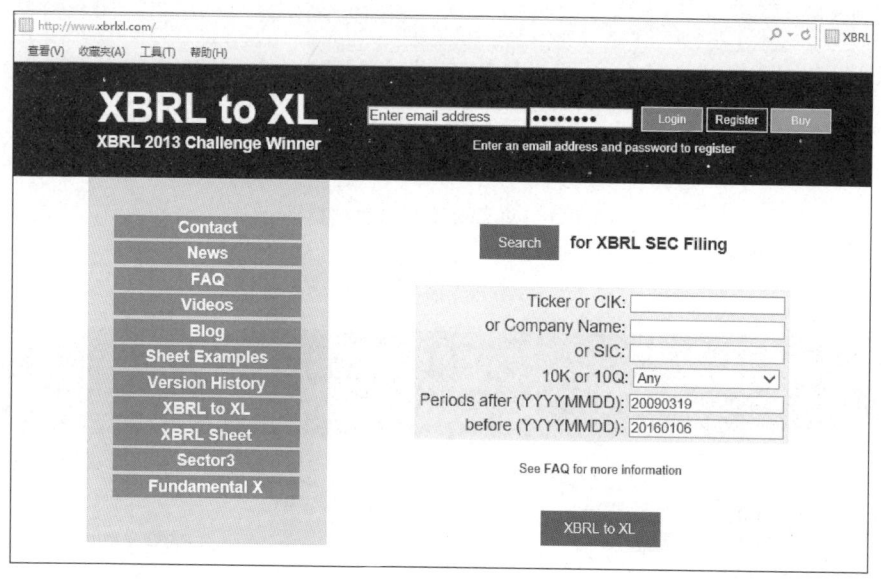

图 8-5　XBRL to XL 平台

（五）XBRLAnalyst 平台

除了免费的公开平台以外，同样想要了解商用 XBRL 应用是如何进行的，因此，选择功能强大并且可以免费试用的 XBRLAnalyst 平台予以体验。XBRLAnalyst 平台是 FinDynamics 公司（https://findynamics.com/）旗下的一个应用产品，能够提供 XBRL 数据分析服务。其特点有：①以插件的方式置入 Excel 软件，符合使用者的操作习惯；②提供丰富的数据模板及图形展示，通过自动并且快速的数据导入完成分析工作。FinDynamics 提供 XBRLAnalyst 平台的免费试用，访问网址是 https://findynamics.com/register/，如图 8-6 所示。

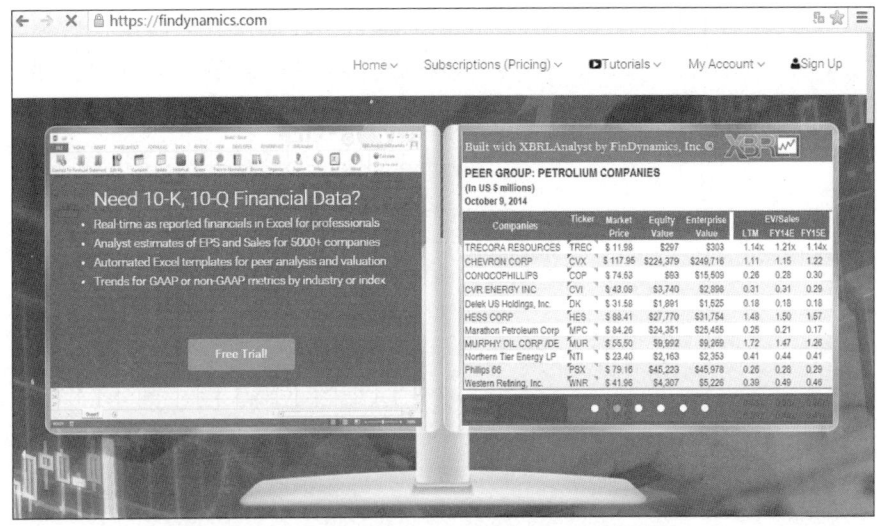

图 8-6　XBRLAnalyst 访问网页

获取步骤一：在 FinDynamics 网站进行免费试用注册，注册完毕，将获得免费试用的用户名和密码，如图 8-7 所示。

图 8-7　XBRLAnalyst 注册页面

获取步骤二：下载并安装 XBRLAnalyst 插件。使用所获取的用户名和密码，登录 http://findynamics.com/profile/，网站提供 Office32 位和 64 位两个版本的插件，根据体验机器 Excel 的位数选择相应版本。如图 8-8 所示。

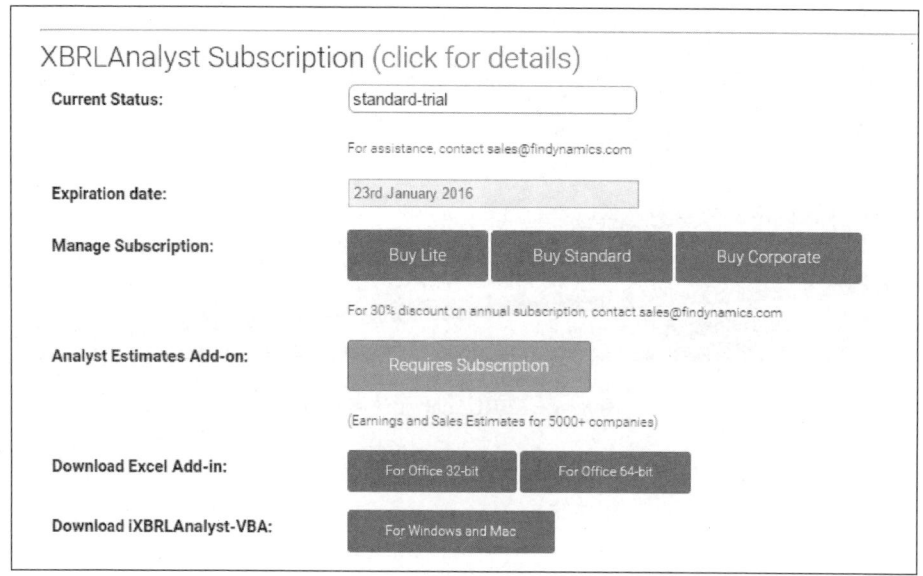

图 8-8　XBRLAnalyst 下载页面

双击 XBRLAnalyst 插件程序，即可完成安装。XBRLAnalyst 的操作界面如图 8-9 所示。

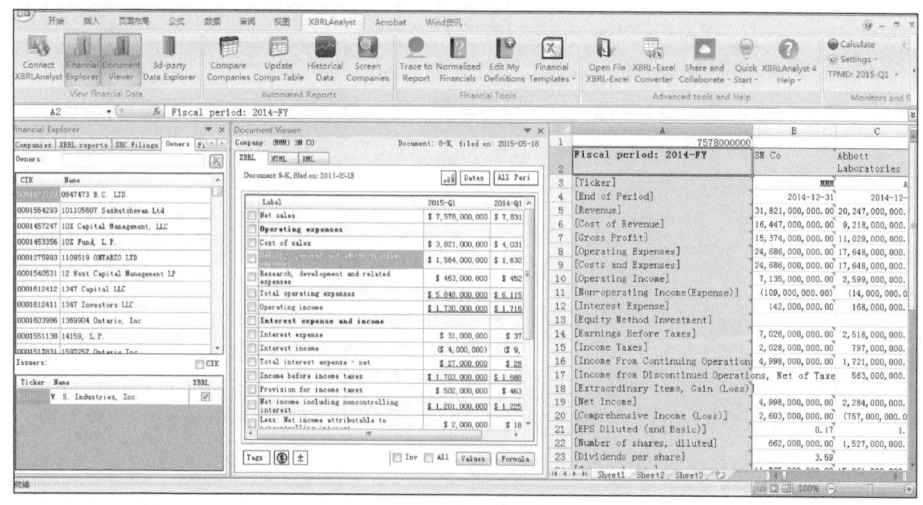

图 8-9　XBRLAnalyst 操作界面

小贴士:在安装 XBRLAnalyst 过程中,可能会弹出 Excel 安全声明,此时需要进行宏设置,允许 XBRLAnalyst 程序运行。以 Excel 2010 为例,简便的宏设置的操作路径为:文件—选项—信任中心—信任中心设置—宏设置,选择启用所有宏。

四、体验流程

(一)用上交所 XBRL 平台进行财务分析

体验要求:登录上交所网站 http://www.sse.com.cn,进入"上市公司 XBRL"专栏,在"电力、热力"行业选择上海电力、国投电力和长江电力三家企业,比较其 2015 年三季报的资产负债表,显示其比较结果。

体验步骤:首先选择行业"D 电力、热力",再选择该行业下的上海电力、国投电力及长江电力,并提交同行业比较。如图 8-10 所示。

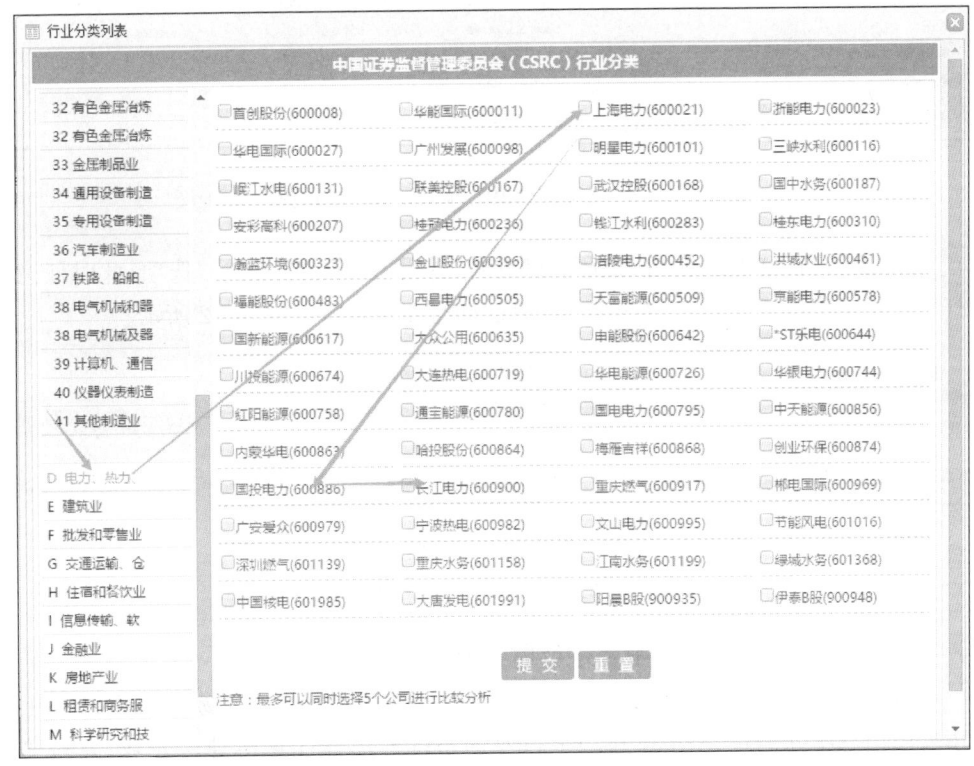

图 8-10　上交所 XBRL 平台财务分析体验步骤

体验结果如图 8-11 所示。

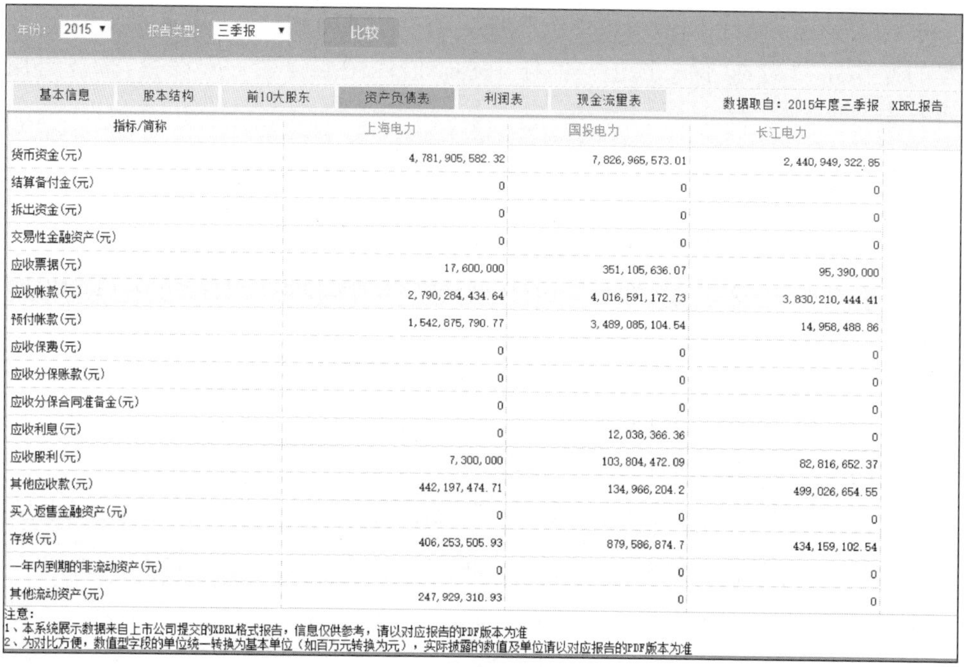
年份: 2015 报告类型: 三季报 比较

基本信息 | 股本结构 | 前10大股东 | 资产负债表 | 利润表 | 现金流量表

数据取自：2015年度三季报 XBRL报告

指标/简称	上海电力	国投电力	长江电力
货币资金(元)	4,781,905,582.32	7,826,965,573.01	2,440,949,322.85
结算备付金(元)	0	0	0
拆出资金(元)	0	0	0
交易性金融资产(元)	0	0	0
应收票据(元)	17,600,000	351,105,636.07	95,390,000
应收帐款(元)	2,790,284,434.64	4,016,591,172.73	3,830,210,444.41
预付帐款(元)	1,542,875,790.77	3,489,085,104.54	14,958,488.86
应收保费(元)	0	0	0
应收分保账款(元)	0	0	0
应收分保合同准备金(元)	0	0	0
应收利息(元)	0	12,038,366.36	0
应收股利(元)	7,300,000	103,804,472.09	82,816,652.37
其他应收款(元)	442,197,474.71	134,966,204.2	499,026,654.55
买入返售金融资产(元)	0	0	0
存货(元)	406,253,505.93	879,586,874.7	434,159,102.54
一年内到期的非流动资产(元)	0	0	0
其他流动资产(元)	247,929,310.93	0	0

注意:
1、本系统展示数据来自上市公司提交的XBRL格式报告，信息仅供参考，请以对应报告的PDF版本为准
2、为对比方便，数值型字段的单位统一转换为基本单位（如百万元转换为元），实际披露的数值及单位请以对应报告的PDF版本为准

图 8-11 上交所 XBRL 平台财务分析结果

小贴士:进入“上市公司 XBRL”栏目时,并没有“同行业比较”选项,此时任意打开一份披露报告,搜索框右侧即会出现“同行业比较”,如图 8-12 所示。

图 8-12 小贴士示意图

(二) 用深交所 XBRL 平台进行财务分析

体验要求:登录深交所网站 http://www.szse.cn,进入“市场数据/XBRL 上市公司信息服务平台/XBRL 互动平台咨询系统”,选择 5 家房地产企业:万科 A(000002)、中粮地产(000031)、泰禾集团(000732)、三湘股份(000863)、南国置业(002305),对其财务数据中的每股收益进行比较,并显示对比结果。

体验步骤:首先选择查看“财务数据对比”,其次选择要对比的具体企业,如图 8-13 所示。

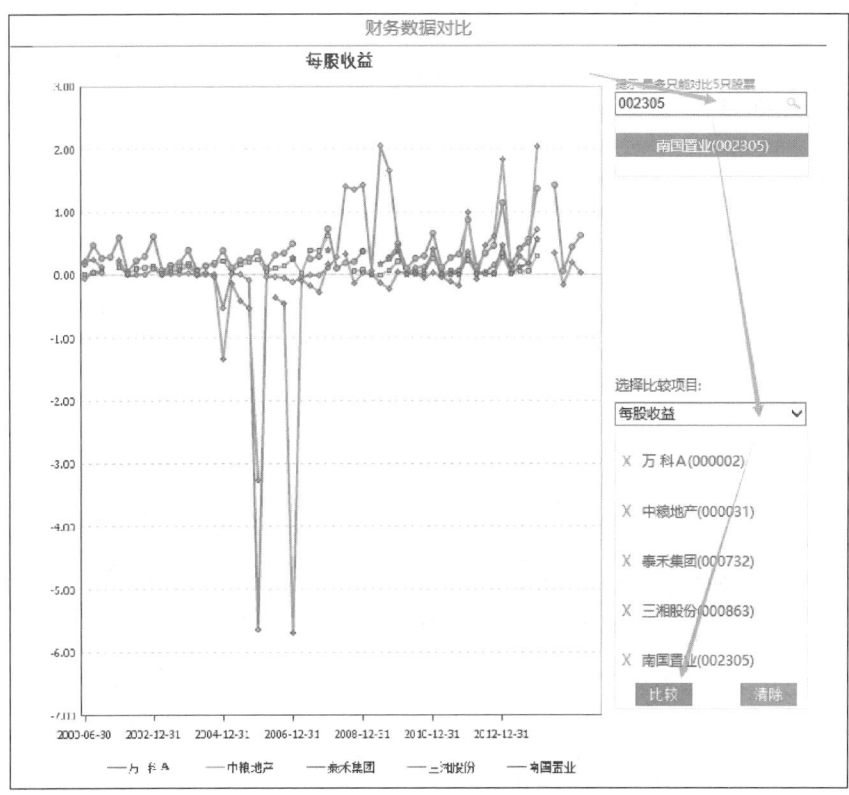

图 8-13　深交所 XBRL 平台财务分析体验步骤

小贴士:由于深交所 XBRL 平台是基于 Google 公司的 Chrome 浏览器进行开发的,因此使用 Chrome 浏览器进行体验效果最佳,如采用其他浏览器(如 IE 浏览器)则可能会出现显示异常。

(三)用证监会基金 XBRL 平台进行财务分析

体验要求:登录证监会网站 http://www.csrc.gov.cn,进入"XBRL 基金信息披露平台/信息披露/基金信息披露/XBRL 应用",选择三家股票型基金,对其基金净值进行比较,并显示比较结果。

体验步骤:首先选择 XBRL 应用下的"基金净值比较",选择基金管理人下属股票型的基金,并将其加入比较,重复三次加入比较,即可得到三家股票型基金的净值比较趋势图,如图 8-14 所示。

(四)用 XBRL to XL 平台进行财务分析

体验要求:登录 XBRL to XL 平台 http://www.xbrlxl.com,选择 5 家 SEC 上市公司最近一期的年度报表,将年度报表转化为 Excel 文件并进行下载,在

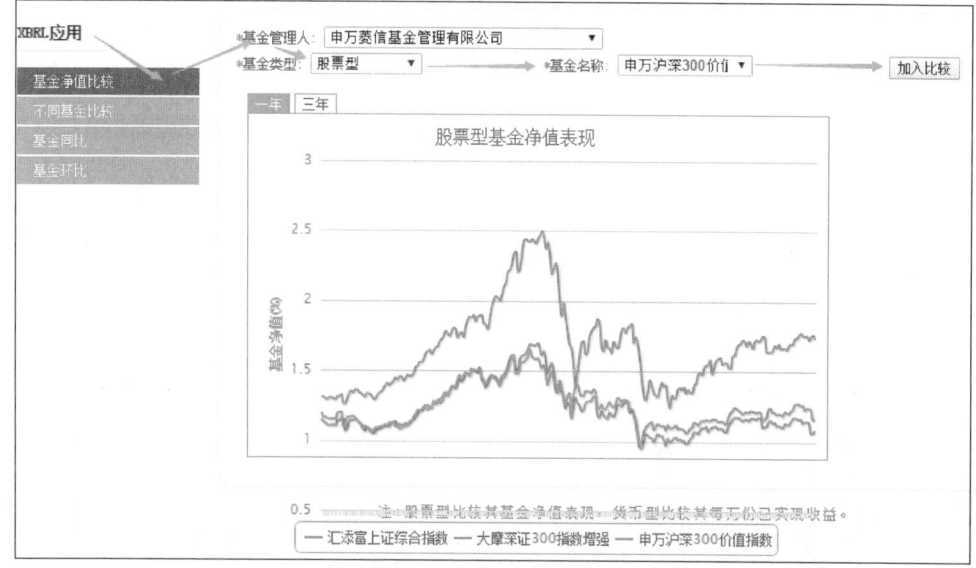

图 8-14　证监会 XBRL 平台体验步骤

Excel 文件中进行以下 XBRL 财务分析体验：①查询 IBM 公司的递延所得税负债附注信息；②比较 5 家公司的所得税/净利润(Tax/Net Profit)财务指标；③比较 5 家公司的所得税费用(Tax)数据。

体验步骤一：在 XBRL to XL 平台进行用户注册。首先使用邮箱进行注册，之后采用该注册邮箱进行登录，过程简单方便，如图 8-15 所示。

图 8-15　XBRL to XL 注册界面

小贴士：XBRL to XL 平台要求以邮箱进行注册，但并不会向邮箱发送验证链接，因此可以使用不重要（或者虚拟）的邮箱进行注册，密码任意设置。

体验步骤二：选择 5 家 SEC 上市公司（Google、Microsoft、IBM、Apple、Intel）最近一期的年度报表。首先可以通过 Ticker 或 CIK、公司名称或者 SIC 来搜索公司，为使搜索结果更为精确还可以过滤 XBRL 实例文档的类型以及披露的时间，之后选择恰当时期的 XBRL 实例文档，通过 Filing X(X=1,2,3,4,5)完成选择操作。所有上市公司的文件选择完毕之后，单击"XBRL to XL"选项，下载 Excel 文件。如图 8-16 所示。

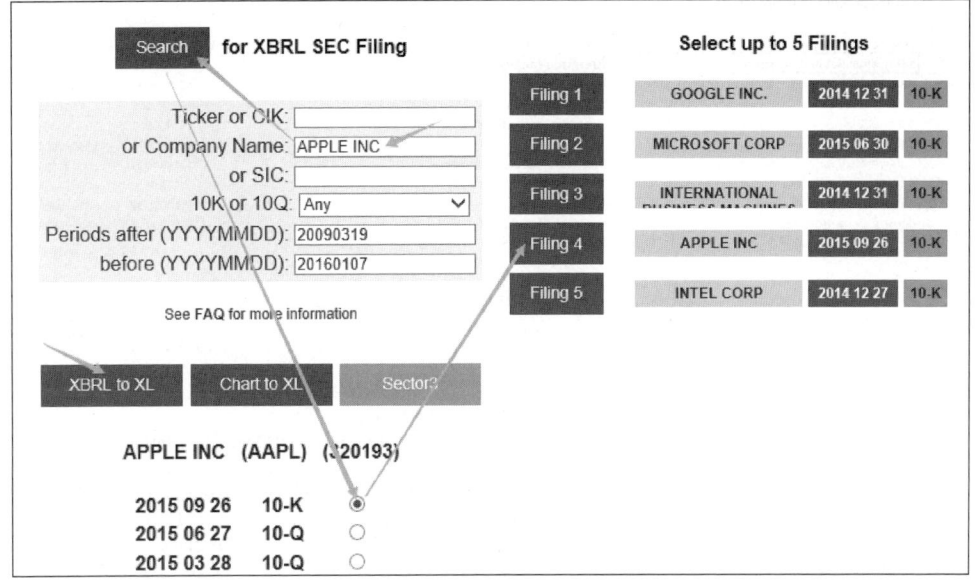

图 8-16　XBRL to XL 平台体验步骤

小贴士：美国财务报表中 10-K 代表年报，10-Q 代表季报，同时，由于美国并没有规定采用统一的历年制会计年度，即会计年度起止日期与公历年度起止日期相同，因此在体验过程中会发现美国公司财报的会计年度并非全是以 12 月 31 日为截止日。以本模块的体验为例，可以发现 Google 和 IBM 的会计年度是以 12 月 31 日止，而其他三家公司的年度结束日期则不是，分别是 6 月 30 日（Microsoft）、9 月 26 日（Apple）、12 月 27 日（Intel）。

体验步骤三：在 IBM 公司对应的 Excel 表单中查找递延所得税负债附注信息，查找抽象元素 deferredtaxliabilitiesabstract，能够发现披露递延所得税负债附注信息的元素有 8 个，包括：deferredtaxliabilitiespropertyplantandequipment、deferredtaxliabilitiestaxdeferredexpensecompensationandbenefitspensionandpostretirementbenefits、deferredtaxliabilitiesgoodwillandintangibleassets、deferredtaxliabilitiesleasingarrangements、deferredtaxliabilitiesdeferredexpensecapitalizedsoftware、deferredtaxliabilitiesdeferredexpensetransitioncosts、deferredtaxliabilitiesother、deferredincometaxliabilities，其中复用美国公认会计原则分类标准 6 个，IBM 扩展 2 个。如图 8-17 所示。

在 Model 表单中，查找所得税/净利润（Tax/Net Profit）财务指标，如图 8-18 所示。

在 Standard 表单中，查找所得税费用（Tax）数据指标，如图 8-19 所示。

XBRL知识体验：理论、方法与实践

图 8-17　IBM 递延所得税负债附注信息

图 8-18　所得税/净利润财务指标比较

图 8-19　所得税费用指标比较

第八章 基于免费软件平台的体验模块分享

（五）用 XBRLAnalyst 平台进行财务分析

体验要求：使用 XBRLAnalyst 平台进行财务分析，包括：①单家公司 XBRL 数据浏览；②同行业公司数据比较；③对公司进行杜邦（DuPont）模型分析。

体验步骤一：使用所获取的用户名和密码登录 XBRLAnalyst，如图 8-20 所示。

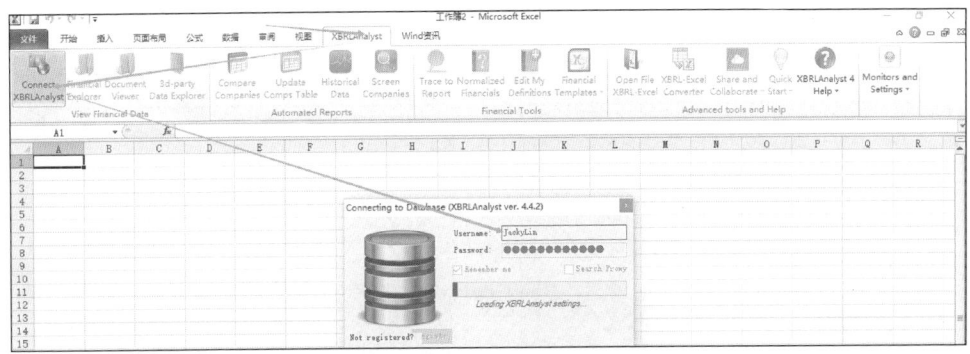

图 8-20　XBRLAnalyst 平台登录步骤

体验步骤二：用 XBRLAnalyst 查看单家公司的 XBRL 信息。选择"财务信息浏览（Financial Explorer）"按钮，查找华特·迪斯尼（Walt Disney）公司最近一期的 XBRL 实例文档数据信息，选择合并资产负债表内容，查看文档视图区（Document Viewer）的显示结果，并将"文档视图区（Document Viewer）"下的 XBRL 资产负债表信息全部转入 Excel 表单。如图 8-21 所示。

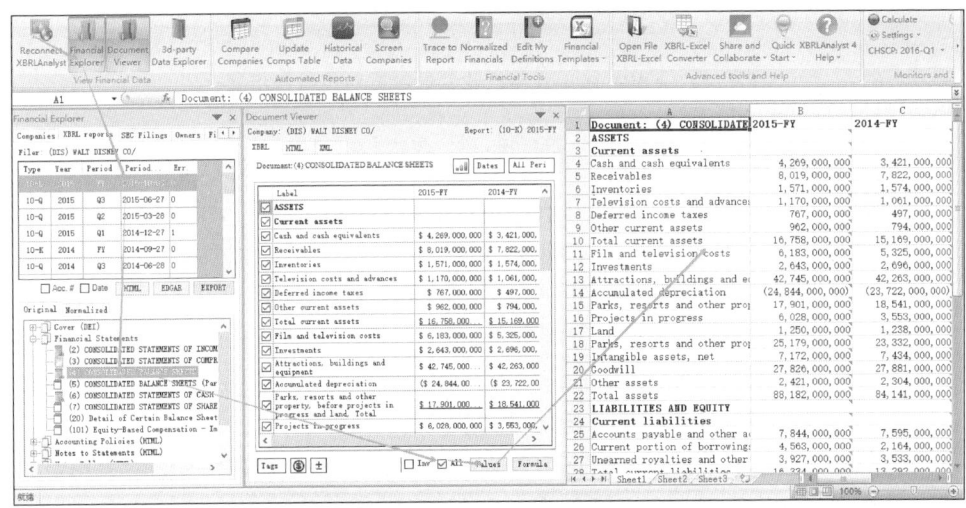

图 8-21　XBRLAnalyst 查看 XBRL 信息操作步骤

体验步骤三:利用 XBRLAnalyst 进行同行业公司数据对比。选择"比较公司(Compare Companies)"按钮,通过行业过滤查找有线 & 其他付费电视服务(CABLE & OTHER PAY TELEVISION SERVICES)行业,对该行业的四家公司进行 2015 年年报数据对比。如图 8-22 所示。

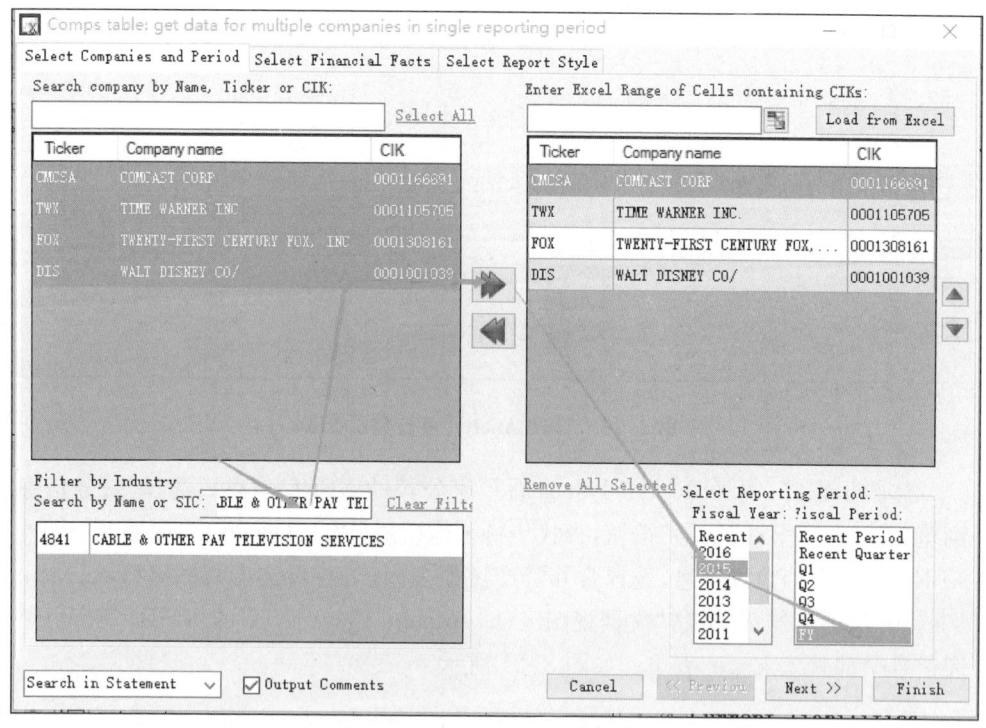

图 8-22　XBRLAnalyst 同行业公司数据对比操作步骤一

选择需要对比的财务数据(Financial Facts),包括一般信息(General Information)、利润表(Income Statement)、资产负债表(Balance Sheet)、现金流量表(Cash Flow)及价格比率(Price Ratios)。如图 8-23 所示。

再确定报告风格,即完成操作。操作结果如图 8-24 所示。

体验步骤四:对惠普公司进行杜邦(DuPont)模型分析。FinDynamics 网站提供了一系列 XBRLAnalyst 数据分析模板(https://findynamics.com/examples/),这里选择进行公司的杜邦模型分析体验,在 FinDynamics 网站下载杜邦分析模板。下载完毕打开模板,在 Ticker 栏目中输入惠普公司的股票代码"HPQ",模板就会通过一系列的公式获取惠普公司的相关数据,根据最新一期的 XBRL 实例文档数据完成杜邦分析。如图 8-25 所示。

第八章
基于免费软件平台的体验模块分享

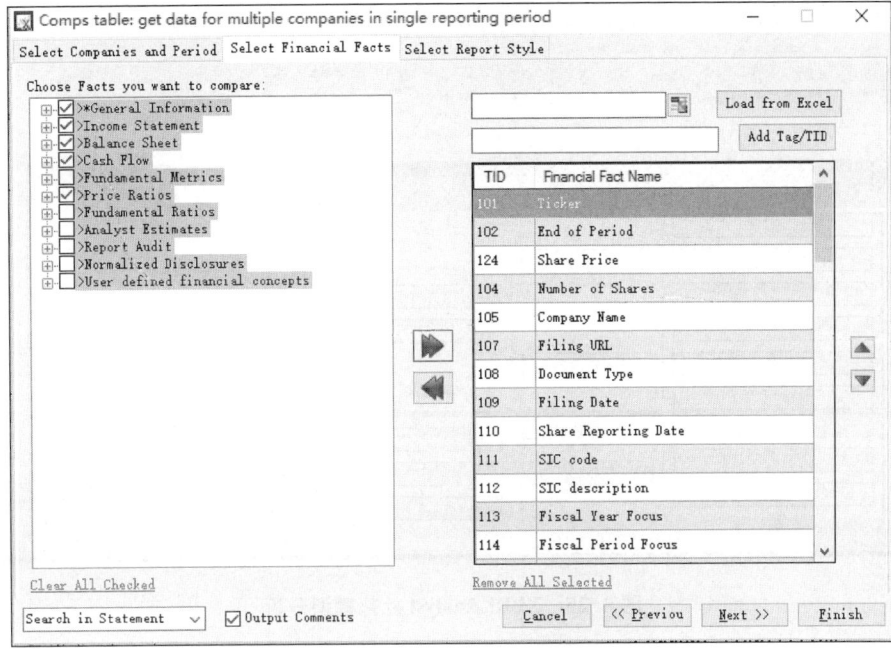

图 8-23　XBRLAnalyst 同行业公司数据对比操作步骤二

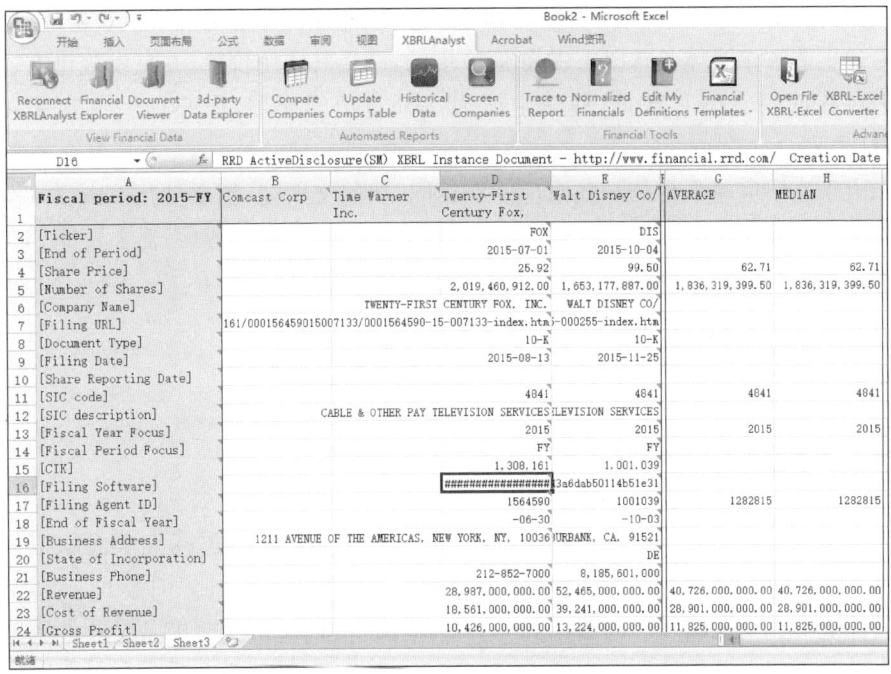

图 8-24　XBRLAnalyst 同行业公司数据对比操作结果

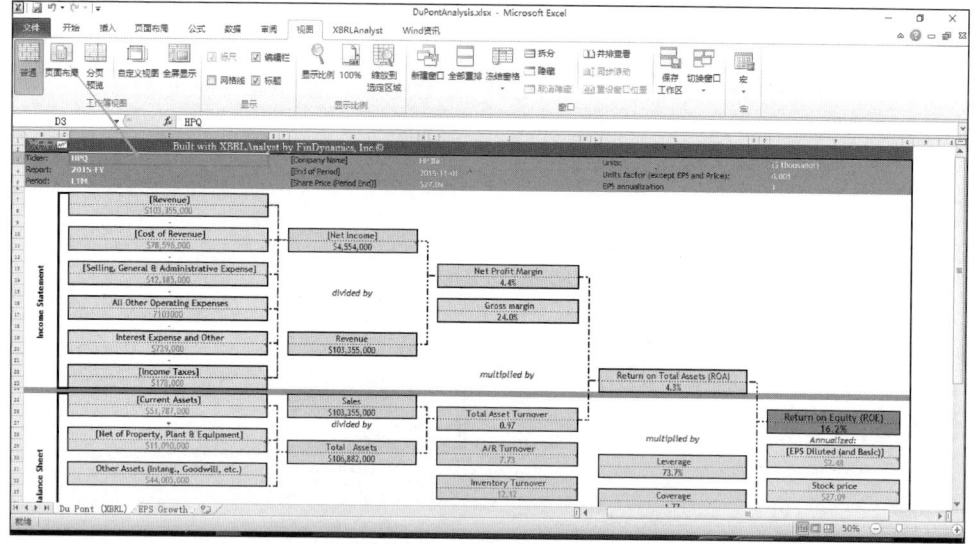

图 8-25　XBRLAnalyst 杜邦模型分析

五、注意事项及体验效果

在历次的 XBRL 体验课程中，XBRL 财务数据分析都是最受学生欢迎的模块，因为学生能够亲身体验 XBRL 是如何应用的，感受其应用价值，并且发现已有这么多平台在使用 XBRL 数据，使学生认为 XBRL 值得学习，在心理上更容易接受 XBRL。

由于这些应用平台的开发原理并不相同，如前文所述，需要使用 Chrome 浏览器体验深交所 XBRL 平台，否则将出现显示异常。在体验过程中，需要不断切换应用平台，因此合理安排体验顺序也是一项值得注意的事情。

第三节　认识实例文档

一、体验目的

通俗而言，XBRL 实例文档是根据 XBRL 技术规范和分类标准生成的报告内容，是由一系列 XBRL 数据组成的。直接阅读实例文档是有知识门槛的，而借助专业软件能够提供比较友好的阅读界面。认识实例文档包括了运用一般软件浏览实例文档和运用专业软件浏览实例文档，通过这两种截然不同的 XBRL 实例文档体验，期望能够加深使用者对 XBRL 实例文档的认知。

二、体验知识点

认识实例文档的体验知识点主要包括 XBRL 实例文档的语法表示与 XBRL 实例文档的链接库展示。利用最为常用的 IE 浏览器能够直接阅读 XBRL 实例文档,感受其语法的表现形式。而借用专业的 XBRL 软件,通过解析其链接库关系,能够以一般使用者更为熟悉的方式进行展示。

三、平台工具及获取方法

(一) IE 浏览器

Internet Explorer(IE),是美国微软公司推出的一款网页浏览器,最新的版本已更新至版本 11。自 5.0 版本开始,IE 自带 XML 解析器,已能够支持 XML、XSL 等格式。XBRL 实例文档遵循 XML 语法,是 XML 文件。通过 IE 浏览器打开 XBRL 实例文档,能够查看 XBRL 实例文档中所存储的数据,而并不涉及数据的展示。常用的 Window 系统通常都预装了 IE 浏览器,并且现有的 IE 版本大多已能支持 XML 格式,因此其获取方法比较简便。

(二) Fujitsu 试用版工具

Fujitsu(富士通)公司是世界领先的日本信息通信技术(ICT)企业,能够提供全方位的技术产品、解决方案和服务。在 XBRL 方面,Fujitsu 公司亦有一些良好的表现:①推出了能够商用的 Interstage XWand 软件,其软件引擎还被包括 COREP/FINREP、Solvency II,以及澳大利亚 SBR 在内的多个项目采用。②Fujitsu 公司已成功将 XBRL GL 技术应用在企业内部,是当前少数几个公开成功应用 XBRL GL 的案例之一。同时,Fujitsu 还提供试用版本的 XBRL 软件,功能包括分类标准编辑、实例文档创建、公式链接库编辑、XBRL 技术规范 2.1 校验等。下载的入口地址是 http://www.fujitsu.com/global/products/software/middleware/application-infrastructure/interstage/xbrltools/。

本章采用 Fujitsu 的分类标准编辑/实例文档创建(Taxonomy Editor / Instance Creator)软件进行体验,该软件集成了分类标准编辑和实例文档创建功能,软件的下载链接是 http://www.fujitsu.com/global/products/software/middleware/application-infrastructure/interstage/xbrltools/licensebiz21.html。

获取步骤一:访问 Taxonomy Editor / Instance Creator 软件的网络链接为 http://www.fujitsu.com/global/products/software/middleware/application-infrastructure/interstage/xbrltools/licensebiz21.html。首先进行用户登记,填报的信息息如图 8-26 所示。

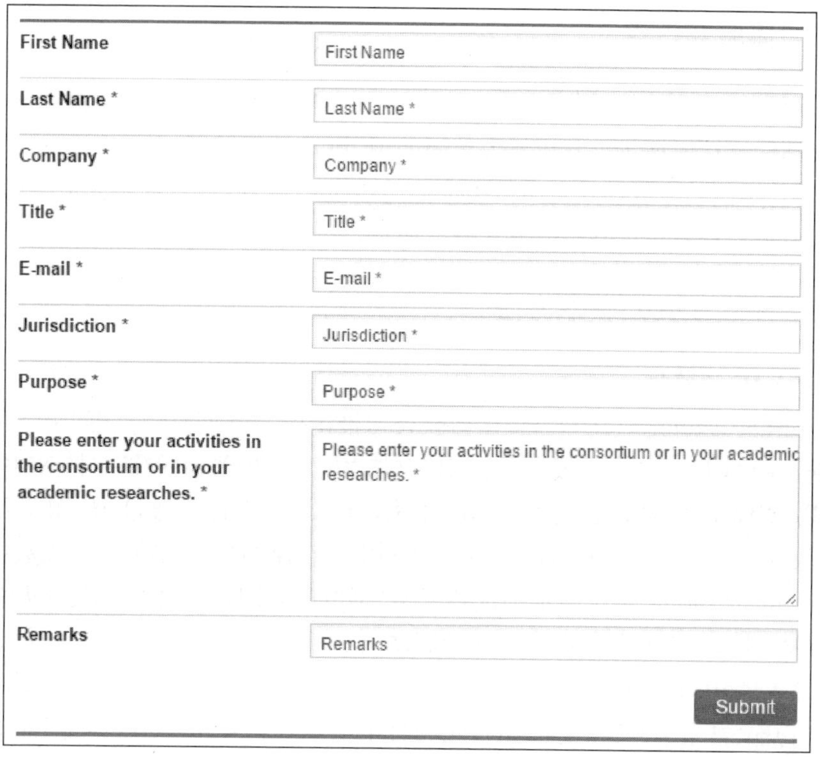

图 8-26　Fujitsu 软件试用版注册页面

之后，进入获取软件的下载页面，如图 8-27 所示。下载内容包括运行程序压缩包以及英文版和日文版的操作手册。

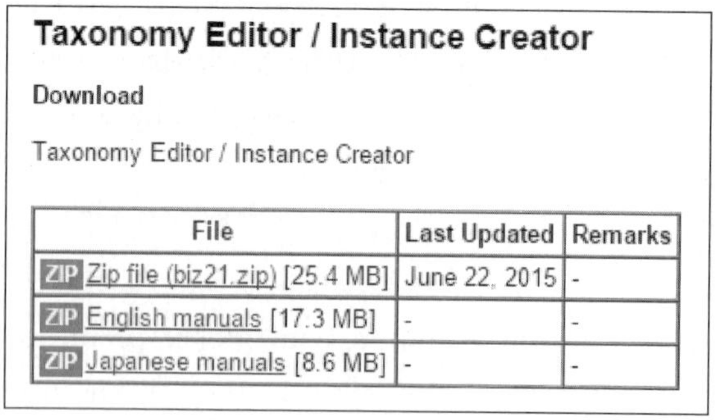

图 8-27　Fujitsu 软件试用版下载页面

获取步骤二：获取软件许可证书(license)。在登记之后，如果申请获得 Fujitsu 公司同意，那么将会收到软件许可证书，有效期为 1 个月。如图 8-28 所示。

第八章
基于免费软件平台的体验模块分享

图 8-28　Fujitsu 软件许可证书下载页面

下载之后,将软件许可证书放在 run.bat 程序所在的文件夹即可,如图 8-29 所示。

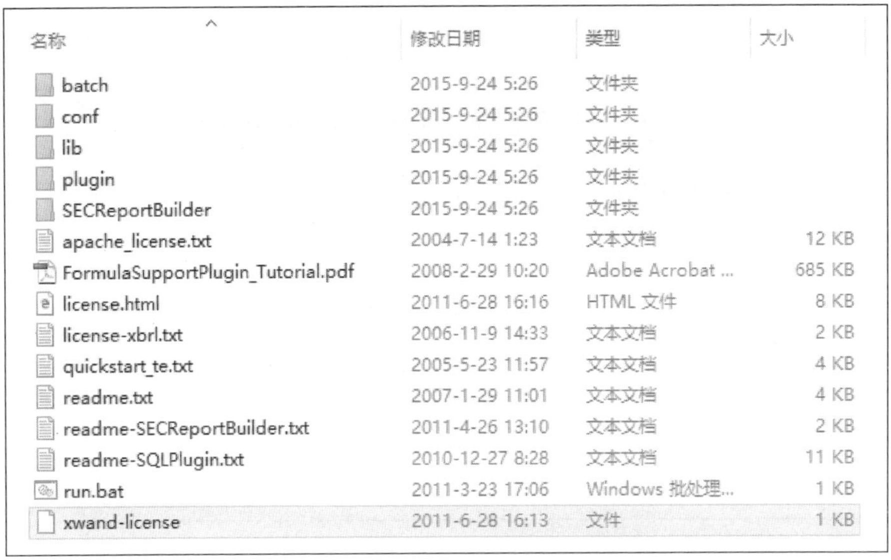

图 8-29　Fujitsu 软件许可证书存放路径

四、体验流程

(一) 使用 IE 浏览器浏览实例文档

体验要求:使用 IE 浏览器打开美国苹果公司最新一期的实例文档,并找出具体的数据。

体验步骤一:访问美国 SEC 网站 http://www.sec.gov/,查找苹果公司(路径:XBRL Filers/ Search EDGAR[①]/Company Filings Search),并下载最新一

---

① EDGAR,是 Electronic Data Gathering, Analysis, and Retrieval System 的缩写,即电子数据收集、分析及检索系统。

期的实例文档,如图 8-30 所示。图中文件"aapl-20150926.xml"是苹果公司 2015 年年度财报的实例文档,其他文件都各有含义:文件"aapl-20150926.xsd"是扩展分类标准的模式文件,"aapl-20150926_cal.xml"是扩展分类标准的计算链接库,"aapl-20150926_def.xml"是扩展分类标准的定义链接库,"aapl-20150926_lab.xml"是扩展分类标准的标签链接库,"aapl-20150926_pre.xml"是扩展分类标准的列报链接库。逐一右击选择另存,即可完成美国苹果公司实例文档的下载。

Seq	Description	Document	Type	Size
8	XBRL INSTANCE DOCUMENT	aapl-20150926.xml	EX-101.INS	2328473
9	XBRL TAXONOMY EXTENSION SCHEMA	aapl-20150926.xsd	EX-101.SCH	77871
10	XBRL TAXONOMY EXTENSION CALCULATION LINKBASE	aapl-20150926_cal.xml	EX-101.CAL	109664
11	XBRL TAXONOMY EXTENSION DEFINITION LINKBASE	aapl-20150926_def.xml	EX-101.DEF	517239
12	XBRL TAXONOMY EXTENSION LABEL LINKBASE	aapl-20150926_lab.xml	EX-101.LAB	710108
13	XBRL TAXONOMY EXTENSION PRESENTATION LINKBASE	aapl-20150926_pre.xml	EX-101.PRE	603668

图 8-30　SEC 网站苹果公司 XBRL 文档的下载页面

下载之后文件夹文件目录如图 8-31 所示。

名称	修改日期	类型	大小
aapl-20150926.xml	2016-1-8 16:49	XML 文档	2,274 KB
aapl-20150926.xsd	2016-1-8 16:49	XSD 文件	77 KB
aapl-20150926_cal.xml	2016-1-8 16:49	XML 文档	108 KB
aapl-20150926_def.xml	2016-1-8 16:49	XML 文档	506 KB
aapl-20150926_lab.xml	2016-1-8 16:49	XML 文档	694 KB
aapl-20150926_pre.xml	2016-1-8 16:49	XML 文档	590 KB

图 8-31　苹果公司 XBRL 文档下载后的文件目录

小贴士:在查找苹果公司披露的 XBRL 实例文档时,如果披露报告的格式(Format)栏目中附带 Interactive Data 图标,则说明该报告配有 XBRL 格式的实例文档。

体验步骤二:使用 IE 浏览器打开 aapl-20150926.xml,并查找 2015 年 9 月 26 日时的资产总额(us-gaap:Assets),如图 8-32 所示。在 aapl-20150926.xml 中查找 us-gaap:Assets 元素,发现对应有两个值,contextRef 属性值为"eol_PE2035——1510-K0012_STD_0_20150926_0"对应的时点是 2015 年 9 月 26 日,另一个则对应的是 2014 年 9 月 26 日时的资产总额。

```
<us-gaap:Assets id="id_5290686_240AF657-FBEC-4C68-A821-988740935A50_1_16" decimals="-6" unitRef="iso4217_USD" contextRef="eol_PE2035----1510-
K0012_STD_0_20150926_0">290479000000</us-gaap:Assets>
```

图 8-32　资产总额元素的 XBRL 语法表示

（二）使用 Fujitsu 软件浏览实例文档

体验要求：使用 Fujitsu 软件打开之前下载的美国苹果公司实例文档，并找出 2015 年 9 月 26 日时点的资产负债表信息。

体验步骤一：运行 run.bat 程序，在"文件（File）"菜单下选择"打开实例文档（Open Instance）"。此时为 Instance Creator 运行界面，不同面板的功能介绍如图 8-33 所示。

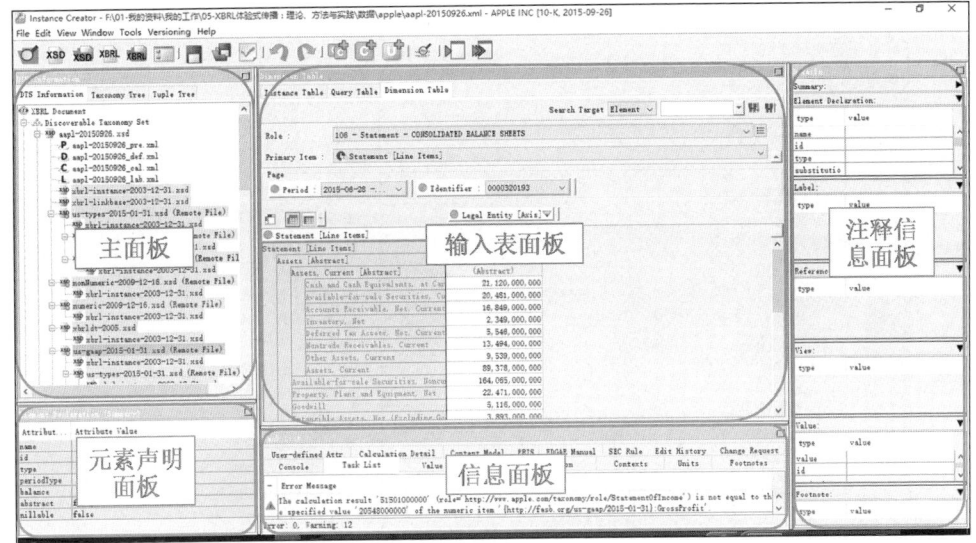

图 8-33　Instance Creator 运行界面

体验步骤二：读取 aapl-20150926.xml，之后点击 Dimension Table，选择资产负债表对应的 Role 值"106-Statement-CONSOLIDATED BALANCE SHEETS"，再选择 2015 年 9 月 26 日时点对应的 Period 值"2014-09-28-2015-09-26"，2015 年 9 月 26 日时点的资产负债表信息，操作步骤如图 8-34 所示。

小贴士：除了 Dimension Table 以外，还可以通过选择主面板中分类标准树（Taxonomy Tree）的具体展示样式，就可以在输入表面板中呈现出相应链接库或者模式文档的数据展现形式。以下载的苹果公司实例文档为例，可供选择的 Taxonomy Tree 展示样式包括列报链接库、定义链接库、计算链接库和模式文件。在选定展示样式之后，就可以选择 Role 值来查阅相应的实例文档内容。

五、注意事项及体验效果

在用 IE 浏览器直接阅读 XBRL 实例文档的体验中，还可以使用其他的平台工具进行体验，如市场上还有其他品牌的浏览器，包括 Chrome 浏览器、Firefox 浏览

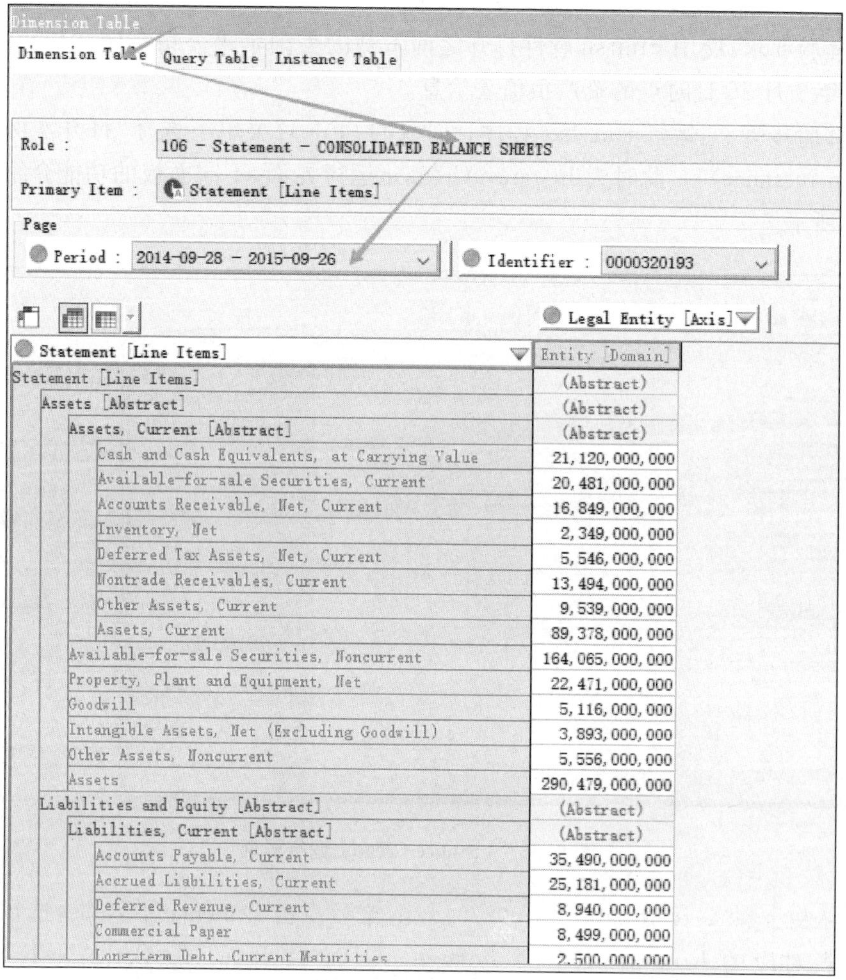

图 8-34 Instance Creator 查看资产负债表操作步骤

器等。同时还有一些专业的 XML 分析软件,如 Altova 公司的 XML Spy 软件,以及 Windows 的 UltraEdit 软件,不仅能够阅读 XBRL 实例文档,还具有强大的文档编辑功能。

在认识实例文档中,在用 IE 浏览器阅读 XBRL 实例文档时,不具备 XML 知识的学生往往会比较感慨,直呼 XBRL 实例文档是"天书"。尽管我们会一再强调 XBRL 实例文档更多的是提供给软件阅读,但在讲授过程中,应当列举部分示例,向学生介绍基本的 XBRL 实例文档语法规则。这样的做法是为了强调我们的学生在具备了一定的语法知识后同样能够理解 XBRL 实例文档,而不是通过 IE 浏览器体验加深学生们对 XBRL 实例文档语法规则的抵触情绪。

第四节　认识分类标准

一、体验目的

XBRL 分类标准与 XBRL 实例文档是密不可分的,可以理解为 XBRL 分类标准是解释 XBRL 实例文档的字典,是分类标准元素和元素关系的集合。与 XBRL 实例文档有相似的问题,直接阅读分类标准同样需要专门的 XBRL 分类标准语法知识,而借助专业软件能够更为清晰地了解分类标准的内部逻辑。在认识分类标准体验模块中,同样特意安排了体验过程,期望通过截然不同的 XBRL 分类标准体验,能够加深学员对 XBRL 分类标准的认知。

二、体验知识点

与认识实例文档的体验知识点相似,认识分类标准的知识点主要包括 XBRL 分类标准的语法表示与 XBRL 分类标准的链接库展示。同样,通过 IE 浏览器能够直接阅读 XBRL 分类标准,来体验分类标准的语法表示形式。而运用专业的 XBRL 软件,则能够绕开语法表示,以更为直观的方式展示分类标准内部的逻辑关系。

三、平台工具及获取方法

这里介绍 XBRL 分类标准体验的平台工具包括 IE 浏览器、Fujitsu 试用版工具,以及 CoreFiling 分类标准库(CoreFiling Taxonomy Library)。IE 浏览器和 Fujitsu 试用版工具及获取方法已在第三节中进行了介绍,这里不再赘述。

CoreFiling 分类标准库是由 CoreFiling 公司创建的,汇集了全球已公开发布的分类标准,便于使用者在网络环境下浏览、查询分类标准,涵盖的分类标准包括:澳大利亚 SBR、比利时国家银行、加拿大会计准则、上交所、投资公司机构(ICI)、国际会计准则、爱尔兰会计准则、荷兰、新西兰、瑞典、英国工商局、英国皇家税收与关税局、英国会计准则、美国会计准则等,同时还尽可能涵盖这些分类标准的不同版本。

CoreFiling 分类标准库的访问网址是 https://bigfoot.corefiling.com/yeti/resources/yeti-gwt/Yeti.jsp,由 CoreFiling 公司的 Yeti Explore 产品提供技术支撑,该技术也已为 XBRL 美国地区组织(XBRL US)和 FASB 搭建分类标准库提供技术支持。

四、体验流程

（一）使用 IE 浏览器浏览分类标准

体验要求：根据前一节所下载的美国苹果公司 XBRL 文档，打开苹果公司 2015 年扩展分类标准的模式文件，并找出苹果公司扩展的一个元素。

体验步骤一：使用 IE 浏览器打开 aapl-20150926.xsd 文件，能够发现苹果公司的模式文件首先引用了美国 SEC 分类标准，是通过 import 元素来完成一系列的引用。如图 8-35 所示。

```
<import schemaLocation="http://www.xbrl.org/2003/xbrl-instance-2003-12-31.xsd" namespace="http://www.xbrl.org/2003/instance"/>
<import schemaLocation="http://www.xbrl.org/2003/xbrl-linkbase-2003-12-31.xsd" namespace="http://www.xbrl.org/2003/linkbase"/>
<import schemaLocation="http://xbrl.fasb.org/us-gaap/2015/elts/us-types-2015-01-31.xsd" namespace="http://fasb.org/us-types/2015-01-31"/>
<import schemaLocation="http://www.xbrl.org/dtr/type/nonNumeric-2009-12-16.xsd" namespace="http://www.xbrl.org/dtr/type/non-numeric"/>
<import schemaLocation="http://www.xbrl.org/dtr/type/numeric-2009-12-16.xsd" namespace="http://www.xbrl.org/dtr/type/numeric"/>
<import schemaLocation="http://www.xbrl.org/2005/xbrldt-2005.xsd" namespace="http://xbrl.org/2005/xbrldt"/>
<import schemaLocation="http://xbrl.fasb.org/us-gaap/2015/elts/us-gaap-2015-01-31.xsd" namespace="http://fasb.org/us-gaap/2015-01-31"/>
<import schemaLocation="http://xbrl.sec.gov/country/2013/country-2013-01-31.xsd" namespace="http://xbrl.sec.gov/country/2013-01-31"/>
<import schemaLocation="http://xbrl.sec.gov/currency/2014/currency-2014-01-31.xsd" namespace="http://xbrl.sec.gov/currency/2014-01-31"/>
<import schemaLocation="http://xbrl.sec.gov/dei/2014/dei-2014-01-31.xsd" namespace="http://xbrl.sec.gov/dei/2014-01-31"/>
<import schemaLocation="http://xbrl.sec.gov/exch/2015/exch-2015-01-31.xsd" namespace="http://xbrl.sec.gov/exch/2015-01-31"/>
<import schemaLocation="http://xbrl.sec.gov/invest/2013/invest-2013-01-31.xsd" namespace="http://xbrl.sec.gov/invest/2013-01-31"/>
<import schemaLocation="http://xbrl.sec.gov/naics/2011/naics-2011-01-31.xsd" namespace="http://xbrl.sec.gov/naics/2011-01-31"/>
<import schemaLocation="http://xbrl.sec.gov/sic/2011/sic-2011-01-31.xsd" namespace="http://xbrl.sec.gov/sic/2011-01-31"/>
<import schemaLocation="http://xbrl.sec.gov/stpr/2011/stpr-2011-01-31.xsd" namespace="http://xbrl.sec.gov/stpr/2011-01-31"/>
```

图 8-35　苹果公司模式文件中的引入（import）元素

在引用的基础上，苹果公司在模式文件中进行了元素的扩展。部分扩展元素的截图如图 8-36 所示。

```
<element id="aapl_AcceleratedShareRepurchaseAgreementAprilTwentyThirteenMember" type="nonnum:domainItemType" substitutionGroup="xbrli:item" nillable="true"
    xbrli:periodType="duration" abstract="true" name="AcceleratedShareRepurchaseAgreementAprilTwentyThirteenMember"/>
<element id="aapl_AcceleratedShareRepurchaseAgreementAugustTwentyFourteenMember" type="nonnum:domainItemType" substitutionGroup="xbrli:item" nillable="true"
    xbrli:periodType="duration" abstract="true" name="AcceleratedShareRepurchaseAgreementAugustTwentyFourteenMember"/>
<element id="aapl_AcceleratedShareRepurchaseAgreementJanuaryTwentyFourteenMember" type="nonnum:domainItemType" substitutionGroup="xbrli:item" nillable="true"
    xbrli:periodType="duration" abstract="true" name="AcceleratedShareRepurchaseAgreementJanuaryTwentyFourteenMember"/>
<element id="aapl_AcceleratedShareRepurchaseAgreementMayTwentyFifteenMember" type="nonnum:domainItemType" substitutionGroup="xbrli:item" nillable="true"
    xbrli:periodType="duration" abstract="true" name="AcceleratedShareRepurchaseAgreementMayTwentyFifteenMember"/>
<element id="aapl_AccruedLiabilitiesCurrentMember" type="nonnum:domainItemType" substitutionGroup="xbrli:item" nillable="true" xbrli:periodType="duration"
    abstract="true" name="AccruedLiabilitiesCurrentMember"/>
<element id="aapl_AcquiredIntangibleAssetsIncludingGoodwillLineItems" type="xbrli:stringItemType" substitutionGroup="xbrli:item" nillable="true"
    xbrli:periodType="duration" abstract="true" name="AcquiredIntangibleAssetsIncludingGoodwillLineItems"/>
<element id="aapl_AcquiredIntangibleAssetsIncludingGoodwillTable" type="xbrli:stringItemType" substitutionGroup="xbrldt:hypercubeItem" nillable="true"
    xbrli:periodType="duration" abstract="true" name="AcquiredIntangibleAssetsIncludingGoodwillTable"/>
<element id="aapl_AdjustmentsToAdditionalPaidInCapitalTaxEffectFromShareBasedCompensationIncludingTransferPricing" type="xbrli:monetaryItemType"
    substitutionGroup="xbrli:item" nillable="true" xbrli:periodType="duration" abstract="false"
    name="AdjustmentsToAdditionalPaidInCapitalTaxEffectFromShareBasedCompensationIncludingTransferPricing" xbrli:balance="credit"/>
<element id="aapl_AmericasSegmentMember" type="nonnum:domainItemType" substitutionGroup="xbrli:item" nillable="true" xbrli:periodType="duration" abstract="true"
    name="AmericasSegmentMember"/>
<element id="aapl_AmountUtilizedUnderShareRepurchaseProgram" type="xbrli:monetaryItemType" substitutionGroup="xbrli:item" nillable="true" xbrli:periodType="instant"
    abstract="false" name="AmountUtilizedUnderShareRepurchaseProgram" xbrli:balance="credit"/>
```

图 8-36　苹果公司的元素扩展

苹果公司元素之间以及元素和资源之间存在的关系则存放在链接库文件中，包括计算链接库（aapl-20150926_cal.xml），定义链接库（aapl-20150926_def.xml），标签链接库（aapl-20150926_lab.xml）和列报链接库（aapl-20150926_pre.xml）。同样可以使用 IE 浏览器直接打开，查阅元素关系的 XBRL 语法表示。

以计算链接库为例，图 8-37 是计算链接库中一个完整的 calculationLink 片段，表达一个较为简单的计算公式，而计算链接库正是由许许多多的计算链接（calculationLink）组成的。其他的链接库，如定义链接库是由定义链接（definitionLink）组合而成，标签链接库是由标签链接（labelLink）组合而成，列报链接库则是由列报链接(presentationLink)组合而成。

```
<calculationLink xlink:role="http://www.apple.com/taxonomy/role/DisclosureComputationOfBasicAndDilutedEarningsPerShare" xlink:type="extended">
  <loc xlink:href="http://xbrl.fasb.org/us-gaap/2015/elts/us-gaap-2015-01-31.xsd#us-gaap_WeightedAverageNumberOfDilutedSharesOutstandingAdjustment"
    xlink:type="locator" xlink:label="us-gaap_WeightedAverageNumberDilutedSharesOutstandingAdjustment"/>
  <loc xlink:href="http://xbrl.fasb.org/us-gaap/2015/elts/us-gaap-2015-01-31.xsd#us-gaap_WeightedAverageNumberOfDilutedSharesOutstanding"
    xlink:type="locator" xlink:label="us-gaap_WeightedAverageNumberDilutedSharesOutstanding"/>
  <loc xlink:href="http://xbrl.fasb.org/us-gaap/2015/elts/us-gaap-2015-01-31.xsd#us-gaap_WeightedAverageNumberOfSharesOutstandingBasic" xlink:type="locator"
    xlink:label="us-gaap_WeightedAverageNumberOfSharesOutstandingBasic"/>
  <calculationArc xlink:type="arc" use="optional" priority="2" weight="1.00" order="1.0100" xlink:to="us-gaap_WeightedAverageNumberOfSharesOutstandingBasic"
    xlink:from="us-gaap_WeightedAverageNumberDilutedSharesOutstandingAdjustment" xlink:arcrole="http://www.xbrl.org/2003/arcrole/summation-item"/>
  <calculationArc xlink:type="arc" use="optional" priority="2" weight="1.00" order="1.0200" xlink:to="us-gaap_WeightedAverageNumberDilutedSharesOutstandingAdjustment" xlink:from="us-gaap_WeightedAverageNumberOfDilutedSharesOutstanding"
    xlink:arcrole="http://www.xbrl.org/2003/arcrole/summation-item"/>
</calculationLink>
```

图 8-37　苹果公司的扩展计算链接库

(二) 使用 Fujitsu 软件浏览分类标准

体验要求：使用 Fujitsu 软件打开之前下载的美国苹果公司扩展分类标准，并分别查阅元素的定义信息、列报链接库及维度表①。

体验步骤一：运行 run.bat 程序，在"文件(File)"菜单下选择"打开分类标准(Open Taxonomy)"。此时为 Taxonomy Editor 运行界面，不同面板的功能介绍如图 8-38 所示。

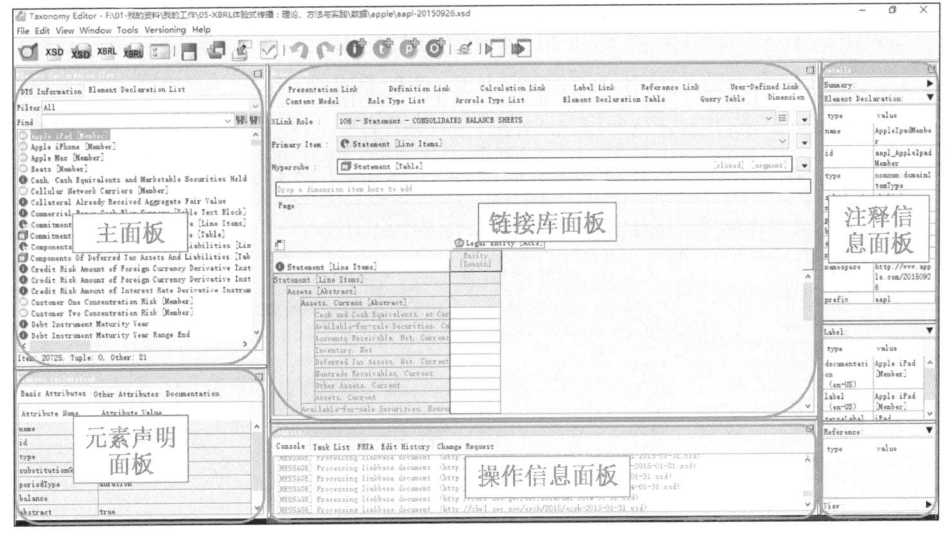

图 8-38　Taxonomy Editor 运行界面

体验步骤二：查阅元素的定义信息。单击"元素声明表(Element Declaration Table)"选项，就会呈现出元素清单及其关联的定义信息。以苹果公司扩展的"AppleIpadMember"元素为例，能够观察到其 id 值为"appl_AppleIpadMember"，标签为"Apple iPad [member]"，数值类型为"domainItemType"，以及其他的属性信息，

---

① 维度表是基于定义链接库来呈现的。

不再一一叙述。操作步骤如图 8-39 所示。

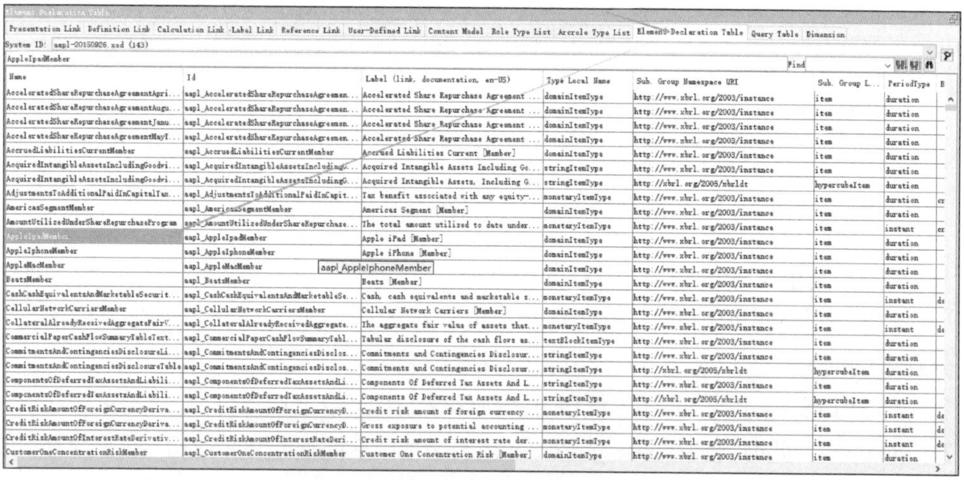

图 8-39　Taxonomy Editor 中的元素查阅

体验步骤三：查阅分类标准的列报链接库。单击"列报链接（Presentation Link）"选项，将会呈现对应不同 XLink Role 值的列报关系，选择"106-Statement-CONSONLIDATED BALANCE SHEETS"，继而逐一打开层级树状图，最终呈现出苹果公司资产负债表的列报关系图。操作步骤如图 8-40 所示。

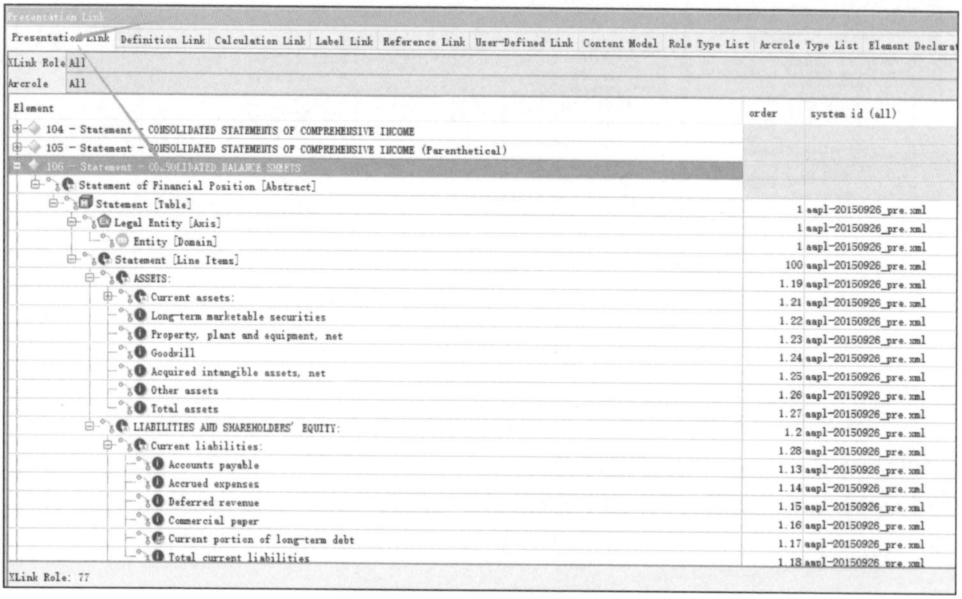

图 8-40　Taxonomy Editor 中的列报链接库查阅

体验步骤四:查阅分类标准的维度表。单击"维度(Dimension)"选项,再选择 XLink Role 值"106-Statement-CONSONLIDATED BALANCE SHEETS",就会呈现出苹果公司资产负债表的维度表。操作步骤如图 8-41 所示。

图 8-41　Taxonomy Editor 中的维度表查阅

小贴士:除上述的查阅方式之外,还可以尝试以其他链接库的形式查阅分类标准,如计算链接库、定义链接库、标签链接库、参考链接库,以及可能的企业自定义的链接库。

(三) 访问 CoreFiling 分类标准库浏览分类标准

体验要求:访问 CoreFiling 分类标准库,打开 IFRS 分类标准"IFRS(2015)",进入完整版(Full),查看"资产的公允价值变动"[Increase (decrease) in fair value measurement, assets]元素的属性(路径:[823000] Notes-Fair value measurement),并且查看该元素的计算关系。

体验步骤一:打开链接 https://bigfoot.corefiling.com/yeti/resources/yeti-gwt/Yeti.jsp,选择 IFRS(2015)的完整版(Full),点击打开。操作步骤如图 8-42 所示。

体验步骤二:利用搜索工具,搜索"Increase (decrease) in fair value measurement, assets",将返回搜索结果,双击搜索结果将会在网络视图中显示其所在的位置,能够观察到"Increase (decrease) in fair value measurement, assets"在

"[823000] Notes-Fair value measurement"的层级树状视图下,如图 8-43 所示。

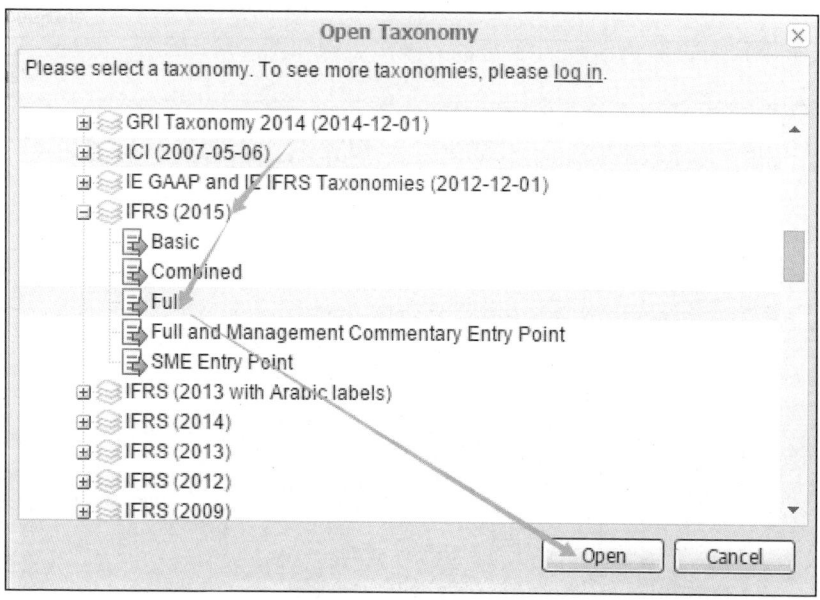

图 8-42　CoreFiling 分类标准库中分类标准的选择步骤

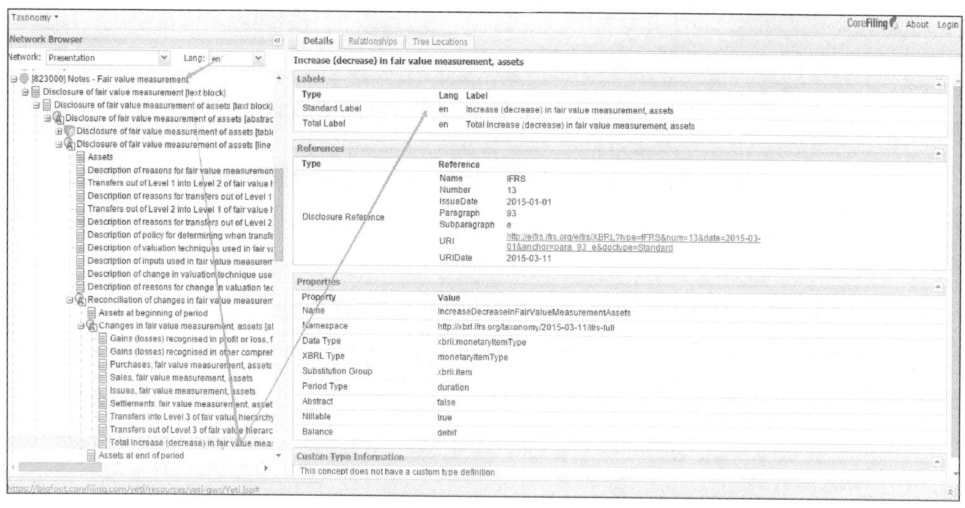

图 8-43　CoreFiling 分类标准库中元素的查阅步骤

体验步骤三:查看"资产的公允价值变动"[Increase(decrease) in fair value measurement, assets]元素的计算关系。在上一步骤的基础上,单击"Relationships"选项卡,将呈现出元素之间的计算关系,如图 8-44 所示。

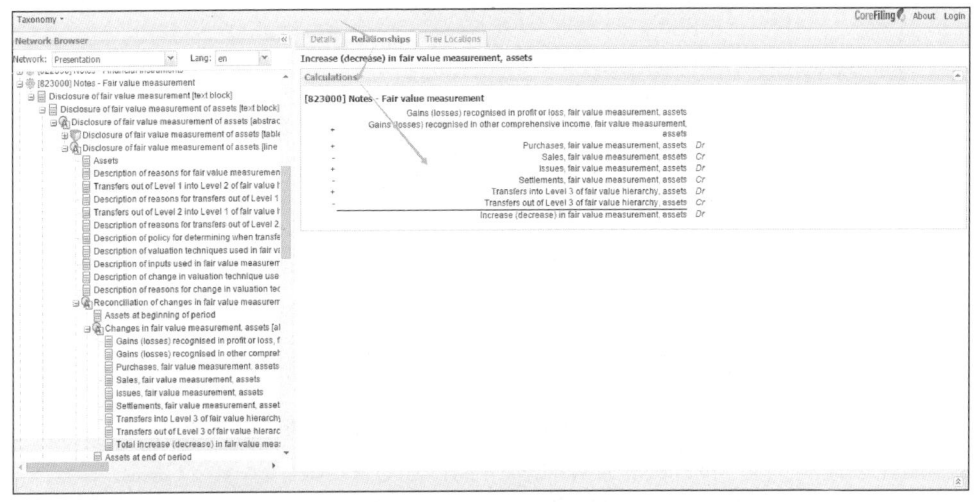

图 8-44　CoreFiling 分类标准库中计算链接库的查阅步骤

五、注意事项及体验效果

XBRL 分类标准包括 XBRL 模式文件和 XBRL 链接库，尽管具体的语法表示有较大不同，但都是遵循基本的 XML 语法规范。因此，在用 IE 浏览器直接阅读 XBRL 分类标准的体验中，同样可以使用包括 Chrome 浏览器、Firefox 浏览器等在内的其他浏览器进行体验尝试。并且也可以使用 XMLSpy 软件、UltraEdit 软件来进行阅读编辑等体验操作。

同样，在体验过程中，进行人工阅读 XBRL 分类标准时，也可以结合体验内容向学生讲授一些基本的 XBRL 分类标准语法规范，同样能够加深学生对 XBRL 分类标准的认知。

第五节　财务报告编报模拟

一、体验目的

本模块体验如何将传统的财务报表数据以手工编报的方式输入 XBRL 软件并生成 XBRL 相关文档。这个模块也是独立的，但它是更为高级的应用体验。在完成 XBRL 实例文档和 XBRL 分类标准体验之后，自然而然地就会考虑 XBRL 文档是如何编报的，在编报过程中是以何种方式操作 XBRL 分类标准与 XBRL 实例文档的，并且分类标准与实例文档是如何有机结合起来的等问题。本模块将展现这一过程，通过这一模块的体验将加深对 XBRL 技术原理(包括分类标准与实例文档)的理解。

二、体验知识点

财务报告编报模拟主要包括两个步骤,分别是分类标准的创建和基于该分类标准的实例文档的创建。主要的体验知识点则包括非维度表分类标准的创建、维度表分类标准的创建、非维度表实例文档的创建,以及维度表实例文档的创建。在体验过程中,学生应当着重注意非维度表信息与维度表信息的异同点。

三、平台工具及体验数据

本模块采用 Fujitsu 的分类标准编辑/实例文档创建(Taxonomy Editor / Instance Creator)软件,在创建分类标准时,使用分类标准编辑(Taxonomy Editor)功能,而在创建实例文档时,则是使用实例文档创建(Instance Creator)功能。

本模块的体验是将传统的财务报表转换为 XBRL 格式。传统的财务报告中的表格信息可以分为两大类,一类是非维度表,另一类则是维度表。针对非维度表和维度表,分别选择了比较有代表性的表格数据,作为本模块的体验数据,分别是表 8-2 合并利润表(出于篇幅考虑,对合并利润表作出适当裁减),表 8-3 存货增减变动情况表。

表 8-2　合 并 利 润 表

编制单位:ABC 公司	2015 年度	单位:千元
项目	2015 年度	2014 年度
一、营业收入	131 116 407	81 049 425
减:营业成本	(121 105 677)	(72 076 550)
营业税金及附加	(970 024)	(400 684)
销售费用	(1 587 577)	(1 463 320)
管理费用	(3 244 994)	(4 379 168)
财务费用—净额	(1 988 961)	(6 646 311)
资产减值损失	(1 870 059)	(1 570 996)
加:公允价值变动收益	44 990	(105 362)
投资收益	760 042	221 386
其中:对联营企业和合营企业的投资收益	500 732	10 555
二、营业利润(亏损)	1 154 147	(5 371 580)
......		

表 8-3　存货增减变动情况表

单位：千元

项目	2015 年 12 月 31 日		
	账面余额	跌价准备	账面价值
原材料	9 498 670	(6 579)	9 492 091
在产品	5 710 686	(3 659)	5 707 027
库存商品	5 632 858	(30 065)	5 602 793
周转材料	13 366	—	13 366
备品备件	1 033 063	(68 293)	964 770
合计	21 888 643	(108 596)	21 780 047

注：自 2010 年开始，集团在资产负债表日将用于生产原铝的自产氧化铝在合并报表中作为原材料列示。在此之前，集团将自产氧化铝全部作为产成品在合并报表中列示。因此，2009 年 12 月 31 日的存货账面余额中有共计人民币 1 596 523 千元的存货由产成品重分类至原材料列示，以与本年年末的披露保持一致。

四、体验流程

体验要求：根据《企业会计准则通用分类标准编报规则》，基于财政部 2015 版通用分类标准，将体验数据中的内容编制成 XBRL 格式的报告。

体验步骤一：新建分类标准。

首先，选择"文件（File）"菜单下的"新建分类标准（New Taxonomy）"选项。新建之后，选择"文件（File）"菜单下的"属性（Properties）"选项，来设置分类标准属性。操作步骤如图 8-45 所示。

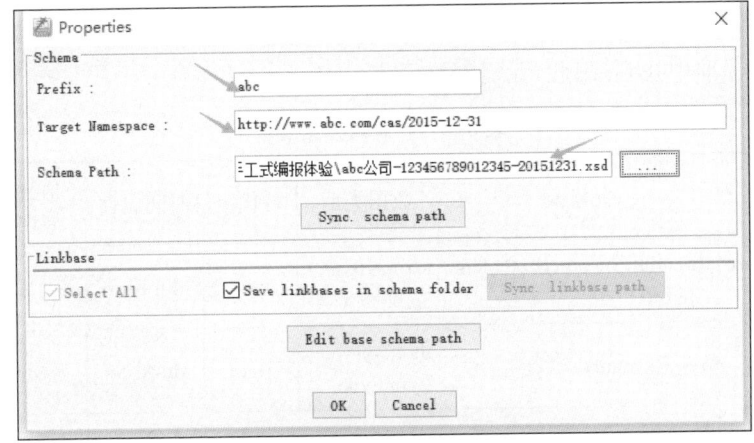

图 8-45　新建分类标准操作步骤

其次，导入基础分类标准。选择"文件(File)"菜单下的"导入分类标准(Import Taxonomy)"，选择导入 cas_core_2015-03-31.xsd。如图 8-46 所示。

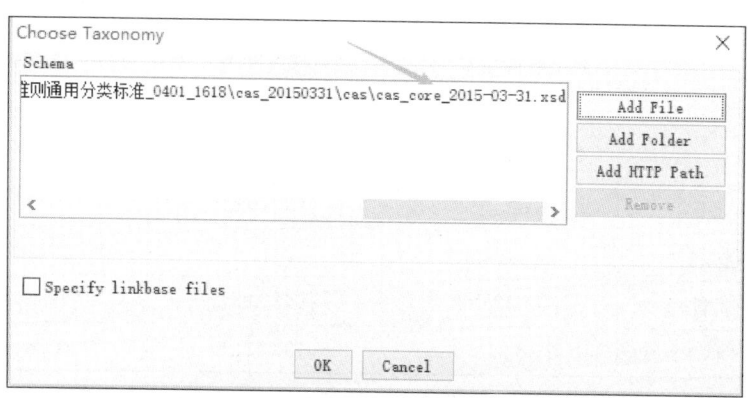

图 8-46 导入基础分类标准操作步骤

小贴士：2015 版《企业会计准则通用分类标准编报规则》第九条指出："企业仅可采用重新定义(Redefine)方式应用通用分类标准，而不能采用复用(Reuse)方式。在重新定义的方式下，企业在构建扩展分类标准链接库文件时，不能直接引用通用分类标准中的链接库文件，而是根据企业财务报告的实际需要，重新构建链接库文件，扩展分类标准模式文件应当引用通用分类标准通用部分核心模式文件和行业扩展部分核心模式文件(如适用)以及企业所有扩展链接库文件。"因此，导入基础分类标准时选择核心模式文件 cas_core_2015-03-31.xsd，并且不引用链接库。

体验步骤二：建立非维度表。

首先，编辑元素信息。合并利润表内容所对应的元素，如表 8-4 所示，都能在通用分类标准中找到，因此，无需新增元素。

表 8-4 利润表元素清单

元素	元素 id	数据类型	替代组	时间属性	借贷属性	是否抽象
利润表[abstract]	ifrs-full_IncomeStatementAbstract	stringItemType	item	duration		true
营业收入	cas_Revenues	monetaryItemType	item	duration	credit	false
营业成本	cas_CostOfRevenues	monetaryItemType	item	duration	debit	false

续 表

元素	元素 id	数据类型	替代组	时间属性	借贷属性	是否抽象
营业税金及附加	cas_BusinessTaxAndSurcharge	monetaryItemType	item	duration	debit	false
销售费用	cas_SellingAndMarketingExpense	monetaryItemType	item	duration	debit	false
管理费用	cas_GeneralAndAdministrativeExpenses	monetaryItemType	item	duration	debit	false
财务费用	cas_FinanceExpense	monetaryItemType	item	duration	debit	false
资产减值损失	cas_ImpairmentLoss	monetaryItemType	item	duration	debit	false
公允价值变动收益	cas_ProfitOrLossArisingFromChangesInFairValue	monetaryItemType	item	duration	credit	false
投资收益	cas_InvestmentIncome	monetaryItemType	item	duration	credit	false
其中:对联营企业和合营企业的投资收益	cas_IncomeFromInvestmentInAssociatesAndJointVentures	monetaryItemType	item	duration	credit	false
营业利润	cas_OperatingProfits	monetaryItemType	item	duration	credit	false

其次,构建非维度表的扩展分类标准标签链接库。利润表元素的标签信息如表 8-5 所示。

表 8-5 利润表元素的标签信息

元素 id	标准标签（中文）	标准标签（英文）	合计标签（中文）	负值标签（中文）	长标签（中文）
ifrs-full_IncomeStatementAbstract	利润表[abstract]	Income statement [abstract]			
cas_Revenues	营业收入	Revenues	营业总收入		
cas_CostOfRevenues	营业成本	Cost of revenues	营业总成本	减:营业成本	
cas_BusinessTaxAndSurcharge	营业税金及附加	Business tax and surcharge	营业税金及附加合计	营业税金及附加	
cas_SellingAndMarketingExpense	销售费用	Selling and marketing expense	销售费用合计	销售费用	

续 表

元素 id	标准标签（中文）	标准标签（英文）	合计标签（中文）	负值标签（中文）	长标签（中文）
cas_GeneralAndAdministrativeExpenses	管理费用	General and administrative expenses	管理费用合计	管理费用	
cas_FinanceExpense	财务费用	Finance expense	财务费用合计	财务费用	
cas_ImpairmentLoss	资产减值损失	Impairment loss	资产减值损失合计	资产减值损失	
cas_ProfitOrLossArisingFromChangesInFairValue	公允价值变动收益	Profit or loss arising from changes in fair value	公允价值变动收益合计		加：公允价值变动收益
cas_InvestmentIncome	投资收益	Investment income	投资收益合计		
cas_IncomeFromInvestmentInAssociatesAndJointVentures	对联营企业和合营企业的投资收益	Income from investment in associates and joint ventures			其中：对联营企业和合营企业的投资收益
cas_OperatingProfits	营业利润	Operating profits			营业利润（亏损）

在标签链接库中添加扩展链接角色（ELR），添加扩展链接 http://www.xbrl.org/2003/role/link。操作步骤如图 8-47 所示。

逐一为每个元素增加不同标签角色下的标签。以 cas_Revenues 为例，选中扩展链接 http://www.xbrl.org/2003/role/link，单击增加（add），选择 Role 值 http://www.xbrl.org/2003/role/label，分别增加中英文标准标签。操作示例如图 8-48 所示。

以此类推，根据表格的标签内容，可以为每个元素创建其他 Role 值下的标签，包括合计标签（Role 值 http://www.xbrl.org/2003/role/totalLabel）、长标签（Role 值 http://www.xbrl.org/2003/role/terseLabel），以及负值标签（Role 值 http://www.xbrl.org/2003/role/negativeLabel）。

再次，构建非维度表的扩展分类标准列报链接库。先在角色类型列表面板（Role Type List）添加两个角色类型（role type）。角色类型信息如表 8-6 所示。

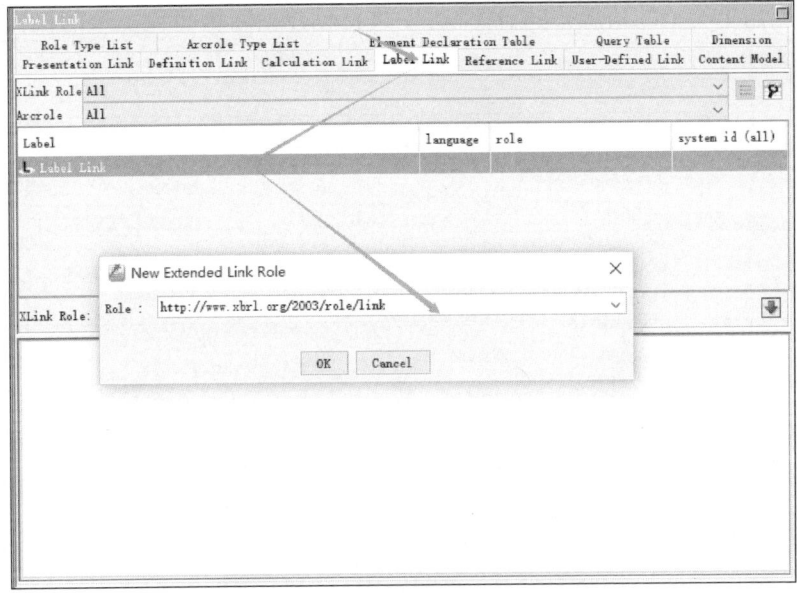

图 8-47　添加扩展链接角色操作步骤

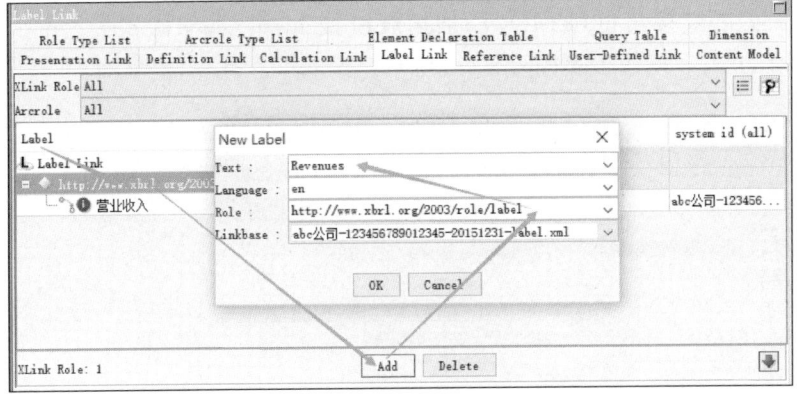

图 8-48　新增标签链接操作示例

表 8-6　角色类型信息

id	roleURI	Definition	usedon
RT_100201	http://www.abc.com/role/cas/333000/100201	［100201］Statements-Consolidated income statements	pre/cal/def
RT_201104	http://www.abc.com/role/cas/801110/201104	［201104］Details-Inventories	pre/cal/def

根据角色类型的信息,在软件中逐一进行创建。新增角色类型的操作示例步骤如图 8-49 所示。

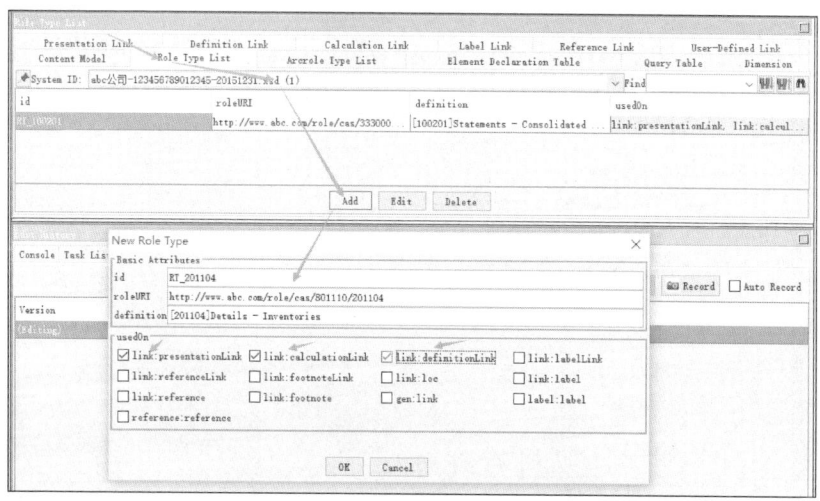

图 8-49　新增角色类型操作示例

添加扩展链接角色(ELR),添加扩展链接 http://www.abc.com/role/cas/333000/100201。操作步骤如图 8-50 所示。

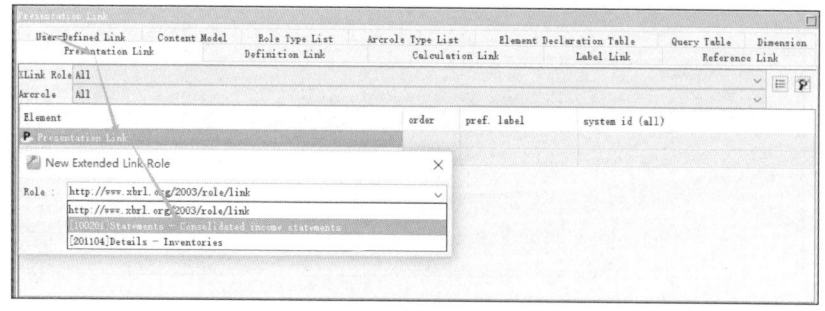

图 8-50　添加扩展链接角色操作步骤

并设置列报链接库,创建结果如图 8-51 所示。

最后,构建非维度表的扩展分类标准计算链接库。添加扩展链接角色(ELR) http://www.abc.com/role/cas/333000/100201,并设置计算链接库。创建结果如图 8-52 所示。

体验步骤三:建立维度表。

首先,编辑维度表元素信息。根据中国铝业 2010 年财报的存货增减变动情况,确定对应的 XBRL 元素,如表 8-7 所示。

图 8-51 利润表列报链接库创建结果

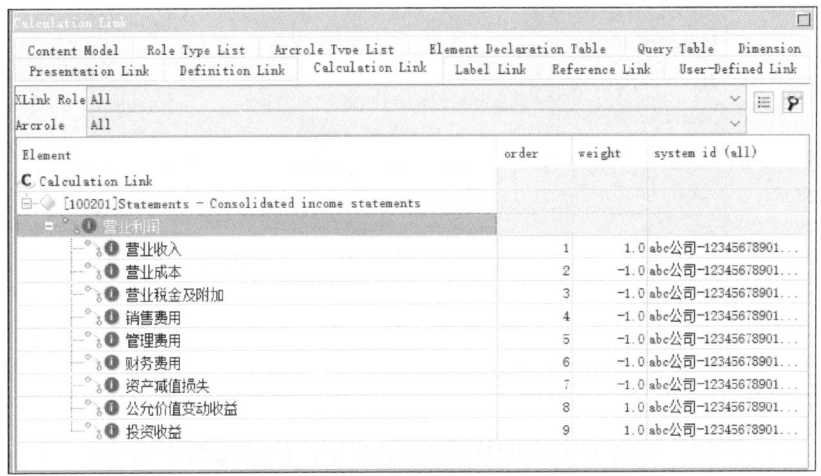

图 8-52 利润表计算链接库创建结果

新增成员（member）元素 abc_SparePartsMember。Fujitsu 软件的操作路径是编辑（Edit）/增加域成员（Add Domain Member），根据表 8-7 的内容设置相应的属性信息即可。

其次，构建维度表的扩展分类标准标签链接库。存货增减变动情况表元素的标签信息如表 8-8 所示。同时，为维度表元素添加标签的做法与非维度的相同，可参见构建非维度表的扩展分类标准标签链接库部分。

表 8-7 存货增减变动情况表元素清单

元素	元素 id	数据类型	替代组	时间属性	借贷属性	是否抽象
存货增减变动[abstract]	cas_ChangesOfInventoriesAbstract	stringItemType	item	duration		true
存货增减变动[table]	cas_ChangesOfInventoriesTable	stringItemType	hypercubeItem	duration		true
存货类别[axis]	cas_ClassesOfInventoriesAxis	stringItemType	dimensionItem	duration		true
存货[member]	cas_InventoriesMember	domainItemType	item	duration		true
原材料[member]	cas_RawMaterialMember	domainItemType	item	duration		true
在产品[member]	cas_WorkInProcessMember	domainItemType	item	duration		true
库存商品[member]	cas_FinishedGoodsMember	domainItemType	item	duration		true
周转材料[member]	cas_TurnoverMaterialsMember	domainItemType	item	duration		true
备品备件[member]	abc_SparePartsMember	domainItemType	item	duration		true
存货增减变动[line items]	cas_ChangesOfInventoriesLineItems	stringItemType	item	duration		true
存货账面余额	cas_InventoryBalance	monetaryItemType	item	instant	debit	false
存货跌价准备	cas_ProvisionForImpairmentOfInventory	monetaryItemType	item	instant	credit	false
存货账面价值	ifrs-full_Inventories	monetaryItemType	item	instant	debit	false

表 8-8 存货增减变动情况表元素标签信息

元素 id	标准标签（中文）	标准标签（英文）	负值标签（中文）	长标签（中文）
cas_ChangesOfInventoriesAbstract	存货增减变动[abstract]	Changes of inventories [abstract]		
cas_ChangesOfInventoriesTable	存货增减变动[table]	Changes of inventories [table]		
cas_ClassesOfInventoriesAxis	存货类别[axis]	Classes of inventories [axis]		

续　表

元素 id	标准标签（中文）	标准标签（英文）	负值标签（中文）	长标签（中文）
cas_InventoriesMember	存货［member］	Inventories ［member］		
cas_RawMaterialMember	原材料［member］	Raw material [member]		
cas_WorkInProcessMember	在产品［member］	Work in process [member]		
cas_FinishedGoodsMember	库存商品[member]	Finished goods [member]		
cas_TurnoverMaterialsMember	周转材料[member]	Turnover materials [member]		
abc_SparePartsMember	备品备件[member]	Spare parts [member]		
cas_ChangesOfInventoriesLineItems	存货增减变动[line items]	Changes of inventories [line items]		
cas_InventoryBalance	存货账面余额	Inventory balance		
cas_ProvisionForImpairmentOfInventory	存货跌价准备	Provision for impairment of inventory	存货跌价准备	
ifrs-full_Inventories	存货	Inventories		存货期末账面价值

再次，构建维度表的扩展分类标准列报链接库。添加扩展链接角色（ELR）http://www.abc.com/role/cas/801110/201104。操作步骤如图 8-53 所示。

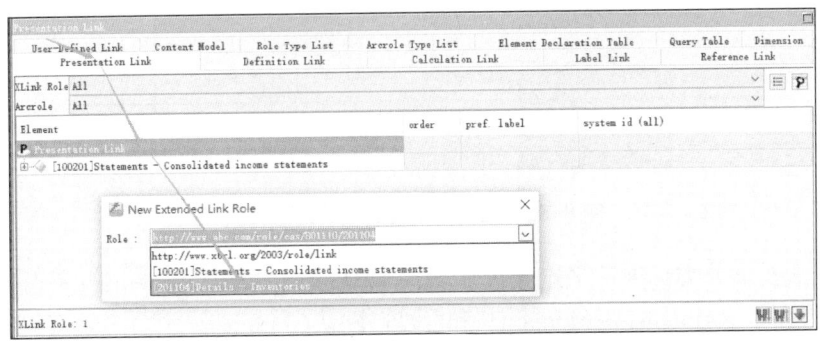

图 8-53　添加维度表扩展链接角色操作步骤

并设置列报链接库。存货增减变动情况表列报链接库的创建结果如图 8-54

所示。

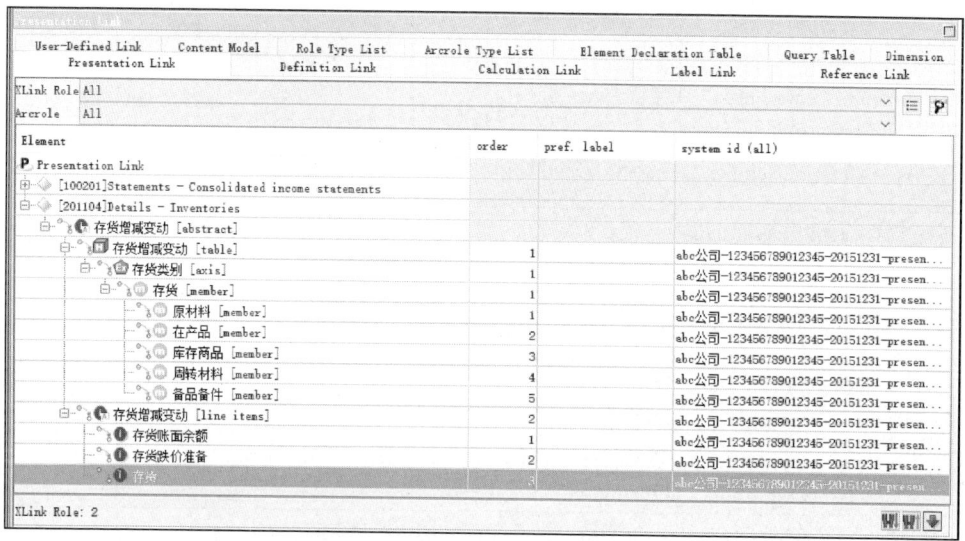

图 8-54　存货增减变动情况表列报链接库的创建结果

最后,构建维度表的扩展分类标准定义链接库。维度上下文统一使用场景信息(scenario),而不采用分段信息(segment)。如图 8-55 所示。

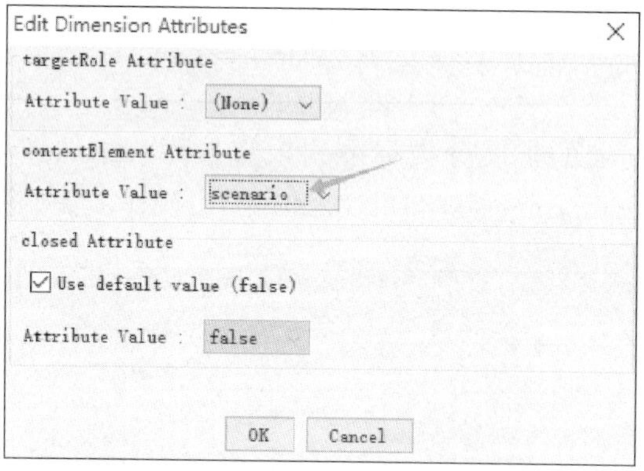

图 8-55　维度上下文的场景信息设置

企业扩展分类标准定义链接库中,分别为域元素"存货［member］"设置属性值为"维度-域(dimension-domain)"和"维度-默认(dimension-default)"的弧链接。维度表的创建结果如图 8-56 所示。

体验步骤四:保存并检验分类标准。单击"文件(File)"菜单下的"保存(Save)"选项,操作界面如图 8-57 所示。

第八章
基于免费软件平台的体验模块分享

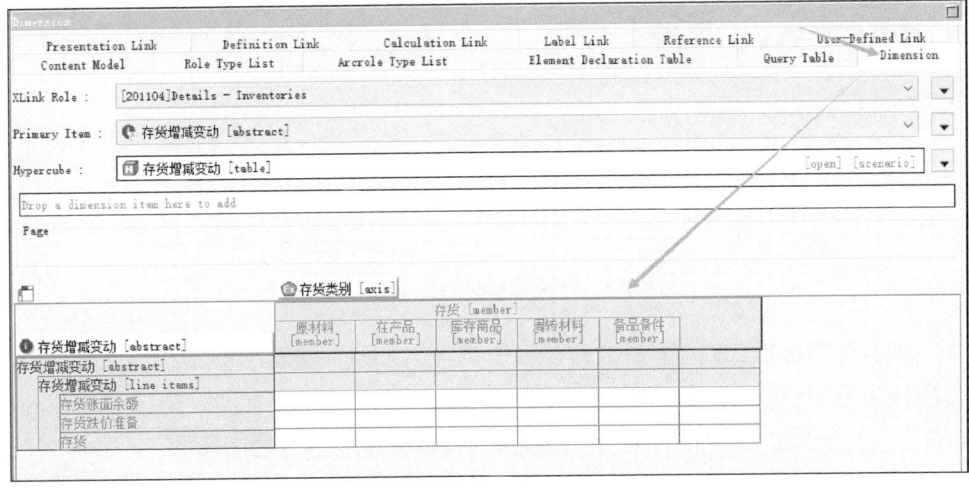

图 8-56　存货增减变动情况表维度表的创建结果

图 8-57　分类标准保存的操作界面

确定保存的分类标准路径以及文件名称。文件夹下会生成相应的分类标准文件，如图 8-58 所示。

文件名	日期	类型	大小
abc公司-123456789012345-20151231.xsd	2015-10-01 13:03	XSD 文件	4 KB
abc公司-123456789012345-20151231_cal.xml	2015-10-01 13:03	HTML 文档	6 KB
abc公司-123456789012345-20151231_def.xml	2015-10-01 13:03	HTML 文档	9 KB
abc公司-123456789012345-20151231_lab_cn.xml	2015-10-01 13:03	HTML 文档	28 KB
abc公司-123456789012345-20151231_lab_en.xml	2015-10-01 13:03	HTML 文档	30 KB
abc公司-123456789012345-20151231_pre.xml	2015-10-01 13:03	HTML 文档	15 KB

图 8-58　分类标准保存后的文件目录

校验分类标准。路径为"工具（Tools）"→"校验（Validation）"，提供了不同类型的校验，包括检验分类标准（Validate Taxonomy）、FRTA 校验（FRTA Validation），以及维度校验（Dimension Validation），可以逐一进行校验体验。

体验步骤五：输入非维度表数据。

首先，在扩展分类标准基础上创建新的实例文档。单击"文件（File）"菜单下的"使用当前分类标准创建新实例文档（Create New Instance Using Editing Taxonomy）"。

其次，创建非维度表上下文。非维度表上下文信息如表 8-9 所示。单击"编辑（Edit）"菜单下的"添加上下文（Add Context）"逐一进行添加，添加界面如图 8-59 所示。

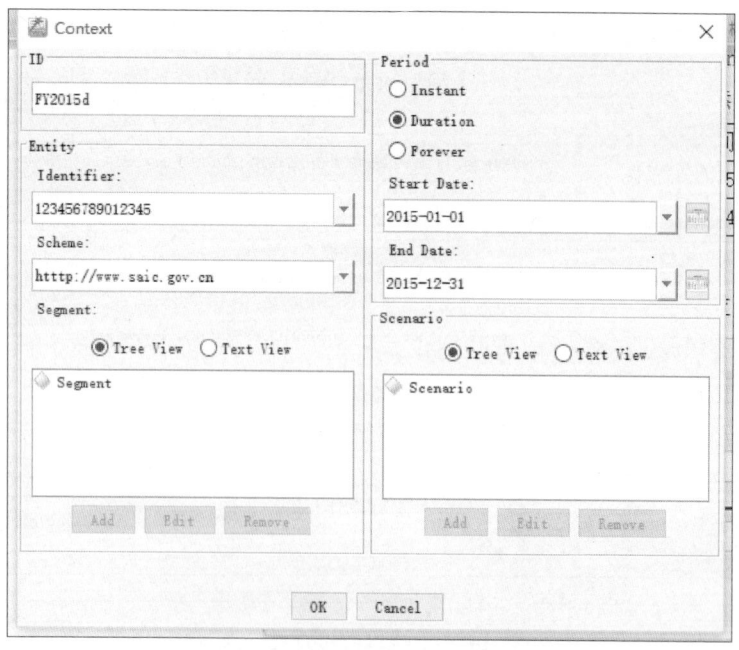

图 8-59　非维度表上下文添加示例

表 8-9　非维度表上下文信息

上下文 id	标识符	Scheme	期间起始时间	期间结束时间
FY2015d	123456789012345	htttp://www.saic.gov.cn	2015-01-01	2015-12-31
FY2014d	123456789012345	htttp://www.saic.gov.cn	2014-01-01	2014-12-31

再次，创建单位信息。单击"编辑（Edit）"菜单下的"添加单位（Add Unit）"，结果如图 8-60 所示。

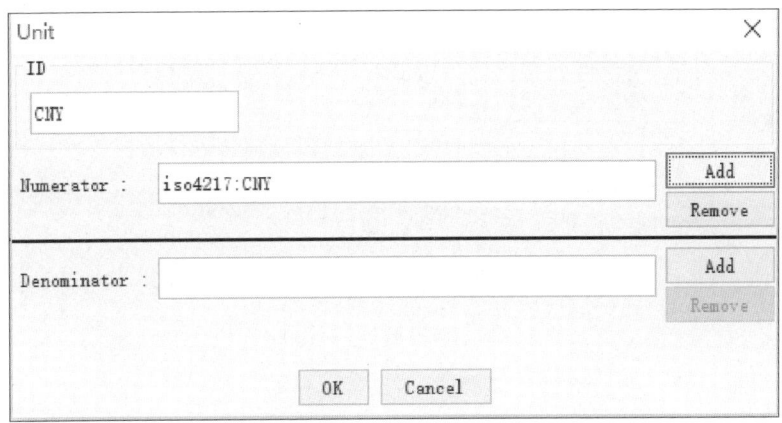

图 8-60　单位添加界面

最后，输入数值。在主面板中的 Taxonomy Tree 可以以列报链接库或是计算链接库的层次结构来进行填报，输入完毕后，还可以通过"工具（Tools）"下的"计算验证（Calculation Check）"进行计算关系检验，如图 8-61 所示。

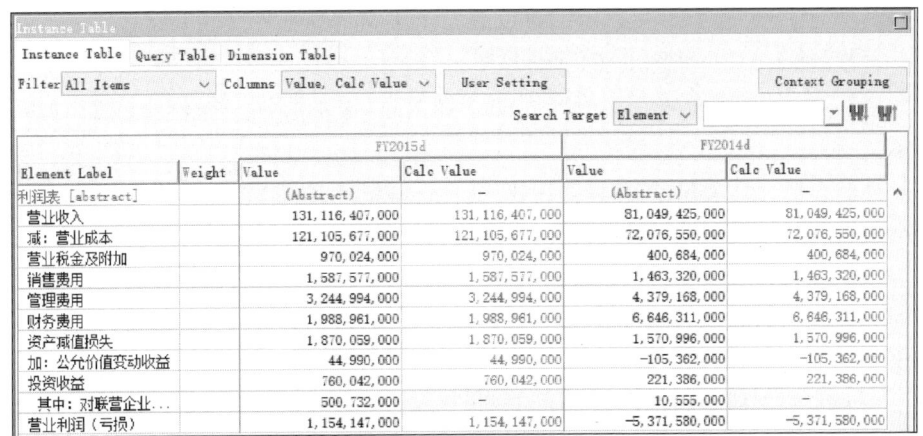

图 8-61　非维度表输入界面

体验步骤六：输入维度表数据。

首先，创建维度表上下文。可以通过单击"编辑(Edit)"菜单下的"添加上下文(Add Context)"选项来创建上下文。但还有更为快捷的创建方式，通过直接双击维度表中的"No contexts defined"，来创建上下文，并直接与数据项相关联。如图 8-62 所示。

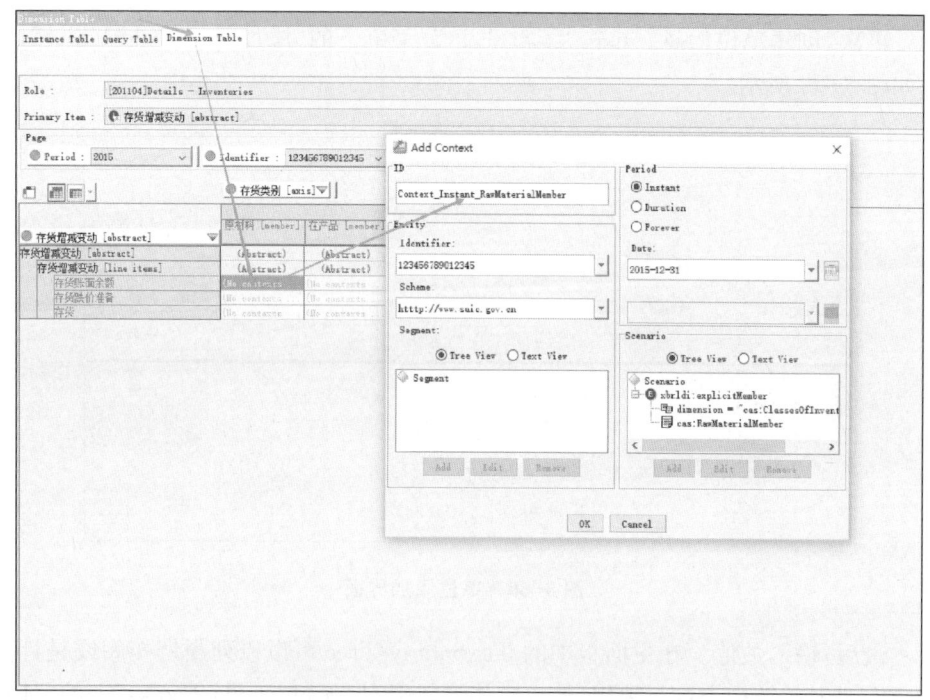

图 8-62　维度表上下文添加示例

其次，逐一创建上下文之后的维度表及上下文信息如图 8-63 所示。

再次，输入数值，如图 8-64 所示。

最后，根据存货增减变动情况表的注释信息，添加脚注。操作步骤如图 8-65 所示。

体验步骤七：保存并校验 XBRL 实例。单击"文件(File)"菜单下的"保存(Save)"选项。如图 8-66 所示。

依据编报规则中实例文档命名的要求，将该实例文档命名为"abc 公司－123456789012345－20151231.xml"。文件夹下会生成相应的实例文档文件，如图 8-67 所示。

校验实例文档。同样，路径为"工具(Tools)"→"校验(Validation)"，提供了不同类型的校验，包括检验实例文档(Validate Instance)、FRIS 校验(FRIS Validation)、维度校验(Dimension Validation)、SEC 规则校验(SEC Rule Validation)，以

及 EDGAR 手册校验（EDGAR Manual Validation），可以逐一进行校验体验。

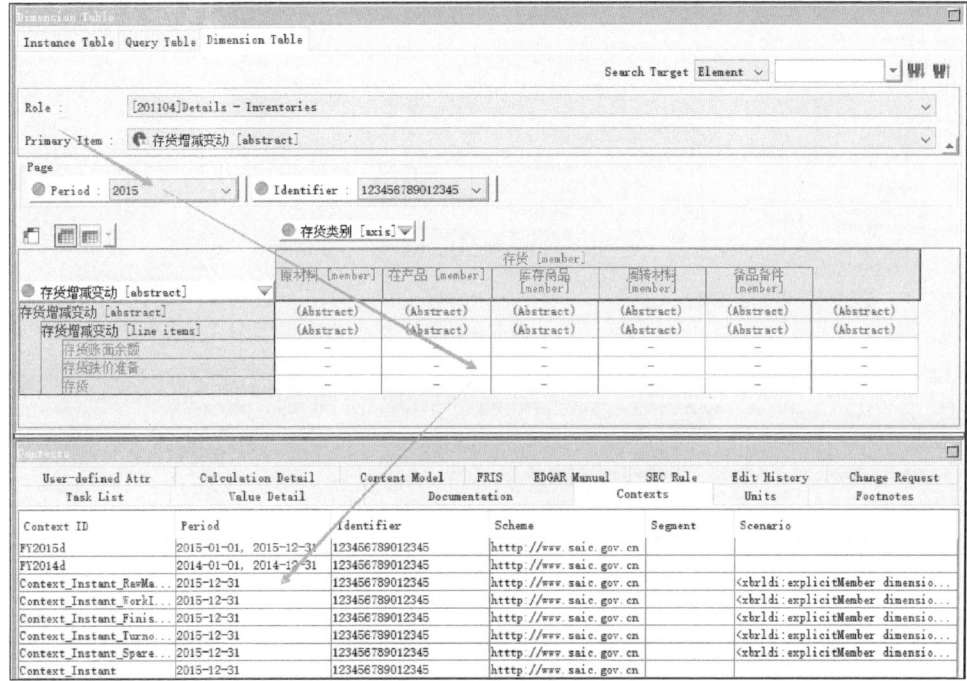

图 8-63　维度表上下文添加后操作界面

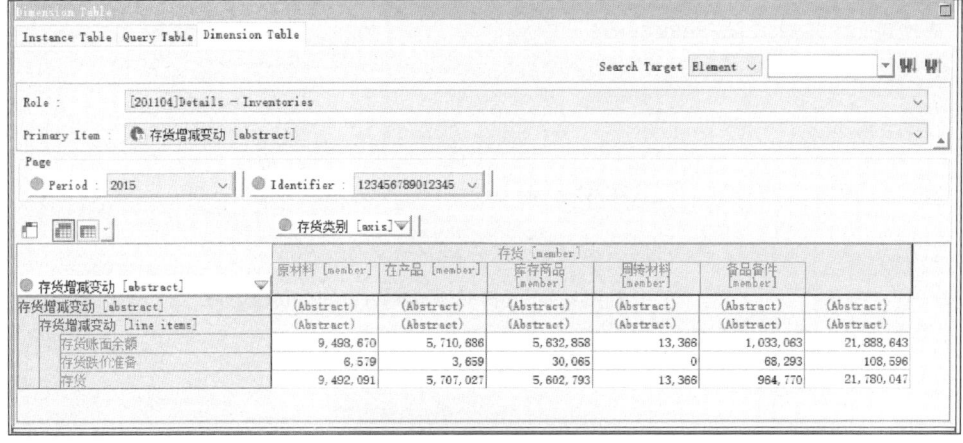

图 8-64　维度表输入界面

XBRL知识体验:理论、方法与实践

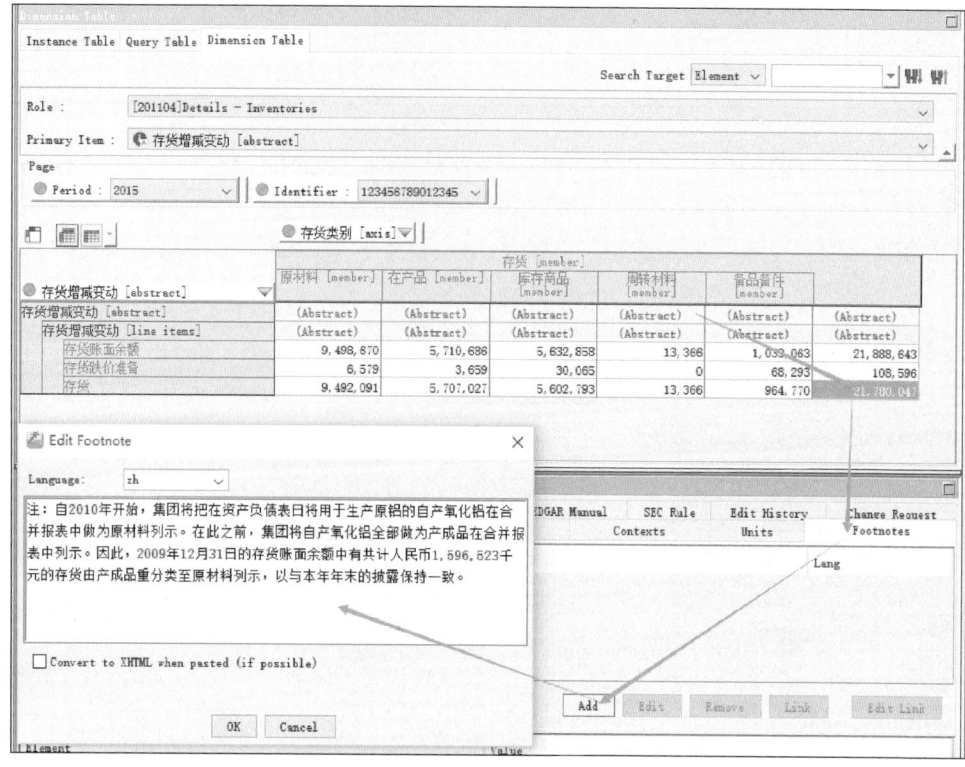

图 8-65　脚注信息添加步骤

图 8-66　实例文档保存的操作界面

名称	修改日期	类型	大小
abc公司-123456789012345-20151231.xml	2016-1-11 14:28	XML 文档	11 KB
abc公司-123456789012345-20151231.xsd	2016-1-11 13:14	XSD 文件	4 KB
abc公司-123456789012345-20151231-cal.xml	2016-1-11 13:14	XML 文档	10 KB
abc公司-123456789012345-20151231-def.xml	2016-1-11 13:14	XML 文档	14 KB
abc公司-123456789012345-20151231-lab.xml	2016-1-11 13:14	XML 文档	53 KB
abc公司-123456789012345-20151231-pre.xml	2016-1-11 13:14	XML 文档	24 KB

图 8-67　实例文档保存后的文件目录

五、注意事项及体验效果

在我们历次的 XBRL 体验课程中,很多学生普遍有这样的感觉:在完成财务报告编报模拟之前,只是初步建立了对 XBRL 的认识,而在体验完这一模块之后,尤其是很多次的试错和思考之后,能够将之前的 XBRL 知识片段串联起来,对 XBRL 的认知也就更进一步了。因此,这一模块的重要性就显而易见了。

同时,财务报告编报模拟对授课教师也提出更高的要求。为了能够正确反映企业会计准则的最新变化,规范 XBRL 财务报告的编报行为,从而确保 XBRL 报告编制的质量水平,授课教师需要详细了解最新的通用分类标准,包括《企业会计准则通用分类标准指南》《企业会计准则通用分类标准编报规则》等。

总体而言,财务报告编报模拟的难度是比较高的,该模块通常需要半天甚至更多的体验时间。只有通过恰当的案例安排以及合理的体验步骤设计,才能够让学生们在一步步的 XBRL 手工式编报体验中逐渐加深对 XBRL 的认知,否则如果学生在这一模块中太过受挫,反而会加深对 XBRL 的抵触心理。

第六节　认识 XBRL GL

一、体验目的

XBRL GL 是 XBRL 国际组织针对企业内部标准化制定的分类标准,也遵循基本的 XBRL 技术规范,并具有 XBRL 的一般特征:标准化、结构化、可扩展、跨平台和跨语言。然而,由于企业内部数据信息通常是更为具体、更多细节的信息,会计技术性更强,一般情况下单独展示,不易为人所理解,需要涉及的关系和层次比财务报告信息更为复杂。因此,需要通过专门的认识 XBRL GL 来感受 XBRL 通用账簿的特点以及与 XBRL 财务报告的异同点。

二、体验知识点

认识 XBRL GL 的主要体验内容包括 XBRL 通用账簿分类标准与 XBRL 通用账簿最佳实践两个部分。XBRL 通用账簿分类标准提供企业内部数据的标准，账簿分类标准能够表达的领域信息非常广泛，其中包括：①总账信息；②分类账，如应收账款、应付账款、存货、订单输入等；③分类账的创建信息、主文件信息、交易信息，以及状态信息等。XBRL 通用账簿最佳实践则是 XBRL 通用账簿工作小组提供的 XBRL 通用账簿实例文档的样例示范，用以指导使用者采用 XBRL 通用账簿分类标准进行信息披露。XBRL 通用账簿最佳实践包括固定资产清单、试算平衡表、顾客发票、员工工时表、作业预算成本与实际成本、供应商发票等，并且在最佳实践实例中附有较为详细的注释，用以解释 XBRL 通用账簿的使用方法。本模块主要的体验知识点包括 XBRL 通用账簿分类标准的层级展示、XBRL 通用账簿最佳实践的结果表示。

三、平台工具及获取方法

Arelle 是一款支持 XBRL 的开源软件，并能够提供 XBRL 的版本管理与语法检验。Arelle 的访问网址是 http://arelle.org/，安装程序的下载链接为 http://arelle.org/download/，下载网页提供了不同系统环境下的各种安装版本。Arelle 软件安装之后的操作界面，如图 8-68 所示。

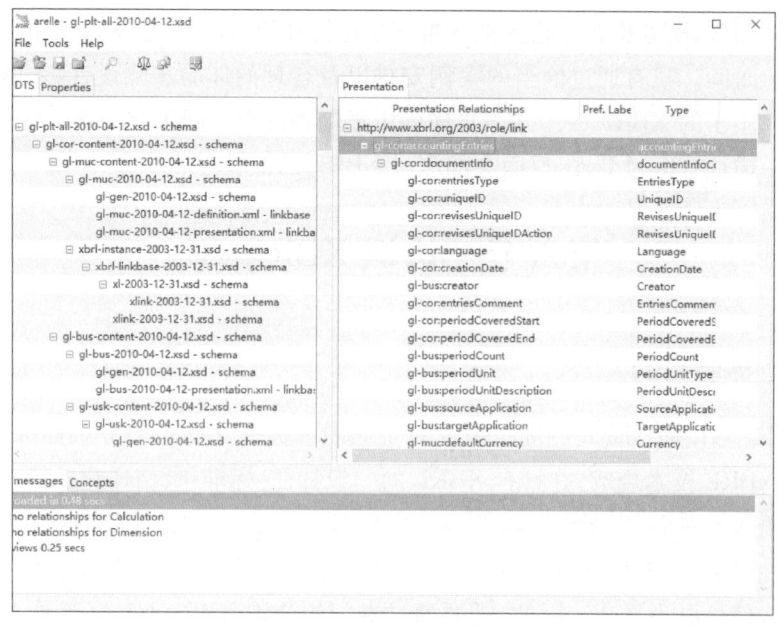

图 8-68　Arelle 软件操作界面

四、体验流程

体验要求：使用 Arelle 软件浏览 XBRL GL 分类标准，以及固定资产的 XBRL GL 最佳实践。

体验步骤一：访问 XBRL 国际组织网站 http://www.xbrl.org，下载最新的 XBRL GL 分类标准压缩包 http://www.xbrl.org/int/gl/2015-03-25/XBRL-GL-REC-2015-03-25.zip，更多的分类标准信息可参见 http://www.xbrl.org/int/gl/2015-03-25/gl-framework-REC-2015-03-25.html。

体验步骤二：浏览 XBRL GL 分类标准。查看分类标准的列报链接库，并找到多币种明细的信息。XBRL 通用账簿分类标准的多币种明细信息如图 8-69 所示。

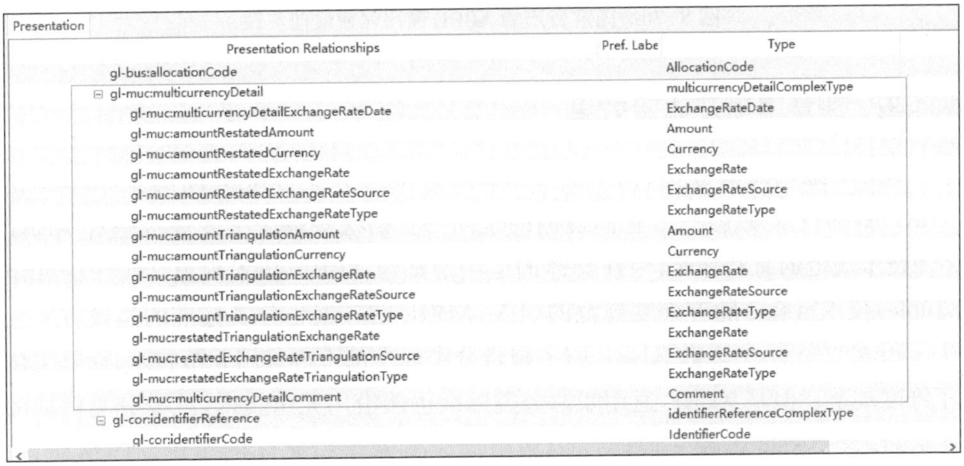

图 8-69　XBRL 通用账簿分类标准的多币种明细信息

体验步骤三：浏览 XBRL GL 最佳实践。查看固定资产的 XBRL GL 最佳实践，打开 BP_FixedAssetList.xml，请查看关于房屋建筑物的 XBRL GL 语法表示，包括房屋建筑物的原值信息、计量信息及折旧信息。查阅结果如图 8-70 所示。

小贴士：并不是只有 Arelle 软件才可以完成 XBRL 通用账簿模块的体验，采用 Fujitsu 软件也能够达到体验效果，并且由于 CoreFiling 网络分类标准库集成了 XBRL 通用账簿分类标准，通过 CoreFiling 网络分类标准库也能够了解 XBRL 通用账簿分类标准的逻辑结构。

Fact Table Fact List Presentation

Label	Seq	contextRef	Unit	Dec	Prec	Lang	Fr	Value
gl-bus:measurableQualifier	51	now						LAND
⊟ gl-bus:depreciationMortgage	52							
gl-bus:dmJurisdiction	53	now						F
⊟ gl-cor:entryDetail	54							
gl-cor:lineNumber	55	now						3
⊟ gl-cor:account	56							
gl-cor:accountMainID	57	now						1420
gl-cor:accountMainDescription	58	now						Buildings
gl-cor:accountPurposeCode	59	now						usgaap
gl-cor:accountType	60	now						account
gl-cor:amount	61	now	USD	2				200,000.00
gl-cor:postingDate	62	now						1949-03-15
⊟ gl-bus:measurable	63							
gl-bus:measurableCode	64	now						FA
gl-bus:measurableID	65	now						B001
gl-bus:measurableDescription	66	now						Main Sculley Street Complex
gl-bus:measurableQuantity	67	now	pure	0				1
gl-bus:measurableQualifier	68	now						BLDGS
⊟ gl-bus:depreciationMortgage	69							
gl-bus:dmJurisdiction	70	now						other
gl-bus:dmMethodType	71	now						SL
gl-bus:dmLifeLength	72	now	pure	0				100
⊟ gl-cor:entryDetail	73							
gl-cor:lineNumber	74	now						4
⊟ gl-cor:account	75							

图 8-70　固定资产的 XBRL 通用账簿最佳实践

五、注意事项及体验效果

XBRL 通用账簿分类标准与 XBRL 财务报告分类标准共同的技术基础是 XBRL 基础技术规范 2.1，它们遵循的是同一套语法规范。维度规范是对 XBRL 2.1 技术规范的有利补充，但在具体的运用上却与 XBRL 技术规范 2.1 中的元组(tuple)技术重叠。随着维度规范的引入，XBRL 财务报告分类标准的建模方式发生了很大的变革，大多数 XBRL 财务报告分类标准都不再采用元组技术，而是采用了维度规范。但是 XBRL 通用账簿分类标准仍然沿用元组技术，减少分类标准的扩展量，这一坚持曾在一段时间内还引起了专家学者之间的争论。归纳而言，XBRL 通用账簿分类标准采用元组技术是与其建模对象的数据特点相关，企业内部数据通常更为具体、更细致、会计技术性更强，一般情况下单独展示账簿信息，人类不易理解，涉及的关系和层次比财务报告的要复杂。因此，需要依靠元组技术通过元素之间的嵌套来完成信息之间的串联。

本章小结

本章利用现有的免费软件平台(包括免费试用平台)，设计了一系列的体验模块，包括 XBRL 财务数据分析、认识实例文档、认识分类标准、财务报告编报模拟、认识 XBRL GL 等模块。对每一模块都进行了较为详细的设计，包括模块的体验目的、体验知识点、完成体验所需要的平台工具以及获取方法(以及可能需要的体验数据），还提供了完成体验的流程步骤，介绍了在体验过程中的注意事项以及体验效果。这些都是我们关于免费软件平台的体验模块的经验分享，同时我们也对本章的体验模块进行了多次的体验尝试，以确保体验模块设计的准确性和可执行性。随着 XBRL 应用的推进，未来 XBRL 免费软件平台预计也会逐渐增加，已有的平台也会进一步升级更新，可供进行体验的模块内容将更加充实完整，围绕免费软件平台的 XBRL 体验模块分享将更加精彩丰富，必定会为 XBRL 知识传播发挥更加重要的作用。

结束语

XBRL 是一项正在全球迅速扩散的技术,经过十几年的发展,XBRL 在全球 50 多个国家 100 多个监管机构成功地得以应用,每年有数百万份 XBRL 实例文档产生,这些文档中蕴含的大量财务信息和非财务信息有待我们进一步去分析和挖掘。在本书撰写期间,我们研究团队通过 XBRL 国际大会和 XBRL 国际组织网站等信息渠道获知,XBRL 还将会呈现以下一些发展趋势:

(1) XBRL 在企业内部的应用正在深化。如在企业内部报告、内部控制、内部审计等领域的应用将会取得一些突破,同时 XBRL 数据与传统信息系统中数据间的转换、迁移活动会更加频繁。

(2) 审计师对 XBRL 技术的关注度越来越高。如审计行业正在探索制定 XBRL 审计数据标准,尝试用 XBRL 格式规范审计报告,计划在持续审计和在线审计中应用 XBRL 技术等。

(3) XBRL 技术正在与人工智能技术密切结合。如财务信息使用者开始对 XBRL 财务报告的脚注信息进行智能挖掘,系统开发人员正在尝试将 XBRL 数据分析系统与商业智能系统进行有机的整合等。

(4) XBRL 应用领域和应用范围正进一步扩大。例如,在财务报告领域,XBRL 的应用正扩展到更多的国家和更多的监管领域;在非财务报告领域,除了已成功应用的企业社会责任报告、可持续发展报告和集成报告之外,开始向养老金等领域延伸。

此外,XBRL 技术自身也在迅速发展,如近年 XBRL 国际组织推出的网页集成式 XBRL 的应用、数据要点模型的完善与应用、维度建模的解决方案等。XBRL 国际组织于 2015 年还发布了开放信息模型(Open Information Model)、分类标准包(Taxonomy Packages)、流技术扩展(Streaming Extensions)等,并启动了对问题路径(Question Pathways)、表链接库(Table Linkbase)、网络与根节点排序(Odering of Networks and Root Nodes)等方面的专项研究,一些专家甚至预测,为满足同行业财务报告比较的需要,现存的不同分类标准将会相互融合,最终只将剩下一个统一旦流行的分类标准①。

总之,随着 XBRL 技术的迅速发展和 XBRL 应用的不断深入,财会人员对 XBRL 知识的需求将会与日俱增,XBRL 定将成为每位财会人员必备的专业知识和技能;能够提供个性化、情景化、操作性体验的教学方式必将深受财会人员的欢迎。

随着环境的变化,XBRL 体验教学的内容、手段和工具必将会与时俱进:教学内容将会被扩展到财务会计、管理会计、公司税务、会计信息系统和公司治理等课程之中;教学手段将会趋于协同化、异地化、网络化、智能化;教学工具会更加丰富、多变和个性。当然,要适应这些变化,仅靠 XBRL 中国地区组织体验中心的努力是不够的,还需要各行各业专家共同努力。

---

① Beerbaum, Dirk, XBRL: Towards a Unified Taxonomy (June 6, 2015). Available at SSRN: http://ssrn.com/abstract=2661294 or http://dx.doi.org/10.2139/ssrn.2661294

附录　XBRL 术语[1]

1. 可扩展商业报告语言（XBRL, eXtensible Business Reporting Language），一种基于可扩展标记语言（eXtensible Markup Language, XML）的开放性业务报告技术标准。

2. 分类标准（Taxonomy）：XML 模式文件和 XBRL 链接库的组合。

3. 分类标准模式（Taxonomy Schema）：定义 XBRL 概念语法的 XML 模式文件。

4. 可发现分类标准集（Discoverable Taxonomy Set, DTS）：通过引用形成的一组分类标准模式和链接库的集合。

5. 入口（Entry Point）：即入口模式文件，将分类标准中的模式文件和链接库文件组织在一起，为扩展者和使用者提供了访问通用分类标准的方式。

6. 扩展链接角色（Extended Link Role, ELR）：一组有财务信息关联关系的财务报告列报事项的集合。

7. 绝对路径和相对路径（Absolute and Relative Paths）：绝对路径提供了通用分类标准的模式文件和扩展链接库文件完整的路径引用方式。相对路径则以通用分类标准核心模式文件所在目录为当前目录。

8. 命名空间（Namespace）：限定了分类标准元素的定义区间。

9. 事实值（Fact）：分类标准所描述的具体财务报告内容。

10. 元素（Element）：XML 模式文件中定义的 XML 元素。

11. 抽象元素（Abstract Element）：对应财务报告概念在逻辑上没有具体值，不能在 XBRL 实例中出现的元素，其 abstract 属性值为 true。列报链接库可利用抽象元素对概念进行分组展示。

12. 链接库（Linkbase）：若干个用于描述分类标准中概念的语义的 Xlink 扩展链接的集合。

---

[1] 摘自企业会计准则通用分类标准指南 2015 版。

13. 列报链接库(Presentation Linkbase)：用于组织分类标准元素之间的层次关系并为之排序。

14. 定义链接库(Defination Linkbase)：包含一个概念与其他概念相关联的定义扩展链接。

15. 计算链接库(Calculation Linkbase)：用于组织分类标准元素之间的计算关系。

16. 标签链接库(Label Linkbase)：用于给每个概念提供一个或多个可理解的名称。

17. 参考链接库(Reference Linkbase)：用于对已公开发布的商业、经济、会计法律法规中概念定义的权威陈述进行引用。

18. 公式链接库(Formula Linkbase)：用于处理从 XBRL 报告获得的信息以及支持它们的元数据，以提供强大的数据校验功能。

19. 表链接库(Table Linkbase)：用于展示或收集人类可读表格或模板中的复杂数据。

20. 实例文档(XBRL Instance)：以 XBRL 为根元素的 XML 片段。XBRL 实例文档中包含商业报告事实值。其中每个事实值都与可发现分类集(DTS)中已定义的概念相对应，也包含上下文和单位等额外信息来解释实例中的事实。XBRL 实例的根元素是"xbrl"元素。根据通用分类标准生成的 XBRL 实例文档即 XBRL 格式的企业财务报告。

21. 上下文(Context)：XBRL 实例文档中根元素的子元素，用来说明实体、时期和场景。上下文有助于准确地理解数据项的值。

22. 数据项(Item)：XBRL 数据项替换组中的元素，包含简单事实的值、帮助理解该事实所需的上下文以及数值型数据项的单位。数据项包括数值型数据项和非数值型数据项两类。对于数值型数据项，需要指出精度及度量单位。

23. 维度(Dimension)：xbrldt:dimensionItem 替换组中的抽象元素，能表征事实的各个不同的方面。一个维度只有一个有效域。通用分类标准使用维度表示多维表格。

24. 域(Domain)：由维度的若干成员组成的集合，可能为空集、有限集或者无限集。一个维度可能有多重维度-域关系。

25. 明确维度(Explicit Dimension)和类型化维度(Typed Dimension)：明确维度是维度成员取值域为有限集合的维度。类型化维度是域成员不能逐个枚举的维度。

26. 超立方体(Hypercube)：是一个维度的集合，是参与到 has-hypercube 关系和 hypercube-dimension 关系中的 hypercubeItem 替换组中的抽象元素。

27. 网页集成式 XBRL (Inline XBRL or iXBRL specification)：将 XBRL 代码嵌入 HTML 文档，从而可以将 XBRL 报告展示为人类可读的 HTML 格式。

28. 全球分类账分类标准(The XBRL Global Ledger taxonomy，简称 XBRL GL)：是一个处理、交换、积累和集成交易数据的框架，支持全方位向下钻取数据功能。

29. 版本技术规范(The Versioning specification)：用以记录不同时间段内分类标准版本之间的变化。

30. 流技术规范(The Streaming specification)：支持 XBRL 大数据的处理。

参考文献

[1] 辞海编辑委员会.辞海[M].上海:上海辞书出版社,1999.
[2] McQuail D,Windahl S. 大众传播模式论[M].祝建华,武伟,译.上海:上海译文出版社,1987.
[3] Husen T,等.国际教育百科全书[M].贵阳:贵州教育出版社,1991.
[4] 郑金洲,等.基于新课程的课堂教学改革[M].福州:福建教育出版社,2003.
[5] 陈琦,刘儒德.当代教育心理学[M].北京:北京师范大学出版社,2007.
[6] 钟志贤.信息化教学模式[M].北京:北京师范大学出版社,2006.
[7] 朱智庭,钟志贤,等.现代教育技术——促进多元智能发展[M].上海:华东师范大学出版社,2003.
[8] 颜泽贤,钱捷编.信息学[M].福州:福建人民出版社,1989.
[9] 加瑞特[美].用户体验的要素[M].范晓燕,译.北京:机械工业出版社,2008.
[10] 毛元青,刘梅玲."互联网+"时代的管理会计信息化探讨——第十四届全国会计信息化学术年会主要观点综述[J].会计研究,2015(11):90-92.
[11] 叶增.教学的心理学基础之比较——谈行为主义、认知学派、建构主义学习理论对教学的影响[J].洛阳师范学院学报,2007(6):166-168.
[12] 赵春伟,余勤,郭莹,等.浅论"以学生为中心"的教学模式[J].中国科教创新导刊,2012(17):122-123.
[13] 蔡勇,边卫红,王常永.教学模式与多元化问题探索[J].军事交通学院学报,2016(1):66-69.
[14] 李鹤.基于职业能力培养的"双主"教学系统设计及应用——以高职会计专业为例[J].北京市经济管理干部学院学报,2015(1):63-68.
[15] 陆爱玉,戴仁俊.体验式教学模式在中职计算机专业实践课中的应用实践[J].软件导刊(教育技术),2011(8):13-14.
[16] 王春平.体验式教学模式在《数据结构》课程教学中的应用研究[J].当代教研论丛,2014(5):16.
[17] 赵睿,茅亮.桌面虚拟化技术在营业系统中的应用[J].邮电设计技术,2010(8):25-28.
[18] 邓鹏,王欢."体验学习"教学设计研究——主题、环境与体验[J].电化教学研究,2013

(12):88-92.
- [19] 刘梅玲,刘勤. 国内 XBRL 软件的比较与选择[J]. 财务与会计,2015(5):43-45.
- [20] 刘玉廷. 推广应用 XBRL 推进会计信息化建设[J]. 会计研究,2010(11):3-9.
- [21] 屈涛. 走近 XBRL[N]. 中国会计报,2010-11-05.
- [22] 黄长胤. XBRL 财务报告分类标准的层级扩展研究[D]. 上海交通大学博士论文,2012.
- [23] 刘梅玲. 会计信息化标准体系研究[D]. 财政部财政科学研究所博士论文,2013.
- [24] 吴忠生. XBRL 财务报告与会计账簿研究:标准改进与数据集成[D]. 上海交通大学博士论文,2014.
- [25] 张天西,吴忠生,黄长胤. XBRL GL 的最新进展及其与 XBRL FR 的建模比较[C]. 中国会计学会 2011 学术年会论文集,2011.
- [26] 贾欣泉. XBRL GL 精解[M]. 北京:经济科学出版社,2011.
- [27] 刘世平,罗黎明,董凤江. XBRL 实用案例剖析[M]. 北京:经济科学出版社,2010.
- [28] 封海燕,贾博,秦翔. 我国上交所和深交所 XBRL 财务报告应用的比较研究[J]. 会计之友,2014(22):69-74.
- [29] 陈志奎,王秀坤,朴勇. XBRL 技术及其在财务报告中的应用[M]. 北京:科学出版社,2013.
- [30] 红蜘蛛电子教室——管理百科,网络 http://baike.themana.
- [31] XBRL 国际组织网站:http://www.xbrl.org/.
- [32] XBRL 中国地区组织网站:http://www.xbrl-cn.org/.
- [33] 财政部网站:http://www.mof.gov.cn.